yI AN SHI FA

以案释法

民法典物权编100篇 上

（通则·所有权）

Min Fa Dian Wu Quan Bian

陈启超　著

100 Pian Shang

法律出版社
LAW PRESS · CHINA
北京

图书在版编目（CIP）数据

以案释法. 民法典物权编 100 篇. 上 / 陈启超著.
北京 : 法律出版社, 2025. -- ISBN 978 - 7 - 5197 - 9959 - 5

Ⅰ. D920.5

中国国家版本馆 CIP 数据核字第 2025NT2599 号

以案释法:民法典物权编 100 篇(上)
YI AN SHI FA:MINFADIAN WUQUANBIAN 100 PIAN (SHANG)

陈启超 著

策划编辑 张 珺
责任编辑 张 珺
装帧设计 汪奇峰

出版发行 法律出版社
编辑统筹 法商出版分社
责任校对 王 皓
责任印制 胡晓雅
经　　销 新华书店

开本 A5
印张 13.75　**字数** 396 千
版本 2025 年 4 月第 1 版
印次 2025 年 4 月第 1 次印刷
印刷 三河市龙大印装有限公司

地址:北京市丰台区莲花池西里 7 号(100073)
网址:www.lawpress.com.cn
投稿邮箱:info@lawpress.com.cn
举报盗版邮箱:jbwq@lawpress.com.cn

销售电话:010 - 83938349
客服电话:010 - 83938350
咨询电话:010 - 63939796

书号:ISBN 978 - 7 - 5197 - 9959 - 5　**定价**:55.00 元

凡购买本社图书,如有印装错误,我社负责退换。电话:010 - 83938349

前　言

（一）

2020 年 5 月 28 日十三届全国人民代表大会第三次会议表决通过的《中华人民共和国民法典》（以下简称《民法典》），自 2021 年 1 月 1 日起施行。《民法典》是新中国成立以来第一部，也是目前唯一一部以“法典”命名的法律，是我国社会主义法治建设的重大成果。中共中央总书记习近平在主持中央政治局第二十次集体学习时强调：民法典系统整合了新中国 70 多年来长期实践形成的民事法律规范，汲取了中华民族 5000 多年优秀法律文化，借鉴了人类法治文明建设有益成果，是一部体现我国社会主义性质、符合人民利益和愿望、顺应时代发展要求的民法典，是一部体现对生命健康、财产安全、交易便利、生活幸福和人格尊严等各方面权利平等保护的民法典，是一部具有鲜明中国特色、实践特色、时代特色的民法典。习近平总书记强调，民法典要实施好，就必须让民法典走到群众身边、走进群众心里。要广泛开展民法典普法工作，将其作为“十四五”时期普法工作的重点来抓，引导群众认识到民法典既是保护自身权益的法典，也是全体社会成员都必须遵循的规范，养成自觉守法的意识，形成遇事找法的习惯，培养解决问题靠法的意识和能力。①

自 2020 年 7 月 5 日开始，笔者结合自己的业务实践，利用业余（业务之余）时间，研读、理解《民法典》条文背后的法律真意，领悟立法精神，撰写《民法典》的解读文章，力求通俗易懂，务实管用。写作时，严格

---

① 《习近平主持中央政治局第二十次集体学习并讲话》，载中国政府网，http://www.gov.cn/xinwen/2020-05/29/content_5516059.htm。

控制文章的篇幅,一般掌握在 2500 字左右,最长不超过 3000 字。读者群立足于我朋友圈的一般读者——非法律专业人群,尤其是我服务的企业家客户群体,同时,在法律同行中可参酌交流、研讨。文章写出后,先是发在我的微信公众号“陈启超律师”(cqclawyer)上,并在河南省政协委员“书香政协”读书交流群、河南省法官检察官遴选委员会交流群、中共河南省委法治督察员交流群及部分律师业务交流群里予以交流。想不到很受大家的欢迎,得到了不少点赞、支持,给我以极大的鼓舞。今年初在省政协社会和法制委员会工作会议上,我的“启超说法”栏目被列为知名的普法品牌,得到了省政协领导的表扬;在河南省“八五”普法中期报告中也得到了肯定和表彰。一路坚持下来,目前已撰写了 200 多篇文章。经过整理、修改和编辑的辛苦付出,于 2022 年 6 月在法律出版社出版了《以案释法:民法典总则编 100 篇》。现在,又整理、修改、出版笔者的《民法典》解读的第二本书《以案释法:民法典物权编 100 篇(上)》。

“法律需要被信仰。”但信仰是以理解和掌握为基础的。《民法典》的很多内容虽然十分贴近现实生活,但其仍具很强的专业性,渴望了解《民法典》的其实绝大多数是非专业人士,那些卷帙浩繁的法典解读或者注释恐怕只能给他们带来更多的迷惑,①使他们望而生畏,不敢亲而近之。怎样才能让社会大众、普通读者都能了解《民法典》,实现习近平总书记提出的“让民法典走到群众身边、走进群众心里”的目标,那就要让我们的解读通俗易懂、务实管用。我国“八五”普法的主要目标是:“公民对法律法规的知晓度、法治精神的认同度、法治实践的参与度显著提高,全社会尊法学法守法用法的自觉性和主动性显著增强。”②在普法、培养大众法律信仰方面,律师作为法律职业共同体的重要组成部分,有着不可忽视、不可替代的重要作用。律师参与普法工作,也有着

---

① 参见孙宪忠:《民法典怎么看》,中国社会科学出版社 2021 年版,“前言”第 1 页。

② 中央宣传部、司法部《关于开展法治宣传教育的第八个五年规划(2021—2025 年)》。

天然的优势和得天独厚的条件。[①] 普法是律师的职责和使命。

(二)

笔者在微信公众号上开设的栏目“启超说法”,对自己名字“启超”的解读是:“启迪智慧,超越法律”。有些朋友或读者不解,法律怎么能超越呢? 我的回答是:不应仅仅停留在法律条文的表面,而应探求条文背后的真意,并将其应用于我们的法律实践。尤其是律师更应如此,要把自己学到的法律知识应用于业务实践,解决问题,追求正义,最终实现法治,这也是我们法律人的共同目标。这种超越和智慧是相联系的。法律启迪智慧,智慧超越法律。智慧源于经常的积累和学习。我深感自己生性愚钝,故锲而不舍,孜孜以求,不断地读书和学习。不仅要读法律方面的书,并且还读文学、历史、哲学、社会学、经济学等方面的书,这些都是和法律相联系的,因为知识都是相通的,触类旁通就是这个意思! 法律是一门实践科学,我们的《民法典》也应该是实践的、经验主义的,同时也有其生活性、易读性和普适性。

关于怎么去解读《民法典》,借用一下“我注六经,六经注我”[②]的说法,不妨叫“我注民法典,民法典注我”。“注”,其本意(用作动词)是用文字解释文意,(用作名字)是解释或说明的文字。扩而大之,就是解读(解释性阅读)的意思。“我注民法典”,即是由“我”来解读,必然是站在“我”的立场(尤其是律师执业的角度),当然正像前面所强调的,必须是一般人、非法律人的立场,否则一般人看不懂,待在“象牙塔”里走不出去,走不到群众身边,也走不进群众心里。再者,也必定带有“我”的主观性,“我”的理解,但这种理解必须限定在现有的法律框架内。“民法典注我”,就是要从《民法典》的立法本意出发,不能随意地解释,以理解《民法典》条文背后的真意,尤其是说明“法律另有规定”的规定,以便在

---

① 参见陈启超:《法治之路——律师视角的思考》,河南人民出版社 2013 年版,第 207 页。

② 对“我注六经,六经注我”的理解,请参见兰喜井:《〈老子〉衍说》,人民出版社 2020 年版,“引言”第 20 ~ 23 页。

生活中维权或者法律人办案的实践中运用。通过解释性阅读,读出《民法典》的"新意",而不是人云亦云。不知道笔者所写,是否达到了以上追求,只能交由读者去评判了!

不同于学者们的巨著大章,笔者所写是尽量通俗、短小简单的"小文章"。这些"小文章"有以下特点:

第一,简单易懂。用通俗的语言,探求法律条文背后的立法精神和立法原意,并简要介绍每一个概念的来源、汉语解释,以及我国的民商事法律的立法史。每一篇文章都经过字斟句酌、反复修改,严格控制字数,以减轻读者的阅读压力。商鞅曾说:"法明白易知而必行。"①我们解读法律的文章,更应该做到"明白易知"。对于语言通俗到什么程度,我们还可以借用一下对白居易诗的评价。白居易的诗,取材于生活,平易近人,老妪皆懂。北宋后期有传言:"白乐天每作诗,令一老妪解之,问曰解否?妪曰解则录之,不解则易之。故唐末之诗近鄙俚。"②诗歌创作尚可如此,法律文章亦当如是。任何专业的东西,都是可以用明白通俗的语言讲出来的。这当是每一个专业人士应具备的能力。笔者不敢说已经达到了这种程度,但起码是一种尝试和努力。笔者所写的解读文章,有时一条写一篇,有时几条写一篇,不平均用墨,《民法典》物权编第一分编、第二分编 118 个条文,共撰写了 100 篇文章。每一篇都独立成文,仔细推敲出一个最适合于本篇内容的题目,能够一目了然。语言简单,不用或少用学术名词,多举案例,使法律术语不再晦涩难懂,使《民法典》简便易学,走心入心。

第二,依法解法。理论方面的问题,要简单说;再者要依法解法。不是自说自话,而是要依法律规范、准确解读,靠"法律"去解读法律。如"法律另有规定的除外""依照(由)法律规定"等,胪列相关情况和相关法律的规定。《民法典》中的相关法律条文也都予以列出,限于篇幅,有些会以注释的形式在文后标明,除去读者查找之烦。顺便说明,本书所

---

① 《商君书》,中华书局 2011 年版,第 177 页。

② 谢思炜撰:《白居易诗集校注》(第一册),中华书局 2006 年版,"前言"第 6 页。

引用的法律、法规和司法解释的规定文本为最新文本，更新截止时间为 2025 年 1 月 1 日。

第三，以案说法。我国虽不是案例法国家，但加强案例研究，发挥指导案例的作用，越来越引起审判机关的重视。党的十八届四中全会《关于全面推进依法治国若干重大问题的决定》明确提出："加强和规范司法解释和案例指导，统一法律适用标准。"最高人民法院《关于案例指导工作的规定》第 7 条规定："最高人民法院发布的指导性案例，各级人民法院在审判类似案例时应当参照。"参照，就是参考、遵照的意思。各级人民法院在审理类似案件时，应当参照适用。自 2011 年 12 月 20 日最高人民法院发布第一批指导性案例，截至 2024 年 12 月 23 日，已经发布了 43 批、247 个指导性案例。为深化司法责任制综合配套改革，健全完善类案检索制度，进一步统一法律适用，最高人民法院还印发了《关于统一法律适用加强类案检索的指导意见（试行）》，于 2020 年 7 月 31 日起施行。类案检索的范围一般包括：最高人民法院发布的指导性案例；最高人民法院发布的典型案例及裁判生效的案件；本省（自治区、直辖市）高级人民法院发布的参考性案例及裁判生效的案件；上一级人民法院及本院裁判生效的案件。除指导性案例外，优先检索近三年的案例或者案件；已经在前一顺位中检索到类案的，可以不再进行检索。我在写作过程中，检索了大量的案例，以求找到最适合文章（《民法典》相应条文）的案例，每篇文章至少要有 1 个案例。本书共选用了 135 个案例，所用案例均为人民法院裁判案例。为了减少文章篇幅，对案情只作简要介绍，引用与文章内容相关的裁判要旨，其他部分内容从略，有兴趣欲了解案例全部内容的读者，可在中国裁判文书网等平台查阅。

第四，务实管用。无论是条文解读，还是案例编写，均以务实管用为准则。笔者将自己所读、所学，结合 30 多年的律师执业实践，融入这 100 篇《民法典》解读文章之中。在寻找最匹配的案例时，也会兼顾一些民商事诉讼（仲裁）、执行和行政诉讼等法律知识和运用技巧，并尽量多找一些案例类型（案由），以便读者在遇到类似的纠纷时参酌使用。本书既可以作为干部普法教材、群众维权工具书，也可作为在校法科学生的参考用书和法官、检察官、律师等法律人办案时的案头手边书。

(三)

《民法典》物权编包括四个分编：第一分编通则、第二分编所有权、第三分编用益物权、第四分编担保物权。本书将物权编第一、二分编的118个条文(第205～322条)写成了100篇的解读文章，在《目录》中有对应的《民法典》条文，便于读者对照使用。对物权编第三、四分编的解读文章，将编入笔者第三本《民法典》解读书(敬请期待)。本书物权编第一分编通则共有三章，每一章的解读文章篇目数量如下：第一章一般规定4篇(第205～208条)；第二章物权的设立、变更、转让和消灭19篇(第209～232条)；第三章物权的保护6篇(第233～239条)。第二分编所有权共有六章，每一章的解读文章篇目数量如下：第四章一般规定6篇(第240～245条)；第五章国家所有权和集体所有权、私人所有权22篇(第246～270条)；第六章业主的建筑物区分所有权16篇(第271～287条)；第七章相邻关系8篇(第288～296条)；第八章共有9篇(第297～310条)；第九章所有权取得的特别规定10篇(第311～322条)。

我国编纂《民法典》采取"两步走"的工作思路进行：一是在原来《民法通则》的基础上，制定《民法总则》，作为《民法典》的总则编；二是编纂《民法典》的各编，之后再对各编进行整合、完善，加上《民法总则》合并成为《民法典(草案)》。[①]《民法典》物权编，由《物权法》修改而来，共有五个分编、二十章，258条(第205条至第462条)，占《民法典》全部条款的1/5，可见其在《民法典》中的重要地位。按照党中央提出的完善产权保护制度，健全"归属清晰、权责明确、保护严格、流转顺畅"的现代产权制度的要求，通过《民法典》的编纂，进一步完善了我国的物权法律制度。

物权是最基本的民事权利，是一种财产权利。财产权利包括债权和

① 参见王晨：《关于〈中华人民共和国民法典(草案)〉的说明——2020年5月22日在第十三届全国人民代表大会第三次会议上》，中国民主法制出版社2020年版，第241页。

物权。《民法典》总则编第 114 条规定："民事主体依法享有物权。物权是权利人依法对特定的物享有直接支配和排他的权利，包括所有权、用益物权和担保物权。"第 115 条规定："物包括不动产和动产。法律规定权利作为物权客体的，依照其规定。"《民法典》物权编第 205 条规定："本编调整因物的归属和利用产生的民事关系。"孟子曰："民之为道也，有恒产者有恒心，无恒产者无恒心。"物权法是规定物的归属的，而债权法是规定物的转移、财产流通和交易的法律。古代商鞅曾有一个形象的比喻："一兔走，百人逐之，非以兔可以分为百，由名分之未定也。夫卖兔者满市，而盗不敢取，由名分已定也。"[①]野地里有一只兔子在跑，一百个人在后面追，不是说逮着兔子后把兔子分成一百份每人能拥有一份，而是兔子的所有权还没有确定。然而，在市场上到处都是卖兔子的，盗贼则不敢去偷，这是因为兔子归属是确定的。至于兔子怎么去卖，怎么交易，那就要依据债法（合同法）的规定了。

这里，也简要介绍一下《民法典》物权编的几个立法亮点：

第一，增加了"居住权"的规定。居住权是一种新的用益物权。《民法典》明确规定，居住权原则上无偿设立，居住权人有权按照合同约定或者遗嘱，经登记占有、使用他人的住宅，居住权不得转让、继承，原则上设立居住权的住宅不得出租等。（第十四章，第 366～371 条）这些规定体现了居住权的人身性和保障性，满足了人们"居者有其屋"的朴素追求。要签订"居住权合同"，尤其是要约定好居住权期限。比如，老年人再婚后，打算将自己的房屋所有权赠与子女，或者立遗嘱由子女继承，但还想给再婚老伴居住权，就需要与子女签订协议或者让子女作出承诺，以保证再婚老伴享有房屋的居住权。不过，要提醒大家的是，以后买二手房时要注意了，买之前一定要去不动产登记部门查询一下，看要买的房屋有没有居住权登记。

第二，明确规定住宅建设用地使用权期限届满自动续期。《民法典》第 359 条虽规定了住宅建设用地使用权期满"自动续期"（70 年后住

---

① 《商君书》，中华书局 2011 年版，第 178～179 页。

宅用地还可以继续使用，吃了颗“定心丸”)，但“续期费用的缴纳或者减免，依照法律、行政法规的规定办理”。还有，对非建设住宅用地(如办公楼、门面房等)届满的续期问题，要“依照法律规定办理”。目前还没有这样的规定，要看后续是怎么规定的。

第三，加强了对建筑物业主权利的保护。依据《民法典》第 278 条规定，对业主共同决定事项，应当由专有部分面积占比 2/3 以上的业主且人数占比 2/3 以上的业主参与表决；对表决比例，除“筹集建筑物及其附属设施的维修资金”、“改建、重建建筑物及其附属设施”和“改变共有部分的用途或者利用共有部分从事经营活动”，应当经参与表决专有部分面积 3/4 以上的业主且参与表决人数 3/4 以上的业主同意；其他事项则由过半数的业主同意即可。在加强业主权利保护的同时，也增加了业主参与管理的可操作性。第 282 条还规定：“建设单位、物业服务企业或者其他管理人等利用业主的共有部分产生的收入，在扣除合理成本之后，属于业主共有。”在以前，没有这么明确的法律规定。第 281 条第 2 款规定：“紧急情况下需要维修建筑物及其附属设施的，业主大会或者业主委员会可以依法申请使用建筑物及其附属设施的维修资金。”

第四，新增了添附制度。添附，为加工、附合和混合的总称，是指因加工成为新物，或者因物与物的结合而成为新物。该新物称其为添附物。加工，是就他人之物加以制作、改造而产生新物。附合，是分属于不同所有人的物相互结合而成为新物，包括动产与不动产的附合和动产与动产的附合。前者是动产经与不动产附合后成为不动产的组成部分；后者是动产与动产附合后非经毁损不能分离或者分离所需费用过高，从而成为新物。混合，是分属于不同所有人的动产相互结合而成为新物。《民法典》物权编(第 322 条)将添附制度作为所有权的取得方式规定下来。尤其是在物的归属上，规定“法律没有规定的，按照充分发挥物的效用以及保护无过错当事人的原则确定”。这就明确了将“物尽其用”作为添附情况下标的物所有权归属的确定标准。

第五，增加了土地经营权的规定。“三农”问题关系国计民生。所以说，每年的中央 1 号文件都是关于“三农”问题的。《民法典》在土地承包经营权部分贯彻了国家"三权分置"的改革成果。第 339 条明确了土地承包经营权人向他人流转土地经营权的方式,这使得土地承包经营权人可以在继续保有土地承包经营权的基础上,使土地经营权进入市场。第 340 条明确,土地经营权人可自主开展农业生产经营并取得收益,为农业的规模化、集约化经营提供制度保障。第 341 条明确,流转期限为 5 年以上的土地经营权可以向登记机构申请登记,以登记保障土地经营权以及交易安全。我们要注意土地经营权流转合同的签订,明确双方权利义务和争议的解决。此外,为了解决农民融资难、融资贵的问题,在将《物权法》第 184 条纳入《民法典》第 399 条时,删除了第 2 项耕地使用权不得抵押的规定,只规定了"宅基地、自留地、自留山等集体所有土地的使用权"不得抵押。

第六,扩大担保合同范围的规定。在《担保法》和《物权法》中,确定的物权担保方式较为简单,但实践中不乏"非典型担保"的广泛应用,如融资租赁、所有权保留、保理、以物抵债、让与担保、回购等。这引起了不少有关效力的争议,也导致金融担保创新"畏手畏脚"。《民法典》第 388 条第 1 款规定,"其他具有担保功能的合同"亦属于担保合同,扩大了担保合同的范围,为非典型担保合同"正名",也为解决非典型担保纠纷裁判提供了法律依据。

第七,关于流押、流质的新规定。这主要体现了担保理念的更新。《民法典》第 401 条规定:"抵押权人在债务履行期限届满前,与抵押人约定债务人不履行到期债务时抵押财产归债权人所有的,只能依法就抵押财产优先受偿。"对于质押,《民法典》第 428 条亦作了同样的规定。此规定改变了《物权法》对流押、流质绝对禁止的规定,明确了流押、流质条款存在时当事人间对抵押、质押财产的清算义务,既保障了担保物权人的优先受偿权,又保护了弱势债权人的利益,更彰显了当事人的意思自治。

第八,新增动产抵押价款超优先顺位的规定。《民法典》第 416 条应该是《民法典》所有条款中最晦涩难懂的一条。在浮动抵押中,被抵押的财产处于变动状态,如原材料、半成品有流入流出,流入的原材料、半成品也会进入浮动抵押范畴;但是如果浮动抵押人还没有支付流入财产的对价,流入财产原权利人在 10 日内就该流入财产设定了抵押权(办理抵押登记)以保证对价的支付,则流入财产的原权利人对该流入财产享有的抵押权优先于浮动抵押权人的抵押权。该规定旨在解决中小企业动产融资时面临的再融资问题。

前言要告诉大家的也就这么多了。由于本人才疏学浅,虽已孜孜以求,但不免错讹百出,还望方家和读者不吝指正!

陈启超

2025 年 2 月

法律、法规、司法解释等缩略语对照表

全　称	简　称
《中华人民共和国民法典》	《民法典》
《中华人民共和国宪法》	《宪法》
《中华人民共和国立法法》	《立法法》
《中华人民共和国土地管理法》	《土地管理法》
《中华人民共和国城市房地产管理法》	《城市房地产管理法》
《中华人民共和国矿产资源法》	《矿产资源法》
《中华人民共和国森林法》	《森林法》
《中华人民共和国草原法》	《草原法》
《中华人民共和国水法》	《水法》
《中华人民共和国农村土地承包法》	《农村土地承包法》
《中华人民共和国海域使用管理法》	《海域使用管理法》
《中华人民共和国渔业法》	《渔业法》
《中华人民共和国海岛保护法》	《海岛保护法》
《中华人民共和国湿地保护法》	《湿地保护法》
《中华人民共和国野生动物保护法》	《野生动物保护法》
《中华人民共和国环境保护法》	《环境保护法》
《中华人民共和国环境噪声污染防治法》(已废止)	《环境噪声污染防治法》
《中华人民共和国噪声污染防治法》	《噪声污染防治法》

续表

全　称	简　称
《中华人民共和国固体废物污染环境防治法》	《固体废物污染环境防治法》
《中华人民共和国大气污染防治法》	《大气污染防治法》
《中华人民共和国水污染防治法》	《水污染防治法》
《中华人民共和国土壤污染防治法》	《土壤污染防治法》
《中华人民共和国文物保护法》	《文物保护法》
《中华人民共和国国防法》	《国防法》
《中华人民共和国人民防空法》	《人民防空法》
《中华人民共和国铁路法》	《铁路法》
《中华人民共和国公路法》	《公路法》
《中华人民共和国电力法》	《电力法》
《中华人民共和国公司法》	《公司法》
《中华人民共和国合伙企业法》	《合伙企业法》
《中华人民共和国企业国有资产法》	《企业国有资产法》
《中华人民共和国道路交通安全法》	《道路交通安全法》
《中华人民共和国石油天然气管道保护法》	《石油天然气管道保护法》
《中华人民共和国防洪法》	《防洪法》
《中华人民共和国高等教育法》	《高等教育法》
《中华人民共和国体育法》	《体育法》
《中华人民共和国民法通则》(已废止)	《民法通则》
《中华人民共和国民法总则》(已废止)	《民法总则》
《中华人民共和国物权法》(已废止)	《物权法》
《中华人民共和国合同法》(已废止)	《合同法》
《中华人民共和国担保法》(已废止)	《担保法》
《中华人民共和国侵权责任法》(已废止)	《侵权责任法》

续表

全 称	简 称
《中华人民共和国著作权法》	《著作权法》
《中华人民共和国海商法》	《海商法》
《中华人民共和国刑法》	《刑法》
《中华人民共和国民事诉讼法》	《民事诉讼法》
《中华人民共和国仲裁法》	《仲裁法》
《中华人民共和国行政复议法》	《行政复议法》
《中华人民共和国行政诉讼法》	《行政诉讼法》
《中华人民共和国国家赔偿法》	《国家赔偿法》
《中华人民共和国妇女权益保障法》	《妇女权益保障法》
《中华人民共和国农村集体经济组织法》	《农村集体经济组织法》
《中华人民共和国村民委员会组织法》	《村民委员会组织法》
《中华人民共和国民用航空法》	《民用航空法》
《中华人民共和国城乡规划法》	《城乡规划法》
《中华人民共和国建筑法》	《建筑法》
《中华人民共和国土地管理法实施条例》	《土地管理法实施条例》
《中华人民共和国城镇国有土地使用权出让和转让暂行条例》	《城镇国有土地使用权出让和转让暂行条例》
《国有土地上房屋征收与补偿条例》	《房屋征补条例》
《中华人民共和国野生植物保护条例》	《野生植物保护条例》
《中华人民共和国河道管理条例》	《河道管理条例》
《中华人民共和国水下文物保护管理条例》	《水下文物保护管理条例》
《中华人民共和国无线电管理条例》	《无线电管理条例》
《中华人民共和国电信条例》	《电信条例》
《中华人民共和国无线电频率划分规定》	《无线电频率划分规定》

续表

全　称	简　称
《中华人民共和国城镇集体所有制企业条例》	《城镇集体所有制企业条例》
《中华人民共和国乡村集体所有制企业条例》	《乡村集体所有制企业条例》
最高人民法院《关于适用〈中华人民共和国民法典〉时间效力的若干规定》	《民法典时间效力解释》
最高人民法院《关于适用〈中华人民共和国民法典〉总则编若干问题的解释》	《民法典总则编解释》
最高人民法院《关于适用〈中华人民共和国民法典〉物权编的解释(一)》	《民法典物权编解释(一)》
最高人民法院《关于适用〈中华人民共和国民法典〉有关担保制度的解释》	《民法典担保制度解释》
最高人民法院《关于适用〈中华人民共和国民法典〉婚姻家庭编的解释(一)》	《民法典婚姻家庭编解释(一)》
最高人民法院《关于审理涉及国有土地使用权合同纠纷案件适用法律问题的解释》	《国有土地使用权合同纠纷案件解释》
最高人民法院《关于贯彻执行〈中华人民共和国民法通则〉若干问题的意见(试行)》(已废止)	《民法通则意见》
最高人民法院《关于适用〈中华人民共和国物权法〉若干问题的解释(一)》(已废止)	《物权法解释(一)》
最高人民法院《关于适用〈中华人民共和国担保法〉若干问题的解释》(已废止)	《担保法解释》
最高人民法院《关于适用〈中华人民共和国合同法〉若干问题的解释(一)》(已废止)	《合同法解释(一)》
最高人民法院《关于适用〈中华人民共和国合同法〉若干问题的解释(二)》(已废止)	《合同法解释(二)》
最高人民法院《关于适用〈中华人民共和国公司法〉若干问题的规定(二)》	《公司法解释(二)》

续表

全　称	简　称
最高人民法院《关于审理民间借贷案件适用法律若干问题的规定》	《民间借贷案件规定》
最高人民法院《关于审理房屋登记案件若干问题的规定》	《房屋登记案件规定》
最高人民法院《关于审理城镇房屋租赁合同纠纷案件具体应用法律若干问题的解释》	《房屋租赁合同案件解释》
最高人民法院《关于审理建筑物区分所有权纠纷案件具体应用法律若干问题的解释》	《建筑物区分所有权案件解释》
最高人民法院《关于审理物业服务纠纷案件适用法律若干问题的解释》	《物业服务案件解释》
最高人民法院《关于审理环境民事公益诉讼案件适用法律若干问题的解释》	《环境民事公益诉讼案件解释》
最高人民法院《关于依法妥善审理涉新冠肺炎疫情民事案件若干问题的指导意见(一)》	《新冠肺炎疫情案件意见(一)》
最高人民法院《关于审理矿业权纠纷案件适用法律若干问题的解释》	《矿业权案件解释》
最高人民法院《关于审理融资租赁合同纠纷案件适用法律问题的解释》	《融资租赁合同案件解释》
最高人民法院《关于适用〈中华人民共和国民事诉讼法〉的解释》	《民事诉讼法解释》
最高人民法院《关于民事诉讼证据的若干规定》	《民事诉讼证据规定》
最高人民法院《民事案件案由规定》	《民事案件案由规定》
《全国法院民商事审判工作会议纪要》(法〔2019〕254号)	《九民会议纪要》

续表

全　称	简　称
最高人民法院《关于人民法院办理执行异议和复议案件若干问题的规定》	《执行异议和复议案件规定》
最高人民法院《关于民事执行中变更、追加当事人若干问题的规定》	《民事执行中变更、追加当事人规定》
最高人民法院《关于适用〈中华人民共和国行政诉讼法〉的解释》	《行政诉讼法解释》
最高人民法院《关于行政诉讼证据若干问题的规定》	《行政诉讼证据规定》
最高人民法院《关于人民法院民事执行中查封、扣押、冻结财产的规定》	《查封、扣押、冻结财产规定》
最高人民法院《关于人民法院网络司法拍卖若干问题的规定》	《网络司法拍卖规定》
《中华人民共和国城市区域环境噪声标准》	《城市区域环境噪声标准》

目　录
（含条文对照）

1

《民法典》物权编的调整范围

【民法典】

第二百零五条　本编调整因物的归属和利用产生的民事关系。

释　法

《民法典》物权编分为五个分编,共二十章。第一分编通则(第205~239条),共35个条文,分为三章。第一章为一般规定(第205~208条)。

《民法典》第205条规定了《民法典》物权编的调整范围,由《物权法》第2条第1款修改而来。《物权法》是单行法,现在改为《民法典》的一个"编"。虽然《物权法》已经被废止、不存在了,但物权法作为民法的一个部门法依然存在,故我们仍可称物权法。

笔者在对《民法典》总则编的解读中,已谈到了物权、物的概念和物权法定等重要的物权法原则。[①]《民法典》第114条第2款规定:"物权是权利人依法对特定的物享有直接支配和排他的权利,包括所有权、用益物权和担保物权。"由此,我们可以说,物权是物之归属权和物之利用权。物是物权的客体。《民法典》第115条规定:"物包括不动产和动产。法律规定权利作为物权客体的,依照其规定。"《民法典》第114条第1款明确规定:"民事主体依法享有物权。"这些总的、基本规定,奠定了物权编在《民法典》中基本的、重要的地位;我们从物权编被放在《民

① 参见陈启超:《以案释法:民法典总则编100篇》,法律出版社2022年版,第188~192页。

法典》第二编的顺序和其条文的数量[①],也可以看出其地位的重要性。

《民法典》物权编的调整范围是:

(1)物的归属关系。也就是说,物归属于谁,属谁所有。古代商鞅曾讲:"一兔走,百人逐之,非以兔可以分为百,由名分之未定也。夫卖兔者满市,而盗不敢取,由名分已定也。"[②]一只兔子在野地里跑,一百个人在后面追,不是说逮着兔子后把兔子分成一百份每人能分到一份,而是兔子的所有权没有确定。然而,在市场上到处都是卖兔子的,盗贼不敢去偷,这是因为兔子归谁所有是明确的。物的归属之"物",一般是指有体物,比如一栋房屋、一辆汽车。确定物的归属,在于发挥物权法定分止争的作用,以减少民事主体之间的财产纠纷。

(2)物的利用关系。物的利用,包括所有权人自己的利用和非所有权人对他人之物的利用。后者是指他物权人依据法律规定或者合同约定,对所有权人对物的占有、使用、收益和处分权能的行使。处理好民事主体之间物的利用关系,以达到物尽其用的目的。要做到科学、合理、适度利用,遵守节约资源、绿色环保的原则,不得竭尽物力、涸泽而渔。《礼记》记载:孟春之月,"禁止伐木,毋覆巢,毋杀孩虫、胎、夭、飞鸟。毋麛,毋卵";仲春之月,"毋竭山泽,毋漉陂池,毋焚山林。"[③]意思就是,孟春正月,禁止砍伐树木,不要拆毁鸟窝,不要杀害幼虫、怀孕的母兽、刚出生的幼兽和刚会飞的小鸟,不要猎小鹿,不要掏鸟蛋;仲春二月,不要使山泽枯竭,不要使池塘干涸,不要焚烧山林。可见,我国自古就有爱护生态、合理利用的历史传统。物的利用之"物",不仅包括有体物,而且还包括"无体物",即物的权利,比如,专利权、商标权等知识产权,土地承包经营权等用益物权,以及用仓单、提单、应收账款质押的质权等。

调整物权之"法",主要是指《民法典》物权编的规定,但又不限于

---

① 物权编共 258 个条文(第 205 条至第 462 条),占《民法典》全部条文的 1/5。

② 石磊译注:《商君书》,中华书局 2011 年版,第 178 ~ 179 页。

③ 胡平生、张萌译注:《礼记 · 月令第六》,中华书局 2017 年版,第 297、303 页。麛(mí):幼鹿;漉(lù),竭尽、干涸;陂(bēi),池塘。——笔者注

此,还包括《民法典》总则编和其他编有关物权的规定,如《民法典》婚姻家庭编第1062条关于夫妻共同所有财产(共有物权)的规定。同时,还包括《土地管理法》《农村土地承包法》《城市房地产管理法》《矿产资源法》《森林法》《草原法》《水法》《渔业法》《文物保护法》等特别法,关于物权的相关规定。

案 例

1. 再审申请人某灌区管理处与被申请人新华公司物权确认纠纷案

再审审查法院经审查认为,依照相关的法律规定,物权确认是指在物的归属和内容不明或者发生争议时,利害关系人请求有关权力机关或者法律授权的专门机构确认物权的归属和内容,从而解决物权争议的行为。对于因人民政府对土地资源的权属进行初始登记引发的争议,则与行政确权有关。依照《土地管理法》(2004年)第16条第1款的规定,土地所有权和使用权争议,由当事人协商解决;协商不成的,由人民政府处理。对于土地使用权确权争议,人民法院不能作为民事案件审理,不属于人民法院审理民事案件处理的范围,应由人民政府依法处理。申请人某灌区管理处请求确认坐落于某镇大坝社区的国有土地使用权人为某灌区管理处的诉求不属于人民法院审理民事案件处理的范围。故裁定:驳回某灌区管理处的再审申请。①

2. 上诉人马某凤与被上诉人路某娥、曾某兰房屋买卖合同纠纷案

马某凤向一审法院起诉,请求确认位于某县路某娥名下房屋为原告所有(房屋价值暂估40万元)。一审法院认定事实:涉案房屋坐落于某县,原登记的不动产权利人为曾某兰。路某娥与曾某兰、许某某夫妇因民间借贷发生纠纷,诉至一审法院,一审法院于2019年5月28日作出(2019)鲁1525民初901号民事判决:(1)曾某兰于本判决生效后7日内给付路某娥100万元及利息(自2014年1月1日起,以100万元为基数按月利率2%计算至实际给付之日止);(2)驳回路某娥的其他诉讼请求。判决生效后,路某娥向一审法院申请强制执行,一审法院于2019年7月10日以案号(2019)鲁1525执

① 参见四川省高级人民法院民事裁定书,(2017)川民申1192号。

1294 号立案执行，执行过程中，路某娥与曾某兰达成还款计划后，该案终结执行。后因以上还款计划未如约履行，路某娥申请本案恢复执行，执行过程中，路某娥与曾某兰达成以物抵债合意，约定以涉案房屋抵偿债务 60 万元，并就剩余欠款另行达成还款计划后，该案终结执行。曾某兰与路某娥于 2020 年 11 月 2 日就涉案房屋申请了国有建设用地使用权及房屋所有权转移登记，将涉案房屋过户登记至路某娥名下。一审法院认为，本案立案案由为房屋买卖合同纠纷，对此，马某凤明确提出异议，要求变更为所有权确认纠纷。根据马某凤提出的诉讼请求以及所依据的事实和理由，本案案由更改为所有权确认纠纷更为适宜，一审法院依法予以变更……一审法院判决：驳回原告马某凤的诉讼请求。

二审法院认为，马某凤陈述涉案房产是其及家人以曾某兰的名义向曾某兰的单位购买，自 2002 年起陆续出资 7 万多元，并居住至今。涉案房产原登记的不动产权利人曾某兰对马某凤的上述陈述不认可，并陈述其从未收到过马某凤方关于涉案房产的款项，也从未答应将涉案房产卖与马某凤及其家人……不动产物权的设立、变更、转让和消灭，经依法登记，发生效力，未经登记，除法律另有规定的，不发生效力。马某凤在没有相关证据证明曾某兰与路某娥之间以房抵债的合意存在应当确认无效或者应当撤销的情况下，请求确认涉案房屋为其所有，没有法律依据，一审法院驳回其诉讼请求并无不当，本院予以维持。综上所述，马某凤的上诉请求不能成立，应予驳回；一审判决认定事实清楚，适用法律正确，应予维持。故判决：驳回上诉，维持原判。①

---

① 参见山东省聊城市中级人民法院民事判决书，(2021)鲁 15 民终 5065 号。一审、二审判决书中部分评述理由从略，省略号为笔者所加。

2

我国的社会主义基本经济制度

【民法典】

第二百零六条　国家坚持和完善公有制为主体、多种所有制经济共同发展,按劳分配为主体、多种分配方式并存,社会主义市场经济体制等社会主义基本经济制度。

国家巩固和发展公有制经济,鼓励、支持和引导非公有制经济的发展。

国家实行社会主义市场经济,保障一切市场主体的平等法律地位和发展权利。

释　法

《民法典》第 206 条规定了我国的社会主义基本经济制度,本条由《物权法》第 3 条修改而来,尤其是第 1 款的修改,对我国的社会主义基本经济制度作了更为准确和完善的表述。

我国的社会主义基本经济制度,是我国社会主义物权制度的基础和核心。中共中央《关于全面深化改革若干重大问题的决定》指出:“公有制为主体、多种所有制经济共同发展的基本经济制度,是中国特色社会主义制度的重要支柱,也是社会主义市场经济体制的根基。公有制经济和非公有制经济都是社会主义市场经济的重要组成部分,都是我国经济社会发展的重要基础。必须毫不动摇巩固和发展公有制经济,坚持公有制主体地位,发挥国有经济主导作用,不断增强国有经济活力、控制力、影响力。必须毫不动摇鼓励、支持、引导非公有制经济发展,激发非公有制经济活力和创造力。”中共中央《关于坚持和完善中国特色社会主义制度、推进国家治理体系和治理能力现代化若干重大问题的决定》,对我国社会主义基本经济制度的表述为:“公有制为主体、多种所有制经济共同发展,按劳分配为主体、多种分配方式并存,社会主义市场经济体制等社会主义基本经济制度”。要“毫不动摇巩固和发展公有制经济,毫不动摇鼓励、支持、引导非公有制经济发展”;“坚持按劳分配为主体、多种分配方式并存”;“加快完善社会主义市场经济体制”。中共中央、国务院《关于新时代加快完善社会主义市场经济体制的意见》再次明确:社会主义市场经济体制是社会主义基本经济制度的重要组成部分。“坚持和完善社会主义基本经济制度。坚持和完善公有制为主体、多种所有制经济共同发展,按劳分配为主体、多种分配方式并存,社会主义市场经济体制等社会主义基本经济制度,把中国特色社会主义制度与市场经济有机结合起来,为推动高质量发展、建设现代化经济体系提供重要制度保障。”

以上中共中央、国务院的决定和政策,需要以法律来表达、转换和落实。《宪法》对我国的社会主义基本经济制度作了纲领性的概括规定。第 7 条规定:“国有经济,即社会主义全民所有制经济,是国民经济中的主导力量。国家保障国有经济的巩固和发展。”第 8 条规定:“农村集体经济组织实行家庭承包经营为基础、统分结合的双层经营体制。农村中的生产、供销、信用、消费等各种形式的合作经济,是社会主义劳动群众集体所有制经济。参加农村集体经济组织的劳动者,有权在法律规定的范围内经营自留地、自留山、家庭副业和饲养自留畜。城镇中的手工业、工业、建筑业、运输业、商业、服务业等行业的各种形式的合作经济,都是社会主义劳动群众集体所有制经济。国家保护城乡集体经济组织的合法的权利和利益,鼓励、指导和帮助集体经济的发展。”第 11 条规定:“在法律规定范围内的个体经济、私营经济等非公有制经济,是社会主义市场经济的重要组成部分。国家保护个体经济、私营经济等非公有制经济的合法的权利和利益。国家鼓励、支持和引导非公有制经济的发展,并对非公有制经济依法实行监督和管理。”《民法典》要作出具体的规定,对我国的社会主义基本经济制度予以落实,完成所有制到所有权的转换,确立国家所有权、集体所有权和私人所有权以及相关权利的物权制度。《民法典》物权编的规定,就是宪法规范到民法规范的转化和落实。《民法典》第206条的规定符合《宪法》的规定,是对我国社会主义基本经济制度的准确表达。

《民法典》第206条第3款在规定"国家实行社会主义市场经济"的同时,又明确强调"保障一切市场主体的平等法律地位和发展权利"。这是对《民法典》总则编第4条规定"民事主体在民事活动中的法律地位一律平等",在物权编予以落实的原则性规定。《民法典》物权编在有关规定和制度中对此予以保障和落实。例如,《民法典》第207条规定:"国家、集体、私人的物权和其他权利人的物权受法律平等保护,任何组织或者个人不得侵犯。"第233条规定:"物权受到侵害的,权利人可以通过和解、调解、仲裁、诉讼等途径解决。"又如,《民法典》第242条规定:"法律规定专属于国家所有的不动产和动产,任何组织或者个人不能取得所有权。"第261条第1款规定:"农民集体所有的不动产和动产,属于本集体成员集体所有。"第267条规定:"私人的合法财产受法律保护,禁止任何组织或者个人侵占、哄抢、破坏。"

案　例

上诉人某房地产公司与被上诉人金鑫公司、原审第三人昌大公司房屋买卖合同纠纷案

二审法院认为,金鑫公司与某房地产公司于2010年8月2日签订的协议书以及2011年7月13日签订的补充协议书,系当事人真实意思表示,且合同内容不违反法律、法规的禁止性规定,一审法院确认上述合同为有效,具有事实和法律依据。某房地产公司上诉认为,双方签订的协议书、补充协议书违反了《企业国有资产法》第53条、第54条的规定,应为无效。本院认为,国有资产转让是国有企业经营权的体现。作为资产的管理者,有责任对资产保值增值,但亦应承担市场经营的风险。《物权法》第3条第3款规定,国家实行社会主义市场经济,保障一切市场主体的平等法律地位和发展权利。在市场经济条件下,国有企业参与市场交易与其他市场主体地位平等,其资产利益不能等同于社会公共利益。另外,最高人民法院《合同法解释(二)》第14条明确规定,《合同法》(已失效,以下不再标注。——笔者注)第52条第5项规定的"强制性规定",是指"效力性强制性规定"。因《全民所有制工业企业转换经营机制条例》《国有资产评估管理办法》《企业国有资产监督管理暂行条例》《企业国有资产法》中关于国有资产转让应当进行评估、批准等程序的规定,是对履行出资人职责的机构及相关人员行为的规范,也是法律对国有资产管理者课以的义务,要求管理者审慎地履行自己的职责,在某房地产公司没有提供证据证明房地产转让双方存在恶意串通损害国有资产权益的情况下,其以上述规定属效力性、强制性规定,应认定合同无效的上诉理由,没有事实和法律依据。

尽管金鑫公司在与某房地产公司签订协议书、补充协议书后,已经按照约定履行了支付大部分购房款的主要合同义务,某房地产公司也按合同约定向金鑫公司移交了房地产权属证明原件。但因涉案房产的所有权至今仍属于昌大公司,昌大公司亦明确表示拒绝协助金鑫公司办理房屋过户手续。一审据此认定协议书、补充协议书合同目的已不可能实现,具有事实和法律依据。因昌大公司并非协议书及补充协议书中合同的相对方,故金鑫公司、某房地产公司在协议书及补充协议书对昌大公司约定的义务,对昌大公司并不产生法律上的拘束力。一审法院依照《合同法》第121条的规定,确定不能办理标的物变更登记的违约责任由某房地产公司承担,具有事实和法律依据。某房地产公司关于其不应当承担违约责任的上诉理由不能成立,本院不予支持。故判决:驳回上诉,维持原判。①

---

① 参见湖北省高级人民法院民事判决书,(2016)鄂民终231号。

3

物权平等保护原则

【民法典】

第二百零七条　国家、集体、私人的物权和其他权利人的物权受法律平等保护,任何组织或者个人不得侵犯。

释　法

《民法典》第207条规定了物权平等保护原则。

本条规定是由《物权法》第4条修改而来,更加突出强调了"法律平等保护"原则。这是《宪法》第12条、第13条对国家财产、集体财产、私有财产予以保护的规定,第33条第2款"法律面前人人平等"原则,在《民法典》中的具体落实。同时,也是《民法典》总则编第3条规定民事主体的财产权利受法律保护、第4条"民事主体在民事活动中的法律地位一律平等"规定,在《民法典》物权编的具体落实。本书第1篇写到的《民法典》第206条第3款规定"保障一切市场主体的平等法律地位和发展权利",与此处所写《民法典》第207条的规定并不重复。前者是从法律地位上规定的,后者是从保护对象上规定的;前者是后者的前提和基础,后者是对前者的保障和落实。

对民事主体的物权予以平等保护,是由市场经济的本质决定的。市场经济遵循等价交换的原则,从而决定了民事主体在市场交换中的权利义务关系是平等的,理应受到法律的平等保护。中共中央、国务院《关于完善产权保护制度依法保护产权的意见》指出:"坚持权利平等、机会平等、规则平等,废除对非公有制经济各种形式的不合理规定,消除各种隐性壁垒,保证各种所有制经济依法平等使用生产要素、公开公平公正参与市场竞争、同等受到法律保护、共同履行社会责任。”要“健全以企业组织形式和出资人承担责任方式为主的市场主体法律制度,统筹研究清理、废止按照所有制不同类型制定的市场主体法律和行政法规,开展部门规章和规范性文件专项清理,平等保护各类市场主体。”所谓的“平等保护”,就是不偏不倚,不厚此薄彼,体现在政策规定、保护措施和出现纠纷以后的司法保护等方方面面;尤其是对非公有制财产权利不得予以歧视性对待,对国有企业产权不得给予优于其他市场主体的特别性保护。

《民法典》第267条明确规定:“私人的合法财产受法律保护,禁止任何组织或者个人侵占、哄抢、破坏。”依据《民法典》第243条、第245条的规定,因公共利益征收个人的房屋及其他不动产,应当依法给予补偿;因抢险救灾、疫情防控等的需要征用个人的不动产或者动产的,使用后,应当返还,造成毁损、灭失的,应当依法赔偿。

案　例

1. 上诉人李某平与被上诉人聚财公司、某汽车公司返还原物纠纷案

二审法院认为,本案系返还原物纠纷。争议焦点为聚财公司、某汽车公司是否应返还李某平被拖走的涉案车辆。《民法典》第207条规定:“国家、集体、私人的物权和其他权利人的物权受法律平等保护,任何组织或者个人不得侵犯。”第208条规定:“不动产物权的设立、变更、转让和消灭,应当依照法律规定登记。动产物权的设立和转让,应当依照法律规定交付。”第235条规定:“无权占有不动产或者动产的,权利人可以请求返还原物。”根据李某平二审提交的证据,可证明李某平的涉案车辆系被聚财公司委托的众财公司工作人员拖走。李某平虽与聚财公司、某汽车公司存在借款及担保合同关系,李某平以其涉案车辆作为抵押物抵押给某汽车公司作为反担保,并对涉案车辆进行了抵押权登记,但该抵押权登记已于2019年7月1日解除,且即使抵押权未解除,根据《民法典》第394条第1款“为担保债务的履行,债务人或者第三人不转移财产的占有,将该财产抵押给债权人的,债务人不履行到期债务或者发生当事人约定的实现抵押权的情形,债权人有权就该财产优先受偿。前款规定的债务人或者第三人为抵押人,债权人为抵押权人,提供担保的财产为抵押财产”之规定,抵押权的设立并不转移财产的占有。因

此，聚财公司以李某平未偿还借款为由，将李某平的涉案车辆拖走暂扣，缺乏依据，属于无权占有，侵害了李某平的财产所有权，根据上述法律规定，聚财公司应当予以返还李某平的涉案车辆。李某平没有充分证据证明与某汽车公司有关，因此，李某平要求某汽车公司返还车辆，应不予支持。关于李某平主张的误工费、租车费损失，依据不足，本院不予支持，李某平主张的律师代理费，并非必须发生的费用，本院不予支持。

综上所述，李某平的上诉请求部分成立，予以支持。判决：撤销一审判决，改判被上诉人聚财公司返还上诉人李某平所有的车牌号为湘 LG××××小轿车，驳回上诉人李某平的其他诉讼请求。①

2. 上诉人樊某旭、蓝某山与被上诉人蓝某全恢复原状纠纷案

原告樊某旭、蓝某山向一审法院起诉，请求：依法判令被告蓝某全立即退回、恢复原告的一间土木结构的房屋给原告。在诉讼过程中，变更诉讼请求为排除妨碍，要求被告返还土地。一审法院查明，原、被告均系忻城县人，1991 年，被告蓝某全的父亲蓝某辉将其从祖辈继承的位于忻城县的土地向政府申请登记，土地管理部门经过核实、公示、登记等程序后，忻城县人民政府向蓝某辉颁发忻集用（〔1991〕第××号）集体土地使用证，该使用权证中记载蓝某辉土地使用面积计为 258. 23 平方米，与樊某旭相邻的宅基地表述为，东北：J13 – J14 与樊某旭共山墙，该宅基地的使用面积为 33. 62 平方米。2021 年 1 月 14 日，原告樊某旭、蓝某山以被告蓝某全与原告房屋相邻、使用面积为 33. 62 平方米的宅基地系原告所有，故提出上述诉请。

一审法院认为，国家、集体、私人的物权受法律平等保护，任何组织或者个人不得侵犯。本案的争议焦点为原告要求被告拆除房屋、恢复土地给原告的诉讼请求是否有事实和法律依据。原告樊某旭、蓝某山提供的忻集用（〔1991〕第 203010×××号）集体土地建设用地使用证中的关于其房屋宽、长、相邻情况与该使用证中四至说明栏内容有矛盾……法院依职权到忻城县自然资源局不动产登记部门调取樊某旭名下忻集用（〔1991〕第 203010×××号）宗地图原始材料，该原始材料记载：“与樊某旭土地西南 J4 至 J5 与蓝某辉住宅平分山墙”。因此，原告提交的证据不能证实与樊某旭土地西南 J4

① 参见湖南省郴州市中级人民法院民事判决书，（2021）湘 10 民终 2132 号。

至 J5 相邻土地权属为其父亲蓝某文。法院对于原告主张案涉宅基地是从其父亲蓝某文处继承而来,要求被告拆除案涉房屋、恢复土地的诉讼请求不予支持。被告蓝某全主张其拥有争议宅基地的合法权属,该土地系被告祖辈购买来的,且于 1991 年经申请、调查核实、审批、公示、登记等程序后,由忻城县人民政府向被告父亲蓝某辉颁发集体土地使用权证忻集用(〔1991〕第 × × 号),被告合法继承该土地使用权。对于被告的主张,被告提供了地籍档案、集体土地使用证等证据证实,法院予以采纳。于是,根据《民法典》第 207 条规定,判决驳回原告蓝某山、樊某旭的诉讼请求。

二审法院认为,社会主义核心价值观倡导爱国、敬业、诚信和友善,为此,《民法典》明确规定,民事主体从事民事活动,应当遵循诚信原则,秉持诚实,恪守承诺。本案被上诉人与上诉人是相邻几十年的邻居,应当遵循社会主义核心价值观和《民法典》的规定,妥善处理好相互之间的关系。上诉人上诉称涉案房产系其祖辈所有,理应由其继承,但上诉人提供的证据并不足以推翻被上诉人的证据,且被上诉人继承的不是农村土地承包经营权,而是涉案房产,故上诉人的主张缺乏事实和法律依据,本院不予支持。故判决:驳回上诉,维持原判。①

4

物权公示原则

【民法典】

第二百零八条　不动产物权的设立、变更、转让和消灭,应当依照法律规定登记。动产物权的设立和转让,应当依照法律规定交付。

---

① 参见广西壮族自治区来宾市中级人民法院民事判决书,(2021)桂 13 民终 1266 号。

释 法

《民法典》第 208 条规定了物权公示原则，与《物权法》第 6 条规定一致。

所谓物权公示原则，是指物权的设立和变动应当依照法律规定的方法进行公示。物权的设立和变动，包括不动产物权的设立、变更、转让、消灭和动产物权的设立、转让。明确规定物权公示原则，有利于确定物的归属，维护交易安全和国家对财产的宏观管理。

物权公示的方法。依据《民法典》第 208 条的规定为：不动产，因其具有特定性和不可移动性，其物权的设立、变更、转让和消灭，应当依照法律规定进行登记。而动产物权的设立和转让，通常则无须登记，只要依照法律规定予以交付即可。这里没有规定“法律另有规定的除外”，但在物权公示的效力规定中有“除外”的规定。

物权公示的效力。物权的设立和变动，如果没有按照上述规定的方法进行公示，一般情况下不发生效力；但法律另有规定的除外。对于不动产物权，《民法典》第 209 条第 1 款规定：“不动产物权的设立、变更、转让和消灭，经依法登记，发生效力；未经登记，不发生效力，但是法律另有规定的除外。”对于动产物权，《民法典》第 224 条规定：“动产物权的设立和转让，自交付时发生效力，但是法律另有规定的除外。”①

这里的“除外”规定，是指(1)《民法典》第 209 条第 2 款规定：“依法属于国家所有的自然资源，所有权可以不登记。”(2)《民法典》第 229 条至第 231 条规定，以法律文书、征收决定和继承，以及合法建造、拆除房屋等事实行为，不以登记为生效要件，能够产生与登记、交付一样的公示效果。(3)不登记不得对抗善意第三人，也即登记只是对抗要件。如《民法典》第 335 条规定：“土地承包经营权互换、转让的，当事人可以向登记机

---

① 根据最高人民法院《民法典物权编解释(一)》第 17 条的规定，对《民法典》第 311 条第 1 款规定是否构成善意取得的构成要件第 1 项所称的“受让人受让该不动产或者动产时”，解释为“是指依法完成不动产物权转移登记或者动产交付之时”，与此发生物权变动的效力规定相一致。

构申请登记；未经登记，不得对抗善意第三人。”又如，《民法典》第225条规定：“船舶、航空器和机动车等的物权的设立、变更、转让和消灭，未经登记，不得对抗善意第三人。”但是，依据《道路交通安全法》第8条的规定，国家对机动车实行登记制度。机动车经公安机关交通管理部门登记后，方可上道路行驶。也就是说，机动车作为特殊的动产，必须进行登记。但即便如此，登记对机动车物权变动来讲，也只是对抗要件，而非生效要件。

案　例

1. 上诉人聂某琴与被上诉人李某、董某、郭某所有权确认纠纷案

一审法院认为，根据《民法典时间效力解释》第1条第3款的规定，“民法典施行前的法律事实持续至民法典施行后，该法律事实引起的民事纠纷案件，适用民法典的规定，但是法律、司法解释另有规定的除外。”因本案的法律事实持续至《民法典》施行后，故应适用《民法典》的规定。法院经审理后判决驳回了聂某琴的全部诉讼请求，聂某琴不服一审判决提起上诉。

二审法院认为，聂某琴诉请确认涉案房屋的所有权，主张涉案房屋归其所有，缺乏事实依据和法律依据。根据在案证据显示，聂某琴主张涉案房屋的所有权，依据的是她与郭某之间在婚姻存续期间及离婚时的几份协议。夫妻双方对婚内财产达成的份额协议和离婚时对夫妻共同财产的分配协议，效力仅及于婚姻关系的双方，是对家庭财产分配的一种内部约定，其效力不及于第三方。涉案房屋的登记权属人前后分别是郭某、董某和李某，聂某琴从来不是涉案房屋的登记权属人，且聂某琴也没有举证证明非因其自身原因导致未办理涉案房屋的过户登记。根据我国物权公示原则和不动产登记生效原则，不动产权属证书是权利人享有该不动产物权的证明。一审判决据此认定聂某琴的诉讼请求不能成立正确，本院予以确认。故判决：驳回上诉，维持原判。①

2. 原告高某福与被告吴某金、高某案外人执行异议之诉纠纷案

高某福向法院提出诉讼请求：不得执行霞浦县高某名下的130口渔排。②

---

① 参见广东省珠海市中级人民法院民事判决书，(2021)粤04民终5292号。

② 渔排，为疍家人在延续传统水居船屋、临水吊脚屋基础上建造的集养殖、捕鱼和居住为一体的民居（小房子）。

理由为:其与高某系姐弟关系,高某以养殖鲍鱼缺乏资金为由经常向其借款,甚至其以自己的名义为高某借款。后因高某无法还清借款,双方于2020年4月3日协商将高某位于霞浦县渔排出卖给其所有。因高某已经预收了1年的案涉渔排租金,故将该渔排所有权估价10万元,用于抵偿高某于2019年1月6日出具借条所记录的10万元借款,并将该借条作废。双方签订契约并捺印,并向当地村委告知渔排转卖事实,村委工作人员告知因进行旧排换新排登记时已经使用高某的名字,故渔排仍须登记在高某名下,无法办理更名。因吴某金与高某之间存在民间借贷纠纷并诉讼至霞浦县人民法院,霞浦县人民法院于2020年6月4日作出(2020)闽0921民初946号民事判决,判决高某应偿还吴某金借款本金130,000元及相应利息。判决生效后高某未还款,吴某金遂向霞浦县人民法院申请执行,霞浦县人民法院于2020年9月25日作出(2020)闽0921执939号之二裁定,裁定查封高某在霞浦县的渔排。其与高某的抵偿行为早在吴某金起诉高某之前即已完成,未完成更名非因其原因造成,故该渔排实际系其所有,其依法对该执行标的提出书面执行异议。霞浦县人民法院于2021年1月23日作出(2021)闽0921执异3号裁定,裁定驳回执行异议申请,其不服该裁定于2021年2月20日提起执行异议之诉。请求法院依法停止对案涉渔排的执行。

法院审理认为:(1)高某以物抵债的行为是否符合法律规定。高某与高某福系同胞姐弟关系,庭审中高某陈述其结欠外债170万元,其中包括结欠高某福37万元,该款是否偿还以及偿还多少无法确定,其直接与高某福达成协议将案涉渔排以10万元的价格抵给高某福,是否损害其他债权人的利益,故该以物抵债行为的效力待定。(2)高某福是否已取得案涉渔排的所有权问题。《物权法》第6条规定:"不动产物权的设立、变更、转让和消灭,应当依照法律规定登记。动产物权的设立和转让,应当按照法律规定交付。"该条确立了物权公示原则,并将登记和交付分别作为不动产和动产物权变动的公示方法。第23条规定:"动产物权的设立和转让,自交付时发生效力,但法律另有规定的除外。"该条进一步明确对动产物权变动采取以交付为生效要件的原则。渔排作为一种特殊动产,本质上属于动产的属性,渔排所有权的变动是动产物权变动中的一个内容,只要当事人之间已经达成渔排所有权转让合同或合意并交付该渔排,渔排所有权在当事人之间即由转让人移转至受让人。结合在案证据及当事人庭审陈述可知，高某和高某福于2020年4月3日签订渔排转让契约，双方约定高某将其在东冲海面上的案涉渔排估价10万元卖给高某福，但双方在签订上述契约后，至今高某未将渔排交付给高某福，高某福也未实际占有该渔排，案涉渔排的租金也是由高某收取，且根据行政部门信息查询可知案涉渔排仍然登记在高某名下，由此可知高某福并未取得案涉渔排的所有权，其对涉案渔排不享有足以排除强制执行的民事权益。故判决：驳回高某福的诉讼请求。①

5

不动产物权登记的效力

【民法典】

第二百零九条　不动产物权的设立、变更、转让和消灭，经依法登记，发生效力；未经登记，不发生效力，但是法律另有规定的除外。

依法属于国家所有的自然资源，所有权可以不登记。

释　法

《民法典》物权编第二章规定的是“物权的设立、变更、转让和消灭”(第209～232条)。《民法典》第209条规定了不动产物权登记的效力，与《物权法》第9条的规定基本一致。

依据《民法典》第208条的规定，不动产物权变动(不动产物权的设立、变更、转让和消灭)的公示方法，是“应当依照法律规定登记”。为什

① 参见福建省霞浦县人民法院民事判决书，(2021)闽0921民初688号。

么必须要登记呢？这要从“一房二卖”说起。比如，甲先将自己所有的一套房屋卖给了乙，乙支付了房款，也搬进去住了，但因不想交契税，没有去办理房屋过户手续。后甲生意上急需用钱，就把该房屋又卖给了丙，丙支付房款后，及时去不动产登记部门办理了过户登记手续，等丙去收房时却发现乙住在里面。丙将甲和乙起诉至法院，要求腾空房屋交由其支配。乙认为，自己买房在先，且也已居住、占有，房屋应该归其所有。但法院最终只能支持丙的请求，判决的理由在于房屋的买卖只有进行了过户登记，才能发生物权变动的效力。

我国对不动产变动采登记生效主义。未经登记，不生效力。在德国，也以登记为生效要件。《德国民法典》第 873 条第 1 款规定：“以法律不另有规定为限，就转让土地所有权，以某项权利对土地设定负担，以及转让此种权利或对此种权利设定负担而言，权利人和相对人之间必须达成关于发生权利变更的合意，且必须将权利变更登记于土地登记薄。”否则，双方不受该权利变更合意的约束，也即不发生转让的效力。① 我国自古就有“私凭文书，官凭印”的传统。《城市房地产管理法》第 60 条规定：“国家实行土地使用权和房屋所有权登记发证制度”；第 36 条规定：“房地产转让、抵押，当事人应当依照本法第五章的规定办理权属登记。”《土地管理法》第 12 条第 2 款规定：“依法登记的土地的所有权和使用权受法律保护，任何单位和个人不得侵犯。”现在要买房，最终拿到不动产登记证书才会放心。买房前，若是二手房，先去不动产登记部门查询，看要买的房屋是否有登记，有无设定抵押权、居住权等，若是新房（期房），要看看卖方（开发商）是否“五证”②齐全。

《民法典》第 209 条第 1 款规定的“法律另有规定的除外”，主要是指：（1）对于非因民事法行为产生的变动，不以登记为生效要件。《民法典》第 229 条规定：“因人民法院、仲裁机构的法律文书或者人民政府的征收决定等，导致物权设立、变更、转让或者消灭的，自法律文书或者征收决

---

① 参见《德国民法典》，陈卫佐译注，法律出版社 2015 年版，第 332 页。

② “五证”是指国有土地使用权证、建设用地规划许可证、建设工程规划许可证、建设工程施工许可证、商品房销售（预售）许可证。

定等生效时发生效力。"第 230 条规定:"因继承取得物权的,自继承开始时发生效力。"第 231 条规定:"因合法建造、拆除房屋等事实行为设立或者消灭物权的,自事实行为成就时发生效力。"(2)对土地承包经营权、地役权采取的是登记对抗主义,即未经登记不得对抗善意第三人。《民法典》第 333 条规定:"土地承包经营权自土地承包经营权合同生效时设立。登记机构应当向土地承包经营权人发放土地承包经营权证、林权证等证书,并登记造册,确认土地承包经营权。"第 335 条规定:"土地承包经营权互换、转让的,当事人可以向登记机构申请登记;未经登记,不得对抗善意第三人。"第 374 条规定:"地役权自地役权合同生效时设立。当事人要求登记的,可以向登记机构申请地役权登记;未经登记,不得对抗善意第三人。"(3)依法属于国家所有的自然资源,所有权可以不登记。也就是《民法典》第 209 条第 2 款的规定。因为我国《宪法》对此已有明确规定。①

司法实践中,最高人民法院的司法解释还规定了不少的例外。例如,《房屋登记案件规定》第 8 条规定:"当事人以作为房屋登记行为基础的买卖、共有、赠与、抵押、婚姻、继承等民事法律关系无效或者应当撤销为由,对房屋登记行为提起行政诉讼的,人民法院应当告知当事人先行解决民事争议……"也就是说,先起诉解决基础民事法律关系争议,再起诉撤销房屋登记的行政行为。第 9 条规定:"被告对被诉房屋登记行为的合法性负举证责任……"原告或第三人对被告提交的证据有异议的,应当提供相应的证据证明。若法院经过审理,认为登记行为违法则可予以撤销。也就是说,只要不动产登记状态与真实权利状态不一致,则可判决否定不动产登记记载的权利人及相关内容。又如,在执行异议案件中经常适用的,依据《执行异议和复议案件规定》第 28 条、第 29 条的规定,买受人已合法占有房屋、非因其自身原因未办理过户登记手续,及买受人作为消费者已支付房屋总价款 50% 以上、无其他居住房屋的,

---

① 《宪法》第 9 条第 1 款规定:"矿藏、水流、森林、山岭、草原、荒地、滩涂等自然资源,都属于国家所有,即全民所有;由法律规定属于集体所有的森林和山岭、草原、荒地、滩涂除外。"第 10 条第 1 款规定:"城市的土地属于国家所有。"

可依法提出执行异议排除法院的强制执行。①

案 例

原告凌某春、陈某妹与被告徐某文、凌某银房屋买卖合同纠纷案

凌某春、陈某妹向法院提出诉讼请求：徐某文、凌某银立即腾空位于安徽省芜湖市繁昌区××镇××小区××号楼××室房屋，并将其房屋交付给凌某春、陈某妹。法院经审理认定事实：凌某春与陈某妹系夫妻关系，徐某文与凌某银系夫妻关系，凌某春与凌某银系姐弟关系。案涉房屋原产权人是徐某文、凌某银，由于徐某文夫妇拖欠他人债务无力偿还，债权人起诉至法院，后经法院判决并进入执行程序。凌某春的兄弟姐妹经商议后决定拉徐某文夫妇一把，由凌某春出面把案涉房屋买下来。2017年5月19日，凌某春、陈某妹通过网络司法拍卖程序购买了涉案房屋，房屋的成交价格为56万元，连同办理相关手续共用去58.8万元，其中有部分是凌某春出面向其他兄弟姐妹借的。司法拍卖程序完成后，凌某春夫妇于2018年2月26日将其涉案的房屋登记到自己名下，当时与徐某文夫妇说定，给其夫妇居住两年，两年后要么徐某文夫妇将购房款归还给凌某春夫妇，要么将房屋腾出来给凌某春夫妇。两年到期后，至今徐某文夫妇未归还购房款，凌某春夫妇遂诉至法院。

法院认为，凌某春夫妇通过法院网络公开拍卖程序取得涉案房屋的所有权，办理了过户登记手续，是合法取得，其房屋产权受法律保护。凌某春夫妇在取得房屋产权后看在姐弟手足情分上无偿给徐某文夫妇居住两年多，这已是难能可贵了，徐某文夫妇应当于两年后给付购房款，或者腾空房屋让给凌某春夫妇。但徐某文夫妇并未做到，故现凌某春夫妇要求徐某文夫妇腾空并交

---

① 最高人民法院《执行异议和复议案件规定》第28条规定："金钱债权执行中，买受人对登记在被执行人名下的不动产提出异议，符合下列情形且其权利能够排除执行的，人民法院应予支持：(一)在人民法院查封之前已签订合法有效的书面买卖合同；(二)在人民法院查封之前已合法占有该不动产；(三)已支付全部价款，或者已按照合同约定支付部分价款且将剩余价款按照人民法院的要求交付执行；(四)非因买受人自身原因未办理过户登记。"第29条规定："金钱债权执行中，买受人对登记在被执行的房地产开发企业名下的商品房提出异议，符合下列情形且其权利能够排除执行的，人民法院应予支持：(一)在人民法院查封之前已签订合法有效的书面买卖合同；(二)所购商品房系用于居住且买受人名下无其他用于居住的房屋；(三)已支付的价款超过合同约定总价款的百分之五十。"

付涉案房屋,本院予以支持。至于凌某银认为当初兄弟姐妹凑钱就是为了帮其夫妇“赎回”房子,只是变通登记于凌某春夫妇名下,但并无相关证据证明,现有证据只能证明是凌某春出钱买下了案涉房屋,故对凌某银的这一抗辩,本院不予采信。故判决:被告徐某文、凌某银于本判决生效之日起 30 日内腾空位于繁昌区××镇××小区××号楼××室房屋并交付给原告凌某春、陈某妹。①

6

不动产登记的申请

【民法典】

第二百一十条　不动产登记,由不动产所在地的登记机构办理。

国家对不动产实行统一登记制度。统一登记的范围、登记机构和登记办法,由法律、行政法规规定。

第二百一十一条　当事人申请登记,应当根据不同登记事项提供权属证明和不动产界址、面积等必要材料。

第二百二十三条　不动产登记费按件收取,不得按照不动产的面积、体积或者价款的比例收取。

释　法

《民法典》第 210 ~ 211 条、第 223 条规定了不动产登记的申请。

《民法典》第 210 条第 2 款规定:“国家对不动产实行统一登记制度。

① 参见安徽省芜湖市繁昌区人民法院民事判决书,(2021)皖 0222 民初 665 号。

统一登记的范围、登记机构和登记办法,由法律、行政法规规定。”依据《不动产登记暂行条例》第 2 条的规定:“本条例所称不动产登记,是指不动产登记机构依法将不动产权利归属和其他法定事项记载于不动产登记簿的行为。本条例所称不动产,是指土地、海域以及房屋、林木等定着物。”

我国对不动产的登记原来并不是统一的,实行的是由多个部门进行的“多头”登记管理制度。购买房屋,“房”是在房产管理部门登记,“地”则是在土地管理部门登记的,登记是分开进行的。① 还有,林权在林业主管部门登记②;草原在草原行政主管部门登记③;农村承包土地是分别

---

① 《城市房地产管理法》第 60 条规定:“国家实行土地使用权和房屋所有权登记发证制度。”第 61 条规定:“以出让或者划拨方式取得土地使用权,应当向县级以上地方人民政府土地管理部门申请登记,经县级以上地方人民政府土地管理部门核实,由同级人民政府颁发土地使用权证书。在依法取得的房地产开发用地上建成房屋的,应当凭土地使用权证书向县级以上地方人民政府房产管理部门申请登记,由县级以上地方人民政府房产管理部门核实并颁发房屋所有权证书。房地产转让或者变更时,应当向县级以上地方人民政府房产管理部门申请房产变更登记,并凭变更后的房屋所有权证书向同级人民政府土地管理部门申请土地使用权变更登记,经同级人民政府土地管理部门核实,由同级人民政府更换或者更改土地使用权证书。法律另有规定的,依照有关法律的规定办理。”《土地管理法》第 12 条第 1 款规定:“土地的所有权和使用权的登记,依照有关不动产登记的法律、行政法规执行。”

② 2019 年 12 月 28 日修订之前的《森林法》第 3 条第 2 款规定:“国家所有的和集体所有的森林、林木和林地,个人所有的林木和使用的林地,由县级以上地方人民政府登记造册,发放证书,确认所有权或者使用权。国务院可以授权国务院林业主管部门,对国务院确定的国家所有的重点林区的森林、林木和林地登记造册,发放证书,并通知有关地方人民政府。”依据《林木和林地权属登记管理办法》第 1 条的规定,林权包括森林、林木和林地的所有权或者使用权。该办法第 2 条规定:“县级以上林业主管部门依法履行林权登记职责。林权登记包括初始、变更和注销登记。”

③ 《草原法》第 11 条规定:“依法确定给全民所有制单位、集体经济组织等使用的国家所有的草原,由县级以上人民政府登记,核发使用权证,确认草原使用权。未确定使用权的国家所有的草原,由县级以上人民政府登记造册,并负责保护管理。集体所有的草原,由县级人民政府登记,核发所有权证,确认草原所有权。依法改变草原权属的,应当办理草原权属变更登记手续。”2018 年 3 月机构改革之前,草原行政主管部门是农业部;机构改革之后,为林业和草原局。草原,指天然草原和人工草地。

由农业、林业等行政主管部门管理、登记的①;利用水域进行养殖、海上捕捞作业,由渔业行政主管部门颁发养殖证、捕捞证②;等等。这种"多头"登记,容易出现推诿、扯皮和互相矛盾的情况,也增加了交易成本,影响了登记公示的效果和交易安全。

2018 年 3 月 17 日十三届全国人大一次会议通过的《国务院机构改革方案》,决定组建自然资源部。将国土资源部的职责,国家发展和改革委员会的组织编制主体功能区规划职责,住房和城乡建设部的城乡规划管理职责,水利部的水资源调查和确权登记管理职责,农业部的草原资源调查和确权登记管理职责,国家林业局的森林、湿地等资源调查和确权登记管理职责,国家海洋局的职责,国家测绘地理信息局的职责整合,组建自然资源部,作为国务院组成部门。③

《民法典》第 210 条第 2 款规定的"统一登记",包括制度统一、范围统一、机构统一和办法统一;具体实施要由法律、行政法规另行规定④。

---

① 《农村土地承包法》(2003 年)第 23 条第 1 款规定:"县级以上地方人民政府应当向承包方颁发土地承包经营权证或者林权证等证书,并登记造册,确认土地承包经营权。"当时是由县级以上地方人民政府农业、林业等行政主管部门分别负责本行政区域内农村土地承包及承包合同管理的。

② 《渔业法》第 11 条第 1 款规定:"国家对水域利用进行统一规划,确定可以用于养殖业的水域和滩涂。单位和个人使用国家规划确定用于养殖业的全民所有的水域、滩涂的,使用者应当向县级以上地方人民政府渔业行政主管部门提出申请,由本级人民政府核发养殖证,许可其使用该水域、滩涂从事养殖生产。核发养殖证的具体办法由国务院规定。"第 23 条第 1 款、第 2 款规定:"国家对捕捞业实行捕捞许可证制度。到中华人民共和国与有关国家缔结的协定确定的共同管理的渔区或者公海从事捕捞作业的捕捞许可证,由国务院渔业行政主管部门批准发放。海洋大型拖网、围网作业的捕捞许可证,由省、自治区、直辖市人民政府渔业行政主管部门批准发放。其他作业的捕捞许可证,由县级以上地方人民政府渔业行政主管部门批准发放;但是,批准发放海洋作业的捕捞许可证不得超过国家下达的船网工具控制指标,具体办法由省、自治区、直辖市人民政府规定。"

③ 新华社:《国务院机构改革方案》,载搜狐网,https://www.sohu.com/a/235539696_100154845,2024 年 2 月 12 日访问。

④ 《不动产登记法》的起草,已列入全国人大常委会《2022 年度立法工作计划》"预备审议项目"。参见《全国人大常委会 2022 年度立法工作计划》,载中国人大网,http://www.npc.gov.cn/npc/c2/c30834/202205/t20220506_317718.html,2024 年 2 月 12 日访问。

《不动产登记暂行条例》第 6 条规定："国务院自然资源主管部门负责指导、监督全国不动产登记工作。县级以上地方人民政府应当确定一个部门为本行政区域的不动产登记机构，负责不动产登记工作，并接受上级人民政府不动产登记主管部门的指导、监督。"不动产登记的范围，依据《不动产登记暂行条例》第 5 条的规定，包括：(1) 集体土地所有权；(2) 房屋等建筑物、构筑物所有权；(3) 森林、林木所有权；(4) 耕地、林地、草地等土地承包经营权；(5) 建设用地使用权；(6) 宅基地使用权；(7) 海域使用权；(8) 地役权；(9) 抵押权；(10) 法律规定需要登记的其他不动产权利。登记办法，即如何进行登记，参见《民法典》物权编第 2 章第 1 节不动产登记的其他规定，以及《不动产登记暂行条例》第 2 章不动产登记簿和第 3 章登记程序的有关规定。

《民法典》第 210 条第 1 款规定："不动产登记，由不动产所在地的登记机构办理。"《不动产登记暂行条例》第 7 条具体规定："不动产登记由不动产所在地的县级人民政府不动产登记机构办理；直辖市、设区的市人民政府可以确定本级不动产登记机构统一办理所属各区的不动产登记。跨县级行政区域的不动产登记，由所跨县级行政区域的不动产登记机构分别办理。不能分别办理的，由所跨县级行政区域的不动产登记机构协商办理；协商不成的，由共同的上一级人民政府不动产登记主管部门指定办理。国务院确定的重点国有林区的森林、林木和林地，国务院批准项目用海、用岛，中央国家机关使用的国有土地等不动产登记，由国务院国土资源主管部门会同有关部门规定。"

《民法典》第 211 条规定："当事人申请登记，应当根据不同登记事项提供权属证明和不动产界址、面积等必要材料。"《不动产登记暂行条例》第 14 条规定："因买卖、设定抵押权等申请不动产登记的，应当由当事人双方共同申请。"依该条规定对不动产首次申请登记，因继承、接受遗赠取得不动产权利，和因人民法院、仲裁委员会生效的法律文书或者人民政府生效的决定等设立、变更、转让、消灭不动产权利等情况，可以由当事人单方申请。第 16 条规定："申请人应当提交下列材料，并对申请材料的真实性负责：(一) 登记申请书；(二) 申请人、代理人身份证明材料、授权委托书;(三)相关的不动产权属来源证明材料、登记原因证明文件、不动产权属证书;(四)不动产界址、空间界限、面积等材料;(五)与他人利害关系的说明材料;(六)法律、行政法规以及本条例实施细则规定的其他材料。不动产登记机构应当在办公场所和门户网站公开申请登记所需材料目录和示范文本等信息。"依据《不动产登记暂行条例》第 18 ~ 22 条的规定,不动产登记机构对申请人提交的申请材料进行查验、实地查看,应当自受理登记申请之日起 30 个工作日内办结不动产登记手续,法律另有规定的除外。如果不应当予以登记,应当书面告知申请人。

《民法典》第 223 条规定:"不动产登记费按件收取,不得按照不动产的面积、体积或者价款的比例收取。"目前,不动产登记的收费依据为国家发展和改革委员会、财政部《关于不动产登记收费标准等有关问题的通知》(发改价格规〔2016〕2559 号)和财政部、国家发展改革委《关于减免部分行政事业性收费有关政策的通知》(财税〔2019〕45 号)的相关规定。

案　例

再审申请人谭某与被申请人某市自然资源和规划局房屋所有权登记案

再审审查法院认为:依照《民法典》第 210 条的规定:"不动产登记,由不动产所在地的登记机构办理。国家对不动产实行统一登记制度。统一登记的范围、登记机构和登记办法,由法律、行政法规规定。"《不动产登记暂行条例》第 8 条规定:"不动产以不动产单元为基本单位进行登记。不动产单元具有唯一编码。不动产登记机构应当按照国务院自然资源主管部门的规定设立统一的不动产登记簿。不动产登记簿应当记载以下事项:(一)不动产的坐落、界址、空间界限、面积、用途等自然状况;(二)不动产权利的主体、类型、内容、来源、期限、权利变化等权属状况;(三)涉及不动产权利限制、提示的事项;(四)其他相关事项。"涉案不动产为商住房,属于一个基本单元,被申请人将涉案不动产作为一个独立的不动产单元进行登记,并记载了证书字号、权利人、共有情况、坐落、单元号、权利类型、性质、用途、面积、使用期限以及分摊土地使用权面积、房屋结构、房屋总层数及所在楼层数、产权来源、权利变化等情况,涉案不动产具有唯一的不动产单元号,符合上述规定。再审申请人主张将涉案不动产划分为不同的部分并将各部分进行实体分割计算面积实质上是对不动产单元的错误理解。《不动产登记暂行条例》第8条规定中亦并未规定应当记载包含层高的内容,再审申请人主张的理由与事实不符。无论是从再审申请人在与某进房地产公司签订的《商品房买卖合同》,还是从再审申请人与张某艳、某进房地产公司提交的不动产登记申请书、契税完税情况证明、离婚补充协议等资料,均可以证明被申请人依据某市某测绘公司出具的《房屋测量报告》,为再审申请人颁发的不动产权证书登记的房屋建筑面积为75.07平方米并无不当。再审申请人以层高5.6米为由主张涉案房屋建筑面积应以两层计算为150.14平方米没有事实和法律依据。故裁定:驳回谭某的再审申请。①

7

不动产登记机构的职责

【民法典】

第二百一十二条　登记机构应当履行下列职责:

(一)查验申请人提供的权属证明和其他必要材料;

(二)就有关登记事项询问申请人;

(三)如实、及时登记有关事项;

(四)法律、行政法规规定的其他职责。

---

① 参见湖北省高级人民法院行政裁定书,(2023)鄂行申998号。

申请登记的不动产的有关情况需要进一步证明的,登记机构可以要求申请人补充材料,必要时可以实地查看。

第二百一十三条　登记机构不得有下列行为:

(一)要求对不动产进行评估;

(二)以年检等名义进行重复登记;

(三)超出登记职责范围的其他行为。

释　法

《民法典》第212~213条规定了不动产登记机构的职责,与《物权法》第12条和第13条的规定相同。

依照《民法典》第211条规定,当事人申请登记,应当根据不同登记事项提供权属证明和不动产界址、面积等必要材料。当事人提交申请材料以后,登记机构进行审查,审查是登记机构依法应当履行的行政职责。《民法典》作为私法,之所以要规定行政机关的工作职责,是因为涉及了民事主体的民事权利。《民法典》通过规定公法规范,约束公权力,保障私权利。

《民法典》第212条,明确规定不动产登记机构应当履行的工作职责:(1)查验申请人提供的权属证明和其他必要材料。"其他必要材料",是根据申请人申请登记的物权要求应当提供的必要材料。比如,依据《不动产登记暂行条例实施细则》第45条规定:"申请集体建设用地使用权及建筑物、构筑物所有权首次登记的,申请人应当根据不同情况,提交下列材料:(一)有批准权的人民政府批准用地的文件等土地权属来源材料;(二)建设工程符合规划的材料;(三)权籍调查表、宗地图、房屋平面图以及宗地界址点坐标等有关不动产界址、面积等材料;(四)建设工程已竣工的材料;(五)其他必要材料。集体建设用地使用权首次登记完成后,申请人申请建筑物、构筑物所有权首次登记的,应当提交享有集体建设用地使用权的不动产权属证书。"(2)就有关登记事项询问申请人。登记机构就登记事项,需要进一步了解、核实的情况,向申请人进行询问。(3)如实、及时登记有关事项。这是保障权利人不动产物权、实事求是和行政效力原则,以及不动产物权变动登记的公示效力和公信原则的基本要求。"有关事项",亦是依申请登记的物权事项不同而有异。如依据《不动产登记暂行条例实施细则》第50条的规定,需要登记土地承包经营权转移的原因,是互换、转让,还是因家庭关系、婚姻关系变化等导致土地承包经营权分割或者合并,或者依法导致土地承包经营权转移的其他情形。(4)法律、行政法规规定的其他职责。此为兜底条款,为不动产登记方面法律、行政法规的其他规定预留接口。(5)必要时可以实地查看。在申请登记不动产有关情况需要进一步证明的,登记机构可以要求申请人补充材料,并进行实地查看。如《不动产登记暂行条例实施细则》第16条规定:"不动产登记机构进行实地查看,重点查看下列情况:(一)房屋等建筑物、构筑物所有权首次登记,查看房屋坐落及其建造完成等情况;(二)在建建筑物抵押权登记,查看抵押的在建建筑物坐落及其建造等情况;(三)因不动产灭失导致的注销登记,查看不动产灭失等情况。"

我国《民法典》规定不动产登记机构的审查职责,是实质审查,还是形式审查,学界观点不一。有认为是"实质审查"①,也有认为是"形式审查"②,还有认为是"形式审查为主、实质审查为辅"③等多种观点;司法实践中也颇有争议。笔者认为,我国不动产登记机构的审查职责应为一定程度(非完全)的实质审查主义,即非因当事人的责任和法律、行政法规规定的免责事由,登记机关登记错误就应当承担法律责任,包括行政赔偿责任。④

---

① 参见江平主编:《中华人民共和国物权法精解》,中国政法大学出版社2007年版,第29页;李显冬主编:《中国物权法要义与案例释解》,法律出版社2007年版,第35页。

② 参见崔建远:《中国民法典释评·物权编》(上卷),中国人民大学出版社2020年版,第77页。

③ 参见中国审判理论研究会民事审判理论专业委员会编:《民法典物权编条文理解与司法适用》,法律出版社2020年版,第27页。

④ 《民法典》第222条第2款规定:"因登记错误,造成他人损害的,登记机构应当承担赔偿责任。登记机构赔偿后,可以向造成登记错误的人追偿。"

《民法典》第 213 条规定,登记机构不得有下列行为:(1)要求对不动产进行评估;(2)以年检等名义进行重复登记;(3)超出登记职责范围的其他行为。这是针对不动产物权登记工作中存在的乱象,作出的明确禁止性规定,登记机关及其工作人员不得逾越,否则要依法承担法律责任。① 不动产物权登记当事人及第三人的合法权益因登记机关没有依法履行工作职责受到侵害的,可以依法通过行政复议或者行政诉讼来维护自己的合法权益。

案　例

1. 上诉人范某杰、范某增与被上诉人某县自然资源和规划局其他不作为案

法院认为,上诉人范某杰、范某增向一审法院起诉具体请求为:“全面执行(2015)孟行初字第 9 号生效的法院判决,履行某县政府不动产登记机构的职责,依法恢复范某如的不动产登记档案,给范某如的(09)字第 020194 号宅基地使用权进行登记发证。证书也可以转发给他的继承人每人各一证”,即上诉人范某杰、范某增向一审法院请求的是要求行政机关履行涉案不动产登记的法定职责。根据《行政诉讼法解释》第 68 条第 1 款第 2 项“行政诉讼法第四十九条第三项规定的‘有具体的诉讼请求’是指:……(二)请求判决行政机关履行特定法定职责或给付义务”规定,上诉人向一审法院的起诉“有具体的诉讼请求”。原审认为上诉人在原审的诉求不具体明确欠妥,应予纠正。故裁定:撤销(2019)冀 0930 行初 4 号行政裁定,指令一审法院予以立案。②

2. 原告蔡某正不服被告某县国土资源局不动产行政登记案

法院认为,依据《物权法》第 12 条第 1 款的规定,不动产登记机构的职责有:查验申请人提供的权属证明和其他必要材料;就有关登记事项询问申请

① 《不动产登记暂行条例》第 30 条规定:“不动产登记机构工作人员进行虚假登记,损毁、伪造不动产登记簿,擅自修改登记事项,或者有其他滥用职权、玩忽职守行为的,依法给予处分;给他人造成损害的,依法承担赔偿责任;构成犯罪的,依法追究刑事责任。”

② 参见河北省沧州市中级人民法院行政裁定书,(2019)冀 09 行终 420 号。

人；如实、及时登记有关事项等。《不动产登记暂行条例实施细则》第 15 条规定，不动产登记机构受理不动产登记申请后，还应当对下列内容进行查验：(1) 申请人、委托代理人身份证明材料以及授权委托书与申请主体是否一致；(2) 权属来源材料或者登记原因文件与申请登记的内容是否一致；(3) 不动产界址、空间界限、面积等权籍调查成果是否完备，权属是否清楚、界址是否清晰、面积是否准确……被告提供的证据可以证明其已履行了对第三人提交补证登记所需的全部材料及就“蔡某正”提交的相关身份证明进行查验、询问、个人身份比对等职责，在第三人及“蔡某正”对其提交的相关材料的真实性签字确认后，经依法审核，记载于电子不动产登记簿，并为第三人核发了不动产权属证书。被告的上述行为，符合法律规定。

关于被告是否尽到了审慎审查义务的问题，本院认为，根据《不动产登记暂行条例》第 16 条“申请人应对申请材料的真实性负责”以及《物权法》第 12 条等规定，申请人应对其提交材料的真实性负责，被告对于不动产登记既有形式上的审查，又有实质性审查的职责。本案被告对第三人提供的涉及《不动产登记暂行条例实施细则》第 15 条第 2 项、第 3 项的事项进行了全部审查，尽到了严格的审查义务；对申请人个人身份的审查事项，第三人提供的自己身份信息与真实的身份信息一致，“蔡某正”提供了伪造“蔡某正”照片的身份证，到场人与该假身份证上的照片一致，其他身份信息与原告蔡某正的真实信息相一致。在被告缺乏身份证专门识别仪器和其他有效方法进行检验的现有条件下，对到场人的面部特征和所持身份证上的照片进行比对查验，并经申请人签字确认后，认定第三人与“蔡某正”的身份，并无不当，应认定被告已经尽到了合理审慎的审查义务，被告据此作出的登记行为并无过错或过失。

综上所述，第三人曾某宝故意采取欺骗手段，提供虚假利害关系人的身份证，指使他人冒充其妻蔡某正，违背蔡某正真实意愿，虚假陈述原房产的共有情况为曾某宝单独所有，最终导致被告为第三人作出不动产登记并核发不动产权属证书的行政行为，建立在虚假的证据之上。尽管被告的行为并无过错或者过失，但被告的登记行为是依据第三人提供的虚假证据的情况下作出，因此，仍应判定被告作出的行政行为认定事实错误，主要证据不足，依法应予撤销。原告的诉讼请求，本院予以支持。第三人曾某宝的行为涉嫌违反了相关规定,相关利害关系人可依照法律、法规的规定追究第三人的责任。故判决:撤销被告某县国土资源局鲁(2016)某县不动产权第00021××号不动产登记行为及不动产权证书。①

8

不动产物权变动的生效时间

【民法典】

第二百一十四条　不动产物权的设立、变更、转让和消灭,依照法律规定应当登记的,自记载于不动产登记簿时发生效力。

释　法

《民法典》第214条规定了不动产物权变动的生效时间,即什么时间发生物权变动的效力,与《物权法》第14条规定内容一致。

1. 依据《民法典》第208条的规定,不动产物权的设立、变更、转让和消灭,应当依照法律规定登记。第209条第1款规定,不动产物权的设立、变更、转让和消灭,经依法登记,发生效力;未经登记,不发生效力,但是法律另有规定的除外。上述规定明确了不动产物权变动的公示方法是应当依照法律规定登记,且明确为登记生效主义,未经登记不发生效力。那么,究竟什么时间生效?是申请人提交申请的时间,还是领到不动产权证书的时间?都不是!是记载于不动产登记簿的时间。这就是《民法典》第214条的规定,不动产物权的设立、变更、转让和消灭,依照

① 参见山东省临朐县人民法院行政判决书,(2017)鲁0724行初6号。

法律规定应当登记的,自记载于不动产登记簿时发生效力。

《不动产登记暂行条例》第21条规定:"登记事项自记载于不动产登记簿时完成登记。不动产登记机构完成登记,应当依法向申请人核发不动产权属证书或者登记证明。"《不动产登记暂行条例实施细则》第20条规定,"不动产登记机构应当根据不动产登记簿,填写并核发不动产权属证书或者不动产登记证明。""除办理抵押权登记、地役权登记和预告登记、异议登记,向申请人核发不动产登记证明外,不动产登记机构应当依法向权利人核发不动产权属证书。""不动产权属证书和不动产登记证明,应当加盖不动产登记机构登记专用章。"

不动产物权变动的登记,包括设立登记、变更登记、转让(移)登记和注销(消灭)登记。

第一,设立登记,即首次登记。依据《不动产登记暂行条例实施细则》第24条的规定,未办理不动产首次登记的,不得办理不动产其他类型登记,但法律、行政法规另有规定的除外。第25条规定,市、县人民政府可以根据情况对本行政区域内未登记的不动产,组织开展集体土地所有权、宅基地使用权、集体建设用地使用权、土地承包经营权的首次登记。依照前款规定办理首次登记所需的权属来源、调查等登记材料,由人民政府有关部门组织获取。

第二,变更登记。《不动产登记暂行条例实施细则》第26条规定,有下列情形之一的,不动产权利人可以向不动产登记机构申请变更登记:(1)权利人的姓名、名称、身份证明类型或者身份证明号码发生变更的;(2)不动产的坐落、界址、用途、面积等状况变更的;(3)不动产权利期限、来源等状况发生变化的;(4)同一权利人分割或者合并不动产的;(5)抵押担保的范围、主债权数额、债务履行期限、抵押权顺位发生变化的;(6)最高额抵押担保的债权范围、最高债权额、债权确定期间等发生变化的;(7)地役权的利用目的、方法等发生变化的;(8)共有性质发生变更的;(9)法律、行政法规规定的其他不涉及不动产权利转移的变更情形。

第三,转移登记。《不动产登记暂行条例实施细则》第27条规定,因下列情形导致不动产权利转移的，当事人可以向不动产登记机构申请转移登记：(1)买卖、互换、赠与不动产的；(2)以不动产作价出资（入股）的；(3)法人或者其他组织因合并、分立等原因致使不动产权利发生转移的；(4)不动产分割、合并导致权利发生转移的；(5)继承、受遗赠导致权利发生转移的；(6)共有人增加或者减少以及共有不动产份额变化的；(7)因人民法院、仲裁委员会的生效法律文书导致不动产权利发生转移的；(8)因主债权转移引起不动产抵押权转移的；(9)因需役地不动产权利转移引起地役权转移的；(10)法律、行政法规规定的其他不动产权利转移情形。

第四，注销登记。《不动产登记暂行条例实施细则》第28条规定，有下列情形之一的，当事人可以申请办理注销登记：(1)不动产灭失的；(2)权利人放弃不动产权利的；(3)不动产被依法没收、征收或者收回的；(4)人民法院、仲裁委员会的生效法律文书导致不动产权利消灭的；(5)法律、行政法规规定的其他情形。不动产上已经设立抵押权、地役权或者已经办理预告登记，所有权人、使用权人因放弃权利申请注销登记的，申请人应当提供抵押权人、地役权人、预告登记权利人同意的书面材料。

2.《民法典》第214条规定"依照法律规定应当登记的"，是指因民事法律行为引起的物权变动，即物权变动的一般情况。所谓的特殊情况，即《民法典》第209条第1款规定的"法律另有规定的除外"，主要是指：(1)对于非因民事法行为产生的变动，不以登记为生效要件。《民法典》第229～231条的规定。(2)对土地承包经营权、地役权，未经登记不得对抗善意第三人。《民法典》第333条、第335条、第374条的规定。(3)依法属于国家所有的自然资源，所有权可以不登记。《民法典》第209条第2款的规定。[①]

---

① 参见本书"5　不动产物权登记的效力"。

案 例

再审申请人孟某莲、李某平与被申请人李某维不当得利纠纷案

再审法院审查认为,再审申请人申请再审事由不能成立。理由如下:在案证据显示,2002年10月15日李某平与某器材厂签订住宅楼买卖合同并支付了全部价款。2007年11月12日李某平出具房产变更证明,内容为“李某平自愿将某器材厂1号楼×单元×××房产由原来的李某平变更为霍某儿”,证明上李某平签字并捺印。2016年12月22日霍某儿出具证明,内容为“我本人购买某器材厂宿舍一套(1号楼×单元×××室),本人霍某儿自愿将此房的房屋产权证办成我二儿子李某维的名字”,其上有霍某儿签字并捺印,该证明文件原件在某器材厂内保存。涉案房屋的房屋所有权证显示房屋所有人为李某维。根据《物权法》第9条规定,不动产物权的设立、变更、转让和消灭,经依法登记,发生效力;未经登记,不发生效力,但法律另有规定的除外。第14条规定,不动产物权的设立、变更、转让和消灭,依照法律规定应当登记的,自记载于不动产登记簿时发生效力。案涉房屋由申请人出资购买,后自愿将房屋产权转移给霍某儿,随后霍某儿又自愿将房屋产权转移给李某维。各方主体均是在自愿的前提下进行的产权变更,不违反法律、行政法规的强制性规定,不违背公序良俗,其行为均合法、有效。其后,某器材厂也为李某维办理了房屋所有权证,依法进行了不动产物权登记。申请人虽提供了买卖合同、购房收据及入伙手续书等证据,但该证据仅能证明申请人初始取得案涉房产时合法、有效,不能否定其于2007年11月12日给霍某儿出具房产变更证明的效力,也不能否定不动产登记簿的效力。被申请人依据霍某儿出具的证明办理房屋产权证书、依据自己对该房产享有的物权而在房屋拆迁时获得经济补偿有事实和法律依据。申请人未能充分举证证明被申请人不当得利,故原审判令申请人承担举证不利的后果、判令驳回申请人的诉讼请求并无不当。故裁定:驳回再审申请人李某平、孟某莲的再审申请。①

① 参见山西省高级人民法院民事裁定书,(2021)晋民申3514号。

9

不动产物权变动合同的效力

【民法典】

第二百一十五条　当事人之间订立有关设立、变更、转让和消灭不动产物权的合同,除法律另有规定或者当事人另有约定外,自合同成立时生效;未办理物权登记的,不影响合同效力。

释　法

《民法典》第 215 条规定了不动产物权变动合同的效力,亦即规定了不动产物权变动的原因与结果相区分的原则,与《物权法》第 15 条规定内容一致。

不动产物权变动的原因与结果相区分的原则,是指在基于法律行为的物权变动中应当区分合同的效力与物权变动的效力,物权是否变动对于合同的效力不发生影响。① 关于不动产物权变动的合同,即设立、变更、转让和消灭不动产物权的合同,主要是指买卖合同、赠与合同和抵押合同等。比如,《民法典》第 595 条规定的买卖合同,是出卖人转移标的物的所有权于买受人,买受人支付价款的合同;第 657 条规定的赠与合同,是赠与人将自己的财产无偿给予受赠人,受赠人表示接受赠与的合同。与其他合同一样,不动产物权变动合同应当自合同成立时生效,此为合同生效的一般规则;除非法律另有规定或者当事人另有约定。这个"除外"规定,是指不动产物权变动的合同不符合《民法典》第 143 条规

① 参见王利明:《论债权形式主义下的区分原则——以〈民法典〉第 215 条为中心》,载《清华法学》2022 年第 3 期。

定民事法律行为的生效要件，违反了《民法典》第 144 条、第 146 条第 1 款、第 153 条、第 154 条等条款的规定，存在无民事行为能力人签订合同，意思表示虚假，违反法律、行政法规的强制性规定，违背公序良俗，以及行为人与相对人恶意串通等情况；或者当事人约定不动产物权变动的合同以办理过户登记后才生效的情况。

《民法典》第 215 条后半句规定，未办理物权登记的，不影响合同效力。我们不能以是否办理了不动产物权登记，来推出或者判断不动产物权合同是否有效；虽然不动产物权变动的合同是原因，产生不动产物权变动是结果。不动产物权登记只是产生不动产物权变动的公示方法，二者并不发生必然的因果关系。即便是没有发生物权变动的效果，也不影响物权变动合同的效力。但是，不动产物权变动合同与产生不动产物权变动的结果又是有关联的。如果当事人之间签订的不动产物权变动的合同被宣告无效或者被撤销，那么就不可能产生物权变动的法律效果。同样，即便当事人具有不动产物权变动的合意，可是没有完成公示，物权变动也不能发生。

不动产物权变动的合同是债权行为，其具有相对性、对人性，不具有排他的效力；而不动产物权变动经过登记的公示方法之后，则具有绝对性、对世性，即产生了排他的效力。我们仍以“一房二卖”的房屋买卖合同为例，甲将其所有的一套房屋卖给乙，乙付款后即入住该房屋，但没有办理房屋过户登记手续；后甲又把该房屋卖给丙，并与丙办理了房屋过户登记手续。对于甲与乙、甲与丙分别签订的两份房屋买卖合同都应当是有效的，但甲与乙之间仅存在的是房屋合同（债权）关系，在乙得不到房屋的情况下，只能要求甲承担不能交付房屋的违约责任①；丙则可行使物权请求权，要求乙腾退其占有的房屋。

《民法典》明确规定不动产物权变动的原因与结果相区分的原则很重要，澄清了以前的模糊、错误认识，维护了不动产的交易安全和正常的

---

① 《民法典》第 597 条第 1 款规定：“因出卖人未取得处分权致使标的物所有权不能转移的，买受人可以解除合同并请求出卖人承担违约责任。”

市场经济秩序。以前认为没有办理过户登记手续,房屋买卖合同或者土地使用权转让合同就无效,是错误的,后来最高人民法院颁布的相关司法解释已经予以明确和纠正。比如,《合同法解释(一)》第 9 条规定:"……法律、行政法规规定合同应当办理登记手续,但未规定登记后生效的,当事人未办理登记手续不影响合同的效力,合同标的物所有权及其他物权不能转移。"《国有土地使用权合同纠纷案件解释》第 8 条规定:"土地使用权人作为转让方与受让方订立土地使用权转让合同后,当事人一方以双方之间未办理土地使用权变更登记手续为由,请求确认合同无效的,不予支持。"

案　例

上诉人北票某支行与被上诉人秦某娟、联兴公司、郝某志、孙某平第三人撤销之诉案

秦某娟向一审法院诉讼,提出请求:(1)撤销北票市人民法院作出的(2021)辽 1381 执 1269-4 号执行裁定书;(2)确认原告与被告联兴公司签订的商品房买卖(预售)合同系有效合同。一审法院判决:(1)撤销北票市人民法院(2021)辽 1381 执 1269-4 号执行裁定书的裁定,即撤销"一、将被执行人郝某龙、孙某平所有的坐落于北票市南山管理区孤岛社区 C 幢 01012 号房屋(房屋预告登记证明、北票房预北票市字第 2××5 号)作价 1,622,128.95 元,交付申请执行人北票某支行抵偿评估费 9981 元,本金 1,144,782.94 元,利息 467,365.01 元,合计抵偿金额 1,622,128.95 元。上述不动产所有权自本裁定送达申请执行人北票某支行时起转移。二、申请执行人北票某支行可持本裁定到登记机构办理相关产权过户登记手续并负担相关费用"。(2)原告秦某娟与被告联兴公司于 2016 年 10 月 23 日签订的北票市南山管理区孤岛社区 C 幢 01012 号房屋商品房买卖合同有效。

二审法院认为,本案争议焦点是:被上诉人秦某娟请求撤销北票市人民法院作出的(2021)辽 1381 执 1269-4 号执行裁定书是否符合应予撤销的法定情形。本案系秦某娟对已经生效的北票市人民法院作出的(2021)辽 1381 执 1269-4 号执行裁定书提起的第三人撤销之诉,应当审查秦某娟是否具有符合法律规定的提起第三人撤销之诉的主体资格。

依据《民事诉讼法》第59条之规定①，本案秦某娟对案涉房屋享有独立请求权，与北票市人民法院作出的(2021)辽1381执1269－4号执行裁定书存在法律上的利害关系，故秦某娟具备提起第三人撤销之诉的诉讼主体资格。生效执行裁定并未公示或公告，秦某娟也没有被列为生效执行裁定的当事人，在2022年4月秦某娟家属在网站上发现案涉房屋正在整体拍卖后，秦某娟于2022年5月27日提起第三人撤销之诉，符合6个月内提起诉讼的规定。综上所述，秦某娟符合提起第三人撤销之诉的条件。

2013年4月26日，联兴公司与郝某志、孙某平签订了商品房买卖合同，将案涉房屋出售给郝某志与孙某平。2016年10月23日，联兴公司又与秦某娟签订了商品房买卖合同将案涉房屋出售给秦某娟。秦某娟与联兴公司均具有相应的民事行为能力，意思表示真实，且不违反法律、行政法规的强制性规定，不违背公序良俗，故该商品房买卖合同，应为有效合同。联兴公司在出售案涉房屋时存在一房二卖行为，案涉房屋的产权归属到底是秦某娟还是郝某志、孙某平，目前存在争议。北票市人民法院在执行过程中，没有考虑到案涉房屋的产权归属是否清晰、是否存在争议，径行作出裁定，将案涉房屋的所有权转移给北票某支行，侵犯了秦某娟对案涉房屋的权利。故一审法院撤销北票市人民法院作出的(2021)辽1381执1269－4号执行裁定书并无不当，上诉人北票某支行关于案涉房屋权属清晰的主张，本院依法不予支持。故判决：驳回上诉，维持原判。②

---

①　《民事诉讼法》第59条规定："对当事人双方的诉讼标的，第三人认为有独立请求权的，有权提起诉讼。对当事人双方的诉讼标的，第三人虽然没有独立请求权，但案件处理结果同他有法律上的利害关系的，可以申请参加诉讼，或者由人民法院通知他参加诉讼。人民法院判决承担民事责任的第三人，有当事人的诉讼权利义务。前两款规定的第三人，因不能归责于本人的事由未参加诉讼，但有证据证明发生法律效力的判决、裁定、调解书的部分或者全部内容错误，损害其民事权益的，可以自知道或者应当知道其民事权益受到损害之日起六个月内，向作出该判决、裁定、调解书的人民法院提起诉讼。人民法院经审理，诉讼请求成立的，应当改变或者撤销原判决、裁定、调解书；诉讼请求不成立的，驳回诉讼请求。"

②　参见辽宁省朝阳市中级人民法院民事判决书，(2023)辽13民终639号。

10

不动产登记簿与不动产权属证书

【民法典】

第二百一十六条　不动产登记簿是物权归属和内容的根据。

不动产登记簿由登记机构管理。

第二百一十七条　不动产权属证书是权利人享有该不动产物权的证明。不动产权属证书记载的事项,应当与不动产登记簿一致;记载不一致的,除有证据证明不动产登记簿确有错误外,以不动产登记簿为准。

释　法

《民法典》第216条、第217条规定了不动产登记簿与不动产权属证书,与《物权法》第16条、第17条的规定相同。

不动产登记簿,是指记载、证明不动产的权利状况并备存于不动产登记机构,以供权利人、利害关系人等依法查询、复制的簿册。依据《民法典》第210条、第211条的规定,当事人申请不动产登记应当向不动产登记机构提出,由不动产所在地不动产登记机构予以办理。依据《民法典》第214条的规定,不动产物权的变动(设立、变更、转让和消灭),自记载于不动产登记簿时发生效力;第216条第1款规定,不动产登记簿是物权归属和内容的根据。不动产登记簿的重要性体现在:(1)其为不动产权利人享有不动产权利的法定证明文件。当事人之间发生争议时,据此来确定谁是真正的权利人。(2)其彰显物权变动的公示效力。其他人以查询不动产登记簿的结果为依据进行的不动产交易,应当得到保护,即保护信赖不动产登记簿的善意第三人的利益,以维护交易安全。

(3)真正的权利人可以提出异议,要求不动产登记机构予以纠正不动产登记簿的错误登记。不动产登记的公示效力,只是"推定"不动产登记簿上记载的登记人为权利人;如果有人认为自己才是真正的权利人,可以提出异议登记,提供能够证明自己是真正权利人的事实依据、证明材料,要求不动产登记机构予以纠正。

《民法典》第216条第2款规定,不动产登记簿由登记机构管理。进行不动产登记是不动产登记机构的工作职责,不动产登记簿亦应当由其进行管理。《不动产登记暂行条例》第8条规定:"不动产以不动产单元为基本单位进行登记。不动产单元具有唯一编码。不动产登记机构应当按照国务院国土资源主管部门的规定设立统一的不动产登记簿。不动产登记簿应当记载以下事项:(一)不动产的坐落、界址、空间界限、面积、用途等自然状况;(二)不动产权利的主体、类型、内容、来源、期限、权利变化等权属状况;(三)涉及不动产权利限制、提示的事项;(四)其他相关事项。"第9条规定:"不动产登记簿应当采用电子介质,暂不具备条件的,可以采用纸质介质。不动产登记机构应当明确不动产登记簿唯一、合法的介质形式。不动产登记簿采用电子介质的,应当定期进行异地备份,并具有唯一、确定的纸质转化形式。"第10条规定:"不动产登记机构应当依法将各类登记事项准确、完整、清晰地记载于不动产登记簿。任何人不得损毁不动产登记簿,除依法予以更正外不得修改登记事项。"

依据《民法典》第217条的规定,不动产权属证书是权利人享有该不动产物权的证明。不动产登记簿是权利人享有不动产物权的根据和证据,不动产登记机构依据不动产登记簿为权利人颁发不动产权属证书。《不动产登记暂行条例》第21条规定:"登记事项自记载于不动产登记簿时完成登记。不动产登记机构完成登记,应当依法向申请人核发不动产权属证书或者登记证明。"《不动产登记暂行条例实施细则》第20条规定:"不动产登记机构应当根据不动产登记簿,填写并核发不动产权属证书或者不动产登记证明……除办理抵押权登记、地役权登记和预告登记、异议登记,向申请人核发不动产登记证明外,不动产登记机构应当依法向权利人核发不动产权属证书。不动产权属证书和不动产登记证明,应当加盖不动产登记机构登记专用章……”不动产登记簿和不动产权属证书都是权利人享有不动产权利的证据。一般情况下,不动产权属证书记载的事项,应当与不动产登记簿一致,但也有不一致的情况。如果不动产登记簿记载的内容与实际不一致,除有证据证明不动产登记簿确有错误外,以不动产登记簿为准。这说明不动产登记簿的证明效力要高于不动产权属证书的证明效力。

案 例

上诉人孟某保与被上诉人孟某红排除妨害纠纷案

上诉人孟某保与被上诉人孟某红系同胞兄妹关系。2009年12月24日,孟某红与其父母孟某旗、姜某英签订房屋买卖协议,孟某旗、姜某英夫妻二人将其名下位于阜桥辖区东户的案涉房屋卖给孟某红,孟某红依据上述协议取得济宁市房权证中区字第2××0号房权证。2019年7月24日,孟某红申请更换不动产证为鲁(2019)济宁市不动产权第0××0号不动产登记证,权利人为:孟某红、卞某(二人系夫妻关系),在该证附记栏标注:配房3间,此证系换发。该3间配房坐落在鲁(2019)济宁市不动产权第0××0号不动产登记证主房南边的院内(与院南墙连在一起),在该3间配房与主房之间孟某保建有一道木制东西墙,该墙距孟某红主房约有2米,孟某红无法在院门口的出入门进出。据孟某保陈述,在3间配房内存有其母亲的遗物,钥匙由其保管。

一审法院认为,《民法典》第216条规定,不动产登记簿是物权归属和内容的根据;第217条规定,不动产权属证书是权利人享有该不动产物权的证明。原告孟某红取得鲁(2019)济宁市不动产权第0××0号不动产登记证(附记栏中标记配房3间),证明原告已经合法取得了案涉房屋及其3间配房房屋的物权。原告孟某红请求被告孟某保将原告名下位于阜桥辖区房产的配房3间返还原告并停止侵害、排除妨碍,于法有据,应予支持。故依法判决被告孟某保于本判决生效之日起30日内将位于阜桥辖区房产的配房3间返还原告,并停止侵害、排除妨碍。

孟某保不服一审判决,提起上诉,请求二审法院撤销一审判决,依法改判或将本案发回重审。其称:被上诉人孟某红与上诉人就(2019)济宁市不动产权第0××0号不动产登记证中的腾房纠纷、排除妨碍纠纷已经济宁市任城区人民法院(2019)鲁0811民初8100号判决书判决,(2020)鲁0811执1214号执行书执行完毕。被上诉人在一审中陈述鲁(2019)济宁市不动产权第0××0号不动产登记证附记栏中标记的配房3间在2019年起诉中已经存在。被上诉人的起诉属于重复起诉,违反了民事诉讼法一事不再理的原则,法院应当驳回被上诉人的起诉。

二审法院认为,本案争议焦点是否存在重复起诉。根据《民事诉讼法》的相关规定,同时符合以下条件的,构成重复起诉:一是后诉与前诉的当事人相同;二是后诉与前诉的诉讼标的相同;三是后诉与前诉的诉讼请求相同,或者后诉的诉讼请求实质否定前诉裁判结果。本案一审判决孟某保将位于阜桥辖区产的配房3间返还原告,并停止侵害、排除妨碍。(2019)鲁0811民初8100号判决书判决孟某保将阜桥辖区房产的房屋钥匙交予孟某红,并停止侵害、排除妨碍。两案诉讼标的、诉讼请求均不相同,裁判结果也不相同。孟某红在另案判决及后续执行中并未实际得到其名下所有的配房3间,侵权事实仍然存在,孟某红另行起诉,符合法律规定,一审法院据此判定孟某保应予以返还3间配房,并无不当。故判决:驳回上诉,维持原判。①

11

不动产登记资料的查询、复制与使用

【民法典】

第二百一十八条　权利人、利害关系人可以申请查询、复制不动产登记资料,登记机构应当提供。

---

① 参见山东省济宁市中级人民法院民事判决书,(2021)鲁08民终5988号。

第二百一十九条　利害关系人不得公开、非法使用权利人的不动产登记资料。

释　法

《民法典》第 218 条、第 219 条规定了不动产登记资料的查询、复制与使用。《民法典》第 218 条,是由《物权法》第 18 条规定修改而来,第 219 条为新增规定。

前文已述,不动产登记机构负责不动产登记工作,不动产登记资料由不动产登记机构管理。不动产登记作为不动产变动的公示方法,其记载于不动产登记簿的不动产登记信息和资料,应当向社会公开,允许查询、复制和使用。只有这样,才符合"公示"的本意和立法的初衷。但这又涉及对当事人隐私权的保护问题,故须要协调公开查询权和隐私权产生冲突的利益平衡。目前,该不该查询、复制,查询人、查询内容的范围,以及不动产登记资料涉及隐私权保护的相关规定,仍然停留在行政法规、部门规章和规范性文件(政策)的层面。应当由不动产登记法等相关法律规定予以明确,才符合我国依法治理、建设社会主义法治国家的需要。

《民法典》第 218 条规定:"权利人、利害关系人可以申请查询、复制不动产登记资料,登记机构应当提供。"《不动产登记暂行条例》第 27 条规定:"权利人、利害关系人可以依法查询、复制不动产登记资料,不动产登记机构应当提供。有关国家机关可以依照法律、行政法规的规定查询、复制与调查处理事项有关的不动产登记资料。"《不动产登记暂行条例实施细则》第 94 条规定:"不动产登记资料包括:(一)不动产登记簿等不动产登记结果;(二)不动产登记原始资料,包括不动产登记申请书、申请人身份材料、不动产权属来源、登记原因、不动产权籍调查成果等材料以及不动产登记机构审核材料……"第 97 条规定:"权利人、利害关系人按照《条例》第二十七条规定依法查询、复制不动产登记资料的,应当到具体办理不动产登记的不动产登记机构申请……因不动产交易、继承、诉讼等涉及的利害关系人可以查询、复制不动产自然状况、权利人及其不动产查封、抵押、预告登记、异议登记等状况……”第 98 条规定："权利人、利害关系人申请查询、复制不动产登记资料应当提交下列材料:(一)查询申请书;(二)查询目的的说明;(三)申请人的身份材料;(四)利害关系人查询的,提交证实存在利害关系的材料。权利人、利害关系人委托他人代为查询的,还应当提交代理人的身份证明材料、授权委托书。权利人查询其不动产登记资料无需提供查询目的的说明。有关国家机关查询的,应当提供本单位出具的协助查询材料、工作人员的工作证。”第 99 条规定:“有下列情形之一的,不动产登记机构不予查询,并书面告知理由:(一)申请查询的不动产不属于不动产登记机构管辖范围的;(二)查询人提交的申请材料不符合规定的;(三)申请查询的主体或者查询事项不符合规定的;(四)申请查询的目的不合法的;(五)法律、行政法规规定的其他情形。”第 100 条规定:“对符合本实施细则规定的查询申请,不动产登记机构应当当场提供查询;因情况特殊,不能当场提供查询的,应当在 5 个工作日内提供查询。”权利人、利害关系人依法申请查询、复制不动产登记资料,不动产登记机构不作为的,则可以提起行政诉讼。

《民法典》第 219 条规定:“利害关系人不得公开、非法使用权利人的不动产登记资料。”该条明确规定利害关系人应当予以保密,要正当地使用不动产登记资料,禁止非法使用。这是利害关系人正当行使权利的要求,也是为了保护不动产权利人及利害关系人隐私权、商业秘密的需要。《不动产登记暂行条例》第 28 条规定:“查询不动产登记资料的单位、个人应当向不动产登记机构说明查询目的,不得将查询获得的不动产登记资料用于其他目的;未经权利人同意,不得泄露查询获得的不动产登记资料。”根据《不动产登记暂行条例实施细则》第 104 条的规定,当事人存在采用欺骗手段申请查询、复制登记资料;违反国家规定,泄露不动产登记资料、登记信息等行为,构成违反治安管理行为的,依法给予治安管理处罚;给他人造成损失的,依法承担赔偿责任;构成犯罪的,依法追究刑事责任。

案 例

1. 原告某制材厂与被告某国土资源局不履行信息公开义务行政诉讼案

法院审理认为,原告某制材厂以某旗职业中学、蔡某志的土地与其厂的土地重叠为由,向被告某国土资源局提出申请,要求查询、复制某旗乡镇企业局直属建材厂和 1992 年某旗职业中学、蔡某志的土地档案,其属利害关系人。根据《物权法》第 18 条、《不动产登记暂行条例》第 27 条之规定,权利人、利害关系人可以依法查询、复制不动产登记资料,不动产登记机构应当提交。故判决:责令被告某国土资源局在 30 日内准予原告某制材厂查询、复制某旗乡镇企业局直属建材厂的土地档案和 1992 年某旗职业中学、蔡某志的土地档案。①

2. 原告王某群与被告某县不动产登记中心撤销告知书案

法院审理认为,利害关系人是指与不动产登记人存在民事权利义务关系的人。《不动产登记暂行条例》第 27 条第 1 款规定:"权利人、利害关系人可以依法查询、复制不动产登记资料,不动产登记机构应当提供。"《不动产登记暂行条例实施细则》第 98 条第 1 款规定:"权利人、利害关系人申请查询、复制不动产登记资料应当提交下列材料:(一)查询申请书;(二)查询目的的说明;(三)申请人的身份材料;(四)利害关系人查询的,提交证实存在利害关系的材料。"本案中,原告王某群系郑州某克公司申请执行河南某达公司一案中申请执行人的委托代理律师,其 2016 年 9 月 28 日向被告某县不动产登记中心申请查询、复制被执行人河南某达公司名下的房产、土地使用权等情况时,向被告提交了查询申请表、某市某区人民法院受理通知书、授权委托书、介绍信、律师执业证等材料,能够证明与拟查询河南某达公司的不动产存在利害关系,被告应当依原告申请进行查询并提供查询结果,所以被告不予查询的行政行为违法,其作出的不动产信息不予查询告知书也应予撤销,对原告诉请本院予以支持。被告辩称原告与拟查询的不动产不具有利害关系的理由不足,本院不予采纳。故判决:确认被告某县不动产登记中心于 2016 年 9 月 28 日向原告王某群作出的不动产信息不予查询告知书的行政行为违

---

① 参见内蒙古自治区额尔古纳市人民法院行政判决书,(2016)内 0784 行初 5 号。

法；撤销被告某县不动产登记中心于2016年9月28日向原告王某群作出的不动产信息不予查询告知书；被告某县不动产登记中心于本判决生效之日起5个工作日内对原告王某群所申请查询的事项予以告知。①

12

更正登记和异议登记

【民法典】

第二百二十条　权利人、利害关系人认为不动产登记簿记载的事项错误的，可以申请更正登记。不动产登记簿记载的权利人书面同意更正或者有证据证明登记确有错误的，登记机构应当予以更正。

不动产登记簿记载的权利人不同意更正的，利害关系人可以申请异议登记。登记机构予以异议登记，申请人自异议登记之日起十五日内不提起诉讼的，异议登记失效。异议登记不当，造成权利人损害的，权利人可以向申请人请求损害赔偿。

释　法

《民法典》第220条规定了更正登记和异议登记，由《物权法》第19条规定修改而来。《民法典》第216条第1款规定，不动产登记簿是物权归属和内容的根据；第214条规定，不动产物权的设立、变更、转让和消灭，依照法律规定应当登记的，自记载于不动产登记簿时发生效力。这是以推定不动产登记簿登记的内容正确为前提的；但登记也有错误的时

① 参见河南省鄢陵县人民法院行政判决书，(2016)豫1024行初18号。

候,即登记的权利人与实际权利人不一致的情况。此时,实际权利人就可以提出申请更正登记或者异议登记。

1. 依据《民法典》第 220 条第 1 款的规定,更正登记是指权利人、利害关系人认为不动产登记簿记载的事项错误,向不动产登记机构提出纠正错误登记的申请,不动产登记机构在征求不动产登记簿记载的权利人书面同意后,或者申请人有证据证明登记确有错误,而予以更正的登记。

第一,更正登记的要件有:(1)权利人、利害关系人提出申请。是权利人、利害关系人认为不动产登记簿记载的事项有错误而提出的。这说明更正登记是一种依申请行政行为,不是依职权行政行为。《不动产登记暂行条例实施细则》第 81 条规定:"不动产登记机构发现不动产登记簿记载的事项错误,应当通知当事人在 30 个工作日内办理更正登记。当事人逾期不办理的,不动产登记机构应当在公告 15 个工作日后,依法予以更正;但在错误登记之后已经办理了涉及不动产权利处分的登记、预告登记和查封登记的除外。"此规定超越了《民法典》第 220 条第 1 款的规定,不能保证这种直接更正登记出现错误的情况。(2)不动产登记机构经过依法审查予以更正登记,分两种情况:一是不动产登记簿记载的权利人书面同意更正,不动产登记机构予以更正登记;二是申请人有证据证明登记确有错误的,登记机构审查后予以更正登记。《不动产登记暂行条例实施细则》第 79 条规定:"……权利人申请更正登记的,应当提交下列材料:(一)不动产权属证书;(二)证实登记确有错误的材料;(三)其他必要材料。利害关系人申请更正登记的,应当提交利害关系材料、证实不动产登记簿记载错误的材料以及其他必要材料。"第 80 条规定:"不动产权利人或者利害关系人申请更正登记,不动产登记机构认为不动产登记簿记载确有错误的,应当予以更正;但在错误登记之后已经办理了涉及不动产权利处分的登记、预告登记和查封登记的除外……"

第二,更正登记的法律效力:(1)产生不动产物权变动的效力,即产生《民法典》第 214 条规定的不动产物权设立、变更(转让)的法律效力。(2)提出异议登记的前提条件。若不动产登记簿记载的权利人不同意申请人提出的更正登记，或者申请人有证据证明登记确有错误，登记机构审查后也不予更正登记的，权利人、利害关系人可以申请异议登记。

2. 依据《民法典》第220条第2款规定，异议登记，是指权利人、利害关系人有证据证明不动产登记簿的登记确有错误，在其提出更正登记后，不动产登记簿记载的权利人不同意更正，或者登记机构审查后不予更正登记的，其申请将异议计入不动产登记簿，以暂时中止不动产登记公信力的一种临时性保护措施。这种程序设计，是一种出现利益冲突后的平衡，既要保护异议申请人的权利，又要保护不动产登记簿记载的权利人的权利；同时，还要保护第三人的权利，维护交易安全和经济秩序。

第一，异议登记的构成要件为：(1)权利人、利害关系人提出异议申请。此申请主体亦为《民法典》第220条第1款规定的权利人、利害关系人，即不动产的实际权利人，或者利害关系人（受让人、遗产继承人、受遗赠人等）。《不动产登记暂行条例实施细则》第82条第2款规定："利害关系人申请异议登记的，应当提交下列材料：(一)证实对登记的不动产权利有利害关系的材料；(二)证实不动产登记簿记载的事项错误的材料；(三)其他必要材料。"(2)不动产登记簿记载的权利人不同意更正，或者申请人有证据证明登记确有错误的，登记机构不予更正的。《不动产登记暂行条例实施细则》第83条第1款规定："不动产登记机构受理异议登记申请的，应当将异议事项记载于不动产登记簿，并向申请人出具异议登记证明。"

第二，异议登记的法律效力是：(1)暂时中止不动产登记的公信力，即暂时排除对善意第三人基于公信力取得不动产物权的保护。对异议申请有时间限制，自异议登记之日起15日内要提起诉讼；否则，异议登记失效。若在规定期限内提起确认物权之诉，须等人民法院或者仲裁机构的裁决结果来确定是否予以更正登记，即申请人胜诉，予以更正登记；败诉，则不予更正登记。《不动产登记暂行条例实施细则》第84条规定："异议登记期间，不动产登记簿上记载的权利人以及第三人因处分权利申请登记的，不动产登记机构应当书面告知申请人该权利已经存在异议登记的有关事项。申请人申请继续办理的，应当予以办理，但申请人应当提供知悉异议登记存在并自担风险的书面承诺。"《民法典物权编解释(一)》第 3 条规定:"异议登记因民法典第二百二十条第二款规定的事由失效后,当事人提起民事诉讼,请求确认物权归属的,应当依法受理。异议登记失效不影响人民法院对案件的实体审理。"第 2 条规定:"当事人有证据证明不动产登记簿的记载与真实权利状态不符、其为该不动产物权的真实权利人,请求确认其享有物权的,应予支持。"(2)若异议申请人的异议登记不当造成权利人损害的,权利人可以向申请人请求损害赔偿。此权利人即"不动产登记簿记载的权利人",其可以异议申请人为被告向人民法院提起损害赔偿之诉。

案　例

上诉人杨某某、阿某某与被上诉人刘某某返还原物纠纷案

刘某某向一审法院起诉,请求:(1)判决杨某某、阿某某立即腾退房屋;(2)要求杨某某、阿某某给付无权占有期间的房屋租赁费 60,000 元。一审法院判决:(1)杨某某、阿某某于本判决生效后 10 日内将位于乌兰浩特市××号商住楼××单元××室房屋返还给刘某某;(2)驳回刘某某的其他诉讼请求。

二审法院认为,案涉房屋登记在刘某某名下,可以证实刘某某系案涉房屋的物权权利人。杨某某、阿某某主张刘某某系借名登记,虽在本案中提供了刘某某与杨某某签订的抵账协议书、赤峰某民房地产公司为杨某某出具商品房认购书、杨某某交付物业费及杨某某、阿某某实际占有房屋使用的相关证据,但因杨某某、阿某某对刘某某在不动产登记机构办理不动产登记行为未提出更正登记或异议登记,在其主张的房屋权属问题尚未明确的情况下,原审法院根据不动产权属证书记载的权利人并根据法律规定不动产权利对不动产物权享有的相关权利判决杨某某、阿某某返还案涉房屋并无不当。综上所述,杨某某、阿某某的上诉请求不能成立,应予驳回,一审判决认定事实清楚,适用法律正确,应予维持。故判决:驳回上诉,维持原判。①

---

① 参见内蒙古自治区兴安盟中级人民法院民事判决书,(2024)内 22 民终 514 号。

13

预告登记

【民法典】

第二百二十一条　当事人签订买卖房屋的协议或者签订其他不动产物权的协议，为保障将来实现物权，按照约定可以向登记机构申请预告登记。预告登记后，未经预告登记的权利人同意，处分该不动产的，不发生物权效力。

预告登记后，债权消灭或者自能够进行不动产登记之日起九十日内未申请登记的，预告登记失效。

释　法

《民法典》第221条规定了预告登记，由《物权法》第20条规定修改而来。

预告登记，是指当事人签订了买卖房屋的协议或者其他不动产物权的协议，为了保障将来物权的实现，按照约定可以向不动产登记机构提出申请进行预先登记。

1. 预告登记的特点：(1)存在债权请求权，即当事人之间已经签订了买卖房屋的协议或者其他不动产物权的协议。这也是决定预告登记效力的前提和基础，债权消灭预告登记即失效。(2)预告登记的目的是保障将来物权的实现，也即预告登记具有保全债权的效力。此与异议登记具有相似性，都起到了临时担保的作用。二者的区别在于，前者是针对将来可能出现的妨害(如“一房二卖”)；而后者是针对不动产登记簿的正确性，保护真正的权利人不受侵害。(3)买受人要与卖方达成预先登记的合意。若卖方不同意，则无法完成预告登记。当然，若房屋开发商在格式房屋预售合同中约定不允许进行预告登记,买受人可依据《民法典》第 497 条第 3 项的规定主张该格式条款无效。①

2. 什么情况下可以申请预告登记?依据《不动产暂行条例实施细则》第 85 条第 1 款规定,当事人可以按照约定申请不动产预告登记的情形有:(1)商品房等不动产预售的;(2)不动产买卖、抵押的;(3)以预购商品房设定抵押权的;(4)法律、行政法规规定的其他情形。

3. 如何进行预告登记?依据《不动产暂行条例实施细则》第 86 条至第 88 条的规定,申请预购商品房的预告登记,应当提交下列材料:(1)已备案的商品房预售合同;(2)当事人关于预告登记的约定;(3)其他必要材料。若申请预告登记的商品房已经办理在建建筑物抵押权首次登记的,当事人应当一并申请在建建筑物抵押权注销登记,并提交不动产权属转移材料、不动产登记证明。不动产登记机构应当先办理在建建筑物抵押权注销登记,再办理预告登记。申请不动产转移预告登记的,当事人应当提交下列材料:不动产转让合同;转让方的不动产权属证书;当事人关于预告登记的约定;其他必要材料。抵押不动产申请预告登记的,当事人应当提交下列材料:抵押合同与主债权合同;不动产权属证书;当事人关于预告登记的约定;其他必要材料。依据《不动产暂行条例实施细则》第 89 条的规定,预告登记未到期,有预告登记的权利人放弃预告登记;债权消灭;法律、行政法规规定的其他情形的,当事人可以持不动产登记证明、债权消灭或者权利人放弃预告登记的材料,以及法律、行政法规规定的其他必要材料申请注销预告登记。

4. 预告登记的法律效力:预告登记后未经预告登记的权利人同意,处分该不动产的,不发生物权效力。预告登记的效力具有物权性质。②现实生活中有存量房买卖合同的备案登记("网签"),应属于行政管理

---

① 依据《民法典》第 497 条第 3 项的规定,提供格式条款一方排除对方主要权利的,该格式条款无效。

② 参见[德]鲍尔、[德]施蒂尔纳:《德国物权法》(上册),张双根译,法律出版社 2004 年版,第 419 页。

措施,不应具有物权登记的效用。[①] 买受人进行预告登记,限制了房屋开发商或其他卖方、其他不动产所有权人再行处分(买卖)已经卖出(转让)的房屋或其他不动产,起到了保护、保全登记人权利的目的。《民法典物权编解释(一)》第4条亦规定,未经预告登记的权利人同意,转让不动产所有权等物权,或者设立建设用地使用权、居住权、地役权、抵押权等其他物权的,应当认定其不发生物权效力。依据《不动产暂行条例实施细则》第85条第2款、第3款的规定,预告登记生效期间,未经预告登记的权利人书面同意,处分该不动产权利申请登记的,不动产登记机构应当不予办理。预告登记后,债权未消灭且自能够进行相应的不动产登记之日起3个月内,当事人申请不动产登记的,不动产登记机构应当按照预告登记事项办理相应的登记。但依据《民法典》第221条第2款的规定,预告登记后,债权消灭或者自能够进行不动产登记之日起90日内未申请登记的,预告登记失效。

案　例

再审申请人建行某分行与被申请人某鹰房地产公司及原审被告王某金融借款合同纠纷案

再审审查法院审查认为,《民法典担保制度解释》第52条第1款规定:"当事人办理抵押预告登记后,预告登记权利人请求就抵押财产优先受偿,经审查存在尚未办理建筑物所有权首次登记、预告登记的财产与办理建筑物所有权首次登记时的财产不一致、抵押预告登记已经失效等情形,导致不具备办理抵押登记条件的,人民法院不予支持;经审查已经办理建筑物所有权首次登记,且不存在预告登记失效等情形的,人民法院应予支持,并应当认定抵押权自预告登记之日起设立。"本案王某与建行某分行办理了涉案房屋抵押权预告登记,建行某分行已取得预售商品房抵押权预告登记证书,且涉案房屋已经于2019年3月18日办理所有权的首次登记,故原审依据前述规定认定建行某分行对案涉房屋的抵押权已经设立,建行某分行取得涉案房屋抵

---

① 参见刘保玉:《物权法学》,中国法制出版社2022年版,第183页。

押权并判决建行某分行对案涉房屋享有优先受偿权并无不当。

关于某鹰房地产公司的保证期间问题。经审查,根据涉案《个人住房(商业用房)借款最高额保证合同》第 4 条第 2 项约定,某鹰房地产的保证期间为“该笔借款合同项下的抵押已生效,抵押人已办妥抵押财产的房地产权证等相关权属证书并将抵押财产的他项权利证书、抵押登记证明文件文本及其他权利证书交贷款人核对无误、收执之日”,该条约定的实质即为建行某分行取得案涉房屋的抵押权后某鹰房地产的保证期间终止。如上所述,在统一不动产登记制度后,不动产抵押登记的条件已由法律、行政法规进行明确规定,无论是登记机构还是人民法院审查当事人是否具备办理抵押登记的条件,其依据都是法律、行政法规的规定。《民法典担保制度解释》第 52 条的规定,系允许人民法院在诉讼中直接对预告登记权利人是否具备抵押登记条件进行审查,并进而判断预告登记是否仍在有效期内,再对预告登记权利人是否能够行使抵押权作出判断,而无须要求当事人先办理抵押登记,再另行提起诉讼主张行使抵押权。本案二审考虑建行某分行的诉讼请求既要求对案涉房屋享有抵押权的优先受偿,同时还要求某鹰房地产公司承担连带保证责任,而依据上述规定,认定建行某分行取得涉案房屋抵押权的情况下,再判令某鹰房地产公司对涉案借款承担保证责任,与涉案《个人住房(商业用房)借款最高额保证合同》第 4 条第 2 项约定不符,因此,对一审判决某鹰房地产公司对涉案借款承担保证责任以纠正,符合法律规定。故裁定:驳回建行某分行的再审申请。①

---

① 参见辽宁省高级人民法院民事裁定书,(2021)辽民申 9194 号。

14

不动产登记错误的赔偿

【民法典】

第二百二十二条　当事人提供虚假材料申请登记,造成他人损害的,应当承担赔偿责任。

因登记错误,造成他人损害的,登记机构应当承担赔偿责任。登记机构赔偿后,可以向造成登记错误的人追偿。

释　法

《民法典》第222条规定了不动产登记错误的赔偿,由《物权法》第21条的规定修改而来。

因不动产登记错误造成他人损害的应当承担赔偿责任。《民法典》第222条规定了两种责任形态:(1)过错责任,本条第1款的规定,因当事人提供虚假材料申请登记造成他人损害的情况。依《民法典》侵权责任编的规定①,由该当事人(申请登记的权利人)承担过错赔偿责任自不在话下。(2)无过错责任,本条第2款的规定,因登记错误造成他人损害的,登记机构应当承担赔偿责任。此应依《民法典》侵权责任编的规定②作出判断,承担的是无过错责任。之所以作此规定,是因为登记错误的

---

① 《民法典》第1165条第1款规定:"行为人因过错侵害他人民事权益造成损害的,应当承担侵权责任。"

② 《民法典》第1166条规定:"行为人造成他人民事权益损害,不论行为人有无过错,法律规定应当承担侵权责任的,依照其规定。"

受害人处于相对弱势的地位，适用无过错责任原则于其有利。① 但对于不动产登记机构承担的赔偿责任，究竟是民事侵权责任还是国家赔偿责任，学说上存有分歧。② 司法实践中裁决的观点也不一致，以国家赔偿责任或以民事侵权责任判决的情况都有。之前公布施行的《房屋登记案件规定》第 12 条规定："申请人提供虚假材料办理房屋登记，给原告造成损害，房屋登记机构未尽合理审慎职责的，应当根据其过错程度及其在损害发生中所起作用承担相应的赔偿责任。"第 13 条规定："房屋登记机构工作人员与第三人恶意串通违法登记，侵犯原告合法权益的，房屋登记机构与第三人承担连带赔偿责任。"该解释规定属于过错责任(第 13 条规定的"恶意串通"属共同故意)；与《民法典》第 222 条第 2 款的规定似有不符。需待最高人民法院制定《民法典》物权编解释时，对此问题统筹考虑。

至于说不动产登记错误的受害人，是打行政官司还是民事官司，应当由其自由选择。依据《行政诉讼法》第 61 条规定："在涉及行政许可、登记、征收、征用和行政机关对民事争议所作裁决的行政诉讼中，当事人申请一并解决相关民事争议的，人民法院可以一并审理。在行政诉讼中，人民法院认为行政案件的审理需以民事诉讼的裁判为依据的，可以裁定中止行政诉讼。"依据《国家赔偿法》第 16 条规定："赔偿义务机关赔偿损失后，应当责令有故意或者重大过失的工作人员或者受委托的组织或者个人承担部分或者全部赔偿费用。"笔者认为，依据《民法典》第 222 条规定，受害人提起的赔偿之诉应为民事诉讼；即便不动产登记机构依据该条第 2 款规定，"登记机构赔偿后，可以向造成登记错误的人追偿"，亦应属于民事诉讼，前后统一才为顺畅。因为国家赔偿责任属于过错责任，与《民法典》第 222 条第 2 款规定的无过错责任亦有抵牾。当然，国家也可以在不动产机构专门成立一个赔偿基金，用以解决不动产登记错误给受害人造成的损失赔偿问题。

---

① 参见胡康生主编：《中华人民共和国物权法释义》，法律出版社 2017 年版，第 64 ~ 65 页。

② 参见《民法典》编写组编：《民法典术语》，人民出版社 2021 年版，第 77 页。

案 例

原告谢某辉与被告某市自然资源局行政赔偿案

法院经审理查明,2015 年 12 月 8 日案外人孙某 2、金某 1 提供虚假公证书等材料向登记机构提出案涉房屋的转移登记申请,2015 年 12 月 21 日原登记机关某市房产局作出准予登记的审核意见,将位于某市 × × 区、建筑面积 122.44 平方米的案涉房屋,由孙某 1 转移登记至孙某 2。2016 年 12 月 27 日孙某 2 将案涉房屋出卖给案外人王某 1,登记机关依其申请将案涉房屋转移登记至王某 1。现该房屋由王某 1 实际控制。

2017 年 2 月,经沈阳市皇姑区人民法院、沈阳市中级人民法院民事继承案件两审终审,确认案涉房屋价值 700,000.00 元,归谢某辉继承所有,谢某辉给付另一继承人贾某房产继承份额一半的房屋折价款 350,000.00 元。2018 年 6 月,经本院、沈阳市中级人民法院行政案件两审终审,确认某市自然资源局针对案涉房屋作出的由孙某 1 转移登记至孙某 2 的登记行为违法,未撤销该登记行为的理由是不能证明该案第三人王某 1 取得案涉房产具有恶意,撤销该登记行为会对王某 1 的合法权益造成损害。另查明,2019 年 3 月 17 日,贾某收到孙某 2 给付的涉案房屋折价款人民币 350,000.00 元,以及利息 50,000.00 元。贾某与孙某 2、金某 3、金某 1 于当日签订了协议书,其中约定"自本协议签订之日起,贾某不得再就孙某 1 遗产继承案,再向谢某辉索要任何房屋折价款(包括本金及利息)。"

依据《国家赔偿法》第 4 条的规定,行政机关及其工作人员在行使行政职权时有造成财产损害的其他违法行为,受害人有取得赔偿的权利;第 9 条第 1 款的规定,赔偿义务机关有《国家赔偿法》第 3 条、第 4 条规定情形之一的,应当给予赔偿。本案某市自然资源局违法作出转移登记行为,由此给谢某辉造成的损失,应当承担赔偿责任。因谢某辉的损失是由于侵权人金某 1、孙某 2 的过错及违法行政行为共同造成的,故在混合过错的情况下,如何确定登记机关承担赔偿责任的比例,以及本案谢某辉的损失如何确定是本案争议的焦点。

关于混合过错情况下行政机关承担行政赔偿责任份额的问题。根据《民法典》第 222 条、《行政诉讼法解释》第 97 条和《房屋登记案件规定》第 12

条的规定①,在房屋登记行政案件中,登记机关作出的违法登记行为对损失的形成具有一定作用,同时,还存在其他侵权行为,共同造成原告合法权益损失的,人民法院在确定登记机关应当承担的行政赔偿责任份额时,应当根据违法行政行为与损害发生和结果之间有无因果关系,判断登记机关是否应当承担行政赔偿责任。有因果关系的,应当根据该行政行为在损失发生和结果中的作用力大小,确定行政机关承担相应的行政赔偿责任。本案谢某辉的合法权益受到损害,系因金某 1、孙某 2 提供虚假登记材料,以及登记机关未尽审慎审查义务作出违法登记行为,共同侵权造成。考察两个侵权行为,二者虽有先后顺序之分,即金某 1、孙某 2 提供虚假材料申请登记在先,登记机关作出违法登记行为在后,但二者在损失发生和结果中的作用基本一致,二者缺一不可,相互关联。故应当认定过错双方各自承担 50% 的赔偿责任,即某市自然资源局作为登记机关应当对谢某辉的损失承担 50% 的赔偿责任。登记机关赔偿后,可以向造成登记错误的人追偿。综上所述,某市自然资源局应当对谢某辉的 700,000.00 元损失承担 50% 的赔偿责任,应当赔偿谢某辉 175,000.00 元及交通费 826 元、律师代理费 16,000.00 元。故判决:被告某市自然资源局于本判决生效后 30 日内赔偿原告谢某辉人民币 191,826.00 元。②

---

① 《行政诉讼法解释》第 97 条规定:"原告或者第三人的损失系由其自身过错和行政机关的违法行政行为共同造成的,人民法院应当依据各方行为与损害结果之间有无因果关系以及在损害发生和结果中作用力的大小,确定行政机关相应的赔偿责任。"《房屋登记案件规定》第 12 条规定:"申请人提供虚假材料办理房屋登记,给原告造成损害,房屋登记机构未尽合理审慎职责的,应当根据其过错程度及其在损害发生中所起作用承担相应的赔偿责任。"

② 参见辽宁省沈阳市和平区人民法院行政判决书,(2020)辽 0102 行赔初 1 号。笔者以为,依据《民法典》第 222 条第 2 款的规定,某市自然资源局作为被告应当对原告谢某辉的损失承担全部赔偿责任,若其认为金某 1、孙某 2 系"造成登记错误的人",可再另向金某 1、孙某 2 追偿;尤其是在原告谢某辉并没有列金某 1、孙某 2 为被告的情况下,不宜直接判决被告某市自然资源局只承担 50% 的赔偿责任。

15

动产交付的效力

【民法典】

第二百二十四条 动产物权的设立和转让,自交付时发生效力,但是法律另有规定的除外。

释 法

《民法典》第224条规定了动产交付的效力,由《物权法》第23条规定修改而来。

依据《民法典》第208条的规定,动产物权的变动(设立和转让)的公示方法,是应当依照法律规定交付。该规定是从公示的法定原则和公示的公信力角度规定的。而《民法典》第224条规定,是从动产物权变动的效力方面来规定的,即动产物权的变动(设立和转让),自交付时发生效力。比如,甲将一幅名画卖给乙,应当将该幅画交付给乙,才能发生物权变动的效力。

所谓交付,是指转移对动产物的占有、支配权。其常态(或者狭义的概念),指的就是现实交付,即一方当事人实实在在地将动产物转移给另一方当事人的民事法律行为。这种交付必须是一方当事人的自愿交付;若是通过抢劫(夺)、欺(诈)骗手段取得的交付,则不生效力(甚至构成违法、犯罪行为)。该交付还应当是明确的、一次性的、全部的占有移转①。交付的特殊形态(或者广义的概念),是指观念交付,也即观念上

① 参见中国审判理论研究会民事审判理论专业委员会编:《民法典物权编条文理解与司法适用》,法律出版社2020年版,第48页。

认为的交付,而非现实的交付,包括《民法典》第 226 条规定的简易交付、第 227 条规定的指示交付和第 228 条规定的占有改定,对这些规定的交付,我们后面专门再述。

《民法典》第 224 条规定的“但是法律另有规定的除外”,主要是指:(1)前面所述法律允许的观念交付,即《民法典》第 226 条至第 228 条规定的“交付”。(2)非依民事法律行为产生的物权变动。比如,《民法典》第 229 条至第 231 条规定的依据人民法院、仲裁机构的法律文书或者人民政府的征收决定等,因继承和合法建造、拆除房屋等事实行为发生的物权变动,应当除外、不适用。(3)其他法律的特别规定,如《民法典》第 403 条规定的抵押权自抵押合同生效时设立①,即不移转占有;又如,《民法典》第 641 条规定的买卖合同标的物的所有权保留②,在未完成付款之前标的物所有权不发生转移;再如,依据《海商法》第 79 条规定③,由于动产物权的证券化,提单的背书、转让可以代替动产货物的交付,从而发生物权变动的效力。

案　例

1. 上诉人某信托公司与被上诉人某石化公司及原审被告亚某石化公司、某油品公司案外人执行异议之诉案

一审法院认为,某石化公司与某油品公司签订的仓储中转合同等协议的目的仅系由某油品公司代某石化公司仓储、中转油品,并不以转移财产权属为目的,不能因某石化公司将油品移转某油品公司占有而认定某石化公司丧失所有权、某油品公司取得所有权。因此,某信托公司关于某石化公司未能

---

① 《民法典》第 403 条规定:“以动产抵押的,抵押权自抵押合同生效时设立;未经登记,不得对抗善意第三人。”

② 《民法典》第 641 条规定:“当事人可以在买卖合同中约定买受人未履行支付价款或者其他义务的,标的物的所有权属于出卖人。出卖人对标的物保留的所有权,未经登记,不得对抗善意第三人。”

③ 《海商法》第 79 条规定:“提单的转让,依照下列规定执行:(一)记名提单:不得转让;(二)指示提单:经过记名背书或者空白背书转让;(三)不记名提单:无需背书,即可转让。”

举证证明其查封时占有案涉油品，故其不是所有权人，不能排除强制执行的辩解理由明显不能成立。本案可以认定，案涉油品属于某石化公司所有，某石化公司对案涉油品享有足以排除强制执行的民事权益。执行中，重庆市高级人民法院作出(2015)渝高法民执字第00016－12号民事裁定，将105号、106号储油罐内的油品以17,776,986.75元的价格予以变卖，因上述油品归某石化公司所有，故应认定上述变卖款归某石化公司所有，重庆市高级人民法院对某石化公司关于不得执行上述变卖款、确认上述变卖款归其所有的诉讼请求予以支持。

二审法院认为，本案主要应审查：(1)关于某石化公司对案涉油品是否享有民事权益问题……原审法院依据证据规则，认为某石化公司举示的证据达到高度盖然性标准，认定案涉油品系某石化公司仓储于某油品公司的油品，其所有权应当归属于某石化公司，具有事实和法律依据，并无不当。(2)关于某石化公司对案涉油品享有的民事权益是否足以排除强制执行问题……本院认为，执行异议之诉案件，人民法院对权利归属进行的是实质审查，应依据相关实体法的规定。依据《物权法》第23条的规定①，动产物权所有权转移不仅要以交付作为公示手段，还必须基于权利人的意思表示。本案中，从某油品公司与某石化公司签订的仓储中转合同等协议的内容及目的来看，某石化公司并没有转移所有权的意思表示。原审法院据此认定某油品公司非案涉油品的所有权人，并无不当。因此，某石化公司对案涉油品享有的权益可以排除强制执行。故判决：驳回上诉，维持原判。②

2. 上诉人某重工与被上诉人某外贸公司、某铝业及一审第三人某农商行一般取回权纠纷案

二审法院认为，某重工在本案中主张对案涉融资租赁合同附件二租赁物清单项下全部设备的所有权，但根据查明事实，某重工前期只向某铝业交付了部分租赁物，故本院对某重工已交付设备和未交付设备的所有权归属分别予以论述。

---

① 《物权法》第23条规定："动产物权的设立和转让，自交付时发生效力，但法律另有规定的除外。"现对应《民法典》第224条规定。

② 参见最高人民法院民事判决书，(2021)最高法民终409号。引文中省略号为笔者所加。

对于某重工已交付某铝业的设备。《合同法》第 242 条规定:“出租人享有租赁物的所有权。承租人破产的,租赁物不属于破产财产。”本案中,某外贸公司系案涉融资租赁合同的出租人,并且已向出卖人某重工足额支付租赁物的购买价款,故对某重工已交付给承租人某铝业的租赁物享有所有权。《物权法》第 23 条规定:“动产物权的设立和转让,自交付时发生效力,但法律另有规定的除外。”融资租赁合同履行过程中,某重工依约向某外贸公司支付了回购价款,该公司据此主张自支付回购款之日起对某铝业占有的租赁物享有所有权;但根据查明事实,某外贸公司并未向某重工交付前述租赁物,故某重工所称对前述租赁物享有所有权的主张缺乏事实依据。此外,关于回购标的的问题,某重工、某外贸公司、某铝业均认可某重工支付的回购款系由某铝业未付租金及违约金计算而来,而非对租赁物价值的评估对价,故对回购的标的认定为债权更符合本案查明事实。综上,某重工主张对该公司已交付给某铝业的租赁物享有所有权依据不足,本院不予支持。

对于某重工尚未交付的设备。该设备在向某铝业交付之前并不具备特定性,尚未实际成为案涉融资租赁合同的租赁物。某重工主张对尚未成为租赁物的不特定设备享有所有权缺乏事实基础,本院亦不认可。

关于某重工要求某铝业返还租赁物的请求,因某重工并未取得前述租赁物的所有权或其他用益物权,其该项请求缺乏依据,本院不予支持。关于某重工要求某外贸公司赔偿不能取回设备时相关损失的请求,因某重工不享有返还设备的请求权,故对其返还不能时的赔偿请求权亦不支持。故判决:驳回上诉,维持原判。①

① 参见河南省高级人民法院民事判决书,(2022)豫民终 8 号。

16

特殊动产登记的对抗效力

【民法典】

第二百二十五条　船舶、航空器和机动车等的物权的设立、变更、转让和消灭,未经登记,不得对抗善意第三人。

释　法

《民法典》第225条规定了船舶、航空器和机动车等特殊动产登记的对抗效力,由《物权法》第24条规定修改而来。

依据《民法典》第224条的规定,动产物权的变动(设立和转让),自交付时发生效力。但依据《民法典》第225条的规定,对于船舶、航空器和机动车等特殊动产的物权变动(设立、变更、转让和消灭),不仅须要交付,并且还要进行登记。若未经登记,则不得对抗善意第三人。也就是说,《民法典》对特殊动产的物权变动采"登记+对抗"主义。比如,甲将其所有的小汽车一辆转卖给乙,乙付款后,甲交付了该汽车,但没有办理过户登记手续;后甲又将该车卖于丙,丙买车为善意,甲为丙办理了过户登记手续,则该车应归丙所有,也即仅有甲交付给乙的行为,不能产生动产(汽车)物权变动的效果。如果丙为恶意,则乙可以对抗丙,即可以要求甲履行汽车买卖合同,为其办理过户登记手续。至于对丙是否为"善意第三人"的判断,依据《民法典》第311条的规定,符合下列情形的,受让人取得该动产的所有权:(1)受让人受让该动产时是善意;(2)以合理的价格转让;(3)依照法律规定应当登记的已经登记。若丙为善意第三人,即取得该汽车的所有权,乙可以依据买卖合同向甲主张损失赔偿。这里,有必要提及的是,依据《民法典物权编解释(一)》第6条的规定，转让人转让船舶、航空器和机动车等所有权，受让人已经支付合理价款并取得占有，虽未经登记，但转让人的债权人主张其为《民法典》第 225 条所称的“善意第三人”的，不予支持，法律另有规定的除外。该规定明确把债权人排除在“善意第三人”之外。因为，根据“物权优先于债权”的效力原则，转让人的债权人不属于可以对抗物权受让人的“善意第三人”。①

对于特殊动产登记的对抗效力，相关法律也亦作了基本一致的规定。《海商法》第 9 条规定：“船舶所有权的取得、转让和消灭，应当向船舶登记机关登记；未经登记的，不得对抗第三人。船舶所有权的转让，应当签订书面合同。”《民用航空法》第 14 条规定：“民用航空器所有权的取得、转让和消灭，应当向国务院民用航空主管部门登记；未经登记的，不得对抗第三人。民用航空器所有权的转让，应当签订书面合同。”前引法律规定中的“第三人”，亦应作善意第三人理解，才符合《民法典》的立法本意。《道路交通安全法》第 8 条规定“国家对机动车实行登记制度。机动车经公安机关交通管理部门登记后，方可上道路行驶。尚未登记的机动车，需要临时上道路行驶的，应当取得临时通行牌证。”第 12 条规定：“有下列情形之一的，应当办理相应的登记：（一）机动车所有权发生转移的……”公安部《机动车登记规定》第 25 条第 1 款规定：“已注册登记的机动车所有权发生转让的，现机动车所有人应当自机动车交付之日起三十日内向登记地车辆管理所申请转让登记。”

案　例

原告楼某某与被告张甲、某典当公司案外人执行异议之诉案

法院认定事实：本院 2012 年 9 月 20 日就某典当公司与王乙、张甲典当纠纷案作出民事判决书，判决：（1）王乙支付某典当公司月综合服务费 26,000 元，于本判决生效之日起 10 日内付清；（2）张甲对上述还款承担连带

① 中国审判理论研究会民事审判理论专业委员会编：《民法典物权编条文理解与司法适用》，法律出版社 2020 年版，第 51 页。

清偿责任,但张甲承担保证责任后,有权向王乙追偿。2012年11月22日,某典当公司依据上述典当纠纷案的生效裁判,向本院提出强制执行申请,要求王乙、张甲履行判决确定的义务。本院执行部门于2012年11月28日向王乙、张甲发出执行通知书,责令王乙、张甲自该通知书送达之日起5日内,履行生效法律文书确定的和法律规定的相关义务。逾期不履行,将依法强制执行。

张甲在2012年11月30日与楼某某签订车辆买卖协议,其中约定张甲将发动机号03177596、车牌号浙B×××××宝马车出售给楼某某,售价350,000元。付款方式:2012年11月30日付定金150,000元,余款付按揭款。车辆过户期限在2012年12月10日内,移交时间为2012年11月30日。如按揭款超过200,000元,超过部分由张甲承担。协议签订后,楼某某经银行向张甲支付了145,500元。张甲同日向楼某某出具收条:今收到楼某某购浙B×××××宝马523轿车150,000元整(其中45,000元现金支付)。张甲将涉案车辆交付楼某某。2012年12月7日本院以(2012)××执民字第××号执行裁定书为据,经浙江省宁波市公安局交通警察局车辆管理所,查封了张甲名下该涉案汽车。楼某某于2013年3月14日经其丈夫蔡某某向涉案车辆抵押权人宝马公司支付了271,029.21元,涉案车辆解除了抵押。楼某某在知悉涉案车辆被法院查封后,于2013年4月15日以张甲为被告,向本院提出起诉,诉请确认其与张甲所签车辆买卖协议合法有效;确认涉案车辆属其所有。2013年4月19日,楼某某向本院申请撤回对该案的起诉,本院予以准许。

楼某某于2013年5月9日作为案外人向本院提出执行异议,要求解除对涉案车辆的查封。本院执行部门经审查,认为动产物权的设立和转让,自交付时发生效力。但船舶、航空器和机动车等物权的设立、变更、转让和消灭,未经登记、不得对抗善意第三人。楼某某与车辆所有权人张甲虽签有车辆买卖协议,并支付过款项,且已实际占有车辆,但未按法律规定办理登记手续。浙B×××××宝马车的所有权现仍登记在张甲名下。因此,本院查封涉案机动车符合法律规定,裁定驳回了楼某某的异议。

法院认为,本案的争议焦点是依在案证据及庭审等材料,能否证明楼某某与张甲之间的涉案车辆转让已经成立。本案中,楼某某提供的其依车辆买卖协议约定,向张甲支付购车款的银行储蓄存款凭条和张甲出具的收条,结合出庭作证的证人证言和其他证据材料,可以确认楼某某在本院执行部门作出查封涉案车辆裁定之前,与张甲就涉案车辆转让等事宜达成了合意,依约支付了部分购车款,并占用涉案车辆。然楼某某在履行购买涉案车辆手续完毕之前,本院执行部门依法查封了涉案车辆,涉案车辆的转让已经被限制。人民法院依据生效裁判,根据申请执行人(债权人)的申请,依法对被执行人(债务人)名下,包括机动车辆在内的相关财产实行查封、扣押等强制措施,目的在于迫使债务人履行对债权人的义务,实现债权人的合法利益。由此,本院执行部门应债权人某典当公司的申请,查封作为债务人的张甲名下涉案车辆,有据可依,符合有关法律的规定。根据本案现有证据材料,楼某某向张甲支付了约定的涉案车辆购买款,涉案车辆因张甲另案债务而被本院查封,致楼某某办理涉案车辆买卖过户手续不能。显然,产生该起纠纷的主要责任在张甲,张甲理当就此承担相应的责任。综上,本院执行部门裁定驳回楼某某与某典当公司提出的执行异议,准确合法。由此,本院对楼某某提出的停止对涉案车辆的执行并予解封,确认车辆买卖协议合法有效,判决涉案车辆所有权人为楼某某的诉请,不予支持。故判决:驳回原告楼某某的诉讼请求。①

17

简易交付

【民法典】

第二百二十六条　动产物权设立和转让前,权利人已经占有该动产的,物权自民事法律行为生效时发生效力。

---

① 参见宁波市江东区人民法院民事判决书,(2013)甬东执异初字第 1 号。

释 法

《民法典》第226条规定了简易交付,由《物权法》第25条规定修改而来。

依《民法典》第208条后句的规定,动产物权的变动(设立和转让)的公示方法,是应当依照法律规定交付。依《民法典》第224条规定,动产物权的变动(设立和转让),自交付时发生效力。无论是从动产物权变动的公示原则,还是确定动产物权变动的生效时间,都能看出交付的重要作用。但交付不一定都需要现实交付,也可以采取变通的观念交付的方法。这里所讲的简易交付即属其中之第一种。简易交付,即是指占有人在先行占有动产的前提下,由占有人和所有权人达成动产变动的合意,该合同生效之时即为完成该动产物权变动的交付。《民法典物权编解释(一)》第17条第2款就明确规定,当事人以《民法典》第226条规定的方式交付动产的,转让动产民事法律行为生效之时为动产交付之时。比如,乙租用甲的小汽车一辆,用了一段时间后提出要买,甲感觉价格合适,就卖给了乙,双方签订了买卖合同,合同生效后,交易就完成;合同生效之时,即为汽车交付之时。由于汽车本来就由乙在使用,就不用再由甲交付给乙了。不过,需要办理过户登记手续;否则,不能对抗善意第三人。规定简易交付的交付方式,减少了交易程序,符合效率原则。

简易交付的生效要件:(1)先行占有。动产物权设立和转让前,权利人已经占有了该动产。这个占有,可能是租赁、借用、寄存,也可能是拾得遗失物等。占有的合法性与否,可以暂先不问;只要符合这里所讲的后一个条件即可。《物权法》第25条规定的"依法"(占有)二字,纳入《民法典》第226条规定时被删除,有其合理性;因为占有只是一种客观事实,对其合法性不是不问,而是不到时候。(2)合同生效。占有人与动产物权所有人达成的物权变动(设立和转让)的合同生效。我们这里讲的是合同生效,而不是合同成立。成立不等于生效,可能会存在合同未生效、合同无效,或者合同被撤销的情况。合同未生效,如存在附条件、附期限的民事行为，待期限截止、条件成就时，才产生物权变动之效力。合同无效，则自始不发生物权变动之效力。若合同被撤销，因其被撤销之前是有效的，故已经发生物权变动之效力；但自合同被撤销后恢复原有的物权占有关系。《民法典》第226条规定"自民事法律行为生效时发生效力"中的民事法律行为，主要是指引起动产物权变动的合同，也可以是赠与、遗赠或者遗嘱(继承)等。

案　例

1. 再审申请人袁某1、谢某与被申请人某壬公司不当得利纠纷案

再审申请人袁某1、谢某申请再审的事由为：(1)原一审、二审判决认定事实缺乏证据证明，事实认定错误。首先，2020年1月23日申请人与某壬公司签订商品房买卖合同，约定将涉案商铺出卖给申请人，后于2020年6月11日在普定县房屋管理所办理了合同备案登记。因交易时买卖的商铺已经对外出租，故双方口头约定简易交付，但商铺的租金收益归申请人所有……其次，原商铺出租人某乙公司将租金收益权转让给申请人的行为，属于债权转让。无论商铺产权变动与否，商铺租金收益都应基于申请人与某己公司的约定归申请人享有。故一审法院以申请人未办理产权登记前，不是商铺所有权人，无权要求某乙公司返还租金的认定是错误的。(2)原一审、二审法院适用法律错误。租金在物权性质上属于法定孳息，根据《民法典》第321条第2款规定，"法定孳息，当事人有约定的，按照约定取得；没有约定或者约定不明确的，按照交易习惯取得"，本案双方已就租金收益归属作出约定，应由申请人取得租金，即便是按照交易习惯，申请人作为案涉商铺的所有权人，租金收益也应归申请人享有。

再审法院经审查认为，袁某1、谢某二人的再审申请事由不成立。第一，根据法律规定，不动产物权的设立、变更、转让未经登记不发生效力，袁某1、谢某二人在2022年4月14日之前未取得对案涉房屋的产权，其身份仅为购房人，某己公司口头约定简易交付，将获得产权证前的租金直接支付给买受人袁某1、谢某二人，但根据法律规定简易交付仅适用于动产，而本案标的为商铺，即不动产，该二人未提交充分证据证明某己公司认可转让租金债权且通知了某壬公司将租金债权已转让给了买受人袁某1、谢某，根据《民法典》

第546条第1款的规定,“债权人转让债权,未通知债务人的,该转让对债务人不发生效力”,原审法院未采信其主张并无不当。第二,某己公司于2020年12月30日与某壬公司签订合作协议,约定商铺收益由某壬公司收取,合同期限至2023年12月31日止,在某己公司未明确将租金收益权转给购房人时,某壬公司依约收取租金并不属于不当得利。

袁某1、谢某二人就案涉商铺租金的归属与某己公司产生的其他争议,该二人可另循其他途径解决。故裁定:驳回袁某1、谢某的再审申请。①

2.原告李某远与被告杜某东买卖合同纠纷案

原告向法院提出诉讼,请求判令被告向原告给付购车款21,000元。法院认定事实:2020年3月17日,被告从原告处购买车牌号为辽P7××P、辽P××××型号为J6460的解放牌挂车两辆,原告以简易交付的方式将车辆交付给被告,同日被告向原告出具欠据一份,载明:“债务人因购车欠债权人李某远购车款人民币120,000元(壹拾贰万元整),因债务人不能一次性付清,现双方约定还款方式为本欠据签字之日起每月1日前偿还人民币4000元(肆仟元整),分30个月还清。如债务人不能如约还款,则债务人应向债权人给付利息,利息的计算方式为从违约之日起以未清偿欠款数额为本金、月利率为2%至所有欠款还清之日止。”被告在欠据上债务人处签名、捺印。截至原告起诉之日被告已偿还购车款共计59,000元,现原告向被告主张到期未付购车款21,000元。

本院认为,根据《民法典时间效力解释》第1条第3款规定:“民法典施行前的法律事实持续至民法典施行后,该法律事实引起的民事纠纷案件,适用民法典的规定,但是法律、司法解释另有规定的除外。”本案的法律事实发生在《民法典》施行以前且该法律事实持续至《民法典》施行后,原、被告双方在欠据中约定还款期限为2020年5月1日至2022年11月1日且被告尚未给付全部购车款,故本案应适用《民法典》的相关规定。根据《民法典》第226条规定,被告作为车辆购买人,在为原告出具欠据前已实际占有车辆,2020年3月17日被告为原告出具欠据时,原、被告双方就案涉车辆达成了买卖合意,原告以简易交付方式向被告交付挂车,双方于2020年3月17日形成买

① 参见贵州省高级人民法院民事裁定书,(2023)黔民申4334号。

卖合同关系。原告已履行交付义务,被告应当按照约定的时间支付价款。双方在欠据中约定还款方式为“本欠据签字之日起每月 1 日前偿还人民币 4000 元”。原告在庭审过程中表示实际履行之日是自 2020 年 5 月 1 日起每月 1 日前偿还人民币 4000 元。自 2020 年 5 月 1 日起至原告起诉之日止,2020 年 5 月 1 日至 2022 年 1 月 12 日期间(20 个月),被告到期未付购车款共计 21,000 元(4000 元/月 ×20 个月 =80,000 元,80,000 元 -59,000 元 =21,000 元),被告经本院传票传唤无正当理由拒不到庭参加诉讼,视为放弃答辩、质证等相应的诉讼权利,应承担对其不利的法律后果,故原告主张被告给付购车款 21,000 元的诉讼请求予以支持。故判决:被告杜某东于本判决生效后立即给付原告李某远 21,000 元。①

18

指示交付

【民法典】

第二百二十七条　动产物权设立和转让前,第三人占有该动产的,负有交付义务的人可以通过转让请求第三人返还原物的权利代替交付。

释　法

《民法典》第 227 条规定了指示交付,由《物权法》第 26 条规定修改而来。

---

① 参见黑龙江省宝清县人民法院民事判决书,(2022)黑 0523 民初 169 号。

依《民法典》第 208 条的规定,动产物权的变动(设立和转让)的公示方法,是应当依照法律规定交付;第 224 条规定,动产物权的变动(设立和转让),自交付时发生效力。但交付不一定都需要现实交付,也可以采取变通的观念交付方法。这里所说的指示交付即属其中之第二种。指示交付,是指在动产为第三人占有的情况下,转让人(负有交付义务的人)将其对第三人的返还请求权让与给受让人,以代替动产的现实交付。也可以顾名思义地讲,是按照转让人的指示进行交付,学理上又称为“让与返还请求权”①。判断是否完成动产交付的时间,即为转让人与受让人之间有关转让返还原物请求权的协议生效之时。② 此种情况适用于租赁、借贷、寄卖和保管等其他债权债务关系。比如,甲企业将一套闲置设备租用给乙企业使用,后又卖给丙企业,甲就无须将设备收回再交付给丙,而是签订买卖合同时写明将对乙的返还原物请求权让与丙即可;何况,若租期没到尚不能要求原物返还。这里,依据“买卖不破租赁”的原则,乙可对抗与丙,即丙只能等租期届至才能要求乙返还原物,以实现实际交付。乙的期限利益可在转让协议中予以约定。规定指示交付的交付方式,能够实现交易便捷、提高效率的效果。

指示交付的生效要件:(1)第三人占有该动产,即在发生动产物权变动(设立和转让)时,转让人并不直接占有该动产,此时该动产由第三人(现实)占有。与简易交付相同,这个占有的合法性与否,也可以暂先不问;甚或第三人究竟是谁也可以不问,只要符合后一个条件即可。《民法典》本条规定将《物权法》第 26 条中的“依法”二字删除,有其合理性;因为占有只是一种客观事实,可以先不问其合法与否。当然,如果受让人请求返还不能,即不能实现返还原物请求权时,则可向转让人主张违约损失赔偿,自不在话下。以此来看,与简易交付相比,此指示交付发生物权变动的公示效果要弱一些。(2)转让请求第三人返还原物的协议生效。与简易交付相同,此为协议生效,而非协议成立。成立不等于生

---

① 谢在全:《民法物权论》(上),中国政法大学出版社 1999 年版,第 102 页。

② 参见《民法典物权编解释(一)》第 17 条第 2 款规定。

效；可能会存在协议未生效、协议无效，或者协议被撤销的情况。① 本条没有规定，转让人必须把转让请求第三人返还原物的情况通知第三人。现实中，转让人一般会通知第三人；即便没有通知，在受让人请求第三人返还原物时，第三人肯定知道，第三人亦可以向转让人予以核实。这可能也是物权请求权与债权请求权的不同之处。《民法典》第 546 条第 1 款规定："债权人转让债权，未通知债务人的，该转让对债务人不发生效力。"

案　例

上诉人李某仁与被上诉人蔡某陆、原审第三人王某东船舶买卖合同纠纷案

蔡某陆向一审法院提出诉请：(1)确认蔡某陆、李某仁于 2021 年 7 月 23 日签订的船舶买卖合同有效；(2)判令李某仁支付违约金 50 万元。一审法院认为，本案系船舶买卖合同纠纷。李某仁、蔡某陆签订的船舶买卖合同，系双方当事人的真实意思表示，且不违反法律的强制性规定，不违反公序良俗，合法有效。蔡某陆诉请确认该合同有效，李某仁亦同意，故一审法院依法予以确认。李某仁、蔡某陆均应严格依照船舶买卖合同的约定行使权利，全面履行合同义务。根据当事人的诉辩主张，本案争议焦点为：李某仁是否依约向蔡某陆交付了涉案船舶。首先，在王某东向蔡某陆交付船舶前，涉案船舶由王某东占有并拒绝返还，李某仁并未从王某东处取回其对涉案船舶的占有权。相反，李某仁、王某东均确认，当日及之后一段时间，王某东仍继续占有，蔡某陆未能占有和控制涉案船舶。在此情况下，李某仁缺乏向蔡某陆直接转移对船舶管领力的现实基础，也不满足《民法典》第 226 条、第 227 条、第 228 条规定的交付方式的前提条件。其次，李某仁当日将蔡某陆带上船后，只是安排蔡某陆在船上住下，并未进行通常的船舶交接时应当进行的设备、物料清点、结算，以及人员交接等。李某仁的这一行为，并未使蔡某陆能够完全占有和支配该轮。由此可见，无论是从现实交付方面分析，还是从观念交付方面分析，涉案船舶的交付均未完成。最后，船舶买卖合同约定，"剩余购船款

---

① 参见本书"17　简易交付"相关内容，此处从略。

在双方交接时一次性付清，款清交船”。按照该约定，蔡某陆应当先付清购船尾款，然后李某仁交付船舶。蔡某陆付清购船尾款，仅能证明蔡某陆履行了合同项下的付款义务，并不能证明李某仁已完成船舶交付，或蔡某陆认可李某仁已完成了船舶交付。故李某仁的抗辩意见，既无事实和法律依据，也严重脱离日常生活经验，不能成立，一审法院不予支持。李某仁依约应当在2021年8月8日前向蔡某陆交付船舶，但直至2021年9月6日后才由王某东将船舶交付给蔡某陆。李某仁未依约交付船舶，构成违约，应当依约向蔡某陆支付违约金50万元。蔡某陆的该项诉讼请求，合法有据，本院予以支持。故判决：(1)确认蔡某陆与李某仁于2021年7月23日签订的船舶买卖合同有效；(2)李某仁于判决生效之日起10日内，向蔡某陆支付违约金50万元。

二审法院认为：《民法典》第227条规定：“动产物权设立和转让前，第三人占有该动产的，负有交付义务的人可以通过转让请求第三人返还原物的权利代替交付。”《民法典物权编解释(一)》第17条第2款规定，当事人以《民法典》第227条规定的方式交付动产的，转让人与受让人之间有关转让返还原物请求权的协议生效时为动产交付之时。李某仁上诉认为，案涉船舶已通过指示交付的方式交付给蔡某陆，其不应向蔡某陆承担支付50万元违约金的违约责任。本院认为，李某仁主张案涉船舶的交付方式为指示交付，需举证证明李某仁和蔡某陆之间存在以指示交付替代现实交付的合意。李某仁主张其与蔡某陆、王某东三人曾就该事项达成一致意见。经查，一审庭审时，李某仁明确其安排蔡某陆的儿子到案涉船舶后，一直与王某东商量解决纠纷。因王某东的原因，并未能协商成功，王某东与蔡某陆签订代偿及交接协议的情况，李某仁并不知晓。故李某仁关于其与蔡某陆、王某东就指示交付事项已达成一致意见的主张不能成立，因李某仁亦未提供证据证明其与蔡某陆存在其他转让返还原物请求权的协议，则李某仁上诉关于案涉船舶交付为指示交付，其已完成交付的主张，本院不予采纳。故判决：驳回上诉，维持原判。①

---

① 参见湖北省高级人民法院民事判决书，(2022)鄂民终140号。

19

占有改定

【民法典】

第二百二十八条　动产物权转让时,当事人又约定由出让人继续占有该动产的,物权自该约定生效时发生效力。

释　　法

《民法典》第 228 条规定了占有改定,由《物权法》第 27 条规定修改而来。

依《民法典》第 208 条的规定,动产物权的变动(设立和转让)的公示方法,是应当依照法律规定交付;第 224 条规定,动产物权的变动(设立和转让),自交付时发生效力。但交付不一定都须要现实交付,也可以采取变通的观念交付方法。这里所说的占有改定即属其中之第三种。占有改定,是指动产物权转让时,当事人约定由出让人继续占有该动产而代替动产的现实交付。自当事人约定由出让人继续占有该动产的协议生效时发生效力。改,是修改、改换、改变的意思;改定,就是改换后确定。由出让人"占有",改换为受让人占有;但受让人的"占有",仅为"名义上"的,而非现实(实际)的占有。我们可以从汉语的字(词)意去理解这个词语,但也应知道,"占有改定"源于罗马法,《法国民法典》和《德国民法典》对此均有规定。①

① 《法国民法典》第 1583 条规定:"只要当事人就物和价款达成一致,所有权就应当移转于买受人,即使尚未交付该物或者尚未支付价款亦然"。所谓的"一体原则",指向买卖成立的意思中包含着对物的合意,其中也包含着虚拟性的占有改定。参见[德]马克斯·卡泽尔、[德]罗尔夫·克农特尔:《罗马私法》,田士永译,法律出版社 2018 年版,第 254～255 页。《德国民法典》第 930 条规定:"所有人正在占有物的,交付可以以如下方式被代替:某一法律关系被在所有人和取得人之间约定,而根据该法律关系,取得人取得间接占有。"参见《德国民法典》,陈卫佐译注,法律出版社 2015 年版,第 346 页。

占有改定主要适用于租赁、借用和保管等合同关系。比如,甲企业为融资需要,将其所有的一套主要生产线卖给乙公司,又与乙公司签订了租赁合同,继续使用该生产线进行生产。租赁到期后也可以再行买回。在这里,乙公司通过占有改定的交付方式获得对该生产线的间接占有。如果甲企业因案件被法院强制执行,或者因为经营不善而宣告破产的话,该生产线不能被执行,或者不能被列入破产财产。此例属于特殊的融资租赁合同。① 规定占有改定的交付方式,能够减少繁复的交易程序,以提高交易的效率。

我国《民法典》没有规定让与担保制度,《民法典》第 401 条规定的流押契约和第 428 条规定的流质契约,由《物权法》规定的绝对禁止(流押、流质)②转变为有限承认,说明对让与担保是认可的。依《民法典》第 401 条、第 428 条的规定,抵押权人(质权人)在债务履行期限届满前,与抵押人(出质人)约定债务人不履行到期债务时抵(质)押财产归债权人所有的,只能依法就抵(质)押财产优先受偿。由此可见,占有改定的规定为让与担保制度提供了可行的法律基础。我们还可从《民法典担保制度解释》第 68 条第 1 款"债务人或者第三人与债权人约定将财产形式上转移至债权人名下,债务人不履行到期债务,债权人有权对财产折价或者以拍卖、变卖该财产所得价款偿还债务的,人民法院应当认定该约定有效。当事人已经完成财产权利变动的公示,债务人不履行到期债务,债权人请求参照民法典关于担保物权的有关规定就该财产优先受偿的,人民法院应予支持。"中找到依据支持。

占有改定的生效要件:(1)出让人继续占有该动产,即在发生动产物权转让时,出让人现实(实际)占有该动产,这是适用占有改定交付方

---

① 《融资租赁合同案件解释》第 2 条规定:"承租人将其自有物出卖给出租人,再通过融资租赁合同将租赁物从出租人处租回的,人民法院不应仅以承租人和出卖人系同一人为由认定不构成融资租赁法律关系。"

② 《物权法》第 186 条规定:"抵押权人在债务履行期届满前,不得与抵押人约定债务人不履行到期债务时抵押财产归债权人所有。"第 211 条规定:"质权人在债务履行期届满前,不得与出质人约定债务人不履行到期债务时质押财产归债权人所有。"

式的前提条件。在转让人占有该动产的现实条件下发生的物权变动公示效果,占有改定在三种观念交付方式中,效果是最弱的。若出现“一物二卖”的情况,第三人的利益很难得到保护。一般认为,占有改定情况下不适用善意取得制度;除非第三人已通过现实交付实际取得了转让动产的管领权。① (2)当事人之间约定由出让人继续占有该动产的协议生效。这是发生物权变动效果的必要条件。如果协议未生效、协议无效,或者协议被撤销,则不能发生物权变动的效果。②

需要注意的是,货币(钱)的转让不适用占有改定,因为货币是种类物,大家拥有的人民币都是一样的,不能用特定的标识相区别。还有,占有改定不适用于质物交付。《民法典》第429条规定的“质权自出质人交付质押财产时设立”,必须是现实交付。

案 例

上诉人一某堂公司与被上诉人颐某康公司、颜某合同纠纷案

一某堂公司向一审法院起诉,请求颐某康公司向一某堂公司返还款项689,420元及利息(以689,420元为本金,自2020年2月20日起按贷款市场报价利率计算至付清之日止,暂计到2020年7月30日约为18,960元)。一审法院认定:一某堂公司与颐某康公司的工作人员组建微信群,就采购20吨SMS无纺布原料及代加工隔离衣事宜进行沟通。2020年2月18日,一某堂公司向颐某康公司支付无纺布原料款560,000元、拉链和橡皮筋辅料费7500元,次日,又向颐某康公司支付纸箱费16,920元、辅料包费105,000元,共计689,420元。颐某康公司于同年2月19日与某辉公司签订购销合同,花费400,000元购买20吨SMS无纺布。后一某堂公司、颐某康公司双方协议由颐某康公司联系工厂为一某堂公司代加工隔离衣。同年2月20日,颐某康公司按一某堂公司要求向指定客户发货200件;2月21日,颐某康公司与某

① 《德国民法典》第933条规定:“依第930条让与的物不属于让与人的,如该物被让与人交付给取得人,则取得人成为所有人,但取得人在此时非为善意的除外。”参见《德国民法典》,陈卫佐译注,法律出版社2015年版,第347页。

② 参见本书前文“17 简易交付”的解读,此处从略。

龙威服装厂签订加工合同,由其加工隔离衣10,000件;2月22日,颐某康公司与某龙威服装厂签订定作合同,购买连体衣10,000件。一某堂公司、颐某康公司双方因费用、质量等问题协商不成,一某堂公司于同年4月24日通过律师函要求颐某康公司还款,颐某康公司留置一某堂公司无纺布及隔离衣。一审法院判决:驳回一某堂公司的诉讼请求。

二审法院认为:(1)案涉无纺布买卖合同被上诉人是否已完成交付义务。据查明事实,一某堂公司、颐某康公司协商购买无纺布20吨,为此上诉人向颐某康公司支付560,000元,而颐某康公司提交的购销合同、银行转款记录、微信记录等证据可以证明被上诉人颐某康公司已按双方约定采购20吨无纺布,其应将采购的无纺布交付上诉人以完成双方的买卖合同,但此时上诉人一某堂公司与颐某康公司协商,直接由颐某康公司对案涉无纺布进行加工,上诉人为此支付了部分包装、加工费用,可以证明上诉人一某堂公司对被上诉人已采购无纺布20吨的事实予以认可,并且为了履行后续委托加工合同亦认可由颐某康公司继续占有该无纺布原料。本院认为,占有改定是指让与人与受让人达成动产物权变动协议后,出让人仍然继续占有该动产,而受让人因此取得间接占有,代替现实交付。因此,一审法院认定被上诉人颐某康公司已完成交付义务,一某堂公司业已取得涉案无纺布原料的所有权,双方买卖无纺布的合同关系已履行完毕,有事实和法律依据,应予以支持。(2)一审认定被上诉人完成代加工隔离衣10,200件是否正确。被上诉人已提交委托加工合同、双方微信记录等证据,可以证明被上诉人按照上诉人委托进行加工,并已完成10,200件隔离衣的事实,一审认定并无不当,本院予以确认。故判决:驳回上诉,维持原判。①

① 参见山东省潍坊市中级人民法院民事判决书,(2021)鲁07民终7430号。

20

因法律文书或者征收决定导致物权变动的效力

【民法典】

第二百二十九条　因人民法院、仲裁机构的法律文书或者人民政府的征收决定等，导致物权设立、变更、转让或者消灭的，自法律文书或者征收决定等生效时发生效力。

释　法

《民法典》第 229 条规定了因法律文书和征收决定导致物权变动的效力，由《物权法》第 28 条规定修改而来。

依据《民法典》第 208 条规定："不动产物权的设立、变更、转让和消灭，应当依照法律规定登记。动产物权的设立和转让，应当依照法律规定交付。"这是基于民事法律行为发生的物权设立、变动的公示方法，也是一般的公示方法。基于依《民法典》第 229 条至第 231 条规定的非民事法律行为发生物权的设立、变动，则不以不动产登记和动产交付为公示方法，此为"例外"的公示方法。《民法典》第 229 条规定，即为此例外公示方法之第一种。

本条所规定"因人民法院、仲裁机构的法律文书或者人民政府的征收决定等"包括：(1) 人民法院、仲裁机构的法律文书。《民法典物权编解释(一)》第 7 条规定："人民法院、仲裁机构在分割共有不动产或者动产等案件中作出并依法生效的改变原有物权关系的判决书、裁决书、调解书，以及人民法院在执行程序中作出的拍卖成交裁定书、变卖成交裁定书、以物抵债裁定书，应当认定为民法典第二百二十九条所称导致物权设立、变更、转让或者消灭的人民法院、仲裁机构的法律文书。"(2) 人民政府的征收决定等。《民法典》第 243 条第 1 款规定："为了公共利益的需要，依照法律规定的权限和程序可以征收集体所有的土地和组织、个人的房屋以及其他不动产。"《房屋征补条例》第 8 条规定："为了保障国家安全、促进国民经济和社会发展等公共利益的需要，有下列情形之一，确需要征收房屋的，由市、县级人民政府作出房屋征收决定：（一）国防和外交的需要；（二）由政府组织实施的能源、交通、水利等基础设施建设的需要；（三）由政府组织实施的科技、教育、文化、卫生、体育、环境和资源保护、防灾减灾、文物保护、社会福利、市政公用等公共事业的需要；（四）由政府组织实施的保障性安居工程建设的需要；（五）由政府依照城乡规划法有关规定组织实施的对危房集中、基础设施落后等地段进行旧城区改建的需要；（六）法律、行政法规规定的其他公共利益的需要。"这里规定的"等"字，是指"等外"，一般指基于行政管理目的依法发布的其他行政决定、行政命令等。

"因人民法院、仲裁机构的法律文书或者人民政府的征收决定等"导致物权设立、变动的，能够产生与不动产登记、动产交付类似的公示效果，故《民法典》第 229 条规定"自法律文书或者征收决定等生效时发生效力"。《民法典物权编解释（一）》第 8 条规定："依据民法典第二百二十九条至第二百三十一条规定享有物权，但尚未完成动产交付或者不动产登记的权利人，依据民法典第二百三十五条至第二百三十八条的规定，请求保护其物权的，应予支持。"也就是说，肯定了"权利人"享有的物权，并依法享有返还原物、排除妨害和赔偿损失等物权请求权。

有必要予以说明的是，由于"因人民法院、仲裁机构的法律文书或者人民政府的征收决定等"公示的范围毕竟有限，在"法律文书或者征收决定等生效"后至不动产登记、动产交付之前，可能会出现真实权利状态与公示状态不一致的情况，此时要保护善意第三人的利益。为此，《民法典》紧接着在第 232 条规定："处分依照本节规定享有的不动产物权，依照法律规定需要办理登记的，未经登记，不发生物权效力。""本节规定"包括本篇所说《民法典》第 229 条的规定。并且，依据《民法典物权编解释(一)》第 17 条第 3 款的规定①,判断第三人是否为善意的时间点,是“自法律文书或者征收决定等生效”之时。

案例

上诉人王某与被上诉人金田公司、申某全、李某玲申请执行人执行异议之诉案

王某向一审法院起诉,请求准许执行李某玲名下位于兰州市某区 1103 室房屋(以下简称案涉房屋)。一审法院判决:驳回王某的诉讼请求。

二审法院认为,本案的争议焦点为金田公司对案涉房屋是否享有足以排除强制执行的民事权益。

王某上诉认为案涉房屋处分前没有经过查封、评估、拍卖等程序,损害其合法权益,王某应为案涉房屋的首封权利人。根据庭审查明事实,王某取得生效裁判文书确定权利的时间在(2017)青 0103 执 797 号之二执行裁定生效之后。在该执行裁定作出之前,案涉房屋分别于 2017 年 8 月 3 日、11 月 3 日被查封。2017 年 12 月 20 日,城中区法院作出(2017)青 0103 执 797 号之一执行裁定解封案涉房屋,同日,城中区法院作出(2017)青 0103 执 797 号之二执行裁定时,案涉房屋已经过查封程序。2017 年 8 月 30 日,城中区法院作出的(2017)青 0103 民初 1812 号、1813 号民事调解书已确认位于兰州市柏道路××号×单元 602 室及案涉房屋抵顶所欠金田公司借款 180 万元。(2017)青 0103 执 797 号之二执行裁定是依据该生效民事调解书采取的执行措施,并未违反法定程序。王某此项上诉主张缺乏事实和法律依据,本院不予支持。

本案系执行异议之诉案件。关于本案的法律适用,本案系《民法典》施行前的法律事实引起的民事纠纷案件,依照《民法典时间效力解释》第 1 条第 2 款“民法典施行前的法律事实引起的民事纠纷案件,适用当时的法律、司法解释的规定,但是法律、司法解释另有规定的除外”之规定,本案适用当时的法律、司法解释。《物权法》第 28 条规定:“因人民法院、仲裁委员会的法律文书或者人民政府的征收决定等,导致物权设立、变更、转让或者消灭的,

---

① 《民法典物权编解释(一)》第 17 条第 3 款规定:“法律对不动产、动产物权的设立另有规定的,应当按照法律规定的时间认定权利人是否为善意。”

自法律文书或者人民政府的征收决定等生效时发生效力。"《物权法解释(一)》第7条规定:"人民法院、仲裁委员会在分割共有不动产或者动产等案件中作出并依法生效的改变原有物权关系的判决书、裁决书、调解书,以及人民法院在执行程序中作出的拍卖成交裁定书、以物抵债裁定书,应当认定为物权法第二十八条所称导致物权设立、变更、转让或者消灭的人民法院、仲裁委员会的法律文书。"本案中(2017)青0103执797号之二执行裁定,确认案涉房屋的所有权自该裁定送达金田公司时转移,该执行裁定系导致物权变动的法律文书。一审判决依据生效执行裁定认定金田公司可以排除对案涉房屋的强制执行,并无不当。故判决:驳回上诉,维持原判。①

21

因继承取得物权的效力

【民法典】

第二百三十条　因继承取得物权的,自继承开始时发生效力。

释　法

《民法典》第230条规定了因继承取得物权的效力,由《物权法》第29条规定修改而来,《物权法》规定还包括"受遗赠"取得的物权,纳入《民法典》时给删除了。

根据《民法典》继承编第1121条第1款规定:"继承从被继承人死亡时开始。"第1122条第1款规定:"遗产是自然人死亡时遗留的个人合法

① 参见最高人民法院民事判决书,(2021)最高法民终346号。

财产。”继承人从被继承人处继承遗产,是从被继承人死亡时开始的;那么,继承人取得遗产(物权)的时间就是被继承人死亡之时,也即《民法典》第230条规定的,自继承开始时发生物权变动的效力。此为非基于民事法律行为发生物权变动的例外公示方法之第二种。没有必要非得规定通过先去办理不动产物权登记、动产交付的物权公示方法,才能发生物权变动的效力;若是这样,反而使遗产在一段时间内处于无主的不确定状态,不利于社会秩序的稳定。

依据《民法典》继承编第1123条规定:“继承开始后,按照法定继承办理;有遗嘱的,按照遗嘱继承或者遗赠办理;有遗赠扶养协议的,按照协议办理。”继承开始后,被继承人的遗产即归继承人所有。如果被继承人只有一个继承人(比如只有一个儿子),那所有的遗产就归继承人(儿子)独自所有;如果被继承人有多个继承人,那么其遗产则归各个继承人共有。前引《民法典》第1123条规定的遗产继承方式中,“有遗嘱的,按照遗嘱继承或者遗赠办理”,此处规定“遗赠”的受遗赠人与继承人一样,是从继承开始时就取得受遗赠遗产(物权)的,《物权法》第29条就是这样规定的。但是,《民法典》第1123条最后一句还规定了“有遗赠扶养协议的,按照协议办理”,这说明“有遗赠扶养协议的”“遗赠”,与前述“遗嘱”的“遗赠”是不一样的,即“有遗赠扶养协议的”“遗赠”,属于民事法律行为,应当按照一般的物权变动公示方法进行办理;受遗赠人可以依据遗赠扶养协议的约定,要求遗产管理人配合办理受遗赠的不动产登记手续或者交付动产。

此种例外的物权变动公示方法,当然也涉及善意第三人的保护问题,故也适用《民法典》第232条“处分依照本节规定享有的不动产物权,依照法律规定需要办理登记的,未经登记,不发生物权效力”,即在继承人取得不动产遗产物权后,必须先办理登记,否则其处分(转让)不发生物权变动的效力。判断第三人是否为善意的时间点,依据《民法典物权编解释(一)》第17条第3款的规定,是“自继承开始”之时。关于因继承取得不动产物权的登记问题,依据《不动产登记暂行条例实施细则》第27条第5项的规定,因“继承、受遗赠导致权利发生转移的”,当事人可以向不动产登记机构申请转移登记。这里规定的是“可以”，而不是“应当”；如果继承人继承遗产后是自己使用不动产，笔者认为，暂时不去办理登记手续也是可以的。但笔者也注意到，该实施细则第42条规定，因依法继承导致宅基地使用权及房屋所有权发生转移申请登记的，申请人应当提交不动产权属证书或者其他权属来源材料、依法继承的材料和其他必要材料。这主要是基于宅基地使用权取得的特殊身份所作的一种特别规定，督促继承人及时确定宅基地使用权及其上房屋所有权的归属，避免产生纠纷。

案　例

上诉人刘某1与被上诉人刘某2、卜某英第三人撤销之诉案

刘某1向一审法院起诉，请求：(1)依法撤销4397号民事判决；(2)依法确认泰安市岱岳区××镇××小区××号楼××单元××室房屋(以下简称案涉房屋)归刘某1所有。

一审法院认为，本案为第三人撤销之诉，争议焦点：(1)案涉房屋所有权主体问题：岳某与刘某2离婚协议不能作为确定房产的依据。案涉房屋系刘某2父亲刘某奎、母亲郭某香原位于岱岳区××镇××村××号××地院落拆迁安置而来。刘某2在拆迁协议上签字的行为不足以认定其已获赠该拆迁安置房产，刘某1未提交证据证实郭某香生前已将该房产赠与或处置给刘某2。(2)是否符合法定撤销条件：4397号判决认定卜某英、刘某2为郭某香的第一顺位继承人，有权依法继承相应遗产份额。刘某1未提交证据证实该判决存在错误。故判决驳回刘某1的诉讼请求。

二审法院认为：(1)案涉房屋是否属于刘某2、岳某夫妻共同财产。根据一审法院调取的拆迁协议及××镇××村委会出具的证明等相关事实，案涉房屋系由刘某2父母原宅基地院落拆迁安置而来，应属刘某2父母遗产。刘某1主张，刘某2在拆迁协议上的签字行为，应视为刘某2母亲郭某香将置换房产及其所占份额赠与刘某2，案涉房屋应为刘某2、岳某夫妻共同财产，不应作为遗产处理。刘某1该项主张不能成立。首先，在刘某2父亲去世后，刘某2仅是作为家庭成员代表拆迁户签字同意拆迁，郭某香并未作出将拆迁房产赠与刘某2的意思表示，更不能据此得出郭某香有赠与拆迁房产的意思表示。其次,不动产物权变动以登记原则,案涉房屋至今没有办理产权登记,当然也不会产生物权变动的效力。故案涉房屋并非刘某 2、岳某夫妻共同财产,应作为刘某 2 父母遗产处理。

(2)刘某 1 是否取得案涉房屋所有权。如上所述,案涉房屋的继承自 2012 年郭某香去世时开始。根据《民法典》第 230 条"因继承取得物权的,自继承开始时发生效力"的规定,刘某 2、卜某英作为法定继承人自郭某香去世时便已取得案涉房屋所有权,在遗产分割前,案涉房屋作为整体由刘某 2、卜某英两继承人共同共有。虽然刘某 2、岳某在 2020 年离婚协议中约定房产归刘某 1 所有,但根据《民法典》第 301 条关于"处分共有的不动产或者动产以及对共有的不动产或者动产作重大修缮、变更性质或者用途的,应当经占份额三分之二以上的按份共有人或者全体共同共有人同意"的规定,共同共有物的出卖、赠与等处分行为须经全体共同共有人的一致同意,而且根据《民法典》第 232 条"处分依照本节规定享有的不动产物权,依照法律规定需要办理登记的,未经登记,不发生物权效力"的规定,权利人处分因继承取得物权的不动产物权时,非经宣示登记亦不发生物权变动效力,故刘某 1 未取得案涉房屋所有权。刘某 1 又主张,即使案涉房屋为遗产,刘某 2 继承份额也应属刘某 1 所有。本院认为,离婚协议约定的系案涉房屋归刘某 1 所有,并非刘某 2 所占份额归刘某 1 所有,而且本案为第三人撤销之诉,刘某 1 诉讼请求为撤销 4397 号民事判决、确认房屋归其所有,刘某 1 的上述主张与 4397 号案件既非同一法律关系,亦不属于本案审查范围。当然,刘某 1 不能取得案涉房屋所有权,并不影响其在离婚协议中为实质上受赠人的权利,其仍然可以就约定赠与内容向刘某 2 主张相应的债权。

(3)4397 号民事判决是否存在错误并损害刘某 1 民事权益。刘某 1 未取得案涉房屋所有权,4397 号案件为法定继承纠纷,一审法院依据相关事实作出相应判决并无不当,亦未损害刘某 1 民事权益,其提起的第三人撤销之诉请求不应支持。故判决:驳回上诉,维持原判。①

① 参见山东省泰安市中级人民法院民事判决书,(2022)鲁 09 民终 2265 号。

22

因事实行为发生物权变动的效力

【民法典】

第二百三十一条　因合法建造、拆除房屋等事实行为设立或者消灭物权的，自事实行为成就时发生效力。

释　法

《民法典》第 231 条规定了因事实行为发生物权变动的效力，与《物权法》第 30 条规定相同。

《民法典》第 208 条规定："不动产物权的设立、变更、转让和消灭，应当依照法律规定登记。动产物权的设立和转让，应当依照法律规定交付。"这是基于民事法律行为发生的物权设立、变动的公示方法，也是一般的公示方法。基于依《民法典》第 229 条至第 231 条规定的非民事法律行为发生物权的设立、变动，则不以不动产登记和动产交付为公示方法，此为"例外"的公示方法。《民法典》第 231 条规定，即为此例外公示方法之第三种。

《民法典》总则编规定了一个"民事法律行为"的概念，其以意思表示为主观要件，以引起法律关系变动为客观要件；①还有一个概念叫"民事法律事实"，包括事件和行为，其不以意思表示为构成要件，就能引起法律关系的变动后果。事件，如地震的发生，人的出生、死亡等。"行为"，即事实行为，正如本条规定的建造或者拆除房屋等，还如拾得遗失

① 参见陈启超：《以案释法：民法典总则编 100 篇》，法律出版社 2022 年版，第 236 页。

物、加工、附和、混合等,也属于事实行为。这里所规定的“房屋”,一般应作扩大解释,包括建筑物、构筑物和附属设施等,附属的地下室、车库等也应包括在内。谢在全教授的定义是:“所谓建筑物系指定着于土地上或地面下具有顶盖、墙垣,足以避风雨供人起居出入之构造物而言。”①依据《建筑物区分所有权案件解释》第 2 条之规定,房屋应当具备以下条件:(1)具有构造上的独立性,能够明确区分;(2)具有利用上的独立性,可以排他使用;(3)能够登记成为特定业主所有权的客体。房屋一般以主体封顶视为建成;如果购买商品房的话,应当以验收合格、符合法定或者约定的交房标准为条件。这里应当强调或者明确的是,《民法典》第 231 条规定在“建造”之前加了一个定语“合法”,即只有合法建造的房屋才能产生设立(取得)物权的效果;反之,违法建造的房屋则不能取得物权。尽管也有不少学者认为,违法建造物也能取得物权;至于“违章建筑(行为)”,只是产生行政管理法上的后果和责任,②也即不影响违法建造房屋的归属问题。笔者认为,应当以《民法典》的现有规定为准,要在具备建设用地使用权、符合建设规划、取得建筑许可的前提下建造房屋,由此取得建造房屋的合法所有权。③ 我们在购买商品房时要看是否“五证齐全”,因为违法的利益不应得到法律的保护。“拆除房屋”,包括人为拆除和自然灭失等房屋消灭、不存在的情况。本条规定,因合法建造、拆除房屋等事实行为设立或者消灭物权的,自事实行为成就时发生效力。依据《建筑物区分所有权案件解释》第 1 条第 1 款之规定,依法登记取得或者依据《民法典》第 231 条规定取得建筑物专有部分所有权的人,应当认定为“业主”。

本条规定的“等”字,指等外,是指其他与合法建造、拆除房屋相同或者类似的事实行为,如制造、毁坏动产的行为,还如抛弃等。但《民法典》物权编第九章规定的拾得遗失物和加工、附和、混合等引起物权设立

---

① 谢在全:《民法物权论》(上),中国政法大学出版社 1999 年版,第 346 页。

② 参见梁慧星:《民法物权讲义》,法律出版社 2022 年版,第 75 页。

③ 《民法典》第 352 条规定:“建设用地使用权人建造的建筑物、构筑物及其附属设施的所有权属于建设用地使用权人,但是有相反证据证明的除外。”

或者消灭的事实行为,则当属“法律另有规定的除外”(尽管《民法典》没有明确这样的表述)。依照《民法典》第 314 条规定:“拾得遗失物,应当返还权利人。拾得人应当及时通知权利人领取,或者送交公安等有关部门。”第 318 条规定:“遗失物自发布招领公告之日起一年内无人认领的,归国家所有。”第 322 条规定:“因加工、附合、混合而产生的物的归属,有约定的,按照约定;没有约定或者约定不明确的,依照法律规定;法律没有规定的,按照充分发挥物的效用以及保护无过错当事人的原则确定……”

本条规定的这种例外的物权变动公示方法,当然也涉及善意第三人的保护问题,故也适用《民法典》第 232 条“处分依照本节规定享有的不动产物权,依照法律规定需要办理登记的,未经登记,不发生物权效力”的规定,即在合法建造房屋取得不动产物权后,必须先办理登记,否则其处分(转让)不发生物权变动的效力。判断第三人是否为善意的时间点,依据《民法典物权编解释(一)》第 17 条第 3 款的规定,为“因合法建造、拆除房屋等事实行为”成就之时。关于此种情况取得不动产物权的登记问题,《不动产登记暂行条例实施细则》第 33 条第 2 款规定:“依法利用国有建设用地建造房屋的,可以申请国有建设用地使用权及房屋所有权登记。”第 40 条第 2 款规定:“依法利用宅基地建造住房及其附属设施的,可以申请宅基地使用权及房屋所有权登记。”第 44 条第 2 款规定:“依法利用集体建设用地兴办企业,建设公共设施,从事公益事业等的,可以申请集体建设用地使用权及地上建筑物、构筑物所有权登记。”作为权利人还是要尽早到不动产登记机构进行不动产登记,以避免遇到麻烦和纠纷。

案　例

上诉人农发行某支行、某型投公司与被上诉人王某义抵押权纠纷案

王某义向一审法院起诉,请求判令两被告(农发行某支行、某型投公司)协助原告办理原告名下房屋的抵押注销手续。一审法院认为,该院作出的(2020)湘 0304 民初 715 号民事判决,经过湘潭市中级人民法院作出的

(2021)湘03民终136号民事判决予以维持,已经发生法律效力。该判决确认被告某型投公司对处置原告王某义名下抵押房屋所得价款不享有优先受偿权,也就是确认了被告某型投公司对该房屋的抵押权不受法律保护。在法律已不再保护抵押权的情况下,仍保有抵押权利登记,将导致公示的权利与事实上的权利不一致,并已影响抵押人对抵押物拆迁所得价款的处分,故判决支持了原告王某义的诉讼请求。

二审法院认为,《民法典》第229条和第231条规定,本案案涉抵押房屋产权自拆迁的事实行为成立时已经消灭,因房屋处于灭失状态,不动产登记机关应按照登记要求办理注销登记,进而确保不动产登记簿记载的物权状态与实际一致。《不动产登记暂行条例》第14条第2款规定,"属于下列情形之一的,可以由当事人单方申请……(五)不动产灭失或者权利人放弃不动产权利,申请注销登记的。"王某义在案涉房屋灭失的情况下,可单方向不动产登记部门申请注销登记,在法律法规已赋予王某义有权单方申请注销登记的情况下,王某义无须按照《不动产登记暂行条例》中规定的共同申请情形请求农发行某支行、某型投公司配合办理抵押登记注销手续,其在本案中诉请要求农发行某支行、某型投公司配合办理抵押登记注销手续的诉讼请求,本院不予支持。需要指出的是,某型投公司能否对案涉房产被处置后所得款项行使优先受偿权,已由生效判决予以确定。房屋征收拆迁部门扣留部分拆迁款未向王某义支付,王某义可直接向房屋征收拆迁部门依法主张权利。故判决:(1)撤销湖南省湘潭市岳塘区人民法院(2021)湘0304民初3043号民事判决;(2)驳回王某义的诉讼请求。①

① 参见湖南省湘潭市中级人民法院民事判决书,(2021)湘03民终2495号。

23

处分非依民事法律行为享有的不动产物权的登记效力

【民法典】

第二百三十二条　处分依照本节规定享有的不动产物权，依照法律规定需要办理登记的，未经登记，不发生物权效力。

释　法

《民法典》第232条规定了处分非依民事法律行为享有的不动产物权的登记效力，由《物权法》第31条规定修改而来。

本条规定"处分依照本节规定享有的不动产物权"，是指《民法典》第229条至第231条规定的处分非依民事法律行为享有的不动产物权。一般情况，依据《民法典》第208条的规定，不动产物权的设立、变更、转让和消灭，应当依照法律规定登记；动产物权的设立和转让，应当依照法律规定交付。这是基于民事法律行为发生的物权设立、变动的公示方法。但是，基于"本节规定"（《民法典》第229～231条规定）发生物权的设立、变动，则"例外"地不以不动产登记和动产交付为公示方法。这种取得物权、发生物权变动的方式，其公示范围有限，一般不容易为第三人所知悉，不利于对第三人利益的保护。所以，本条规定对所有权人不动产物权的处分进行了限制性规定。

本条"依照法律规定需要登记"，是指依照有关法律规定以登记作为物权变动生效要件的情形，如《民法典》第209条第1款规定："不动产物权的设立、变更、转让和消灭，经依法登记，发生效力……"又如，第

349 条的规定："设立建设用地使用权的，应当向登记机构申请建设用地使用权登记。建设用地使用权自登记时设立……"本条规定"未经登记，不发生物权效力"中的"登记"，学说认为属于"宣示登记"，不同于《民法典》第 209 条规定的"设权登记"，也即此项登记并无创设物权的效力，不过在于宣示已发生的物权变动而已。① 比如，甲、乙、丙兄弟三人共同继承他们父亲的遗产，取得一套房屋的所有权，在没有办理继承登记的情况下，甲把自己的继承份额转让给了其远房亲戚丁，此转让即不生效力。甲、乙、丙应就所继承的房屋达成共有财产分割协议，到不动产登记机构办理遗产继承（转移）登记，之后再由甲和丁之间办理转让不动产共有份额的登记。当然，这里还涉及乙、丙的优先购买权的问题。在没有办理房屋继承（转移）登记之前，甲与丁所签订的转让协议是否有效？笔者认为，应该是有效的（假设乙、丙放弃优先购买权）。对此，《民法典》第 215 条明确规定："未办理物权登记的，不影响合同效力。"关于登记，《不动产登记暂行条例》第 14 条规定："……属于下列情形之一的，可以由当事人单方申请：（一）尚未登记的不动产首次申请登记的；（二）继承、接受遗赠取得不动产权利的；（三）人民法院、仲裁委员会生效的法律文书或者人民政府生效的决定等设立、变更、转让、消灭不动产权利的……"《不动产登记暂行条例实施细则》第 24 条规定："不动产首次登记，是指不动产权利第一次登记。未办理不动产首次登记的，不得办理不动产其他类型登记，但法律、行政法规另有规定的除外。"第 38 条规定："申请国有建设用地使用权及房屋所有权转移登记的，应当根据不同情况，提交下列材料：（一）不动产权属证书；（二）买卖、互换、赠与合同；（三）继承或者受遗赠的材料；（四）分割、合并协议；（五）人民法院或者仲裁委员会生效的法律文书；（六）有批准权的人民政府或者主管部门的批准文件；（七）相关税费缴纳凭证；（八）其他必要材料。不动产买卖合同依法应当备案的，申请人申请登记时须提交经备案的买卖合

① 参见王泽鉴：《民法物权（第 1 册）通则 · 所有权》，中国政法大学出版社 2001 年版，第 114 页。

同。”第42条规定，因依法继承、分家析产、集体经济组织内部互换房屋等导致宅基地使用权及房屋所有权发生转移申请登记的，申请人应当根据不同情况，提交下列材料：(一)不动产权属证书或者其他权属来源材料；(二)依法继承的材料；(三)分家析产的协议或者材料；(四)集体经济组织内部互换房屋的协议；(五)其他必要材料。

案　　例

上诉人刘某富与被上诉人张某、金狮公司房屋买卖合同纠纷案

一审法院认为，所有权人对自己的不动产或者动产，依法享有占有、使用、收益和处分的权利。因人民法院、仲裁机构的法律文书或者人民政府的征收决定等，导致物权设立、变更、转让或者消灭的，自法律文书或者征收决定等生效时发生效力。根据已经生效的法律文书可以认定，中信青岛银行通过山东省高级人民法院(1999)鲁高法执字第22－1号民事裁定书取得了案涉房屋的所有权，后金狮公司又通过一审法院(2013)北民一民初字第434号民事调解书取得了案涉房屋的所有权，并办理了产权登记。而本案中，刘某富主张青岛市延安××路××号××号楼房产系青岛市商业银行以2800万元的价格转让给了新阳公司，后新阳公司又将该房产部分网点转让给了刘某富与李某友。根据刘某富提交的证据，无法证明案涉房屋与青岛市商业银行及新阳公司有关，更无法证明新阳公司在处置案涉房屋时享有所有权或处分权。新阳公司与金狮公司均为独立的企业法人，虽然法定代表人均系张某，但不能据此认定新阳公司对案涉房屋享有处分权。虽然调解书中2800万元的房产价格与刘某富提交的资产转让协议中的价格一致，但亦不能据此推断二者之间存在权利和义务的承继关系。故刘某富要求两被告协助办理案涉房屋的过户手续及承担违约金的诉讼请求，无事实和法律依据，本院不予支持。一审判决驳回原告刘某富的诉讼请求。

二审法院认为，本案争议的焦点问题为：被上诉人是否应当协助将案涉房屋过户至上诉人名下。根据业已查明的事实，中信青岛银行通过山东省高级人民法院(1999)鲁高法执字第22－1号民事裁定书于1999年从青岛王府装饰大世界处取得了案涉房屋的所有权，后金狮公司又通过一审法院(2013)北民一民初字第434号民事调解书从中信青岛银行处取得了案涉房

屋的所有权,并办理了产权登记。虽然上诉人主张其与新阳公司于 2001 年签订房屋转让协议时,新阳公司对案涉房屋享有所有权或处分权,但上诉人的该主张与上述两份已生效的法律文书所认定的事实不符。上诉人提交的证据无法证明新阳公司在与其签订房屋买卖协议时享有案涉房屋的所有权或处分权。并且,新阳公司与金狮公司均为独立的企业法人,虽然法定代表人均系张某,且调解书中 2800 万元的房产价格与上诉人提交的资产转让协议中的价格一致,但不能据此认定新阳公司对案涉房屋享有处分权。另外,新阳公司已经于 2006 年 6 月 27 日办理注销登记,张某为该公司 4 位股东之一,出资占比 25%。清算报告中记载:如有剩余债权债务由公司股东按股东出资比例来承担。本案中,上诉人系与新阳公司签订协议,张某作为新阳公司法定代表人在协议中签字,系职务行为。现新阳公司已经注销,根据清算报告,公司剩余的债权债务应由该公司四位股东按出资比例承担。从该角度来讲,上诉人主张应将已登记于金狮公司名下的案涉房屋过户给上诉人,亦无事实和法律依据,本院难以支持。故判决:驳回上诉,维持原判。①

24

物权的保护方式

【民法典】

第二百三十三条　物权受到侵害的,权利人可以通过和解、调解、仲裁、诉讼等途径解决。

第二百三十九条　本章规定的物权保护方式,可以单独适用,也可以根据权利被侵害的情形合并适用。

---

① 参见山东省青岛市中级人民法院民事判决书,(2022)鲁 02 民终 2527 号。

释　法

《民法典》物权编第三章,规定了物权的保护(第 233 条～第 239 条)。《民法典》第 233 条、第 239 条规定了物权纠纷的解决方式,以及物权保护方式的适用,与《物权法》第 32 条、第 38 条第 1 款的规定相同。

物权是民事主体对物所享有的权利,是民事主体依法享有财产权的重要内容。对物权的保护,在我国是有宪法基础的。《宪法》第 13 条第 1 款规定:“公民的合法的私有财产不受侵犯。”第 2 款规定:“国家依照法律规定保护公民的私有财产权和继承权。”《民法典》第 114 条第 1 款规定:“民事主体依法享有物权。”但物权之不可侵犯,要受到国家合法征收、征用的限制。《宪法》第 13 条第 3 款规定:“国家为了公共利益的需要,可以依照法律规定对公民的私有财产实行征收或者征用并给予补偿。”

物权的保护可分为公法上的保护和私法上的保护。王泽鉴教授说:“有权利无救济程序,犹如无刃之刀。”①公法上的保护,就是用公法的手段和方法(程序)对物权进行保护,如《土地管理法》第 14 条第 1 款规定:“土地所有权和使用权争议,由当事人协商解决;协商不成的,由人民政府处理。”前句“协商解决”是私力救济方法;后句则属于行政处理。第 2 款:“单位之间的争议,由县级以上人民政府处理;个人之间、个人与单位之间的争议,由乡级人民政府或者县级以上人民政府处理”的规定属于行政确权。第 3 款规定“当事人对有关人民政府的处理决定不服的,可以自接到处理决定通知之日起三十日内,向人民法院起诉”,属于行政诉讼。以上的行政处理、行政确权和行政诉讼,都属于公法上的保护程序。《行政诉讼法》第 2 条第 1 款规定:“公民、法人或者其他组织认为行政机关和行政机关工作人员的行政行为侵犯其合法权益,有权依照本法向人民法院提起诉讼。”第 12 条第 1 款对侵犯包括物权在内的财产

---

① 王泽鉴:《民法物权(第 1 册) 通则 · 所有权》,中国政法大学出版社 2001 年版,第 67 页。

权的具体情形进行了列举规定。①

私法上的保护，包括物权法上的保护和债权法上的保护。② 物权法上的保护，即指本章规定的物权保护方式，具体包括物权确认请求权(第 234 条)、返还原物请求权(第 235 条)、排除妨害、消除危险的物权请求权(第 236 条)、物权损害恢复请求权(第 237 条)和物权损害赔偿请求权(第 238 条)。根据《民法典》第 239 条的规定，这几种保护方式，可以单独适用，也可以根据权利被侵害的情形合并适用。债权法上的保护，是指依据《民法典》侵权责任编的有关规定，由侵权行为人侵害物权所应承担的侵权责任；以及依据《民法典》合同编第 29 章不当得利的有关规定，因给付不当得利和取得利益没有法律依据而移转或设定物权，权利人可以行使返还原物请求权或者物权损害赔偿请求权。

案　例

上诉人曹某鸣、陈某泉与被上诉人蔡某声、涂某民、何某珍、吴某金、刘某玲、吴某 1、王某禹排除妨害纠纷案

曹某鸣提起一审诉讼，请求判令：(1)蔡某声、陈某泉、涂某民、何某珍、吴某金、刘某玲、吴某 1、王某禹立即搬离上海市浦东新区××路××弄××号××室房屋(以下简称系争房屋)，交付给曹某鸣使用；(2)上列各被告人赔偿曹某鸣系争房屋被占用期间的使用费每月 1 万元，自 2017 年 8 月 10 日起至实际交付之日止。一审法院判决：(1)陈某泉、涂某民、何某珍、吴某金、刘某玲、吴某 1、王某禹于判决生效之日起 30 日内搬出系争房屋，并将该房

---

① 《行政诉讼法》第 12 条第 1 款规定："人民法院受理公民、法人或者其他组织提起的下列诉讼……(四)对行政机关作出的关于确认土地、矿藏、水流、森林、山岭、草原、荒地、滩涂、海域等自然资源的所有权或者使用权的决定不服的；(五)对征收、征用决定及其补偿决定不服的；(六)申请行政机关履行保护人身权、财产权等合法权益的法定职责，行政机关拒绝履行或者不予答复的；(七)认为行政机关侵犯其经营自主权或者农村土地承包经营权、农村土地经营权的……(十二)认为行政机关侵犯其他人身权、财产权等合法权益的……"

② 参见王泽鉴：《民法物权(第 1 册) 通则·所有权》，中国政法大学出版社 2001 年版，第 64 页及以下。

屋交还曹某鸣;(2)陈某泉于判决生效之日起15日内向曹某鸣支付上述房屋占有使用费,按照每月7000元的标准,自2019年7月1日起至陈某泉、涂某民、何某珍、吴某金、刘某玲、吴某1、王某禹全部搬出上述房屋之日止;(3)驳回曹某鸣的其余诉讼请求。

二审法院认为,曹某鸣与蔡某声就系争房屋于2016年1月12日签订了买卖协议,双方之间存在买卖合同关系。由于系争房屋系动迁安置房,尚不具备过户条件,且当时房屋内有租客,租期尚未届满,故双方约定就系争房屋带租约交付,曹某鸣与租客另行签订了房屋租赁协议,且从2016年3月10日起收取租金。自此,该房屋的占有、使用、收益权已转移至曹某鸣,但因系争房屋尚未办理过户手续,故曹某鸣尚未取得物权,其取得物权的时间应为2018年12月24日办理房屋产权登记时。本案纠纷发生于2017年8月份,曹某鸣发现原有租客被清退,系争房屋被陈某泉安排人侵占、使用故而报警,此时曹某鸣尚未取得系争房屋之产权,只是取得对系争房屋的合法占有,故陈某泉对系争房屋的侵占行为,侵害的是曹某鸣对系争房屋的占有、使用、收益权。

本案的争议焦点为:

(1)关于房屋占有使用费的起算时间。蔡某声与陈某泉之间的租赁合同于2017年5月5日签订,根据陈某泉陈述,其方于2017年六七月入住系争房屋,曹某鸣发现上述情况后于2017年8月2日报警,故曹某鸣诉请主张从2017年8月10日起计算房屋占有使用费直至实际返还房屋之日止,具有事实依据和法律依据,应予支持。一审判决于曹某鸣取得房屋产权并提起诉讼、再酌情扣除公告送达期限后从2019年7月1日开始计算房屋占有使用费,所作处理欠妥。关于房屋占有使用费的计算标准,一审判决参照同期租赁合同的租金标准,并考虑市场上涨幅度,酌定按每月7000元标准计算并无不当,本院予以认同。

(2)关于蔡某声与陈某泉应否共同承担房屋占有使用费的问题。蔡某声在将系争房屋出售给曹某鸣并已经完成房屋交付的情况下,又擅自与陈某泉就系争房屋签订租赁合同,将房屋出租给陈某泉,从陈某泉提供的两份承诺书来看,蔡某声的上述行为并非如其所述是受陈某泉胁迫所为,而是其主动提出将系争房屋先租后售给陈某泉,且收取了陈某泉的4万元用于清退前任租客，其行为显属恶意，与陈某泉方实际侵占房屋的行为相结合，共同构成对曹某鸣的占有、使用、收益权的侵害，理应共同承担赔偿责任。关于陈某泉的责任，虽然没有充分证据证明陈某泉在与蔡某声签订租赁合同之初即事先知晓系争房屋已出售的事实，但从合同内容来看，有悖于通常的租赁合同，且其未有实际支付租金的行为。另外，在曹某鸣因本案纠纷报警之后，陈某泉已知晓其对系争房屋的占有属于无权占有，应将系争房屋予以交还，但其仍未腾退，直至本案二审诉讼中才将房屋交付给曹某鸣。本院认为蔡某声与陈某泉应共同承担房屋占有使用费。鉴于二审中陈某泉已将系争房屋交付给曹某鸣，故本案无须再对曹某鸣的第一项诉请作出处理。故判决：(1)撤销上海市浦东新区人民法院(2019)沪0115民初7234号民事判决；(2)蔡某声、陈某泉应于本判决生效之日起15日内向曹某鸣支付房屋占有使用费，按照每月7000元的标准，自2017年8月10日起至2022年3月5日止。①

25

物权确认请求权

【民法典】

第二百三十四条　因物权的归属、内容发生争议的，利害关系人可以请求确认权利。

释　法

《民法典》第234条规定了物权确认请求权，与《物权法》第33条规

① 参见上海市第一中级人民法院民事判决书，(2021)沪01民终13527号。

定相同。

物权确认请求权,是指因物权的归属、内容发生争议,利害关系人可以请求确认其权利的请求权,也即请求明确其为物权的权利主体,并明确是所有权,还是用益物权、担保物权等物权的内容。物权确认请求权属于物权(保护)请求权之一种,也是物权的保护方式之一。其是行使其他物权请求权(返还原物请求权、排除妨害、消除危险的物权请求权、物权损害恢复请求权和物权损害赔偿请求权)的基础和前提。

物权确认请求权既是实体权利,也是程序权利。《民法典物权编解释(一)》第1条就规定:"因不动产物权的归属,以及作为不动产物权登记基础的买卖、赠与、抵押等产生争议,当事人提起民事诉讼的,应当依法受理。当事人已经在行政诉讼中申请一并解决上述民事争议,且人民法院一并审理的除外。"这种确权之诉,也可以在执行异议之诉中一并提出。《民事诉讼法解释》第310条第2款就规定:"案外人同时提出确认其权利的诉讼请求的,人民法院可以在判决中一并作出裁判。"《民法典物权编解释(一)》第2条规定:"当事人有证据证明不动产登记簿的记载与真实权利状态不符、其为该不动产物权的真实权利人,请求确认其享有物权的,应予支持。"第3条规定:"异议登记因民法典第二百二十条第二款规定的事由失效后,当事人提起民事诉讼,请求确认物权归属的,应当依法受理。异议登记失效不影响人民法院对案件的实体审理。"

物权确认之诉,属于民事诉讼三大类型中的确认之诉①。确认之诉,是指一方当事人提出让法院判定其与对方当事人之间是否存在某种法律关系或者该法律关系是否有效,或者是否存在特定法律事实的请求。物权确认请求当然也可以向行政机关提出,比如要求确认国有土地使用权;但物权确认之诉只能向人民法院提起。物权确认之诉是否适用诉讼时效?笔者认为,《民法典》既然将其列入物权请求权,其当属于物

① 另两种诉讼类型为:给付之诉和形成之诉。给付之诉,是一方当事人向法院提出判令对方当事人向自己履行一定的民事给付义务的请求,如请求支付货款。形成之诉,又称变更之诉,是指当事人要求改变或者消灭某种民事法律关系的诉讼,如在离婚诉讼中要求解除婚姻关系。

权，在于强调其物权保护的功能，故不应适用诉讼时效。

案例

1. 申请人某办事处与被申请人送变电公司案外人执行异议之诉案

一审法院查明，1994 年 5 月 26 日，某市政府向原某林镇政府颁发某市解放路 9 号（原 75 号、原 89 号）房产所有权证（桂房证字第××××50 号、桂房证字第××××51 号）。2003 年 6 月，原某林镇政府被撤销，同时设立某办事处，现上述房产所有权证由某办事处持有。在送变电公司与某城信社托管中心、甘某全存单纠纷一案中，南宁铁路运输法院于 2008 年 9 月 8 日查封，2010 年 8 月 23 日、2012 年 6 月 13 日续查封某市解放路 9 号土地使用权，于 2012 年 6 月 13 日查封涉案房产。某办事处作为案外人对上述被查封执行标的提出书面异议，南宁铁路运输法院于 2012 年 4 月 23 日作出（2012）南铁执异第 1 号裁定驳回某办事处的异议。

一审法院认为，本案实为物权确认之诉。物权确认诉讼的提起，需满足确认物权请求权的要件。首先，请求权人必须能够提供初步的证据表明其享有所主张的物权。其次，相对人是主张自己对该物享有相应物权的人，即对该物权的归属与请求权人具有争执的人。某办事处虽提供了初步的证据表明其享有本案涉案房产的物权，但作为相对人的送变电公司，并非主张该房产的物权归属于自己，且其执行请求权属于本案涉案房产物权的真正权利人确定以后的后续期待权利，并非主张物权归属于自己的物权确认请求权。送变电公司不能替代某城信社托管中心行使不动产物权的权属争议的诉讼权利，故本案送变电公司不适格。裁定驳回某办事处的起诉。

再审法院认为，根据《民事诉讼法解释》第 305 条、第 307 条及第 312 条的规定，某办事处在执行阶段明确提出了排除对执行标的的执行的诉请，南宁铁路运输法院作出（2012）南铁执异第 1 号裁定驳回了某办事处的异议，故某办事处以送变电公司为被告提起案外人执行异议之诉，符合法律规定的起诉条件。某办事处同时提出确认其权利的诉讼请求，法院可以一并处理。由于案涉房产及土地已被指令由某市玉州区人民法院执行，该院亦对案涉房产及土地进行了续封，某办事处无法就案涉房产及土地单独提起确权诉讼，一审法院以送变电公司主体不适格为由裁定驳回某办事处的起诉，没有事实和法律依据。故裁定：撤销南宁铁路运输法院(2012)南铁民初字第9号民事裁定，指令某市玉州区人民法院对本案进行审理。①

2. 上诉人陈某娟与被上诉人刘某庆所有权确认纠纷案

刘某庆提起诉讼，请求依法确认涉案房屋归属原告所有(并判令被告陈某娟还清房贷后，协助原告办理更名过户手续，相关更名过户费用由被告承担)。

一审法院查明：陈某刚与被告陈某娟系兄妹关系，陈某刚的父母均早于陈某刚去世。陈某刚于2020年9月30日去世，去世时无配偶，亦无子女。2014年10月23日，陈某刚在建设银行申请中长期个人商品再交易住房贷款25万元，调查申报审批表中显示评估价值为427,000元，税收申报表显示申报交易价格为417,000元。该房产坐落于沈阳市皇姑区(建筑面积：57.75平方米)，现登记在陈某刚名下。2014年11月1日，原告刘某庆(甲方)与陈某刚(乙方)签订协议书，内容为“今有乙方因为信用卡透支欠款25万元……在乙方求遍亲属、孤立无助的情况下，特向甲方借用甲方大渡河街25号××1房产一处，并签订购房协议，但非实际真实购买的方式，取得了甲方的房产所有权证，目的只是抵押贷款25万元，打到甲方账户作为购房款，再由甲方将账户的25万元转给乙方，为乙方周转偿还信用卡及还房贷所用，……”房屋房产证原件一直在原告处，房屋一直由原告占有使用。

一审法院认为，依据《民法典》第234条的规定，原告为证明其主张，提供了房产证、协议书、收据、转账凭证、借款条、个人贷款审批表及个人贷款转款凭证等证据，上述证据相互印证，可以充分证明虽原告将案涉房屋更名过户至陈某刚名下，但双方之间并无真实的买卖合同关系，亦不存在赠与关系，案涉房屋确为原告所有，陈某刚并不享有案涉房屋的所有权利，在陈某刚去世后，被告作为陈某刚唯一的法定继承人，原告向被告诉请确认案涉房屋为其所有，于法有据。被告具有协助原告将案涉房屋办理更名过户手续，将房屋所有权人更名过户至原告名下的义务。故判决支持了原告刘某庆的诉讼请求。

二审法院认为，“借名买房”是一种典型的“名实不符”的行为，房屋登记

---

① 参见广西壮族自治区高级人民法院民事裁定书，(2016)桂民再183号。

在出名人名下,而房屋相关权益应由借名人享有。关于刘某庆与陈某刚是否存在“借名买房”以及“借房贷款”的合理性问题。按照陈某刚生前书写的协议书记载陈某刚借用刘某庆案涉房屋的目的为“抵押贷款”,即刘某庆与陈某刚之间存在借名买房的协议……考虑本案房屋买卖过程、房屋使用、证件资料保管、借名协议及“借名”的合理性等问题,刘某庆主张的“借名买房”以及“借房贷款”观点与本案的相关事实相吻合,一审法院对于刘某庆依据“借名买房”以及“借房贷款”提出的诉讼请求予以支持并无不当。故判决:驳回上诉,维持原判。①

26

返还原物请求权

【民法典】

第二百三十五条　无权占有不动产或者动产的,权利人可以请求返还原物。

释　法

《民法典》第235条规定了返还原物请求权,与《物权法》第34条的规定一致。

返还原物请求权,是指他人无权占有权利人不动产或者动产的,权利人可以请求返还原物的请求权。其属于物权(保护)请求权之一种,也是物权的保护方式之一。《民法通则》第117条第1款规定:“侵占国

① 参见辽宁省沈阳市中级人民法院民事判决书,(2022)辽01民终8343号。

家的、集体的财产或者他人财产的，应当返还财产，不能返还财产的，应当折价赔偿。”第134条第1款规定承担民事责任的方式中，也规定了返还财产。“返还财产”，即为“返还原物”。《民法典》第157条也同时使用了“返还财产”①的表述。在返还原物请求权中，要求返还的“原物”，还应包含原物所产生的孳息②。孳息包括天然孳息和法定孳息③，前者如果树上所结之果实，后者如将侵占的房屋出租所收取之租金。返还原物以原物存在为前提；若原物灭失则无法返还，权利人只能要求赔偿损失。占有，是对物予以控制（支配）的一种事实状态，也是物权的一项基本权能。在《民法典》规定的物权种类中，除抵押权外，所有权、建设用地使用权、土地承包经营权、宅基地使用权、质权、留置权等，均以对物的占有为首要权能。若失去了对物的占有，就无法顺利实现物权。故《民法典》明确规定物权请求权，对物权的保护意义重大。

返还原物请求权的构成要件：(1)存在他人无权占有权利人不动产或者动产的事实，即非法侵占权利人物的事实，此为事实要件。占有分为有权占有和无权占有。有权占有，是指依据法律规定或者合同约定对物的占有。前者，如房屋所有权人对自己所有房屋的占有，质权人对质物的占有；后者，如承租人基于租赁合同对租赁房屋的占有。《民法典物权编解释（一）》第8条规定：“依据民法典第二百二十九条至第二百三十一条规定享有物权，但尚未完成动产交付或者不动产登记的权利人，依据民法典第二百三十五条至第二百三十八条的规定，请求保护其物权的，应予支持。”这是“例外的”（不以不动产登记和动产交付为公示方法）合法占有。无权占有，也叫非法占有，为非有法律依据或者合同约定而对物

---

① 《民法典》第157条规定：“民事法律行为无效、被撤销或者确定不发生效力后，行为人因该行为取得的财产，应当予以返还；不能返还或者没有必要返还的，应当折价补偿……”

② 《民法典》第460条规定：“不动产或者动产被占有人占有的，权利人可以请求返还原物及其孳息；但是，应当支付善意占有人因维护该不动产或者动产支出的必要费用。”

③ 《民法典》第321条规定：“天然孳息，由所有权人取得；既有所有权人又有用益物权人的，由用益物权人取得。当事人另有约定的，按照其约定。法定孳息，当事人有约定的，按照约定取得；没有约定或者约定不明确的，按照交易习惯取得。”

的占有。前者如盗贼对盗窃物的占有，拾得人对遗失物的占有；后者如基于合同到期、解除或者无效，另一方当事人对一方当事人之物的占有。

（2）权利人可以对无权占有人行使原物返还请求权，也即原物返还请求权的行使主体为权利人，包括物权所有人和他物权人，依据法律规定行使占有权的破产管理人、遗嘱执行人、失踪人财产管理人和国有财产的管理人等，以及基于有效合同关系（债权）而占有物的人。此为主体要件。无权占有人为义务主体，即负有返还原物义务的无权占有人。权利人可以自行向无权占有人提出返还原物的请求（私力救济），也可以向人民法院提起诉讼主张返还原物请求权（公力救济）。权利人请求占有人返还原物，须举证证明自己是物权人，或者能够证明具备合法的占有依据，即自己是有权占有。相对人（被告）若抗辩其是有权占有，亦须举证予以证明。依据《民法典》第 196 条第 2 项"不动产物权和登记的动产物权的权利人请求返还财产"的规定，如果被占有的物权属于不动产物权，或者属于船舶、航空器、机动车等经过登记的动产物权，则不适用诉讼时效的规定。动产物权经过登记后，才可以对抗第三人。非经登记的动产物权受到侵害要求返还原物的，则应适用诉讼时效的规定。

案　例

上诉人程某友与被上诉人某铸钢厂及一审被告程某贵物权保护纠纷案

某铸钢厂一审诉讼，请求判令程某友、程某贵立即从某铸钢厂院内撤出。某铸钢厂性质为个人独资企业，于 2014 年 7 月 1 日投资人从焦某变更为朱某，2020 年 5 月 18 日投资人从朱某变更为祁某殿。某铸钢厂提交的某铸钢厂土地使用权证显示，该厂用地面积 6150.9 平方米，其中建筑占地 480 平方米。某铸钢厂房屋产权证显示，房屋坐落于某市某区 × × 镇 × × 村；砖瓦结构房屋 10 间，建筑面积 360 平方米。程某友与程某贵系兄弟关系。案涉的场地及房屋由程某友控制，程某友称其雇用程某贵看守案涉场地及房屋。

一审法院认为，不动产物权的设立、变更、转让和消灭，应当依照法律规定登记。不动产物权的设立、变更、转让和消灭，经依法登记，发生效力；未经登记，不发生效力，但法律另有规定的除外。物权受到侵害的，权利人可以通过和解、调解、仲裁、诉讼等途径解决。无权占有不动产或者动产的权利人可以请求返还原物。本案案涉土地和房产均登记在某铸钢厂名下,某铸钢厂作为权利人有权要求被告程某友和被告程某贵腾迁。被告程某友、程某贵抗辩其与焦某之间存在债权债务关系,不同意腾迁的抗辩主张,因二被告与焦某之间的债权债务与本案不属于同一法律关系,二被告可另行主张权利。故判决:被告程某友、程某贵于本判决发生法律效力之日起30日内腾退出某铸钢厂场地和房屋。

二审法院认为,本案为物权保护纠纷,无权占有不动产或者动产的,权利人可以请求返还原物。本案上诉人占用的案涉土地及房屋权属均登记在被上诉人名下,现被上诉人提出物权保护的主张具有事实和法律依据。上诉人主张因案外人焦某同其签订了退股协议,其对焦某享有债权,同时其依据2014年7月1日同案外人焦某签署的协议中载明的"有权利处理某铸钢厂"而占有案涉标的。经查,2014年7月1日被上诉人单位的投资人已发生变更,上诉人亦自述在其同焦某签订退股协议后不久,焦某便以变更经营手续为名取走了被上诉人单位的证照,在签订2014年协议时,上诉人亦未查看被上诉人的营业执照等手续。经本院询问焦某,其否认同上诉人签署过2014年的协议,对此上诉人主张要求进行笔迹鉴定。综合以上证据,即便上诉人提供的2014年协议上的签名是焦某所签,因当日被上诉人单位的投资人已经发生变化,在上诉人并不持有案涉标的的任何权利证书,没有任何具有公示效力的权利外观的情况下,本院无法据此认定焦某是否是有权处分,亦无法认定上诉人已尽到了合理的审查、注意义务,即无法认定上诉人已取得了合法的占有案涉场地的权利基础。相反,焦某于2021年12月9日向一审法院出具书证认可了其将被上诉人企业转让给祁某殿的事实,亦认可其同上诉人之间存在个人债务的事实。一审法院支持被上诉人的诉求并无不当。故判决:驳回上诉,维持原判。①

---

① 参见辽宁省抚顺市中级人民法院民事判决书,(2022)辽04民终898号。

27

排除妨害、消除危险物权请求权

【民法典】

第二百三十六条　妨害物权或者可能妨害物权的，权利人可以请求排除妨害或者消除危险。

释　法

《民法典》第 236 条规定了排除妨害、消除危险物权请求权，与《物权法》第 35 条的规定相同。

排除妨害、消除危险物权请求权，实为排除妨害和消除危险两种物权请求权。所谓排除妨害物权请求权，是指他人以占有以外的方法妨害物权的，权利人可以请求排除妨害的物权请求权。例如，村民王某一天早晨起来，发现家门口被他人堆放了一堆垃圾，无法出行；经打听是前些天与其发生矛盾的同村邻居李某所为，王某就有权提出排除妨害的请求权。消除危险物权请求权，又称妨害防止物权请求权，是指他人可能妨害物权（有妨害物权之虞）的，权利人可以请求消除危险的请求权。例如，村民张某因长期在外打工，其房屋年久失修，加之被暴雨浸泡，有倾斜倒塌至刘某家的危险，刘某即有权主张张某消除危险的请求权。前者是针对已经发生并持续存在的妨害，后者是针对可能将要发生的妨害。排除妨害、消除危险物权请求权属于物权请求权之一种，也是物权的保护方式之一。《民法通则》第 134 条第 1 款规定承担民事责任的方式中，就规定了“排除妨碍”和“消除危险”的民事责任方式。《民法典》在物权编第二分编所有权中规定了国家所有权保护请求权[①],建筑物区分所有权中业主大会或者业主委员会的排除妨害、消除危险请求权[②],不动产权利人基于相邻关系行使的排除妨害、消除危险请求权[③];《民法典》物权编第三分编地役权中规定了妨害排除请求权[④];《民法典》物权编第四分编抵押权中规定有排除对抵押权妨害的请求权[⑤]。可见,排除妨害、消除危险请求权除适用于所有权外,亦有在相邻关系、地役权和抵押权等规定方面的适用。但在土地承包经营权、建设用地使用权和宅基地使用权等用益物权的规定中,则没有涉及排除妨害、消除危险请求权。

1. 排除妨害物权请求权的构成要件

(1)存在他人妨害物权的行为或事实状态。"妨害",是指以占有、侵夺以外的方法侵害、阻碍权利人行使物权的行为。可以是损害他人之物,也可以是妨碍他人通行,还可以是排放废气、制造噪声等不可量物的侵害等。这种"妨害"是以占有、侵夺以外的方法实施的行为,若是占有、侵夺的行为,则权利人行使的是原物返还请求权。"妨害"必须是非法的、不正当的;若妨害是轻微的、正当的,则权利人有容忍的义务。比如,楼下住户容忍楼上住户晚上在屋里正常走动发出的声音;基于相邻关系容许后院住户从前院住户庭院通行。"妨害"处于持续状态,才有排除的必要;若妨害已经消除,即便存在损害,权利人也可能仅是主张损

---

① 《民法典》第 258 条规定:"国家所有的财产受法律保护,禁止任何组织或者个人侵占、哄抢、私分、截留、破坏。"

② 《民法典》第 286 条第 2 款规定:"业主大会或者业主委员会,对任意弃置垃圾、排放污染物或者噪声、违反规定饲养动物、违章搭建、侵占通道、拒付物业费等损害他人合法权益的行为,有权依照法律、法规以及管理规约,请求行为人停止侵害、排除妨碍、消除危险、恢复原状、赔偿损失。"

③ 《民法典》第 295 条规定:"不动产权利人挖掘土地、建造建筑物、铺设管线以及安装设备等,不得危及相邻不动产的安全。"

④ 《民法典》第 375 条规定:"供役地权利人应当按照合同约定,允许地役权人利用其不动产,不得妨害地役权人行使权利。"

⑤ 《民法典》第 408 条规定:"抵押人的行为足以使抵押财产价值减少的,抵押权人有权请求抵押人停止其行为;抵押财产价值减少的,抵押权人有权请求恢复抵押财产的价值,或者提供与减少的价值相应的担保……"

害赔偿请求权。

(2)权利人可以请求排除妨害。权利人既可以是物权所有人,也可以是他物权人,或者是依据法律规定行使占有权的破产管理人、遗嘱执行人、失踪人财产管理人和国有财产的管理人等,以及基于有效合同关系(债权)而占有物的人。《民法典物权编解释(一)》第8条规定:"依据民法典第二百二十九条至第二百三十一条规定享有物权,但尚未完成动产交付或者不动产登记的权利人,依据民法典第二百三十五条至第二百三十八条的规定,请求保护其物权的,应予支持。"相对人,即妨害物权的人,为妨害行为人或者妨害物的所有人、管领人。

2. 消除危险物权请求权的构成要件

(1)存在可能妨害物权的行为和事实状态,即有妨害的危险才能提出消除危险的请求权。这个需要请求权人予以举证证明。

(2)权利人可以请求消除危险。对于权利人、相对人的解释,与前所述排除妨害请求权相同。对于这两种请求权,妨害原因究竟为何,以及是否存在过错,皆可不问;过错可能是损害赔偿请求权要考虑的条件。若相对人主张自己为"有权妨碍",则应当举证予以证明。

3. 排除妨害、消除危险物权请求权的法律效力

以排除妨害或者消除危险,恢复物权支配权的圆满状态。

排除妨害、消除危险请求权属于物权请求权,不应适用诉讼时效。依据《民法典》第196条第1项的规定,请求停止侵害、排除妨碍、消除危险,不适用诉讼时效的规定。且妨害处于持续状态,可能妨害的危险属即将要发生的行为、事实状态,均没有诉讼时效的适用余地。

案　例

上诉人莫某林与被上诉人潘某德物权保护纠纷案

莫某林向一审法院起诉,请求判令被告潘某德用杉木圆柱将原告被锯断的瓦梁、楼梁、穿梁、照面梁以三脚架形式进行固定,恢复原告安全居住的原状态。原、被告均系某川县某田乡某圩村委某梅村村民,原告与被告妻父毛某赏在村里的共有宅基地上按份共有一座砖木结构房屋(地号:010,共有使

用权面积:271.53平方米,原告莫某林分摊土地面积:135.76平方米,被告妻父毛某赏分摊土地面积:135.77平方米),该房屋共3间,各占1.5间,左半边部分属原告居住,右半边部分属被告及其家庭成员居住。2014年,被告因翻建新房,经与原告协商后,将共有砖木房屋从中间锯断,并对切断部分处进行了加固(加固方式为木柱加固+横面支撑),后被告在其土地上建设新房。2021年9月17日,经某川县某田乡人民调解委员会调处,原、被告对涉案事宜未达成一致。遂向法院提起诉讼。一审法院判决:驳回原告莫某林的诉讼请求。

二审法院认为,本案二审审理的争议焦点为:

(1)本案是否已过诉讼时效。莫某林因房屋被锯断要求潘某德进行加固消除危险并恢复原状,属于物权保护纠纷。根据《民法典》第196条"下列请求权不适用诉讼时效的规定:(一)请求停止侵害、排除妨碍、消除危险"的规定,本案不适用诉讼时效的规定,一审将本案定性为合同纠纷不当,本院予以纠正。

(2)被上诉人是否应将上诉人的房屋恢复原状。潘某德因翻新房屋在征得莫某林同意后将共有房屋从中间锯断,双方对如何加固进行了口头约定,因没有书面协议,双方的口头约定具体内容无法查实。《民法典》第236条规定:"妨害物权或者可能妨害物权的,权利人可以请求排除妨害或者消除危险。"根据莫某林的房屋现状进行判断,潘某德的加固方式过于简单,与房屋原有的支撑方式不相符,对莫某林房屋的正常使用会造成影响。据此,潘某德应该按照房屋原来的方式对隔断部分进行加固和修复,鉴于口头约定不明确,潘某德的加固方式可以参照莫某林原堂屋进门左边房屋的立柱、瓦梁、楼梁和穿梁的材质和粗细以及支撑方式对锯断部分进行重新加固。因此,莫某林的上诉请求有事实和法律依据,本院予以支持。故判决:(1)撤销广西壮族自治区灵川县人民法院(2021)桂0323民初4624号民事判决;(2)潘某德于本判决生效后1个月内用3根杉木圆柱着地支撑、上半部分用三角形剪刀架固定的方式将莫某林的房屋锯断部分进行重新加固(木头的材质、大小和支撑方式参照莫某林原堂屋进门左边房屋现状)。①

---

① 参见广西壮族自治区桂林市中级人民法院民事判决书,(2022)桂03民终1633号。

28

物权损害恢复请求权

【民法典】

第二百三十七条　造成不动产或者动产毁损的,权利人可以依法请求修理、重作、更换或者恢复原状。

释　法

《民法典》第 237 条规定了物权损害恢复请求权,仍沿用《物权法》第 36 条的规定。

物权损害恢复请求权,是指他人造成不动产或者动产毁损的,权利人可以依法请求修理、重作、更换或者恢复原状的请求权。其属于物权(保护)请求权之一种,也是物权的保护方式之一。《民法通则》第 117 条第 2 款规定,损坏国家的、集体的财产或者他人财产的,应当恢复原状或者折价赔偿。《民法通则》第 134 条第 1 款承担民事责任的方式中,规定了"修理、重作、更换"和"恢复原状"的民事责任方式。《民法典》总则编第 179 条沿用了《民法通则》的规定。我们应当注意到,修理、重作、更换或者恢复原状请求权在《民法典》物权编和合同编都有规定,也就是说,存在是适用物权请求权还是债权请求权的区分问题。《民法典》第 566 条第 1 款规定,合同解除后,当事人可以请求恢复原状的[①];第 582 条规定,一方当事人可以请求违约的另一方当事人承担"修理、重作、更

---

① 《民法典》第 566 条第 1 款规定:"合同解除后,尚未履行的,终止履行;已经履行的,根据履行情况和合同性质,当事人可以请求恢复原状或者采取其他补救措施,并有权请求赔偿损失。"

换”的违约责任①;第781条规定,定作人可以要求承揽人承担“修理、重作”的违约责任②;第801条规定,发包人有权请求施工人“无偿修理或者返工、改建”的违约责任③等,都应属于债权请求权,不是这里所述的物权请求权。

1.物权损害恢复请求权的构成要件

(1)存在他人造成不动产或者动产毁损的事实,权利人的不动产或者动产遭到了相对人的侵害而致毁坏、损害的情况。例如,甲所有的小汽车被乙借用,因发生交通事故而致汽车受损。恢复请求权的行使,仅限于不动产或者动产毁损的情况;若是灭失的话,则应适用物权损害赔偿请求权。(2)权利人可以依法请求修理、重作、更换或者恢复原状。此权利人既可以是物权所有人,也可以是他物权人,或者是依据法律规定行使占有权的破产管理人、遗嘱执行人、失踪人财产管理人和国有财产的管理人等,和基于有效合同关系(债权)而占有物的人。与前面所述其他物权请求权的主体要件相同,自无异议。《民法典物权编解释(一)》第8条规定:“依据民法典第二百二十九条至第二百三十一条规定享有物权,但尚未完成动产交付或者不动产登记的权利人,依据民法典第二百三十五条至第二百三十八条的规定,请求保护其物权的,应予支持。”本条规定的“依法”,是指依照《民法典》的规定或者其他法律的

---

① 《民法典》第582条规定:“履行不符合约定的,应当按照当事人的约定承担违约责任。对违约责任没有约定或者约定不明确,依据本法第五百一十条的规定仍不能确定的,受损害方根据标的的性质以及损失的大小,可以合理选择请求对方承担修理、重作、更换、退货、减少价款或者报酬等违约责任。”

② 《民法典》第781条规定:“承揽人交付的工作成果不符合质量要求的,定作人可以合理选择请求承揽人承担修理、重作、减少报酬、赔偿损失等违约责任。”

③ 《民法典》第801条规定:“因施工人的原因致使建设工程质量不符合约定的,发包人有权请求施工人在合理期限内无偿修理或者返工、改建。经过修理或者返工、改建后,造成逾期交付的,施工人应当承担违约责任。”

规定。比如,依据《民法典》第 286 条第 2 款的规定①,建筑物区分所有权中业主大会或者业主委员会有请求行为人恢复原状的请求权。又如,依据《民法典》第 715 条第 2 款的规定②,出租人对造成租赁物损坏的承租人可以请求恢复原状。当然,这里出现债权请求权和物权请求权的竞合问题。出租人也可以依据合同的约定主张承租人承担违约责任,这种请求权竞合的情况下,只能做一次选择,需要考虑诉讼法上的"一事不再理"原则。"修理、重作、更换"和"恢复原状"的适用,是根据不动产或者动产的毁损状况,以及物的不可替代性来决定的;但二者只能选择其一,要么要求恢复原状,要么要求予以修理、重作、更换。对于"修理""重作"和"更换",也不能同时提出,可以先要求"修理",修理不好再提出"重作"或者"更换"。比如,前面所举乙借用甲的小汽车损坏后,如果损坏不严重、可以修理的话,就应当先行修理;若是修理不好,再提出更换新车或者赔偿损失。

2. 物权损害恢复请求权的法律效力

使权利人的不动产或者动产能够恢复到被侵害前的完好状态,以保护权利人的物权不受损害。对于相对人是否存在过错(故意或者过失),可不予过问;只要权利人能够证明相对人的行为或者其管领的物(含动物侵害)与权利人物的毁损之间存在因果关系即可。损害恢复请求权属于物权请求权,且往往是和停止侵害或者排除妨害请求权一并提出的,不适用诉讼时效;若是依据《民法典》合同编的规定选择债权请求权的话,则应当适用诉讼时效的规定。

案　例

上诉人邵某勇与被上诉人品味小馆恢复原状纠纷案

邵某勇向一审法院起诉的请求,判令品味小馆拆除某花园一期 B9 号车

① 《民法典》第 286 条第 2 款规定:"业主大会或者业主委员会,对任意弃置垃圾、排放污染物或者噪声、违反规定饲养动物、违章搭建、侵占通道、拒付物业费等损害他人合法权益的行为,有权依照法律、法规以及管理规约,请求行为人停止侵害、排除妨碍、消除危险、恢复原状、赔偿损失。"

② 《民法典》第 715 条第 2 款规定:"承租人未经出租人同意,对租赁物进行改善或者增设他物的,出租人可以请求承租人恢复原状或者赔偿损失。"

库房顶外挂楼梯,恢复原状。一审法院认定事实:品味小馆经营场所为某花园小区一期商企,该栋楼小区内楼房后侧紧挨一楼建有一排车库,其中某花园一期B9号车库为邵某勇所有,产权证号为吉房权证松字第S×8号。2015年因消防部门要求该栋楼商企经营场所需整改修建消防通道,品味小馆在二楼改建入户门,连接该门外挂楼梯通到邵某勇车库房顶,并将支撑楼梯的支柱固定于车库房顶。邵某勇陈述品味小馆修建楼梯时未经邵某勇同意,为私自搭建,邵某勇曾因车库漏水找过品味小馆,后邵某勇自行做了防水,品味小馆支付了800元费用。现邵某勇认为品味小馆在其车库的房顶私自搭建外挂楼梯,作为员工通道,并在车库房顶拴绳晾衣、堆放杂物等行为侵犯了其合法权益和切身利益,诉至法院,请求拆除楼梯,排除妨害,恢复原状。庭审中,品味小馆认可其修建的楼梯固定于邵某勇车库房顶,同意恢复原状,不认可堆放杂物及晾衣行为系其员工所为。

一审法院认为,《民法典》第233条规定:“物权受到侵害的,权利人可以通过和解、调解、仲裁、诉讼等途径解决。”第236条规定:“妨害物权或者可能妨害物权的,权利人可以请求排除妨害或者消除危险。”第237条规定:“造成不动产或者动产毁损的,权利人可以依法请求修理、重作、更换或者恢复原状。”邵某勇于2006年12月15日在登记机关登记取得了某花园一期B9号车库物权,车库及其附属设施归邵某勇所有。品味小馆于2015年修建外挂楼梯将支撑楼梯的支柱固定于邵某勇所有的车库房顶,侵害了邵某勇的物权,邵某勇有权要求品味小馆排除妨害、恢复原状,故对邵某勇主张排除妨害、恢复原状的请求予以支持。拆除外挂楼梯并非恢复邵某勇车库房顶原状的必要措施,故对邵某勇要求拆除外挂楼梯的主张不予支持。故判决:(1)被告品味小馆饭店在判决生效后15天内对原告邵某勇所有的位于某花园一期B9号车库房顶排除妨害、恢复原状。(2)驳回原告邵某勇的其他诉讼请求。

二审法院认为,本案的案由为恢复原状纠纷,其是指当物受到损害时,物权人要求侵害人采取措施将物恢复到被侵害前原有状态的纠纷。本案邵某勇作为某花园一期B9号车库的物权人,请求侵害人品味小馆对其车库房顶排除妨害、恢复原状,已得到一审法院的支持,一审法院应执行一审判决主文。一审判决主文中的“排除妨害、恢复原状”应理解为:品味小馆对邵某勇所有的位于某花园一期B9号车库房顶恢复到案涉楼梯修建前的原有状态。

综上,一审判决虽对案涉外挂楼梯表述不妥,但裁判结果正确,邵某勇的上诉已无必要,不具有诉讼利益。故判决:驳回上诉,维持原判。①

29

物权损害赔偿请求权

【民法典】

第二百三十八条　侵害物权,造成权利人损害的,权利人可以依法请求损害赔偿,也可以依法请求承担其他民事责任。

释　法

《民法典》第238条规定了物权损害赔偿请求权,由《物权法》第37条的规定修改而来。

物权损害赔偿请求权,是指他人侵害物权造成权利人损害的,权利人可以依法请求损害赔偿的请求权。其属于物权的保护方式之一。其因权利人的物权受到侵害而提出的损害赔偿请求权,当属于物权请求权;但其又是依据侵权责任的方式而实现的,故又属于债权请求权。应该说,是物权请求权和债权请求权的有机融合。《民法典》总则编第179条承担民事责任的方式中,规定了损害赔偿的民事责任方式。无论是侵害物权,还是侵害债权,都存在主张损害赔偿请求权的问题。《民法典》

① 参见吉林省松原市中级人民法院民事判决书,(2022)吉07民终772号。

合同编第566条第1款规定合同解除后当事人可以请求赔偿损失[①]、第577条规定一方当事人违约应当承担赔偿损失的违约责任[②]、第711条规定出租人有权依照约定请求“赔偿损失”[③]以及第781条规定定作人要求承揽人承担赔偿损失的违约责任[④]等,均属于债权请求权。

1. 物权损害赔偿请求权的构成要件

(1)存在他人侵害物权、造成权利人损害的事实。无损害,即无责任。侵权人侵害物权的行为造成了物的损毁或者灭失,无法恢复原状或返还原物时,权利人可以要求赔偿损失。侵害物权的行为和损害后果之间存在因果关系。损失一般以估价或折价的方式确定。物遭受全部毁损不能使用的,须赔偿全部损失;若部分还能使用,则须赔偿减损部分的损失。侵害物权的行为,一般以存在过错(故意或过失)或者推定过错为要件[⑤],但也有无过错责任(如危险责任)的赔偿[⑥]和双方均无过错适用公平责任分担损失[⑦]的情况存在。

---

① 《民法典》第566条第1款规定:“合同解除后,尚未履行的,终止履行;已经履行的,根据履行情况和合同性质,当事人可以请求恢复原状或者采取其他补救措施,并有权请求赔偿损失。”

② 《民法典》第577条规定:“当事人一方不履行合同义务或者履行合同义务不符合约定的,应当承担继续履行、采取补救措施或者赔偿损失等违约责任。”

③ 《民法典》第711条规定:“承租人未按照约定的方法或者未根据租赁物的性质使用租赁物,致使租赁物受到损失的,出租人可以解除合同并请求赔偿损失。”当然,出租人也可以物权人的身份提出物权损害赔偿请求权,存在债权请求权和物权请求权的竞合;二者只能选其一提起诉讼,且不能违反“一事不再理”的诉讼原则。

④ 《民法典》第781条规定:“承揽人交付的工作成果不符合质量要求的,定作人可以合理选择请求承揽人承担修理、重作、减少报酬、赔偿损失等违约责任。”

⑤ 《民法典》第1165条规定:“行为人因过错侵害他人民事权益造成损害的,应当承担侵权责任。依照法律规定推定行为人有过错,其不能证明自己没有过错的,应当承担侵权责任。”

⑥ 《民法典》第1239条规定:“占有或者使用易燃、易爆、剧毒、高放射性、强腐蚀性、高致病性等高度危险物造成他人损害的,占有人或者使用人应当承担侵权责任;但是,能够证明损害是因受害人故意或者不可抗力造成的,不承担责任。被侵权人对损害的发生有重大过失的,可以减轻占有人或者使用人的责任。”

⑦ 《民法典》第1186条规定:“受害人和行为人对损害的发生都没有过错的,依照法律的规定由双方分担损失。”

（2）权利人可以依法请求损害赔偿。此权利人可以是物权所有人，也可以是他物权人，或者是依据法律规定行使占有权的破产管理人、遗嘱执行人、失踪人财产管理人和国有财产的管理人等，以及基于有效合同关系（债权）而占有物的人。《民法典物权编解释（一）》第8条规定："依据民法典第二百二十九条至第二百三十一条的规定享有物权，但尚未完成动产交付或者不动产登记的权利人，依据民法典第二百三十五条至第二百三十八条的规定，请求保护其物权的，应予支持。"第238条规定的"依法"，是指依照《民法典》物权编、其他编（主要是侵权责任编）的规定或者其他法律的规定。比如，依据《民法典》第286条第2款的规定①，建筑物区分所有权中业主大会或者业主委员会有请求行为人赔偿损失的请求权；又如，依据《民法典》第432条第1款的规定②，出质人对因保管不善造成质物毁损、灭失的质权人可以请求承担赔偿责任；再如，依据《农村土地承包法》的规定，对侵害土地承包经营权的行为，可以请求侵权人承担赔偿损失的民事责任。③《民法典》本条规定"也可以依法请求承担其他民事责任"，是指《民法典》第179条规定的停止侵害、排除妨碍、消除危险、返还财产、恢复原状和修理、重作、更换等民事责任方式。

---

① 《民法典》第286条第2款规定："业主大会或者业主委员会，对任意弃置垃圾、排放污染物或者噪声、违反规定饲养动物、违章搭建、侵占通道、拒付物业费等损害他人合法权益的行为，有权依照法律、法规以及管理规约，请求行为人停止侵害、排除妨碍、消除危险、恢复原状、赔偿损失。"

② 《民法典》第432条第1款规定："质权人负有妥善保管质押财产的义务；因保管不善致使质押财产毁损、灭失的，应当承担赔偿责任。"

③ 《农村土地承包法》第56条规定："任何组织和个人侵害土地承包经营权、土地经营权的，应当承担民事责任。"第57条规定："发包方有下列行为之一的，应当承担停止侵害、排除妨碍、消除危险、返还财产、恢复原状、赔偿损失等民事责任：（一）干涉承包方依法享有的生产经营自主权；（二）违反本法规定收回、调整承包地；（三）强迫或者阻碍承包方进行土地承包经营权的互换、转让或者土地经营权流转；（四）假借少数服从多数强迫承包方放弃或者变更土地承包经营权；（五）以划分'口粮田'和'责任田'等为由收回承包地搞招标承包；（六）将承包地收回抵顶欠款；（七）剥夺、侵害妇女依法享有的土地承包经营权；（八）其他侵害土地承包经营权的行为。"

2. 物权损害赔偿请求权的法律效力

当权利人的物权受到侵害无法恢复原状时，权利人可行使损害赔偿请求权，以金钱或者实物（代偿）的形式填（弥）补其损失，恢复被损害物的价值形态。这里所述的损害赔偿请求权，尽管属于物权请求权，但是其要通过债权请求权的手段（方式）来实现，实质上属于债权请求权，故应当适用诉讼时效。

案 例

1. 上诉人某县中医院与被上诉人瑞特公司财产损害赔偿纠纷案

瑞特公司向一审法院起诉，请求判令某县中医院赔偿全部地上附属物损失1,650,000元。一审法院认为，侵害物权，造成权利人侵害的，权利人可以请求损害赔偿。瑞特公司所有的位于某县城区××路北侧（某关集贸市场）的出让土地使用权[不动产权证号：鲁（2017）莒不动产权第0××3号]及其地上附属物被某县中医医院拆除，造成其财产损失。依照《民法典》第120条、第179条、第238条、第239条的规定，判决：（1）某县中医院于判决生效后10日内赔偿某县瑞特公司损失367,418元；（2）驳回某县瑞特公司的其他诉讼请求。

二审法院认为，行为人因过错侵害他人民事权益造成损害的，应当承担侵权责任。涉案土地上的地上附属物属于瑞特公司所有，该地上附属物被某县中医院拆除，侵害了瑞特公司的民事权益，瑞特公司作为财产所有权人，有权请求某县中医院赔偿损失。一审法院依据山东某海价格评估公司出具的涉案价格评估报告书，认定某县中医院应赔偿瑞特公司损失367,418元并无不当。关于某县中医院上诉主张的评估费、诉讼费用的负担，是人民法院根据“谁败诉，谁负担”的一般原则，并结合案件具体情况决定由哪一方当事人负担。一审认定评估费由某县中医院负担并无不当。故判决：驳回上诉，维持原判。①

2. 上诉人綦某国、綦某与上诉人于某松、齐某波财产损害赔偿纠纷案

綦某国、綦某向一审法院起诉，请求判令二被告于某松、齐某波因非法侵

① 参见山东省日照市中级人民法院民事判决书，（2022）鲁11民终880号。

占房屋,对房屋所有权人造成侵害的赔偿,自 1998 年 12 月 11 日至 2019 年 5 月 9 日合计 195,946 元(按历年平均最低价每月 800 元计算)。

一审法院认为,原告綦某国作为案涉房屋的所有权人,依法对案涉房屋享有占有、使用、收益等权利,二被告占有案涉房屋,导致权利人的合法权利受损,理应对原告的损失进行赔偿。原告綦某国于 1998 年即取得了案涉房屋所有权,但其一直未曾向二被告提出过损害赔偿的请求,直至 2016 年向法院起诉二被告腾退案涉房屋,此时原告綦某国对案涉房屋由二被告占用的事实已明确知晓,该案在一审、二审、发回重审直至判决生效的整个过程中,原告綦某国基于对案涉房屋的所有权有权随时提出损害赔偿的请求,即该案纠纷的争议处理结果并不影响原告綦某国同时向二被告主张损害赔偿的权利。综上,关于原告綦某国主张自 1998 年 12 月 11 日起至 2018 年 4 月 4 日(起诉状日期 2021 年 4 月 5 日)损失的损害赔偿请求权已超过诉讼时效。一审法院对自 2018 年 4 月 5 日起至 2019 年 5 月 8 日的损失,参照已生效判决认定的租金标准,考虑到二被告明知所有权人已主张腾退房屋而持续占用的主观故意,酌情按照 13,000 元予以支持。故判决:(1)被告于某松、齐某波自判决发生法律效力之日起 10 日内赔偿原告綦某国自 2018 年 4 月 5 日起至 2019 年 5 月 8 日的损失合计 13,000 元。(2)驳回原告綦某国的其他诉讼请求。

二审法院认为,关于诉讼时效问题,不动产权属证书是权利人享有该不动产物权的证明。于某松、齐某波自 1997 年即在案涉房屋中居住。綦某国于 1998 年 12 月 11 日取得案涉房屋的产权证书,对案涉房屋享有所有权。綦某国直至 2016 年 5 月 20 日方起诉至法院,要求于某松、齐某波返还案涉房屋,但并未同时主张财产损害赔偿。该案的一审、二审直至再审并非解决案涉房屋的确权问题,綦某国、綦某提交的证据不足以证明本案存在诉讼时效中止、中断事由,一审法院对于诉讼时效的认定正确,本院予以维持。关于于某松、齐某波主张并非主观故意占有案涉房屋,綦某国在返还原物纠纷案件中已经出示了案涉房屋的权属证书,于某松、齐某波理应知晓其占有的房屋归他人所有,故本院对其该项上诉请求不予支持。故判决:驳回上诉,维持原判。①

---

① 参见辽宁省大连市中级人民法院民事判决书,(2022)辽 02 民终 5295 号。

30

所有权的权能

【民法典】

第二百四十条 所有权人对自己的不动产或者动产，依法享有占有、使用、收益和处分的权利。

释 法

《民法典》物权编第二分编，规定了所有权（第 240 ~ 322 条），共 83 个条文，分为六章。第四章是一般规定（第 240 ~ 245 条）。《民法典》第 240 条规定了所有权之权能，与《物权法》第 39 条的规定内容相同。

所有权，是指所有权人对自己的不动产或者动产，依法享有占有、使用、收益和处分的权利。所有权是物权的核心内容。《民法通则》使用的是“财产所有权”的概念，《民法典》第 240 条规定与《民法通则》第 71 条[①]规定的内容是一致的。

所有权的概念源于罗马法，在其原始文献中有一句法谚式的定义：“所有权就是使用和滥用自己之物的权利。”[②]《法国民法典》第 544 条规定：“所有权是对于物有绝对无限制地使用、收益及处分的权利，但法令

---

① 《民法通则》第 71 条规定：“财产所有权是指所有人依法对自己的财产享有占有、使用、收益和处分的权利。”

② “滥用”，法学家在解释时将其理解为“消费”，即所有权人对非消费物可以使用，对消费物可以消费；其实是强调所有权的绝对性且未加任何限制。根据后世法学家的定义，所有权是对物的实际的和潜在的最广泛的支配权。以上引文及注释，参见贾婷婷：《罗马物权法——所有权与占有》，中国法制出版社 2019 年版，第 43、46 页。

所禁止的使用不在此限。”[①]《德国民法典》第 903 条规定:“以不违反法律和第三人利益的范围内,物的所有权人可以随意处分其物,并排除他人的任何干涉。”[②]这些定义都是在强调所有权的支配权,也正如谢在全先生指出的:“所有人得依其自由意思对于标的物为全面之支配,法律并给予最高度之保障与尊重”[③]。但这种绝对的、全面的支配权仍须受到法律的限制,即为《民法典》第 240 条规定的“依法”。这里的“法”指的是《民法典》和其他法律关于所有权享有及其保护的规定。比如,《民法典》第 246 条规定的国家所有权及其行使,第 260 条、第 262 条、第 263 条规定的集体财产所有权及其行使,第 266 条、第 267 条规定的私人财产所有权及其行使等。至于对所有权的保护,应当适用《民法典》物权编、侵权责任编等的规定,以及其他法律的相关规定。

所有权的基本权能包括:(1)占有,是指所有权人对所有物享有事实管领的权能。它是所有权人对所有物进行现实支配的前提和基础。占有是一种事实状态,分为有权占有和无权占有。有权占有,即合法占有,为依据法律规定或者合同约定的占有。比如,张三所有的房屋,张三可以自己占有,也可以出借给李四占有。(2)使用,是指所有权人依据物的性质和用途对物加以利用,以满足生活需要的权能。在使用时,既要物尽其用,又要合理利用,不能竭泽而渔,破坏生态环境。(3)收益,是指所有权人享有收取物的孳息的权能。孳息包括天然孳息和法定孳息。(4)处分,是指所有权人享有对物予以自由处置的权能,包括事实上的处分和法律上的处分。前者,如所有权人对自己所有动产的抛弃;后者,如通过买卖合同把自己的所有物卖掉(转移所有权)。

以上这四种权能称为积极权能。其具有可分性,可以暂时脱离所有权人而存在;正因如此,才能充分发挥物的效能,以促进社会经济之发展。所有权还有一种消极权能,即排除他人非法侵夺、干涉或者妨害的

---

① 《拿破仑法典(法国民法典)》,李浩培、吴传颐、孙鸣岗译,商务印书馆 1979 年版,第 72 页。

② 《德国民法典》,郑冲、贾红梅译,法律出版社 1999 年版,第 213 页。

③ 谢在全:《民法物权论》(上),中国政法大学出版社 1999 年版,第 122 页。

权能。通过此权能,使所有权能够恢复至所有权人自行支配的圆满状态。

案 例

上诉人李某胜与被上诉人某银行广场支行及第三人某骏公司申请执行人执行异议之诉案

某银行广场支行向一审法院提出诉讼,请求继续许可执行某骏公司名下位于广州市天河区××路××号××层××号车位[面积12.74平方米,产权证号为粤(2015)广州市不动产权第0××2号],他项权证号为粤(2016)广州市不动产证明第0××4号,并对拍卖价款优先受偿。一审法院认为,李某胜向某骏公司所购地下车位并非商品房,其只是一般不动产买受人,不属于《九民会议纪要》第126条①所指的特别保护对象,不符合《执行异议和复议案件规定》②的规定,判决准许执行某骏公司名下案涉车位。

二审法院认为,根据查明的事实,李某胜作为案涉车位的购买人,已经符合《执行异议和复议案件规定》第28条③规定的四个要件,即在查封前签订了合法有效的买卖合同、支付了全部价款、实际占有使用了案涉车位、李某胜对未办理产权过户登记没有过错。应当认定李某胜对执行标的享有足以排除强制执行的民事权益。

(1)案涉车位是住房的必要配套设施,具有保障业主基本居住权益的属

---

① 《九民会议纪要》第126条规定:"根据《最高人民法院关于建设工程价款优先受偿权问题的批复》第1条、第2条的规定,交付全部或者大部分款项的商品房消费者的权利优先于抵押权人的抵押权,故抵押权人申请执行登记在房地产开发企业名下但已销售给消费者的商品房,消费者提出执行异议的,人民法院依法予以支持……"

② 《执行异议和复议案件规定》第27条规定:"申请执行人对执行标的依法享有对抗案外人的担保物权等优先受偿权,人民法院对案外人提出的排除执行异议不予支持,但法律、司法解释另有规定的除外。"

③ 《执行异议和复议案件规定》第28条规定:"金钱债权执行中,买受人对登记在被执行人名下的不动产提出异议,符合下列情形且其权利能够排除执行的,人民法院应予支持:(一)在人民法院查封之前已签订合法有效的书面买卖合同;(二)在人民法院查封之前已合法占有该不动产;(三)已支付全部价款,或者已按照合同约定支付部分价款且将剩余价款按照人民法院的要求交付执行;(四)非因买受人自身原因未办理过户登记。"

性。虽然建筑区划内的车位、车库不同于居住的商品房，但车位依法依附于商品房而存在，功能在于满足小区业主的居住需要，属于商品房所提供居住功能的必要延伸和拓展……因此，可以认定李某胜购买的车位具有《执行异议和复议案件规定》第 29 条①对“消费者购买的商品房”受特别保护的必要居住权利属性。

（2）李某胜购买并占有使用案涉车位在先，其权利应当依法予以保护。李某胜与某骏公司于 2016 年 6 月 7 日签订车位认购书，约定李某胜认购某骏公司开发的案涉车位，且已经支付完车位全部认购款，当月业已占有使用案涉车位。同年 7 月 4 日，某银行广场支行就案涉车位办理抵押登记……李某胜就案涉车位取得的权利，应当优于一般债权予以保护，其占有对在后设定的抵押权具有公示力，某银行广场支行应对李某胜的权利负有适当的注意义务。

（3）某银行广场支行在案涉车位设定抵押权时未尽到必要的注意义务。根据某银行广场支行提交的尽职调查材料显示，办理抵押时案涉车位产权登记在某骏公司名下，车位的现状是“车库均处于使用状态，住宅部分使用部分空置”。某银行广场支行已经明知案涉车位在业主的占有使用之下，车位上有他人权利的可能性已经明显存在，却未进一步调查了解车位是否已经出卖或者是否有其他权利人，以至于其主张的抵押权与李某胜在先权利产生冲突，其未尽到必要的注意义务。

（4）某银行广场支行对案涉交易风险具有防范和控制的优势。李某胜与某银行广场支行就案涉车位产生权利冲突，根本原因在于某骏公司先出卖后抵押的严重不诚信行为。在我国商品房、车位买卖中普遍存在先交付后登记而且登记时间较长的现实情况下，买受人对于防范开发商“一房二卖”或者“先卖后抵”之交易风险通常欠缺有效的手段，在办理产权登记中处于被动地位。对此，李某胜基本上没有控制风险的机会，且非因自身原因未办理

---

① 《执行异议和复议案件规定》第 29 条规定：“金钱债权执行中，买受人对登记在被执行的房地产开发企业名下的商品房提出异议，符合下列情形且其权利能够排除执行的，人民法院应予支持：（一）在人民法院查封之前已签订合法有效的书面买卖合同；（二）所购商品房系用于居住且买受人名下无其他用于居住的房屋；（三）已支付的价款超过合同约定总价款的百分之五十。”

过户登记……某银行广场支行如果不是直接设定抵押权并发放贷款，而是适当了解车位的实际权利情况、评估风险，就会避免在某骏公司不能偿还贷款时与李某胜就案涉车位发生权利冲突产生纠纷。综上，一审法院仅以李某胜就案涉车位享有的权利为债权为由，依据《执行异议和复议案件规定》第27条规定，驳回李某胜的执行异议，支持某银行广场支行的诉讼请求，适用法律不当，本院依法予以纠正。故判决：(1)撤销甘肃省高级人民法院(2021)甘民初39号民事判决；(2)驳回某银行广场支行的诉讼请求。[①]

31

所有权人有权设立他物权

【民法典】

第二百四十一条　所有权人有权在自己的不动产或者动产上设立用益物权和担保物权。用益物权人、担保物权人行使权利，不得损害所有权人的权益。

释　法

《民法典》第241条规定了所有权人有权设立他物权。沿用了《物权法》第40条的规定。

他物权，是所有权人在自己的不动产或者动产上设立的用益物权和担保物权。所有权人享有的占有、使用、收益和处分权能，可以与所有权

① 参见最高人民法院民事判决书，(2022)最高法民终99号。案例中的省略号为笔者所加。

人分离；分离出去的权能，可以设立某种用益物权或者担保物权。比如，设立动产质权，以转移质物的占有；设立抵押权虽不转移占有，但在抵押担保期间其处分权将会受到限制。作为用益物权人或者担保物权人，其享有的物权都是基于他人的物、建立在他人所有权的基础之上，故称为他物权。与此相对应，所有权人享有的物权则叫自物权。这也是从所有物的支配范围方面对物权种类的划分。所有权具有完全的支配权；而他物权一般只享有部分权能，即是以所有权的占有、使用、收益和处分四项权能中的部分权能为内容的他物权，其必须受到所有权的支配。从这种意义上说，他物权是受限制的物权。我国台湾地区"民法"称为定限物权。他物权分为用益物权和担保物权。用益物权，是指用益物权人对他人所有的不动产或者动产，依法享有占有、使用和收益的权利，包括土地承包经营权、建设用地使用权、宅基地使用权、居住权和地役权等。[①] 担保物权，是指担保物权人在债务人不履行到期债务或者发生当事人约定的实现担保物权的情形，依法享有就担保财产优先受偿的权利。[②] 设立他物权，其目的在于能够充分地提高物的利用效率，做到物尽其用，实现当事人利益的最大化。

设立他物权，必须依据法律的规定或者合同的约定。前者如《民法典》第 447 条及以下规定的留置权，后者如《民法典》第 394 条及以下规定的抵押权。设立他物权必须依据法律规定的种类进行，不得设立法律没有规定的他物权类型。因此，他物权也属于法定物权。我国《民法典》没有规定典权，可现实生活中仍有存在和使用，其属于用益物权还是担保物权，学界颇有争议，但笔者认为，应属于他物权。现有《典当管理办法》[③](商务部、公安部 2005 年第 8 号令)和《典当行管理暂行办法》(中国人民银行银发〔1996〕119 号)在规范管理，目前仍停留在部门规章

---

① 《民法典》第 323 条及以下规定。

② 《民法典》第 386 条及以下规定。

③ 《典当管理办法》第 3 条第 1 款规定："本办法所称典当，是指当户将其动产、财产权利作为当物质押或者将其房地产作为当物抵押给典当行，交付一定比例费用，取得当金，并在约定期限内支付当金利息、偿还当金、赎回当物的行为。"

的立法层次。

相对于所有权本权来说,他物权可以优先行使;但是,他物权的行使不得损害所有权人的权益。他物权的行使必须限制在法律规定的限度内。比如,担保物权人不得就担保物使用和收益;必须依据法律规定和合同约定的用途使用标的物;在用益物权期限届满后或者担保物权实现债权后,返还(恢复)所有权人对所有物的完全(圆满)支配状态,否则,他物权人要承担侵害物权的民事责任。

案 例

1. 上诉人张某微与被上诉人黄某及原审被告韩某返还原物纠纷案

黄某向一审法院起诉,请求:(1)撤销张某微、韩某就深圳市某房产签订的房屋租赁合同;(2)张某微向黄某返还深圳市某房产;(3)张某微向黄某支付自2019年3月12日起至2019年6月3日止的租金合计7460元。一审法院经审理后判决:(1)张某微应于判决生效之日起15日内向黄某返还位于深圳市某房产;(2)张某微应于判决生效之日起15日内向黄某支付自2019年3月12日起至2019年6月3日租金(占有使用费)6854.8元;(3)驳回黄某的其他诉讼请求。

二审法院认为,本案二审的争议焦点为:张某微可否继续履行涉案房产租赁合同,由此其应否向黄某返还房产。《房屋租赁合同案件解释》第20条规定:"租赁房屋在租赁期间发生所有权变动,承租人请求房屋受让人继续履行原租赁合同的,人民法院应予支持。但租赁房屋具有下列情形或者当事人另有约定的除外:(一)房屋在出租前已设立抵押权,因抵押权人实现抵押权发生所有权变动的……"①涉案房产办理抵押登记时间为2017年2月24日,张某微与韩某签订房产租赁合同的时间为2018年6月5日,可见涉案房产设立抵押权在前、成立租赁合同在后。涉案房产虽经抵押权人建行深圳市分行的同意予以出租,但该行在其同意出租函中明确指出:韩某需严格履行借款合同,否则其将终止本函及房屋租赁合同的效力,不得继续出租抵押物,并将采取行动维护其权益。从本案查明事实来看,韩某确未依约履行其与建

① 现已修改为《房屋租赁合同案件解释》第14条。

行深圳市分行的借款合同,导致该行提起诉讼并在法院执行程序中通过司法拍卖实现其抵押权,由黄某竞得涉案房产,并由韩某转移登记至黄某名下。张某微上诉主张涉案房产租赁合同应继续履行、其无须向黄某返还房产,有悖前述司法解释的规定,本院难予支持。一审依据《担保法解释》第66条①的规定处理本案,亦无不妥,处理结果正确,应予维持。至于张某微因涉案房产租赁合同无法继续履行所致的损失可另循法律途径解决。故判决:驳回上诉,维持原判。②

2. 上诉人许某与被上诉人宋某凤返还原物纠纷案

许某向一审法院起诉,请求判令宋某凤立即将许某所有的共同财产坐落于瓦房店市的房屋(面积36.57平方米,房屋权证号:瓦房权证新私字第××号,以下简称"案涉房屋")腾退给许某。

一审法院查明:案涉房屋登记在许某名下,登记时间是2012年1月16日,规划用途为住宅。许某与宋某凤原系夫妻关系。2016年6月24日,该院作出(2016)辽0281民初3452号民事调解书,经该院主持调解,双方当事人自愿达成如下协议:"(1)原告许某与被告宋某凤自愿离婚;(2)坐落于瓦房店市的房屋归原告许某所有,允许被告宋某凤永久性居住(已居住),但只允许被告宋某凤一人居住,否则原告许某有权收回居住权;被告宋某凤居住期间,原告许某不得出售此房屋……"另查,许某系二级肢体残疾人,残疾证签发时间是2019年8月27日。许某主张宋某凤腾退案涉房屋的理由是情势发生变更,许某患病导致身体瘫痪(2级残疾),没有经济收入和住房,宋某凤继续借住的理由已不存在,借用关系应该终结。一审法院认为:许某提供的民事调解书,能够证明许某、宋某凤通过调解离婚,调解协议约定案涉房屋归许某所有,允许宋某凤居住,只允许宋某凤一人居住,否则许某有权收回居住权的事实。宋某凤在案涉房屋中居住,不属于借用,而是基于调解协议的约

---

① 《担保法解释》第66条规定:"抵押人将已抵押的财产出租的,抵押权实现后,租赁合同对受让人不具有约束力。抵押人将已抵押的财产出租时,如果抵押人未书面告知承租人该财产已抵押的,抵押人对出租抵押物造成承租人的损失承担赔偿责任;如果抵押人已书面告知承租人该财产已抵押的,抵押权实现造成承租人的损失,由承租人自己承担。"

② 参见广东省深圳市中级人民法院民事判决书,(2021)粤03民终11870号。

定。许某提供的现有证据无法证明存在违反调解协议约定内容(宋某凤一人居住)的情形。故许某提出腾退房屋的诉讼请求缺乏事实和法律依据,该院不予支持。据此,判决驳回原告许某的诉讼请求。

二审法院认为:依据《民法典》第240条、第241条的规定,本案许某作为案涉房屋所有权人,当然享有案涉房屋居住权,宋某凤作为居住权人不得损害所有权人的权益,不得妨碍许某对案涉房屋的居住权,如有妨害行为应立即更正。一审驳回许某要求宋某凤腾退案涉房屋的诉请并无不当,本院不予调整。故判决:驳回上诉,维持原判。①

32

国家专属所有权

【民法典】

第二百四十二条　法律规定专属于国家所有的不动产和动产,任何组织或者个人不能取得所有权。

释　法

《民法典》第242条规定了国家专属所有权,简称国家专有权,源于对《物权法》第41条规定个别字词的修改。

国家专属所有权,是指依据法律规定专属于国家所有的,对不动产和动产享有占有、使用、收益和处分的权利。其专属性来自法律的规定,排除行政法规、规章规定的适用。这里的"法律规定"包括《宪法》、《民

① 参见辽宁省大连市中级人民法院民事判决书,(2022)辽02民终3278号。

法典》和其他法律规定。对国家专属所有权予以明确规定,是社会主义公有制经济制度中的全民所有制在民法物权制度里的具体体现。全民所有,即国家所有[①]。国家专属所有权,具有权利主体的唯一性、客体范围的广泛性、取得方法的专属性和行使方式的特殊性等特点。[②] 在民事法律关系中,国家以特殊的民事主体身份出现,与其他自然人、法人和其他非法人组织进行交易,处于平等的民事地位。对于法律规定专属于国家所有的不动产和动产,任何组织或者个人不能取得所有权。其他民事主体可以依法设定用益物权,比如建设用地使用权。国有土地所有权不能转让,但国有土地使用权可以依照法律规定进行转让。对于专属于国家所有的不动产和动产,不适用《民法典》物权编关于善意取得的规定。

依照现行法律规定,国家专属所有权的(客体)范围包括:(1)国家所有的土地。《民法典》第249条规定:"城市的土地,属于国家所有。法律规定属于国家所有的农村和城市郊区的土地,属于国家所有。"《宪法》第10条、《土地管理法》第9条亦有相应的规定[③]。(2)国家专有的矿藏、水流、海域。《民法典》第247条规定,《宪法》第9条、《矿产资源法》第3条亦有相应的规定[④]。(3)国家所有的森林、山岭、草原、荒地、滩涂等自然资源。《民法典》第250条规定,《宪法》第9条、《森林法》第

---

① 《民法典》第246条第1款规定:"法律规定属于国家所有的财产,属于国家所有即全民所有。"

② 参见刘保玉:《物权法学》,中国法制出版社2022年版,第225页。

③ 《宪法》第10条第1款、第2款规定:"城市的土地属于国家所有。农村和城市郊区的土地,除由法律规定属于国家所有的以外,属于集体所有……"《土地管理法》第9条规定:"城市市区的土地属于国家所有。农村和城市郊区的土地,除由法律规定属于国家所有的以外,属于农民集体所有……"

④ 《宪法》第9条第1款规定:"矿藏、水流、森林、山岭、草原、荒地、滩涂等自然资源,都属于国家所有,即全民所有;由法律规定属于集体所有的森林和山岭、草原、荒地、滩涂除外。"《矿产资源法》第3条第1款规定:"矿产资源属于国家所有,由国务院行使国家对矿产资源的所有权。地表或者地下的矿产资源的国家所有权,不因其所依附的土地的所有权或者使用权的不同而改变。"

14 条和《草原法》第 9 条亦有相应的规定①。(4)国家专有的无居民海岛。《民法典》第 248 条规定。(5)国家所有的野生动植物资源。《民法典》第 251 条规定,《野生动物保护法》第 3 条亦有相应的规定②。对野生植物资源的保护,目前仅有《野生植物保护条例》的规定,尚须尽快提升立法的层级。(6)国家专有的无线电频谱资源。《民法典》第 252 条规定。(7)国家所有的文物。《民法典》第 253 条规定,《文物保护法》第 5 条对哪些文物属于国家所有予以明确规定③。(8)国家专有的国防资产。《民法典》第 254 条第 1 款规定,《国防法》第 40 条对哪些属于国防资产予以明确规定④。(9)国家所有的铁路、公路、电力设施、电信设施和油气管道等基础设施。《民法典》第 254 条第 2 款规定,《铁路法》《公路法》等亦有相应规定。(10)国家机关支配的财产。(11)国家举办的事业单位支配的财产。(12)国家出资的企业中属于国家所有的财产。不过,这里指的应当是"投资性权利"⑤。(13)通过征收、没收、税收等手段和方法取得的国有财产。比如,依据《民法典》第 243 条第 1 款的规定:"为了公

---

① 《森林法》第 14 条第 1 款规定:"森林资源属于国家所有,由法律规定属于集体所有的除外。"《草原法》第 9 条第 1 款规定:"草原属于国家所有,由法律规定属于集体所有的除外……"

② 《野生动物保护法》第 3 条第 1 款规定:"野生动物资源属于国家所有。"

③ 《文物保护法》第 5 条规定:"中华人民共和国境内地下、内水和领海中遗存的一切文物,以及中国管辖的其他海域内遗存的起源于中国的和起源国不明的文物,属于国家所有。古文化遗址、古墓葬、石窟寺属于国家所有。国家指定保护的纪念建筑物、古建筑、古石刻、古壁画、近代现代代表性建筑等不可移动文物,除国家另有规定的以外,属于国家所有。国有不可移动文物的所有权不因其所依附的土地所有权或者使用权的改变而改变。"第 6 条规定:"下列可移动文物,属于国家所有:(一)中国境内地下、内水和领海以及中国管辖的其他海域内出土、出水的文物,国家另有规定的除外;(二)国有文物收藏单位以及其他国家机关、部队和国有企业、事业单位等收藏、保管的文物;(三)国家征集、购买或者依法没收的文物;(四)公民、组织捐赠给国家的文物;(五)法律规定属于国家所有的其他文物。国有可移动文物的所有权不因其收藏、保管单位的终止或者变更而改变。"第 7 条第 1 款规定:"国有文物所有权受法律保护,不容侵犯。"

④ 《国防法》第 40 条规定:"国家为武装力量建设、国防科研生产和其他国防建设直接投入的资金、划拨使用的土地等资源,以及由此形成的用于国防目的的武器装备和设备设施、物资器材、技术成果等属于国防资产。国防资产属于国家所有。"

⑤ 《民法典》第 125 条规定:"民事主体依法享有股权和其他投资性权利。"

共利益的需要,依照法律规定的权限和程序可以征收集体所有的土地和组织、个人的房屋以及其他不动产。"《刑法》第 34 条规定的"没收财产",为刑罚的附加刑。(14)无人认领的遗失物、漂流物。《民法典》第 318 条规定。(15)法律规定属于国家所有的其他财产。

依据《民法典》第 246 条第 2 款的规定:"国有财产由国务院代表国家行使所有权。法律另有规定的,依照其规定。"依据《民法典》第 255 条、第 256 条的规定,国家机关、国家举办的事业单位对由其直接支配的不动产和动产,享有占有、使用以及依照法律和国务院的有关规定处分的权利;依据《民法典》第 257 条的规定,国家出资的企业,由国务院、地方人民政府依照法律、行政法规规定分别代表国家履行出资人职责,享有出资人权益。第 258 条规定,国家所有的财产受法律保护,禁止任何组织或者个人侵占、哄抢、私分、截留、破坏。

案　例

申请执行人亿某达公司与被执行人安信公司买卖合同纠纷,申请追加被执行人听证审查案

申请执行人亿某达公司在申请执行被执行人安信公司(2021)新 0109 民初 1131 号民事判决过程中,申请追加第三人某市财政局、某市自然资源局为被执行人,在标的额 208,963.3 元范围内与被执行人共同承担责任。(2021)新 0109 执异 234 号裁定书证实:某控股公司作为被执行人的全资股东,在其出具的 2019 年审计报告中第 20 页记载"某控股公司将被执行人的注册资本减为 50 万元",第 21 页记载的是将被执行人名下非经营性资产公益林无偿划转至某市自然资源局,法院查明该无偿划转是根据阜国资发某号文件进行的划转,因此导致被执行人无财产可供执行。

第三人某市财政局、某市自然资源局均不同意被追加为被执行人。某市财政局辩称:划拨的公益林属非经营性资产而不是经营性资产,不属于被执行财产范围。某市自然资源局辩称:《民法典》第 242 条规定:"法律规定专属于国家所有的不动产和动产,任何组织或者个人不能取得所有权。"公益林属于国家专属所有权,即只能为国家所有而不能为任何其他人所拥有。本案涉及的非经营性公益林不能作为被执行财产改变权属。

审查法院认为：执行程序中追加被执行人，意味着直接通过执行程序确定由生效法律文书列明的被执行人以外的第三人承担实体责任，对各方当事人的实体和程序权利影响较大。因此，须遵循法定主义原则。《民事执行中变更、追加当事人规定》第25条规定："作为被执行人的法人或非法人组织，财产依行政命令被无偿调拨、划转给第三人，致使该被执行人财产不足以清偿生效法律文书确定的债务，申请执行人申请变更、追加该第三人为被执行人，在接受的财产范围内承担责任的，人民法院应予支持。"

关于某市财政局，上述第25条规定可能被追加为被执行人的主体是接受无偿调拨、划转的第三人，而非作出具体行政命令者。某市财政局并非接受案涉公益林无偿划转的主体，故不符合该条款规定的被追加为本案被执行人的条件。关于某市自然资源局，从阜国资发某号文件内容来看，行政命令确为将被执行人注册资金范围内的资产无偿划转至某市自然资源局，但上述第25条规定同时要求追加成立的另一条件为：被执行人财产因行政调拨、划转而致被执行人财产不足以清偿生效法律文书所确定的债务。本案中，第一，案涉公益林在作为安信公司注册资本出资时，其性质即为非经营性资产，在未划转情况下，若作为被执行财产加以处分，无疑违反生态环境保护的绿色原则，不具有可执行性，是否被划转不影响对被执行人财产不足以清偿生效法律文书所确定债务的认定。第二，某市自然资源局对包括案涉公益林在内的资产仅系履行统一管理职责，该公益林不具有以经济利益为追求目的之商事经营活动的可强制执行性，安信公司对申请人所负债务的不能履行程度并未因此加重。因此，申请人申请追加某市自然资源局为本案被执行人不符合上述第25条规定的法定条件。

另，根据案涉划转依据的《企业国有产权无偿划转管理暂行办法》(国资发产权〔2005〕239号)第16条、第18条规定，划转事项的批准和实施前，对于被划转企业安信公司所负债务应当有妥善处置方案，处置方案是否制定及其内容并非本执行追加程序所能处理之事宜。故裁定：驳回申请执行人亿某达公司申请追加第三人某市财政局、某市自然资源局为被执行人的请求。①

---

① 参见新疆维吾尔自治区乌鲁木齐市米东区人民法院执行裁定书，(2022)新0109执异90号。

33

不动产的征收

【民法典】

第二百四十三条　为了公共利益的需要,依照法律规定的权限和程序可以征收集体所有的土地和组织、个人的房屋以及其他不动产。

征收集体所有的土地,应当依法及时足额支付土地补偿费、安置补助费以及农村村民住宅、其他地上附着物和青苗等的补偿费用,并安排被征地农民的社会保障费用,保障被征地农民的生活,维护被征地农民的合法权益。

征收组织、个人的房屋以及其他不动产,应当依法给予征收补偿,维护被征收人的合法权益;征收个人住宅的,还应当保障被征收人的居住条件。

任何组织或者个人不得贪污、挪用、私分、截留、拖欠征收补偿费等费用。

释　法

《民法典》第 243 条规定了不动产的征收,由《物权法》第 42 条规定修改而来:一是增加了“及时”足额支付补偿费用;二是新增将农村村民住宅纳入补偿范围。

征收,是指政府为了公共利益的需要,依照法律规定的权限和程序将集体所有的土地和组织、个人的房屋以及其他不动产转归国家所有的行为。征收是政府行使行政权的行政行为,政府作为征收人与被征收人之间形成的是行政法律关系,不是民事法律关系;但涉及被征收人的民事权益,故在《民法典》物权编中予以规定。《民法典》第 113 条规定:

“民事主体的财产权利受法律平等保护。”第114条第1款规定：“民事主体依法享有物权。”但民事主体依法享有的物权又受到国家征收、征用的限制。《宪法》第10条第3款明确规定：“国家为了公共利益的需要，可以依照法律规定对土地实行征收或者征用并给予补偿。”《民法典》第117条亦规定：“为了公共利益的需要，依照法律规定的权限和程序征收、征用不动产或者动产的，应当给予公平、合理的补偿。”《民法典》第243条的规定是对《宪法》和《民法典》总则编规定的具体落实。

征收必须符合法律规定，具有合法性。分述如下：

（1）目的合法，必须是“为了公共利益的需要”。究竟何为公共利益？《民法典》没有作具体规定。《土地管理法》第45条第1款规定：“为了公共利益的需要，有下列情形之一，确需征收农民集体所有的土地的，可以依法实施征收：（一）军事和外交需要用地的；（二）由政府组织实施的能源、交通、水利、通信、邮政等基础设施建设需要用地的；（三）由政府组织实施的科技、教育、文化、卫生、体育、生态环境和资源保护、防灾减灾、文物保护、社区综合服务、社会福利、市政公用、优抚安置、英烈保护等公共事业需要用地的；（四）由政府组织实施的扶贫搬迁、保障性安居工程建设需要用地的；（五）在土地利用总体规划确定的城镇建设用地范围内，经省级以上人民政府批准由县级以上地方人民政府组织实施的成片开发建设需要用地的；（六）法律规定为公共利益需要可以征收农民集体所有的土地的其他情形。”

（2）程序合法，就是《民法典》第243条第1款规定的“依照法律规定的权限和程序”进行。《土地管理法》第46条规定了征收土地的批准权限。[①] 第45条第2款规定：“前款规定的建设活动，应当符合国民经济

① 《土地管理法》第46条规定：“征收下列土地的，由国务院批准：（一）永久基本农田；（二）永久基本农田以外的耕地超过三十五公顷的；（三）其他土地超过七十公顷的。征收前款规定以外的土地的，由省、自治区、直辖市人民政府批准。征收农用地的，应当依照本法第44条的规定先行办理农用地转用审批。其中，经国务院批准农用地转用的，同时办理征地审批手续，不再另行办理征地审批；经省、自治区、直辖市人民政府在征地批准权限内批准农用地转用的，同时办理征地审批手续，不再另行办理征地审批，超过征地批准权限的，应当依照本条第1款的规定另行办理征地审批。”

和社会发展规划、土地利用总体规划、城乡规划和专项规划;第(四)项、第(五)项规定的建设活动,还应当纳入国民经济和社会发展年度计划;第(五)项规定的成片开发并应当符合国务院自然资源主管部门规定的标准。”第 47 条规定:“国家征收土地的,依照法定程序批准后,由县级以上地方人民政府予以公告并组织实施。县级以上地方人民政府拟申请征收土地的,应当开展拟征收土地现状调查和社会稳定风险评估,并将征收范围、土地现状、征收目的、补偿标准、安置方式和社会保障等在拟征收土地所在的乡(镇)和村、村民小组范围内公告至少三十日,听取被征地的农村集体经济组织及其成员、村民委员会和其他利害关系人的意见。多数被征地的农村集体经济组织成员认为征地补偿安置方案不符合法律、法规规定的,县级以上地方人民政府应当组织召开听证会,并根据法律、法规的规定和听证会情况修改方案。拟征收土地的所有权人、使用权人应当在公告规定期限内,持不动产权属证明材料办理补偿登记。县级以上地方人民政府应当组织有关部门测算并落实有关费用,保证足额到位,与拟征收土地的所有权人、使用权人就补偿、安置等签订协议;个别确实难以达成协议的,应当在申请征收土地时如实说明。相关前期工作完成后,县级以上地方人民政府方可申请征收土地。”《房屋征补条例》对国有土地上房屋的征收与补偿的程序作出了明确、具体的规定。第 27 条第 1 款强调规定,实施房屋征收应当先补偿、后搬迁。

(3)合法、公平、合理补偿。《民法典》第 243 条第 2 款规定:“征收集体所有的土地,应当依法及时足额支付土地补偿费、安置补助费以及农村村民住宅、其他地上附着物和青苗等的补偿费用,并安排被征地农民的社会保障费用,保障被征地农民的生活,维护被征地农民的合法权益。”《土地管理法》第 48 条第 1 款也规定:“征收土地应当给予公平、合理的补偿,保障被征地农民原有生活水平不降低、长远生计有保障。”《民法典》第 243 条第 3 款规定:“征收组织、个人的房屋以及其他不动产,应当依法给予征收补偿,维护被征收人的合法权益;征收个人住宅的,还应当保障被征收人的居住条件。”《房屋征补条例》第 25 条第 2 款规定:“补偿协议订立后,一方当事人不履行补偿协议约定的义务的,另一方当事人可以依法提起诉讼。”第26条第3款规定：“被征收人对补偿决定不服的，可以依法申请行政复议，也可以依法提起行政诉讼。”

《民法典》第243条第4款作宣示性禁止规定：“任何组织或者个人不得贪污、挪用、私分、截留、拖欠征收补偿费等费用。”如存在这种情况，被征收人可以提起诉讼，请求予以支付征收补偿费及利息损失。

案　例

再审申请人胡某奇、于某玲与被申请人某示范区管委会房屋征收决定案

再审法院认为，《物权法》第42条第1款规定，为了公共利益的需要，依照法律规定的权限和程序可以征收集体所有的土地和单位、个人的房屋及其他不动产。2004年《土地管理法》第45条第1款规定，征收下列土地的，由国务院批准：（一）基本农田；（二）基本农田以外的耕地超过三十五公顷；（三）其他土地超过七十公顷的。第2款规定，征收前款规定以外的土地的，由省、自治区、直辖市人民政府批准，并报国务院备案。第46条第1款规定，国家征收土地的，依照法定程序批准后，由县级以上地方人民政府予以公告并组织实施。第47条第1款规定，征收土地的，按照被征收土地原用途给予补偿。也就是说，征收集体土地应当依照《土地管理法》规定的权限和程序进行，基于房屋与土地的高度附和性，集体土地被征收的同时，地上房屋及附着物亦一并征收，由县级以上地方人民政府组织实施征收与补偿工作。本案中，某示范区管委会2018年5月18日作出商示管〔2018〕93号《征收决定》，征收孔阁村、河滩村农村集体土地上房屋及地上附着物，但该集体土地2018年11月9日才经河南省人民政府豫政土〔2018〕1194号《批复》同意征收，亦即某示范区管委会征收案涉集体土地上房屋及附着物时，该集体土地尚未经批准征收为国有。因此，某示范区管委会商示管〔2018〕93号《征收决定》违反《土地管理法》的相关规定，超越职权，程序违法，依照《行政诉讼法》第70条第3项、第4项规定，应当判决撤销。一审、二审判决驳回胡某奇、于某玲的诉讼请求错误，应予纠正。因某示范区管委会商示管〔2018〕93号《征收决定》所涉绝大多数被征收户已签订房屋补偿安置协议，签约户房屋已拆除，相关征收补偿费已经发放，某特动漫主题园建设项目已具体实施，判决撤销将给社会公共利益造成重大损害，故本案可判决确认某示范区管委会商示管〔2018〕93号《征收决定》违法，但不予撤销。故判决：(1)撤销河南省商丘市中级人民法院(2018)豫14行初339号行政判决；(2)撤销河南省高级人民法院(2019)豫行终1032号行政判决；(3)确认某示范区管委会商示管〔2018〕93号《征收决定》违法。①

34

国家对耕地的特殊保护

【民法典】

第二百四十四条　国家对耕地实行特殊保护，严格限制农用地转为建设用地，控制建设用地总量。不得违反法律规定的权限和程序征收集体所有的土地。

释　法

《民法典》第244条规定了国家对耕地的特殊保护，与《物权法》第43条的规定相同。

我国对耕地实行特殊的保护政策。《民法典》第244条只是对这一基本国策的宣示性规定，对耕地的具体保护内容主要由《土地管理法》等法律予以规定。《土地管理法》第3条规定："十分珍惜、合理利用土地和切实保护耕地是我国的基本国策。各级人民政府应当采取措施，全面规划，严格管理，保护、开发土地资源，制止非法占用土地的行为。"第4条规定："国家实行土地用途管制制度。国家编制土地利用总体规划，规定土地用途，将土地分为农用地、建设用地和未利用地。严格限制农

① 参见最高人民法院行政判决书，(2020)最高法行再169号。

用地转为建设用地,控制建设用地总量,对耕地实行特殊保护。前款所称农用地是指直接用于农业生产的土地,包括耕地、林地、草地、农田水利用地、养殖水面等;建设用地是指建造建筑物、构筑物的土地,包括城乡住宅和公共设施用地、工矿用地、交通水利设施用地、旅游用地、军事设施用地等;未利用地是指农用地和建设用地以外的土地。使用土地的单位和个人必须严格按照土地利用总体规划确定的用途使用土地。"

《土地管理法》第4章专门规定了"耕地保护"制度。其主要内容包括:(1)国家实行占用耕地补偿制度。非农业建设经批准占用耕地的,按照"占多少,垦多少"的原则,由占用耕地的单位负责开垦与所占用耕地的数量和质量相当的耕地;没有条件开垦或者开垦的耕地不符合要求的,应当按照省、自治区、直辖市的规定缴纳耕地开垦费,专款用于开垦新的耕地。(2)国家实行耕地总量、质量控制制度。省、自治区、直辖市人民政府应当严格执行土地利用总体规划和土地利用年度计划,采取措施,确保本行政区域内耕地总量不减少、质量不降低。耕地总量减少的,由国务院责令在规定期限内组织开垦与所减少耕地的数量与质量相当的耕地;耕地质量降低的,由国务院责令在规定期限内组织整治。(3)国家实行永久基本农田保护制度。永久基本农田,是指经国务院农业农村主管部门或者县级以上地方人民政府批准确定的粮、棉、油、糖等重要农产品生产基地内的耕地;有良好的水利与水土保持设施的耕地,正在实施改造计划以及可以改造的中、低产田和已建成的高标准农田;蔬菜生产基地;农业科研、教学试验田等。各省、自治区、直辖市划定的永久基本农田一般应当占本行政区域内耕地的80%以上,具体比例由国务院根据各省、自治区、直辖市耕地实际情况规定。(4)禁止任何单位和个人闲置、荒芜耕地。对已经办理审批手续的非农业建设占用耕地,1年内不用而又可以耕种并收获的,应当由原耕种该幅耕地的集体或者个人恢复耕种,也可以由用地单位组织耕种;1年以上未动工建设的,应当按照省、自治区、直辖市的规定缴纳闲置费;连续2年未使用的,经原批准机关批准,由县级以上人民政府无偿收回用地单位的土地使用权;该幅土地原为农民集体所有的,应当交由原农村集体经济组织恢复耕种。在城市规划区范围内,以出让方式取得土地使用权进行房地产开发的闲置土地,依照《城市房地产管理法》的有关规定办理。[①] 我国《刑法》第 342 条还规定了非法占用农地罪[②]的刑事处罚措施。

《民法典》第 243 条已经规定,征收集体土地必须依照法律规定的权限和程序进行,即必须程序合法。第 244 条又重申作了“不得违反法律规定的权限和程序征收集体所有的土地”的禁止性规定。该规定属于“效力性强制规定”,违反该规定的民事法律行为应当被认定为无效。

案　例

上诉人欧能公司、聚慧公司与被上诉人郑某土地租赁合同纠纷案

欧能公司向一审法院起诉,请求:(1)解除原被告于 2021 年 7 月 10 日签订的《土地租赁合同》;(2)被告聚慧公司支付原告欧能公司租金 610,000 元;(3)被告聚慧公司支付原告欧能公司违约金 61,000 元;(4)被告聚慧公司赔偿原告欧能公司经济损失 100,000 元。

一审法院认为,双方签订的租赁合同标的物包括土地、车间厂房等,原告虽未取得国有土地使用权证书,但通过与当地政府签订合同的方式取得土地使用权,其合法取得使用权后以出租方式将车间厂房土地交由被告使用,并无不当。被告聚慧公司未按照合同约定支付租金,应承担相应的民事责任,应支付原告租金 610,000 元及违约金 61,000 元,并解除双方的租赁合同。被告郑某系被告聚慧公司的独资股东,其提供的证据证实公司财产独立于股东个人财产,不应承担民事责任。故判决:(1)解除原被告之间于 2021 年 7 月 10 日签订的土地租赁合同;(2)被告聚慧公司支付原告欧能公司租金 610,000 元及违约金 61,000 元,限判决生效后 10 日内履行完毕;(3)驳回原告的其他诉讼请求。

二审法院认为,《民法典》第 153 条第 1 款规定:“违反法律、行政法规的

---

① 详见《城市房地产管理法》第 30 条、第 32 条、第 33 条、第 38 条的规定。

② 《刑法》第 342 条规定:“违反土地管理法规,非法占用耕地、林地等农用地,改变被占用土地用途,数量较大,造成耕地、林地等农用地大量毁坏的,处五年以下有期徒刑或者拘役,并处或者单处罚金。”

强制性规定的民事法律行为无效。但是,该强制性规定不导致该民事法律行为无效的除外。"《土地管理法》第44条第1款规定,建设占用土地,涉及农用地转为建设用地的,应当办理农用地转用审批手续。根据双方当事人签订的《土地租赁合同》及当事人陈述,欧能公司将案涉土地出租给聚慧公司使用,可以认定双方已将案涉土地的使用权通过出租的方式用于非农业建设,但双方当事人均未提交充分证据证明案涉土地办理了农用地转用审批手续。故该份协议既违反集体土地管理的效力性强制性规定,也直接损害国家和社会公共利益,本院认定案涉土地租赁合同为无效合同。《民法典》第157条规定:"民事法律行为无效、被撤销或者确定不发生效力后,行为人因该行为取得的财产,应当予以返还;不能返还或者没有必要返还的,应当折价补偿。有过错的一方应当赔偿对方由此所受到的损失;各方都有过错的,应当各自承担相应的责任。法律另有规定的,依照其规定。"欧能公司将集体土地出租用于非农建设,聚慧公司在租赁土地前并未尽到审慎义务,未核查案涉土地的性质,故签订合同的双方当事人对于合同无效都具有过错。聚慧公司主张其在签订案涉合同后无法办理环评,便通知欧能公司解除合同,其也并未实际使用案涉土地,但聚慧公司并未提供证据证明其将解除案涉合同的意思通知到欧能公司,欧能公司称其并未接收到聚慧公司解除合同的意思表示,故聚慧公司的该项主张不予采纳。退一步讲,即便聚慧公司并未实际使用案涉土地,但因其在签订合同后并未向合同相对方及时履行告知义务、及时解除合同,导致案涉土地荒置,双方现因租金问题产生纠纷,故其过错责任较大。本院参考案涉土地租赁合同的租金、双方当事人的过错责任大小及案涉土地上附着物的租赁价值等因素,酌定聚慧公司向欧能公司支付土地及土地附着物的使用费360,000元。聚慧公司为自然人独资的有限责任公司,法定代表人为郑某,2018年《公司法》第63条规定:"一人有限责任公司的股东不能证明公司财产独立于股东自己的财产的,应当对公司债务承担连带责任。"①郑某并未提供充分的证据证明其财产与公司财产上做到分别列收列支,单独核算,利

---

① 《公司法》在2023年12月29日第2次修订时,取消了第2章第3节"一人有限责任公司的特别规定",但该规定的内容仍保留规定在现行《公司法》第1章总则第23条第3款:"只有一个股东的公司,股东不能证明公司财产独立于股东自己的财产的,应当对公司债务承担连带责任。"

润分别分配和保管,风险分别承担,故不能认定公司和股东财产互相独立。故郑某应对聚慧公司的债务承担连带责任。故判决:(1)撤销山东省菏泽经济开发区人民法院(2022)鲁 1791 民初 1841 号民事判决;(2)确认欧能公司与聚慧公司所签订的土地租赁合同无效;(3)聚慧公司于本判决生效后 10 日内支付欧能公司土地及土地附着物的使用费 360,000 元,郑某对该费用承担连带清偿责任;(4)驳回欧能公司的其他诉讼请求。①

35

征用及其补偿

【民法典】

第二百四十五条　因抢险救灾、疫情防控等紧急需要,依照法律规定的权限和程序可以征用组织、个人的不动产或者动产。被征用的不动产或者动产使用后,应当返还被征用人。组织、个人的不动产或者动产被征用或者征用后毁损、灭失的,应当给予补偿。

释　法

《民法典》第 245 条规定了征用及其补偿,源于对《物权法》第 44 条规定的修改。

征用,是指政府因抢险救灾、疫情防控等紧急需要,依照法律规定的权限和程序强制使用组织、个人的不动产或者动产的行为。在我国,以前是不分征收和征用情况的。2004 年 3 月,十届全国人大二次会议通过

① 参见山东省菏泽市中级人民法院民事判决书,(2022)鲁 17 民终 4452 号。

的《宪法修正案》第 20 条决定,将《宪法》第 10 条第 3 款关于"国家为了公共利益的需要,可以依照法律规定对土地实行征用"的规定,修改为"国家为了公共利益的需要,可以依照法律规定对土地实行征收或者征用并给予补偿"。之后,《土地管理法》据此作了相应的修改,对征收和征用分别作出规定。

征收和征用既有相同之处,又有不一样的地方。

1. 二者相同之处:(1)目的正当:征收是为了公共利益的需要,征用是因抢险救灾、疫情防控等紧急需要。(2)程序正当:二者都要依照法定的权限和程序进行。(3)依法补偿:二者都要依法给予合理的补偿。

2. 二者不同之处:(1)性质不同:征收是国家从被征收人手中取得了财产所有权,发生了所有权的转移;征用的目的只是取得使用权,紧急情况结束后,要把财产归还给权利人。(2)对象不同:征收仅限于土地和组织、个人的不动产;征用的对象包括不动产和动产。(3)补偿标准不同:征收应按照标的物的价值进行合理补偿;而征用则主要考虑被征用人实际所受的损失,只有在标的物毁损、灭失时,才会基于标的物的价值进行合理补偿。

征用与征收一样,都是政府代表国家实施的一种行政行为,应通过专门的法律对征收和征用行为进行规范,依法保护被征收人、被征用人的合法权益。对征收、征用决定不服,可以提起行政复议或者行政诉讼。政府在使用征用的不动产或者动产后,应当及时返还给被征用人。对于组织、个人的不动产或者动产被征用或者征用后毁损、灭失的,应当依法给予合理补偿。

案　例

1. 上诉人某公路养护中心与被上诉人开元公司财产损害赔偿纠纷案

开元公司向一审法院的起诉请求:(1)请求被告给付修车费 356,000 元;(2)支付台班费 82,500 元。一审法院判决被告某公路养护中心给付原告开元公司修车购买配件费 356,000 元、修车期间误工损失(每天按照 1500 元计算)为 82,500 元。合计为 438,500 元。

二审法院认为,本案的争议焦点是:

(1)上诉人与被上诉人之间的法律关系。上诉人作为公路养护单位,职责包括负责对其辖区内全线的路基、路面、构造物等定期进行普查、检测、试验和数据分析及公路紧急抢险等工作。2021 年 6 月 15 日新林区连续降雨,发生洪水灾害,造成该区大部分公路、桥梁路基毁损。上诉人因抢险救灾的紧急需要,调用被上诉人的钩机进行抢修工作,符合征用的特征。其在抢险救灾结束后与被上诉人补签的承揽合同及确认单是对其征用被上诉人钩机和工作人员的经济补偿,不应据此推断双方系承揽关系。故一审认定双方系征用关系正确。

(2)上诉人是否应当赔偿被上诉人损失及承担赔偿的比例。被上诉人在抢险救灾过程中听从上诉人的调度,上诉人安排板车及司机运输被上诉人的钩机过程中造成钩机受损。一审法院依据《民法典》第 245 条的规定,认定被上诉人损坏的钩机维修费及修理期间的停工损失由上诉人全额补偿,并无不当。上诉人二审提交北京某资产评估事务所出具的海润评报字〔2021〕第 H180345 号报告书,证实案涉钩机修理配件费为 235,578.30 元,误工费为 82,500 元,合计 318,078.30 元。被上诉人对该评估报告无异议,本院对被上诉人的钩机修理购买配件费、误工费合计 318,078.30 元,予以支持。故判决:(1)变更新林区人民法院(2021)黑 2703 民初 112 号民事判决主文为某公路养护中心在判决发生法律效力之日起 10 日内给付开元公司修车购买配件费 235,578.30 元、修车期间误工损失 82,500 元,合计为 318,078.30 元;(2)驳回开元公司的其他诉讼请求。①

2. 上诉人王某雨与被上诉人白云公司租赁合同纠纷案

王某雨向一审法院起诉,请求判令:(1)王某雨与白云公司的房地产租赁合同于 2021 年 6 月 18 日解除;(2)白云公司返还 2021 年 6 月租金和综合管理费 12,219.07 元及利息;(3)白云公司返还履行保证金 78,218.7 元;(4)白云公司赔偿经济损失 3,809,383.15 元。一审法院判决:(1)王某雨与白云公司 2018 年 8 月 30 日签订的《房地产租赁合同》于 2021 年 6 月 28 日解除;(2)白云公司返还王某雨租金和管理费 12,219.07 元;(3)白云公司返

---

① 参见黑龙江省大兴安岭地区中级人民法院民事判决书,(2022)黑 27 民终 54 号。

还王某雨履约保证金78,218.7元;(4)白云公司补偿支付王某雨222,099.51元;(5)驳回王某雨的其他诉讼请求。

二审法院认为:根据《民法典时间效力解释》第1条第3款的规定,本案争议的法律事实从《民法典》施行前持续至《民法典》施行后,故本案适用《民法典》的规定。本案争议焦点在于:王某雨上诉主张的损失赔偿应否支持。

《民法典》第180条规定:"因不可抗力不能履行民事义务的,不承担民事责任。法律另有规定的,依照其规定。不可抗力是不能预见、不能避免且不能克服的客观情况。"涉案商铺所在戴斯酒店因疫情被征用导致涉案合同无法继续履行,而新冠疫情属于不能预见、不能避免且不能克服的客观情况,应适用不可抗力条款。《新冠肺炎疫情案件意见(一)》第3条第1项规定:"疫情或者疫情防控措施直接导致合同不能履行的,依法适用不可抗力的规定,根据疫情或者疫情防控措施的影响程度部分或者全部免除责任。当事人对于合同不能履行或者损失扩大有可归责事由的,应当依法承担相应责任。因疫情或者疫情防控措施不能履行合同义务,当事人主张其尽到及时通知义务的,应当承担相应举证责任。"双方合同期限为6年,戴斯酒店被确定为集中隔离酒店时处于履行第3年的期间,戴斯酒店在2021年6月刚刚被确定作为疫情防控高风险岗位(海关工作人员)集中居住酒店时,该状态将处于常态还是暂时情况尚未确定,是否必然导致合同目的无法实现并不确定,此时双方并不当然地享有合同解除权。因此王某雨在2021年6月28日发出解除合同的律师函并不发生解除合同的效力。白云公司在2021年8月4日回函表示如王某雨决定撤场,双方友好协商可按合同约定完成合同解约手续等,说明双方就解除合同达成合意,涉案合同解除时间应认定为2021年8月4日。针对王某雨主张的损失问题,因合同解除的原因系基于不可抗力及双方合意,双方均不构成违约,无须承担违约赔偿责任。戴斯酒店作为集中隔离酒店是疫情防控和公共利益的需要,是为了避免社会产生更大损失。双方应秉持共担风险的原则,而不是要求对方承担己方的全部损失。一审判决酌情支持白云公司向王某雨补偿222,099.51元,系行使自由裁量权。王某雨上诉请求白云公司补偿更多损失,缺乏充分依据,本院难以支持。综上,上诉人王某雨的上诉请求不成立,本院不予支持。一审判决对合同解除时间认定有误,但因王某雨对此没有上诉,解除时间的认定亦不影响对损失的处理。

故判决:驳回上诉,维持原判。①

36

国家所有权及其行使

【民法典】

第二百四十六条　法律规定属于国家所有的财产,属于国家所有即全民所有。

国有财产由国务院代表国家行使所有权。法律另有规定的,依照其规定。

释　法

《民法典》物权编第五章,规定的是国家所有权和集体所有权、私人所有权(第246~270条)。

《民法典》第246条规定了国家所有权及其行使,与《物权法》第45条的规定内容基本一样。

国家所有权,是指国家对国有财产享有的占有、使用、收益和处分的权利。国家所有,即全民所有,其本质是我国社会主义全民所有制经济制度在民法上的体现和落实。国家所有权在性质上主要是民事权利,其产生、内容和行使方式等都必须是法定的。国家不能在法律之外依照自己的意志随意为其创设所有权。本书前文已经详细列举了国家所有权的客体范围,凡属国家所有权的必须有法律的明确规定,如《民法典》第

① 参见广东省广州市中级人民法院民事判决书,(2022)粤01民终5911号。

251条规定:“法律规定属于国家所有的野生动植物资源,属于国家所有。”对野生植物资源的保护,现仅有《野生植物保护条例》的规定。目前,还没有法律规定野生植物资源属于国家所有,那就不能说野生植物资源属国家所有。

我们应当注意国家所有权与国家公权力之间的界限问题。国家公权力是国家作为政权主体依据国民授权从事国家管理职能所产生的权力。在行使公权力的过程中,国家具有优势地位,即在行政法律关系中国家的法律优位;但在民事法律关系中,国家与其他法人、组织、自然人等民事主体的地位是平等的,国家不能利用其优势地位侵犯其他民事主体的合法权益,也不能利用其优势地位任意处分国家财产满足其他民事主体的不正当利益要求,损害国家利益。

国有财产由国务院代表国家行使所有权。从法律上确认了除国务院以外的任何部门和地方任何一级政府都不能成为国家所有权的主体,表明了国务院代表国家行使国家所有权的统一性。统一性的含义,是指“国家所有权在借助各级政府部门的管理活动来行使和实践时,各级政府部门并不是国家所有权的主体”①,除非“法律另有规定的,依照其规定”。例如,《民法典》第257条规定:“国家出资的企业,由国务院、地方人民政府依照法律、行政法规规定分别代表国家履行出资人职责,享有出资人权益。”《企业国有资产监督管理暂行条例》第4条规定:“企业国有资产属于国家所有。国家实行由国务院和地方人民政府分别代表国家履行出资人职责,享有所有者权益,权利、义务和责任相统一,管资产和管人、管事相结合的国有资产管理体制。”

案 例

上诉人陈某阳与被上诉人赵某超合伙合同纠纷案

陈某阳向一审法院的起诉请求:(1)判决解除原、被告2020年9月19日签订的合作协议;(2)判令被告向原告返还投资款1,261,000元;(3)判令被

① 王利明:《物权法研究》,中国人民大学出版社2002年版,第91页。

告向原告支付律师费10,000元。一审法院认为,案涉合作协议因违反了效力性、强制性规定,依法应当认定为无效。因陈某阳明知自己无采矿许可证而转租赵某超的砂坝采砂是违法行为,仍与赵某超签订合作协议转租案涉砂坝违法采砂,该采砂行为已被金平县自然资源局责令停止并罚款20,000元,故陈某阳的损失是其自身过错所导致,应自行承担责任。故判决驳回陈某阳的诉讼请求。

二审法院认为,违反法律、行政法规的强制性规定订立的合同无效。《矿产资源法》第3条规定:"矿产资源属于国家所有,由国务院行使国家对矿产资源的所有权。地表或者地下的矿产资源的国家所有权,不因其所依附的土地的所有权或者使用权的不同而改变。国家保障矿产资源的合理开发利用。禁止任何组织或者个人用任何手段侵占或者破坏矿产资源。各级人民政府必须加强矿产资源的保护工作。勘查、开采矿产资源,必须依法分别申请、经批准取得探矿权、采矿权,并办理登记;但是,已经依法申请取得采矿权的矿山企业在划定的矿区范围内为本企业的生产而进行的勘查除外。国家保护探矿权和采矿权不受侵犯,保障矿区和勘查作业区的生产秩序、工作秩序不受影响和破坏。从事矿产资源勘查和开采的,必须符合规定的资质条件。"《矿业权案件解释》第5条规定:"未取得矿产资源勘查许可证、采矿许可证,签订合同将矿产资源交由他人勘查开采的,人民法院应依法认定合同无效。"水域砂石资源属于非金属矿产,赵某超与陈某阳未取得采矿许可证,即于2020年9月19日签订合作协议采取共同合作开发的方式采砂,属于国家严令禁止的行为,违反法律、行政法规的强制性规定,应当认定无效。

《民法典》第157条规定:"民事法律行为无效、被撤销或者确定不发生效力后,行为人因该行为取得的财产,应当予以返还;不能返还或者没有必要返还的,应当折价补偿。有过错的一方应当赔偿对方由此所受到的损失;各方都有过错的,应当各自承担相应的责任。法律另有规定的,依照其规定。"本案赵某超与陈某阳明知双方无采砂许可证,仍签订协议合作采砂,对合同无效双方均有过错,由此产生的损失应由双方平均分担。陈某阳因合作协议投入1,261,000元,有双方签订的《金平县某河镇某门办事处三加河采砂场结算清单》确认。因采砂设备已由陈某阳自行出售,罚款20,000元系赵某超缴纳(含陈某阳10,000元),故结算清单中所列项目,扣除第二项采砂设备

97,070 元、第三项附属机械配件 32,558 元,以及罚款 20,000 元后,其余投入 1,111,372 元应作为陈某阳的损失,由赵某超与陈某阳各自分担 555,686 元。赵某超因合作协议支付的砂坝采砂设备看管费、清理河道函管费,合计 5000 元,也应作为其损失,由赵某超与陈某阳各自分担 2500 元。上述各自损失互相抵扣后,赵某超应向陈某阳赔偿 553,186 元。陈某阳要求赵某超支付律师费于法无据,不予支持。综上,上诉人陈某阳的上诉请求部分成立;一审判决认定事实错误,适用法律不当。故判决:(1)撤销云南省金平苗族瑶族傣族自治县人民法院(2021)云 2530 民初 1186 号民事判决;(2)赵某超与陈某阳 2020 年 9 月 19 日签订的合作协议无效;(3)赵某超于判决生效之日起 10 日内赔偿陈某阳损失 553,186 元;(4)驳回陈某阳的其他诉讼请求。[①]

37

矿藏、水流、海域的国家所有权

【民法典】

第二百四十七条　矿藏、水流、海域属于国家所有。

释　　法

《民法典》第 247 条规定了矿藏、水流、海域的国家所有权,与《物权法》第 46 条的规定内容相同。本条规定是对《宪法》第 9 条第 1 款

① 参见云南省红河哈尼族彝族自治州中级人民法院民事判决书,(2022)云 25 民终 1092 号。

规定[①]的具体落实。

1. 矿藏的国家所有权

《矿产资源法》第3条第1款规定:“矿产资源属于国家所有,由国务院行使国家对矿产资源的所有权。地表或者地下的矿产资源的国家所有权,不因其所依附的土地的所有权或者使用权的不同而改变。”第3款规定:“勘查、开采矿产资源,必须依法分别申请、经批准取得探矿权、采矿权,并办理登记;但是,已经依法申请取得采矿权的矿山企业在划定的矿区范围内为本企业的生产而进行的勘查除外。”第5条规定:“国家实行探矿权、采矿权有偿取得的制度;但是,国家对探矿权、采矿权有偿取得的费用,可以根据不同情况规定予以减缴、免缴。具体办法和实施步骤由国务院规定。开采矿产资源,必须按照国家有关规定缴纳资源税和资源补偿费。”探矿权、采矿权,一般合称为“矿业权”。

2. 水流的国家所有权

水流,指江、河的统称。《水法》使用的是“水资源”的概念,包括地表水和地下水。《水法》第3条规定:“水资源属于国家所有。水资源的所有权由国务院代表国家行使。农村集体经济组织的水塘和由农村集体经济组织修建管理的水库中的水,归各该农村集体经济组织使用。”第7条规定:“国家对水资源依法实行取水许可制度和有偿使用制度。但是,农村集体经济组织及其成员使用本集体经济组织的水塘、水库中的水的除外。国务院水行政主管部门负责全国取水许可制度和水资源有偿使用制度的组织实施。”这里规定的是“取水权”的取得和使用。

3. 海域的国家所有权

《海域使用管理法》第3条规定:“海域属于国家所有,国务院代表国家行使海域所有权。任何单位或者个人不得侵占、买卖或者以其他形式非法转让海域。单位和个人使用海域,必须依法取得海域使用权。”海域,是指我国内水、领海的水面、水体、海床和底土。所谓“内水”,是指

---

① 《宪法》第9条第1款规定:“矿藏、水流、森林、山岭、草原、荒地、滩涂等自然资源,都属于国家所有,即全民所有……”

我国领海基线向陆地一侧至海岸线的海域。① 第6条第1款规定:“国家建立海域使用权登记制度,依法登记的海域使用权受法律保护。”第33条规定:“国家实行海域有偿使用制度。单位和个人使用海域,应当按照国务院的规定缴纳海域使用金……”根据《海域使用管理法》第25条的规定,海域使用权的内容范围包括:(1)养殖用海;(2)拆船用海;(3)旅游、娱乐用海;(4)盐业、矿业用海;(5)公益事业用海;(6)港口、修造船厂等建设工程用海。

以上所列矿业权、取水权、海域使用权,均是通过行政许可而有偿取得的,是具有物权性质的权利,应属于用益物权。《民法典》在此作了宣示性规定。要将《矿产资源法》等许可使用的资源特许权转化为民法上的物权,还需要《矿产资源法》等自然资源法进一步予以明确、具体的规定。

案 例

1. 上诉人某昌水务局与被上诉人邓某太因水利行政处罚行政诉讼纠纷案

二审法院认为:某昌水务局于2016年12月28日所作乐水行罚字〔2016〕第001号水行政处罚决定书不合法。

本案关键在于邓某太的采砂位置是否在某昌水务局的河道管理范围之内。《防洪法》第21条第3款规定:“有堤防的河道、湖泊,其管理范围为两岸堤防之间的水域、沙洲、滩地、行洪区和堤防及护堤地;无堤防的河道、湖泊,其管理范围为历史最高洪水位或者设计洪水位之间的水域、沙洲、滩地和行洪区。”第4款规定:“流域管理机构直接管理的河道、湖泊管理范围,由流域管理机构会同有关县级以上地方人民政府依照前款规定界定;其他河道、湖泊管理范围,由有关县级以上地方人民政府依照前款规定界定。”《河道管理条例》第20条规定:“有堤防的河道,其管理范围为两岸堤防之间的水域、沙洲、滩地(包括可耕地)、行洪区,两岸堤防及护堤地。无堤防的河道,其管

① 《海域使用管理法》第2条第1款、第2款规定。

理范围根据历史最高洪水位或者设计洪水位确定。河道的具体管理范围，由县级以上地方人民政府负责划定。"明确了下列法律关系：(1)河道管理范围并不等同于河流，还包括防洪需要的河流周边土地，即河道管理范围大于河流本身。(2)河道管理范围不限于国家所有的河流，还包括划定在河道管理范围内的其他土地。(3)无堤坝的河道管理范围，由县级以上人民政府划定，县级以上人民政府的河道管理部门未被授权划定河道管理范围。可见，对于无堤坝的水域，除河流主流为河道管理范围外，其他具体管理范围需经依法划定，才能成为河道主管机关实施河道管理的合法范围。经查，本案邓某太的挖砂点为"鸡屎洲"范围之内，不在武江河主流范围之内；"鸡屎洲"属于河中之岛，且无河堤，故邓某太挖砂地点可以确认为"鸡屎洲"水域范围，属于"鸡屎洲"水道。不仅如此，邓某太对其主张提供了相关合同说明涉案地点属于农村集体经济组织的土地范围。因此，涉案地点是否属于水行政管理部门"河道管理范围"，依法应由县级以上人民政府负责划定。某昌水务局认为"鸡屎洲"处于其河道管理范围之内，却未提供县级以上人民政府或者由流域管理机构会同县级以上人民政府确定河道范围的证据，故应当确认某昌水务局对邓某太的违法采砂行为作出的行政处罚不合法。至于某昌水务局在上诉理由当中将"鸡屎洲"范围内的水域及土地确认为武江河主流河道，与事实不符，不予采纳；某昌水务局以此为由认为不用县级以上人民政府具体划定而由其确定并直接管理，与法律、法规规定不符。综上所述，某昌水务局作出的行政行为主要证据不足，适用法律、法规错误，应予撤销；原判认定事实清楚，适用法律、法规正确，程序合法，应予维持。故判决：驳回上诉，维持原判。①

2. 上诉人王某江与被上诉人某农商行、王某群、原审第三人马某亮租赁合同纠纷案

王某江向一审法院起诉，请求判令某农商行、王某群继续履行王某江与马某亮签订的租赁转让协议(何某彬、杜某永的使用权部分)。一审法院判决驳回王某江的诉讼请求。

二审法院认为，河北省黄骅市人民法院 2018 年 10 月 13 日作出的

---

① 参见广东省韶关市中级人民法院行政判决书，(2018)粤 02 行终 38 号。

(2018)冀0983执恢494号生效执行裁定已经裁定将杜某永名下位于黄骅市海域使用权(国海证:101331021号)和何某彬名下位于黄骅市海域使用权(国海证:101331038号)折价抵付某农商行某街支行,并载明自裁定书送达申请执行人某农商行某街支行时其转移,某农商行某街支行依法已经取得上述海域使用权并进行了不动产权属登记。王某群通过拍卖方式取得某农商行出让的上述海域使用权,系合法权利人。马某亮虽与王某江订立协议书对上述海域使用权予以出租,但马某亮对上述海域使用权无所有权及处分权,王某江无权要求上述海域使用权的合法权利人协助履行其与马某亮之间的协议。且马某亮与王某江已经于2020年9月14日再次订立协议书,明确载明"因甲方与第三人债务,将其中何某权、杜某永、何某彬三块虾池拍卖,现甲方要求解除剩余两块虾池的租赁合同"。王某江可根据协议向合同相对人马某亮主张权利。根据《民法典时间效力解释》,一审法院适用法律并无不当。综上所述,上诉人的上诉请求不能成立,一审判决认定事实清楚,适用法律正确。故判决:驳回上诉,维持原判。①

38

无居民海岛的国家所有权

【民法典】

第二百四十八条　无居民海岛属于国家所有,国务院代表国家行使无居民海岛所有权。

① 参见河北省沧州市中级人民法院民事判决书,(2021)冀09民终6855号。

释　法

《民法典》第 248 条规定了无居民海岛的国家所有权，本条为新增规定。

《海岛保护法》第 4 条规定："无居民海岛属于国家所有，国务院代表国家行使无居民海岛所有权。"海岛，是指四面环海水并在高潮时高于水面的自然形成的陆地区域，包括有居民海岛、无居民海岛和特殊用途海岛。[①] 无居民海岛，是指不属于居民户籍管理的住址登记地的海岛。[②] 特殊用途海岛，是指领海基点所在海岛、国防用途海岛、海洋自然保护区内的海岛等具有特殊用途或者特殊保护价值的海岛。[③]《海岛保护法》第 28 条规定："未经批准利用的无居民海岛，应当维持现状；禁止采石、挖海砂、采伐林木以及进行生产、建设、旅游等活动。"第 31 条第 1 款规定："经批准开发利用无居民海岛的，应当依法缴纳使用金。但是，因国防、公务、教学、防灾减灾、非经营性公用基础设施建设和基础测绘、气象观测等公益事业使用无居民海岛的除外。"国家海洋局《无居民海岛使用权登记办法》第 3 条规定："依法登记的无居民海岛使用权受法律保护，任何单位和个人不得侵犯。"第 4 条第 3 款、第 4 款规定："国务院批准的用岛，由国家海洋局确权登记，颁发无居民海岛使用权证书或者无居民海岛使用临时证书。省级人民政府批准的用岛，由省级海洋主管部门确权登记，颁发无居民海岛使用权证书或者无居民海岛使用临时证书。"

无居民海岛使用权应为一种物权性质的权利。其可以通过缴纳使用金经海洋主管部门特许(批准)而取得，亦应属于用益物权。《民法典》在此仅作宣示性规定。目前，关于无居民海岛使用权的立法层级较

---

① 《海岛保护法》第 2 条第 2 款。

② 《海岛保护法》第 57 条第 2 项规定。另据《宁波市无居民海岛管理条例》第 3 条的规定，无居民海岛，是指我国所属海域内不作为居民常住户口所在地的岛屿、岩礁和附属的低潮高地。《青岛无居民海岛管理条例》第 3 条第 1 款规定，无居民海岛是指不作为常住户口所在地的岛屿、岩礁。

③ 《海岛保护法》第 36 条规定。

低,仅由部门规章、部分地方立法予以规定,要将这种资源特许权转化为民法上的用益物权,须在修改《海岛保护法》时予以进一步明确的规定。

案　例

1. 原告新沙医院与被告麦某泉租赁合同纠纷案

原告起诉,请求解除原、被告签订的《土地、鱼塘承包合同》。本案纠纷,案件事实发生在《民法典》生效之前,根据《民法典时间效力解释》第1条第2款之规定,应适用旧法规定。

本案查明,原告取得涉案土地是在1966年6月14日,番某县人民委员会向番某县康复医院批复。省人委同意番某县康复医院征用黄某公社小虎大队土地1100亩,其中耕地168亩、荒山931亩三分,作为建房和生产基地之用。1999年7月5日,原、被告签订《土地、鱼塘承包合同》,承包面积34.7亩,承包时间从1999年7月5日至2029年1月10日。根据《合同法》第44条之规定:"依法成立的合同,自成立时生效。法律、行政法规规定应当办理批准、登记等手续生效的,依照其规定。"原、被告所签合同为有效合同。该合同在履行过程中,《海岛保护法》于2010年3月1日实施。该法第4条规定:"无居民海岛属于国家所有,国务院代表国家行使无居民海岛所有权。"据此,大虎岛属于无居民海岛,属于国家所有。国家海洋局于2011年4月12日公布了中国首批176个可以开发利用的无居民海岛名录,涉案合同土地的大虎岛被列入可开发利用的无居民海岛。本案原告并没有提供依据,证明其已依法取得涉案合同土地的大虎岛开发利用权。因此,原告对涉案合同大虎岛土地从2011年4月12日就失去了使用权。《合同法》第94条规定:"有下列情形之一的,当事人可以解除合同:(一)因不可抗力致使不能实现合同目的……(五)法律规定的其他情形。"涉案合同土地的大虎岛被列入可开发利用的无居民海岛,属于法律规定的其他情形可以解除合同。2020年4月22日,原告向被告发出《新沙医院关于终止大虎山土地合同的通知》。

2020年5月9日,被告向原告发出《关于对〈南沙区新沙医院关于终止大虎山土地合同的通知〉的复函》。根据《合同法》第96条的规定:"当事人一方依照本法第九十三条第二款、第九十四条的规定主张解除合同的,应当通知对方。合同自通知到达对方时解除。对方有异议的,可以请求人民法院或者仲裁机构确认解除合同的效力。法律、行政法规规定解除合同应当办理批准、登记等手续的,依照其规定。"《土地、鱼塘承包合同》在2020年5月9日予以解除。故判决:确认原、被告于1999年7月5日签订的《土地、鱼塘承包合同》于2020年5月9日予以解除。①

2. 上诉人桃花岛公司与被上诉人某省自然资源厅、某省人民政府因不履行土地管理法定职责及行政复议的行政诉讼上诉案

原告桃花岛公司一审起诉,请求判令:(1)撤销某省政府作出的案涉行政复议决定;(2)确认某省资源厅不履行法定职责的行为违法;(3)判令某省资源厅依法查处国网某省电力公司未经批准,严重改变大乌岛(又名桃花岛)自然地形、地貌等违法行为。一审法院裁定驳回原告桃花岛公司的起诉。

二审法院认为,《行政诉讼法》第25条第1款规定,行政行为的相对人以及其他与行政行为有利害关系的公民、法人或者其他组织,有权提起诉讼。《行政诉讼证据规定》第4条第1款规定,公民、法人或者其他组织向人民法院起诉时,应当提供其符合起诉条件的相应的证据材料。2010年3月1日起施行的《海岛保护法》第4条规定,无居民海岛属于国家所有,国务院代表国家行使无居民海岛所有权。第5条第2款规定,国务院海洋主管部门负责全国无居民海岛保护和开发利用的管理工作。沿海县级以上地方人民政府海洋主管部门负责本行政区域内无居民海岛保护和开发利用管理的有关工作。第28条规定,未经批准利用的无居民海岛,应当维持现状;禁止采石、挖海砂、采伐林木以及进行生产、建设、旅游等活动。从上述规定可以看出,无居民海岛的所有权属于国家所有;国家对无居民海岛的开发利用实行严格审批制度,未经依法批准,任何组织或个人不享有无居民海岛的使用权。本案所涉大乌岛为无居民海岛,其开发利用应取得相关部门的审批,但上诉人并未提供证据证明其于2010年3月1日之后经依法审批取得大乌岛的开发利用权。此外,乐清市南某镇杏某村等9村村委会与桃花岛公司签订的桃花岛开发景区承包合同系对桃花岛的开发利用等事项达成的租赁协议,该租赁协议属于债权合同,桃花岛公司不能因协议约定取得大乌岛的相关物权。上诉人

① 参见广东省广州市南沙区人民法院民事判决书,(2021)粤0115民初9636号。

也不能因其与桃花岛公司股东签订了协议书而继受取得大乌岛的相关物权。上诉人提交的证据材料尚不足以证实其与诉请履职事项具有利害关系。另外,上诉人申请履职事项亦不属于2017年修正的《行政复议法》第6条“有下列情形之一的,公民、法人或者其他组织可以依照本法申请行政复议……(九)申请行政机关履行保护人身权利、财产权利、受教育权利的法定职责,行政机关没有依法履行的……”规定①的法定职责,故本案不属于行政复议的受案范围。综上,上诉人桃花岛公司的上诉理由不能成立,本院不予支持。一审法院裁定驳回起诉,结论并无不当。故裁定:驳回上诉,维持原裁定。②

39

国家所有的土地

【民法典】

第二百四十九条　城市的土地,属于国家所有。法律规定属于国家所有的农村和城市郊区的土地,属于国家所有。

释　法

《民法典》第249条沿袭了《物权法》第47条的内容,规定了国家所有的土地。

城市的土地属于国家所有,即国家对城市的土地享有所有权。《宪法》第10条规定:“城市的土地属于国家所有。农村和城市郊区的土地,

① 现为《行政复议法》第11条第11项规定。——笔者注

② 参见浙江省高级人民法院行政裁定书,(2020)浙行终828号。

除由法律规定属于国家所有的以外,属于集体所有……”《土地管理法》第9条规定:“城市市区的土地属于国家所有。农村和城市郊区的土地,除由法律规定属于国家所有的以外,属于农民集体所有;宅基地和自留地、自留山,属于农民集体所有。”这里的“除由法律规定”中的“法律”,指的是由全国人大及其常委会通过的宪法和法律。《宪法》第9条第1款规定:“矿藏、水流、森林、山岭、草原、荒地、滩涂等自然资源,都属于国家所有,即全民所有;由法律规定属于集体所有的森林和山岭、草原、荒地、滩涂除外。”《民法典》第250条规定:“森林、山岭、草原、荒地、滩涂等自然资源,属于国家所有,但是法律规定属于集体所有的除外。”究竟是怎样划分“农村和城市郊区的土地”,以及“森林、山岭、草原、荒地、滩涂”中国家所有与集体所有的界限的?《宪法》第10条和《土地管理法》第9条规定的是,除了国家所有的以外属于农民集体所有;而《宪法》第9条和《民法典》第250条规定的则是除了集体所有的以外属于国家所有。到底哪些属于集体所有,尚不清楚。① 只有《土地管理法》第9条后句才明确了“宅基地和自留地、自留山,属于农民集体所有。”所以,希望立法机关在对《土地管理法》《森林法》《草原法》等法律规定进行修改时,对属于集体所有的土地范围予以进一步明确的规定。

国家所有的土地以及森林、山岭、草原、荒地、滩涂等自然资源(其中涉及广义的土地范围),可以交给组织、个人使用而取得用益物权,以发挥土地的效能,即《民法典》第324条规定:“国家所有或者国家所有由集体使用以及法律规定属于集体所有的自然资源,组织、个人依法可以占有、使用和收益。”比如,《民法典》第344条规定的建设用地使用权、第343条规定的土地承包经营权。②

---

① 《森林法》第14条第1款也规定:“森林资源属于国家所有,由法律规定属于集体所有的除外。”《草原法》第9条第1款亦规定:“草原属于国家所有,由法律规定属于集体所有的除外。国家所有的草原,由国务院代表国家行使所有权。”

② 《民法典》第344条规定:“建设用地使用权人依法对国家所有的土地享有占有、使用和收益的权利,有权利用该土地建造建筑物、构筑物及其附属设施。”第343条规定:“国家所有的农用地实行承包经营的,参照适用本编的有关规定。”

《土地管理法》第14条规定："土地所有权和使用权争议，由当事人协商解决；协商不成的，由人民政府处理。单位之间的争议，由县级以上人民政府处理；个人之间、个人与单位之间的争议，由乡级人民政府或者县级以上人民政府处理。当事人对有关人民政府的处理决定不服的，可以自接到处理决定通知之日起三十日内，向人民法院起诉。在土地所有权和使用权争议解决前，任何一方不得改变土地利用现状。"对土地所有权和使用权引起的争议，应当先由人民政府处理，不服人民政府处理决定的才可以向人民法院起诉，这个诉讼属于行政诉讼。取得土地使用权以后产生的纠纷，属于民事诉讼。

案　　例

1. 上诉人某沟合作社与被上诉人陈民某、某石合作社、原审第三人陈德某土地承包经营权纠纷案

某沟合作社向一审法院起诉，请求：(1)陈民某、某石合作社停止侵害某沟合作社的承包经营权，返还某沟合作社虾池；(2)陈民某、某石合作社赔偿某沟合作社损失40万元。一审法院裁定驳回某沟村合作社的起诉。

二审法院认为，从各方当事人提交的证据上看，涉案争议的虾池实为滩涂，该滩涂均未在某沟合作社与某石合作社的村集体土地证的附图内，双方对此并无争议。而某沟合作社与某石合作社提交各自的村权属界线图，也无法体现涉案滩涂具体坐落在任何一方的地图范围内，虽然上诉人某沟合作社坚持主张两合作社的村界重合，但被上诉人某石合作社予以否认，法院无法仅从图纸中认定涉案滩涂属于上诉人所有，本案上诉人与被上诉人对争议的海滩界限不清，根据《土地管理法》第14条的规定，本案不属于人民法院受理民事诉讼的范围，应当由人民政府处理。

另依据《民法典》第250条规定："森林、山岭、草原、荒地、滩涂等自然资源，属于国家所有，但是法律规定属于集体所有的除外。"本案涉案滩涂未经国家主管部门确认是属于国家所有或者是集体所有，人民法院不能对涉案滩涂的权属直接进行认定，当事人对涉案滩涂的权属有争议，理应向政府部门申请处理。综上，上诉人的上诉请求不能得到支持。故裁定：驳回上诉，维持原裁定。①

2. 再审申请人瑞泰公司与被申请人蓝豹公司，一审第三人某中行、中银公司建设用地使用权纠纷案

再审审查法院经审查认为，根据本案事实及相关法律规定，瑞泰公司的再审申请理由不能成立。

（1）瑞泰公司申请再审称其已取得案涉土地的所有权。《物权法》第47条规定："城市的土地，属于国家所有。法律规定属于国家所有的农村和城市郊区的土地，属于国家所有。"据此，案涉土地所有权属于国家，瑞泰公司主张其享有所有权显然有违法律规定，不能成立。瑞泰公司又主张其系案涉土地使用权人，其主要理由是某中行通过以物抵债方式取得案涉土地使用权，而后其又合法受让该土地使用权。《物权法》第9条第1款规定："不动产物权的设立、变更、转让和消灭，经依法登记，发生效力；未经登记，不发生效力，但法律另有规定的除外"；第28条规定："因人民法院、仲裁委员会的法律文书或者人民政府的征收决定等，导致物权设立、变更、转让或者消灭的，自法律文书或者人民政府的征收决定等生效时发生效力。"据此，不动产物权的取得需办理登记或者有关机关出具的法律文书生效后才能发生效力。本案中，瑞泰公司称某中行将该土地使用权转让给中银公司，而其从中银公司处受让该土地使用权。但瑞泰公司主张的土地使用权转让并未办理相应的变更登记，不能发生物权变动法律效果。因此，瑞泰公司主张其系案涉土地使用权人缺乏事实和法律依据，不能成立。

（2）根据原审查明事实，蓝豹公司已于2004年5月20日以出让方式取得案涉土地使用权证书。在该土地使用权证仍属合法有效的情况下，瑞泰公司主张蓝豹公司向其返还土地或者赔偿损失，显然不能成立。一、二审判决未支持瑞泰公司提出返还土地或赔偿损失的诉讼请求并无不当。

（3）瑞泰公司在其与蓝豹公司租赁合同纠纷一案[（2013）常民初字第33号]中提出的诉讼请求包括要求蓝豹公司向其支付土地使用费，且其上诉时坚持主张该费用，该案经过一审、二审法院审理均驳回了瑞泰公司的该项诉讼请求。现瑞泰公司在本案又再次向蓝豹公司主张土地使用费890万元，已

---

① 参见山东省青岛市中级人民法院民事裁定书，（2022）鲁02民终10831号。

构成重复诉讼。一审、二审法院本应不予受理或驳回起诉,但一审、二审法院对此再次进行实体审理并驳回瑞泰公司该项诉讼请求。一审、二审法院的此种处理方式虽有不妥,但并未损害瑞泰公司的实体权利与诉讼权利,亦不属于再审法定事由。

(4)瑞泰公司申请二审法院调取某中行相关核销材料,由于某中行内部核销材料与本案不具有关联性,该院未予准许并无不当。故裁定:驳回瑞泰公司的再审申请。①

40

国家所有的森林、草原等自然资源

【民法典】

第二百五十条　森林、山岭、草原、荒地、滩涂等自然资源,属于国家所有,但是法律规定属于集体所有的除外。

释　法

《民法典》第250条规定了国家所有的森林、山岭、草原、荒地、滩涂等自然资源,与《物权法》第48条的规定内容基本一致。

《宪法》第9条第1款规定:"矿藏、水流、森林、山岭、草原、荒地、滩涂等自然资源,都属于国家所有,即全民所有;由法律规定属于集体所有

① 参见最高人民法院民事裁定书,(2020)最高法民申3325号。本案例中引用的《物权法》第47条、第9条第1款、第28条,对应《民法典》第249条、第209条第1款、第229条的规定。

的森林和山岭、草原、荒地、滩涂除外。”《民法典》第 250 条亦作了宣示性规定。

1. 国家所有的森林资源。森林，包括乔木林、竹林和国家特别规定的灌木林。按照用途可以分为防护林、特种用途林、用材林、经济林和能源林。林木，包括树木和竹子。林地，是指县级以上人民政府规划确定的用于发展林业的土地。包括郁闭度 0.2 以上的乔木林地以及竹林地、灌木林地、疏林地、采伐迹地、火烧迹地、未成林造林地、苗圃地等。① 《森林法》第 14 条第 1 款规定：“森林资源属于国家所有，由法律规定属于集体所有的除外。”第 2 款规定：“国家所有的森林资源的所有权由国务院代表国家行使。国务院可以授权国务院自然资源主管部门统一履行国有森林资源所有者职责。”第 16 条第 1 款规定：“国家所有的林地和林地上的森林、林木可以依法确定给林业经营者使用。林业经营者依法取得的国有林地和林地上的森林、林木的使用权，经批准可以转让、出租、作价出资等。具体办法由国务院制定。”第 17 条规定：“集体所有和国家所有依法由农民集体使用的林地（以下简称集体林地）可以实行承包经营，承包方享有林地承包经营权和承包林地上的林木所有权，合同另有约定的从其约定。承包方可以依法采取出租（转包）、入股、转让等方式流转林地经营权、林木所有权和使用权。”第 15 条第 1 款规定：“林地和林地上的森林、林木的所有权、使用权，由不动产登记机构统一登记造册，核发证书。国务院确定的国家重点林区（以下简称重点林区）的森林、林木和林地，由国务院自然资源主管部门负责登记。”

2. 国家所有的草原。草原，是指天然草原和人工草地。天然草原包括草地、草山和草坡，人工草地包括改良草地和退耕还草地，不包括城镇草地。② 《草原法》第 9 条第 1 款规定：“草原属于国家所有，由法律规定属于集体所有的除外。国家所有的草原，由国务院代表国家行使所有权。”第 10 条第 1 款规定：“国家所有的草原，可以依法确定给全民所有

① 《森林法》第 83 条规定。郁闭度，是指森林中乔木树冠在阳光直射下在地面的总投影面积（冠幅）与此林地（林分）总面积的比，它反映了林分的密度。

② 《草原法》第 2 条第 2 款、第 74 条规定。

制单位、集体经济组织等使用。”第 11 条第 1 款规定：“依法确定给全民所有制单位、集体经济组织等使用的国家所有的草原，由县级以上人民政府登记，核发使用权证，确认草原使用权。”第 13 条第 1 款规定：“集体所有的草原或者依法确定给集体经济组织使用的国家所有的草原，可以由本集体经济组织内的家庭或者联户承包经营。”

3. 国家所有的山岭、荒地、滩涂。山岭，指连绵的高山，亦泛指山岳。荒地，广义的概念指可供开发利用和建设而尚未开发利用和建设的一切土地，主要包括宜农、宜林和宜牧荒地等。狭义的概念通常只指宜农荒地。滩涂，是海滩、河滩和湖滩的总称。海滩是指沿海大潮高潮位与低潮位之间的潮浸地带，亦称为“潮间带”。河滩，是指河流常水位至洪水位间的滩地。湖滩是指时令湖、水库、坑塘的正常蓄水位与最大洪水位间的滩地面积。由于《宪法》第 9 条是将山岭、荒地、滩涂作为独立的自然资源予以规定的，故《民法典》第 250 条亦将其与森林、草原一起予以规定；但山岭、荒地、滩涂又属于广义的土地范围。《土地管理法实施条例》第 9 条①使用了“国有荒山、荒地、荒滩”的概念，将其纳入土地行政主管部门的管理范围。森林资源中的林地、草原中的草地，也属于土地的范畴。沿海滩涂主要为潮下带滩涂，属于海域的范围，适用《海域管理法》的规定。江河、湖泊、海域中的湿地保护又适用《湿地保护法》②的规定。

要将以上所列林地和林地上的森林、林木的使用权，草原使用权和山岭、荒地、滩涂等自然资源的特许使用权转化为民法上的用益物权，尚需《森林法》《草原法》《海域管理法》《湿地保护法》等法律的明确、具体规定。

---

① 《土地管理法实施条例》第 9 条第 2 款规定：“按照国土空间规划，开发未确定土地使用权的国有荒山、荒地、荒滩从事种植业、林业、畜牧业、渔业生产的，应当向土地所在地的县级以上地方人民政府自然资源主管部门提出申请，按照省、自治区、直辖市规定的权限，由县级以上地方人民政府批准。”

② 依据《湿地保护法》第 2 条第 2 款规定：“本法所称湿地，是指具有显著生态功能的自然或者人工的、常年或者季节性积水地带、水域，包括低潮时水深不超过六米的海域，但是水田以及用于养殖的人工的水域和滩涂除外……”

—— 案 例 ——

上诉人盐湖公司与被上诉人某养殖合作社确认合同无效纠纷案

某养殖合作社向一审法院起诉,请求:(1)确认2018年10月9日原、被告签订的《滩涂淡水水域水产生态养殖承包合同》无效;(2)判令被告按过错责任赔偿原告经济损失500万元。一审法院判决:(1)被告盐湖公司于一审判决生效之日起10日内赔偿原告某养殖合作社经济损失3,551,120.88元;(2)驳回原告的其他诉讼请求。

二审法院认为,关于上诉人盐湖公司主张《盐湖公司钾肥分公司滩涂淡水水域水产生态养殖承包合同》系未生效并非无效问题。双方当事人签订合同后盐湖公司按照合同约定收取了承包费,某养殖合作社基于对合同的信赖对承包滩涂开展了经营活动并进行了投资,包括购买设备及投放鱼、蟹苗等行为,此时双方已开始履行合同。双方于2019年6月30日解除了合同。承包合同涉及滩涂属于国家自然资源,盐湖公司将自己没有权属的滩涂发包给某养殖合作社,违反《物权法》第56条"国家所有财产受法律保护,禁止任何单位和个人侵占、哄抢、私分、截留、破坏"的强制规定①,损害了国家利益,合同无效。该上诉理由本院不予采纳。

关于损失承担问题。被上诉人某养殖合作社所受经济损失是由于受到行政管理部门行政处罚产生的后果。其在未取得养殖许可资质、完成环评报批手续即开展养殖活动,是被行政处罚的主要原因,主要过错责任在其自身。盐湖公司将没有权属的滩涂发包给他人,致使承包人错误认为可以在该滩涂从事养殖活动,其作为发包人同时兼具该滩涂水域河长身份,没有尽到监管职责,默许了承包人某养殖合作社在未取得合法资质情况下即开展养殖活动,对其经济损失负有次要过错责任。一审法院委托青海某资产评估事务所作出资产评估报告,评估结论为某养殖合作社在涉案滩涂内养殖鱼类、螃蟹损失及养殖投入成本损失共计7,102,241.76元。一审判决当事人双方各自承担50%的责任不当,应当按过错责任大小承担赔偿责任。本院按某养殖合作社承担70%的损失4,971,569.23元、盐湖公司承担30%的损失

① 对应《民法典》第258条的规定。

2,130,672.53 元责任予以调整。另外,上诉人盐湖公司称如被上诉人某养殖合作社对其享有债权,也应当在上诉人破产重整受理后申报,按照重整方案留债处理。本院认为,双方当事人于 2019 年 6 月 30 日对承包合同进行了解除,解除内容中并未对损失及数额进行确认,在盐湖公司破产重整时不存在申报的基础,且上诉人盐湖公司在一审中也未对此提出主张,故对上诉人盐湖公司的该项上诉理由不予采纳。综上,上诉人盐湖公司的上诉请求部分成立,本院予以支持。故判决:(1)撤销青海省格尔木市人民法院(2020)青 2801 民初 2714 号民事判决;(2)上诉人盐湖公司于本判决生效之日起 10 日内赔偿被上诉人某养殖合作社经济损失 2,130,672.53 元;(3)驳回上诉人盐湖公司的其他上诉请求。①

41

国家所有的野生动植物资源

【民法典】

第二百五十一条　法律规定属于国家所有的野生动植物资源,属于国家所有。

释　法

《民法典》第 251 条规定了国家所有的野生动植物资源,与《物权法》第 49 条的规定内容一致。

---

① 参见青海省海西蒙古族藏族自治州中级人民法院民事判决书,(2022)青 28 民终 185 号。

野生动植物是国家宝贵的种质资源,是我们人类生产生活的重要物质基础。《宪法》第 9 条第 2 款规定:“国家保障自然资源的合理利用,保护珍贵的动物和植物。禁止任何组织或者个人用任何手段侵占或者破坏自然资源。”《民法典》第 251 条明确规定,法律规定属于国家所有的野生动植物资源属于国家所有。这有利于保护我国的野生动植物资源,以及对野生动植物资源的合理利用。

依《野生动物保护法》规定保护的野生动物,是指珍贵、濒危的陆生、水生野生动物和有重要生态、科学、社会价值的陆生野生动物。①《野生动物保护法》第 4 条规定:“国家加强重要生态系统保护和修复,对野生动物实行保护优先、规范利用、严格监管的原则,鼓励和支持开展野生动物科学研究与应用,秉持生态文明理念,推动绿色发展。”第 6 条第 1 款规定:“任何组织和个人有保护野生动物及其栖息地的义务。禁止违法猎捕、运输、交易野生动物,禁止破坏野生动物栖息地。”第 20 条第 1 款规定:“在自然保护地和禁猎(渔)区、禁猎(渔)期内,禁止猎捕以及其他妨碍野生动物生息繁衍的活动,但法律法规另有规定的除外。”第 21 条规定:“禁止猎捕、杀害国家重点保护野生动物。因科学研究、种群调控、疫源疫病监测或者其他特殊情况,需要猎捕国家一级保护野生动物的,应当向国务院野生动物保护主管部门申请特许猎捕证;需要猎捕国家二级保护野生动物的,应当向省、自治区、直辖市人民政府野生动物保护主管部门申请特许猎捕证。”第 22 条规定:“猎捕有重要生态、科学、社会价值的陆生野生动物和地方重点保护野生动物的,应当依法取得县级以上地方人民政府野生动物保护主管部门核发的狩猎证,并服从猎捕量限额管理。”第 23 条第 1 款第 1 句规定:“猎捕者应当严格按照特许猎捕证、狩猎证规定的种类、数量或者限额、地点、工具、方法和期限进行猎捕。”

前引《野生动物保护法》规定所涉猎捕权、狩猎权为行政特许权,其虽具有物权属性,但目前尚不允许以有偿方式进行出让。其能否成为民法上的用益物权,需要将来在对《野生动物保护法》修改时予以明确。

---

① 《野生动物保护法》第 2 条第 2 款规定。

根据《野生动物保护法》第28条第3款“出售、利用有重要生态、科学、社会价值的陆生野生动物和地方重点保护野生动物及其制品的,应当提供狩猎、人工繁育、进出口等合法来源证明”的规定,说明具备合法狩猎权或者进出口权得来的非国家重点保护野生动物,是可以转让(出售)的。依《野生动物保护法》第28条第2款规定,“因科学研究、人工繁育、公众展示展演、文物保护或者其他特殊情况,需要出售、购买、利用国家重点保护野生动物及其制品的”,经省、自治区、直辖市人民政府野生动物保护主管部门批准后也是可以转让(出售)的。

依《野生植物保护条例》规定保护的野生植物,是指原生地天然生长的珍贵植物和原生地天然生长并具有重要经济、科学研究、文化价值的濒危、稀有植物。[①] 依据《民法典》第251条规定,只有法律规定属于国家所有的野生植物资源,才属于国家所有。而我国目前仅有《野生植物保护条例》的规定,立法层级较低,应尽快将其上升为法律规定。依据《野生植物保护条例》第16条的规定,经有关行政主管部门或者管理机构批准可以申领采集证,但若要将其纳入用益物权,则需在制定野生植物保护法时予以明确。依据《野生植物保护条例》规定,经行政主管部门批准,可以“出售、收购国家二级保护野生植物”,获野生植物进出口权的也可以进行涉外转让。这说明作为个体的前述某些野生植物,可以由法人、组织或自然人享有所有权。但依据《民法典》第116条“物权的种类和内容,由法律规定”的规定,要明确野生植物所用权,仍须将来在制定《野生植物保护法》时予以规定。

案　例

原告某生态保护志愿服务联合会与被告吴某生态环境保护民事公益诉讼案

原告的诉讼请求,依法判令:(1)吴某承担长沙市野生动物收容救护中心收容救助平原巨蜥的费用5000元;(2)吴某在市级以上媒体赔礼道歉以及义务参与野生动物保护宣传活动3次。

---

① 《野生植物保护条例》第2条第2款规定。

法院经审理查明,吴某自幼喜爱饲养宠物,2020 年 12 月在百度贴吧“平原巨蜥吧”看到巨蜥图片后,便想购买一条平原巨蜥进行驯养。同年 12 月 29 日,吴某明知平原巨蜥是国家保护野生动物,在没有办理经营驯养野生动物许可证的情况下,在百度贴吧发布求购平原巨蜥的信息,与卖家周某协商后约定,周某以 1000 元的价格出售一条身长 60 厘米左右的平原巨蜥给吴某。29 日晚,周某将平原巨蜥送至吴某居住的长沙市某小区 2 栋楼下,收取吴某 1000 元,吴某将该条巨蜥放置在住房内驯养。因吴某同住女友厌恶巨蜥,当晚吴某便再次在百度贴吧发布出售信息,准备将其购买的平原巨蜥出售。2021 年 1 月 14 日,长沙市森林公安局在吴某租住的某小区内查获并扣押上述平原巨蜥活体,随后送至长沙市野生动物收容救护中心。同年 1 月 28 日,经华南动物物种环境损害司法鉴定中心鉴定:送检的蜥蜴活体为《濒危野生动植物种国际贸易公约》(CITES)附录Ⅱ中的爬行纲蜥蜴目巨蜥科巨蜥属平原巨蜥。

长沙市天心区人民检察院在履行审查起诉职责中发现,吴某非法收购、出售珍贵、濒危野生动物的行为损害社会公共利益,于 2021 年 3 月 30 日立案审查,同年 4 月 1 日在正义网履行公告程序,告知符合条件的机关和有关组织可以提起民事公益诉讼。同年 4 月 12 日,某生态保护志愿服务联合会向长沙市天心区人民检察院发函对该案提起民事公益诉讼,并申请检察机关支持起诉。原告提起本案诉讼,请求判如所请。

法院认为,野生动物是整个自然生态系统的重要组成部分,依法保护野生动物对于保障生物多样性,促进人类可持续发展,构建人与自然和谐共生的地球家园具有重要意义。根据《野生动物保护法》第 3 条第 1 款、第 27 条第 1 款的规定,野生动物资源属于国家所有,禁止出售、购买、利用国家重点保护野生动物及其制品。吴某非法收购、出售珍贵、濒危野生动物的行为,已被依法追究刑事责任。《民法典》第 1229 条规定,因污染环境、破坏生态造成他人损害的,侵权人应当承担侵权责任。据此,吴某虽然受到刑事处罚,但并不能免除其民事赔偿责任。涉案的平原巨蜥依法已核准为国家二级保护野生动物,具有重要的生态、科学、社会价值,吴某对其非法收购、出售,破坏了野生动物资源、生物多样性和生态环境平衡,侵害了国家和社会公共利益,依法应承担相应的民事侵权责任。

根据2015年《环境民事公益诉讼案件解释》第18条之规定,对污染环境、破坏生态,已经损害社会公共利益或者具有损害社会公共利益重大风险的行为,原告可以请求被告承担停止侵害、排除妨碍、消除危险、恢复原状、赔偿损失、赔礼道歉等民事责任。原告起诉要求吴某承担长沙市野生动物收容救护中心收容救护平原巨蜥的费用5000元的主张,本院予以支持。吴某的行为还侵害了社会公众享有的美好生态环境权益,其应通过公开道歉方式取得社会公众谅解,对原告要求吴某在市级以上媒体向社会公开赔礼道歉及义务参与野生动物保护宣传活动3次的诉讼请求,本院予以支持。故判决:(1)被告吴某在本判决生效后10日内向长沙市野生动物收容救护中心支付收容救护平原巨蜥的费用5000元;(2)被告吴某于本判决生效后10日内在市级以上媒体向社会公开赔礼道歉及参与野生动物保护宣传活动3次。①

42

无线电频谱资源的国家所有权

【民法典】

第二百五十二条　无线电频谱资源属于国家所有。

释　法

《民法典》第252条规定了无线电频谱资源属于国家所有,与《物权法》第50条的规定内容相同。

无线电频谱是电磁波的一种,一般是指9KHz～3000GHz频率范围

① 参见湖南省长沙市中级人民法院民事判决书,(2021)湘01民初687号。

内发射无线电波的无线频率的总称。无线频率是一种物质,是一种无形的、有限的自然资源。它具有排他性、复用性、非耗竭性和易污染性等特点。依据《民法典》第 246 条第 1 款规定:“法律规定属于国家所有的财产,属于国家所有即全民所有。”在制定《物权法》时,即明确立法的意旨在于:“为了充分、合理、有效地利用无线电频谱,保证各种无线电业务的正常运行,防止各种无线电业务、无线电台站和系统之间的相互干扰”①。我国尚未制定《无线电频率管理法》,目前仅有 1993 年 9 月国务院和中央军委联合发布的《无线电管理条例》(2016 年 11 月修订),立法层级较低,须尽快将其上升为法律规定。《无线电管理条例》第 3 条规定:“无线电频谱资源属于国家所有。国家对无线电频谱资源实行统一规划、合理开发、有偿使用的原则。”第 5 条规定:“国家鼓励、支持对无线电频谱资源的科学技术研究和先进技术的推广应用,提高无线电频谱资源的利用效率。”第 6 条规定:“任何单位或者个人不得擅自使用无线电频率,不得对依法开展的无线电业务造成有害干扰,不得利用无线电台(站)进行违法犯罪活动。”

依据《无线电管理条例》第 14 条至第 17 条规定,经过国家无线电管理机构的行政许可,可以获得无线电频谱资源的使用权。第 21 条第 1 款规定:“使用无线电频率应当按照国家有关规定缴纳无线电频率占用费。”第 19 条规定,无线电频率使用许可的期限不得超过 10 年,期满可以提出延续申请;第 20 条规定,转让无线电频率使用权须要符合规定的条件,并提交双方转让协议,依照规定的程序报请无线电管理机构批准;第 22 条规定,国家无线电管理机构对无线电频率实行统一划分和分配。但对如何分配及审批出让方式,一般均由地方立法予以规定。要将无线电频谱资源的这种行政特许使用权转化为用益物权,须在将来制定《无线电频谱使用管理法》时予以明确。

---

① 胡康生主编:《中华人民共和国物权法释义》,法律出版社 2007 年版,第 121 ~ 122 页。

案　例

1. 再审申请人声望公司与被申请人高华公司、一审第三人某授时中心侵权纠纷案

高华公司一审起诉,请求依法判令声望公司:(1)承担100万元的运行费用;(2)承担经济损失100万元;(3)停止侵权行为。一审法院判决:声望公司立即停止侵犯高华公司在中国区域内独家使用BPC低频时码信号开发电波钟(表)的侵权行为;赔偿高华公司20万元;驳回高华公司其他诉讼请求。声望公司不服一审判决,向陕西省高级人民法院提起上诉。二审法院判决:驳回上诉,维持原判。声望公司仍不服,向最高人民法院申请再审。

再审法院认为,关于声望公司的被诉行为是否侵害了高华公司对BPC时码享有的民事权益。分析如下:

(1)BPC时码是某授时中心研发的科技成果。根据原信息产业部无线电管理局《关于同意中科院某授时中心在河南商丘设置低频授时发射台的批复》,某授时中心的业务是“开展标准频率和时间信号业务”。《无线电频率划分规定》第1.3.36条规定,标准频率和时间信号业务,是为满足科学、技术和其他方面的需要而播发规定的高精度频率、时间信号(或二者同时播发)以供普遍接收的无线电通信业务。由此可见,某授时中心的职责是对公众发布标准频率和标准时间信号。本案已经查明事实,BPC时码是某授时中心研发的用多态脉宽调制表示的时(时,分、秒)、历(年、月、日、星期)码信号,该时码可以用于电波钟(表)接收,经芯片数据处理后,调整误差,显示统一的时间。该时码表示的是时历时间,而非“高精度时间”,该时码的发播属于非公益性服务,由某授时中心通过商丘台自行向社会提供。该时码的相关技术此前在社会上尚未被公开,属于某授时中心自行研发的科技成果,某授时中心对该时码享有相关的民事利益。

(2)高华公司基于某授时中心的授权取得了对BPC时码的独家使用权。虽然某授时中心与高华公司签订的补充协议第1条“某授时中心拥有国家无线电管理委员会批准的68.5KHz专用授时频率的所有权”违反了《物权法》第50条“无线电频谱资源属于国家所有”之规定,但双方签订的协议书和《补充协议》的其他条款系双方真实的意思表示,且未违反相关法律、法规的禁止性规定,应为有效。高华公司基于上述合同中某授时中心的授权,取得了BPC时码在中国区域内的独家使用权。

(3)声望公司的被诉行为构成侵权。《民法通则》第106条第2款规定,公民、法人由于过错侵害国家、集体的财产,侵害他人财产、人身的应当承担民事责任。在高华公司致律师函告知声望公司其相关民事权益的情况下,声望公司明知高华公司对BPC时码享有独家使用权,仍然自行使用BPC时码用于电波钟(表)的商业性生产、销售,在主观上具有过错,其据此获利的行为损害了高华公司对BPC时码所享有的民事利益,一审、二审法院判决声望公司的被诉行为构成侵权,并参照高华公司与某授时中心第一、二年度的技术使用费最低标准20万元确定赔偿数额,并无不当。故判决:维持陕西省高级人民法院(2011)陕民三终字第00001号民事判决;驳回声望公司的再审请求。①

2. 上诉人冯某泽与被上诉人东南公司电信网号码使用权确认纠纷案

东南公司一审起诉,请求确认冯某泽持有的电话号码183××××7777的使用权归东南公司。一审法院判决:移动号码183××××7777的使用权归原告东南公司。

二审法院认为,无线电频谱资源属于国家所有。国家对电信资源统一规划、集中管理、合理分配,实行有偿使用制度。手机号码作为移动通信网码号,属于电信网码号资源。电信网码号资源属于国家所有,实行有偿使用制度。电信业务经营者可以通过协议向电信用户让渡电信网码号使用权,为电信用户提供电信服务并收取通信服务费用。手机号码依托于电信服务网络,权利人可以排他地占有、支配和使用,其本质为无形财产。同时,手机号码在当下社会生活中作为验证和识别个人身份的重要手段,与使用人的日常生活密切相关,具有一定的人身属性和人身依附性。东南公司明知我国实行电话用户实名登记制度,在同时申请办理两个手机号码时,仍安排将183××××7777以东南公司名称办理,而案涉手机号码以冯某泽个人名称办理,应视

① 参见最高人民法院民事判决书,(2014)民提字第39号。案例中引用的《物权法》第50条、《民法通则》第106条第2款规定条文,对应《民法典》第252条、第1165条第1款的规定。

为其自愿处分权利而作出的相应安排。现东南公司作为非登记使用权人,其主张案涉手机号码使用权归属于其,应当提举充分证据予以证明,否则应当承担举证不能的法律后果。本案冯某泽与中国移动安徽公司某城分公司签订《吉祥号码使用协议》,应视为冯某泽系案涉手机号码的登记使用人和实际使用人,在冯某泽与东南公司未就该号码的使用权归属和使用方式作出明确约定的情况下,东南公司主张案涉手机号码使用权归属于其的理据不足。一审法院以生活经验法则推定案涉手机号码系东南公司为冯某泽履行职务配置并据此作出的使用权归属判决结果,缺乏依据,二审予以纠正。故判决:撤销宁国市人民法院(2020)皖1881民初2278号民事判决;驳回被上诉人东南公司的诉讼请求。①

43

国家所有的文物

【民法典】

第二百五十三条　法律规定属于国家所有的文物,属于国家所有。

释　法

《民法典》第253条规定了国家所有的文物,与《物权法》第51条规定内容相同。

法律规定属于国家所有的文物,属于国家所有。但并非所有文物都

① 参见安徽省宣城市中级人民法院民事判决书,(2021)皖18民终220号。

属国家所有,只有在法律有明确规定的情况下才能属国家所有。国家依法享有对其所有文物的占有、使用、收益和处分的权利。

《文物保护法》第 5 条第 1 款、第 2 款规定:"中华人民共和国境内地下、内水和领海中遗存的一切文物,以及中国管辖的其他海域内遗存的起源于中国的和起源国不明的文物属于国家所有。""古文化遗址、古墓葬、石窟寺属于国家所有。国家指定保护的纪念建筑物、古建筑、石刻、古壁画、近代现代代表性建筑等不可移动文物,除国家另有规定的以外,属于国家所有。"第 6 条规定:"下列可移动文物,属于国家所有:(一)中国境内地下内水和领海以及中国管辖的其他海域内出土、出水的文物,国家另有规定的除外;(二)国有文物收藏单位以及其他国家机关、部队和国有企业、事业单位等收藏、保管的文物;(三)国家征集、购买或者依法没收的文物;(四)公民、组织捐赠给国家的文物;(五)法律规定属于国家所有的其他文物。"《水下文物保护管理条例》第 2 条规定:"本条例所称水下文物,是指遗存于下列水域的具有历史、艺术和科学价值的人类文化遗产:(一)遗存于中国内水、领海内的一切起源于中国的、起源国不明的和起源于外国的文物;(二)遗存于中国领海以外依照中国法律由中国管辖的其他海域内的起源于中国的和起源国不明的文物;(三)遗存于外国领海以外的其他管辖海域以及公海区域内的起源于中国的文物。前款规定内容不包括 1911 年以后的与重大历史事件、革命运动以及著名人物无关的水下遗存。"第 3 条规定:"本条例第二条第一款第一项、第二项所规定的水下文物属于国家所有,国家对其行使管辖权;本条例第二条第一款第三项所规定的水下文物,遗存于外国领海以外的其他管辖海域以及公海区域内的起源国不明的文物,国家享有辨认器物物主的权利。"

《文物保护法》第 7 条第 1 款规定:"国有文物所有权受法律保护,不容侵犯。"第 2 条第 1 款、第 2 款规定:"在中华人民共和国境内,下列文物受国家保护:(一)古文化遗址、古墓葬、古建筑、石窟寺和古石刻、古壁画;(二)与重大历史事件、革命运动或者著名人物有关的以及具有重要纪念意义、教育意义或者史料价值的近代现代重要史迹、实物、代表性建筑;

(三)历史上各时代珍贵的艺术品、工艺美术品;(四)历史上各时代重要的文献资料、手稿和图书资料等;(五)反映历史上各时代、各民族社会制度、社会生产、社会生活的代表性实物。""文物认定的主体、标准和程序由国务院规定并公布。"第5条第3款:"国有不可移动文物的所有权不因其所依附的土地的所有权或者使用权的改变而改变。"第6条第2款:"国有可移动文物的所有权不因其收藏、保管单位的终止或者变更而改变。"

《民法典》第242条规定:"法律规定专属于国家所有的不动产和动产,任何组织或者个人不能取得所有权。"第258条规定:"国家所有的财产受法律保护,禁止任何组织或者个人侵占、哄抢、私分、截留、破坏。"对于侵害国家文物所有权的,可以依据《民法典》第233条至第239条的规定行使物权请求权,或者依据《民法典》总则编第177条以下、侵权责任编第1165条以下的规定,要求侵权人承担民事侵权责任。我国《刑法》第6章第4节还专门规定了妨害文物管理所应承担的刑事责任。

案 例

上诉人某县自然资源和规划局与被上诉人鲁某刚确认合同效力纠纷案

鲁某刚向一审法院起诉,请求:(1)确认鲁某刚与原某县国土资源局在2007年2月10日签订的国有土地使用权出让合同无效;(2)判令原某县国土资源局归还转让款625,000元、土地契税损失9040元、拍卖费损失31,250元,合计665,290元;(3)判令原某县国土资源局赔偿其利息损失545,271.60元(以665,290元为基数,按照6%的标准,自2007年2月12日起暂计算至2020年10月11日),以后利息计算至付清为止。一审法院判决:(1)某县自然资源和规划局与鲁某刚于2007年2月10日签订的国有土地使用权出让合同无效;(2)某县自然资源和规划局于本判决生效后10日内返还鲁某刚665,290元及利息(自2007年2月12日起,以665,290元为基数,按年利率6%支付利息至2019年8月19日,2019年8月20日起的利息,按1年期贷款市场报价利率计算利息至息随本清);(3)驳回鲁某刚的其他诉讼请求。

二审法院审理认为:

(1)一审判决认定涉案国有土地使用权出让合同无效是否妥当。《文物保护法》第2条第1款第2项规定:与重大历史事件、革命运动或者著名人物有关的以及具有重要纪念意义、教育意义或者史料价值的近现代重要史迹、实物、代表性建筑受国家保护。第 5 条第 2 款规定:国家指定保护的纪念建筑物、古建筑、石刻、壁画、近代现代代表性建筑等不可移动文物,除国家另有规定的以外,属于国家所有。第 24 条规定,国有不可移动文物不得转让、抵押。① 根据已查明事实,1981 年 1 月,某县人民政府在涉案地块设立了某县重点文物保护单位"中共某县小甸集特支遗址",该遗址为受国家保护的不可移动文物,属于国家所有,不得转让、抵押。原某县国土资源局和鲁某刚签订的国有土地使用权出让合同,违反了上述规定中的强制性规定,应为无效合同。一审判决认定双方签订的国有土地使用权出让合同为无效合同并无不当,某县自然资源和规划局对此提出的上诉理由不能成立,不予采纳。

(2)一审法院判决某县自然资源和规划局返还鲁某刚 665, 290 元及利息是否妥当。《民法典时间效力解释》第 1 条第 2 款规定:"民法典施行前的法律事实引起的民事纠纷案件,适用当时的法律、司法解释的规定,但是法律、司法解释另有规定的除外。"依据《合同法》第 58 条②规定,本案双方签订的土地使用权出让合同无效,双方因该合同取得的财产应当互相予以返还。根据在案证据,鲁某刚仅与原某县国土资源局签订了国有土地使用权出让合同,并未签订地上建筑物的买卖合同,出让合同也仅涉及土地使用权,未包括地上建筑物的所有权,且原某县国土资源局也仅是收取了鲁某刚土地出让金 206, 000 元。因此,某县自然资源和规划局仅应返还基于土地使用权出让合同收取的土地出让金 206, 000 元。关于鲁某刚主张的损失,根据已查明事实,鲁某刚于 2008 年取得《国有土地使用证》后,已实际使用涉案土地至 2020 年,并从中获益,鲁某刚对其主张的损失并未提供充分证据加以证明,不予支持。一审法院判决某县自然资源和规划局返还鲁某刚 665, 290 元及利息欠妥,予以纠正。综上,某县自然资源和规划局的上诉请求部分成立。故判决:(1)维持安徽省寿县人民法院(2020)皖 0422 民初 2953 号民事判决

---

① 2024 年修订的《文物保护法》已将该条修改为第 35 条第 1 款前段:"国有不可移动文物不得转让、抵押,国家另有规定的,依照其规定。"

② 《合同法》第 58 条规定:"合同无效或者被撤销后,因该合同取得的财产,应当予以返还;不能返还或者没有必要返还的,应当折价补偿。有过错的一方应当赔偿对方因此所受到的损失,双方都有过错的,应当各自承担相应的责任。"现为《民法典》第 157 条规定。——笔者注

第 1 项;(2)撤销安徽省寿县人民法院(2020)皖 0422 民初 2953 号民事判决第 2 项、第 3 项;(3)某县自然资源和规划局于本判决生效后 10 日内返还鲁某刚土地出让金 206,000 元;(4)驳回鲁某刚其他诉讼请求。①

44

国防资产和基础设施的国家所有权

【民法典】

第二百五十四条　国防资产属于国家所有。

铁路、公路、电力设施、电信设施和油气管道等基础设施,依照法律规定为国家所有的,属于国家所有。

—— 释　法 ——

《民法典》第 254 条规定了国防资产和基础设施的国家所有权,与《物权法》第 52 条的规定相同。

国防是国家生存与发展的安全保障。国家加强武装力量建设,加强边防、海防、空防和其他重大安全领域防卫建设,发展国防科研生产,普及全民国防教育,完善国防动员体系,实现国防现代化。② 国防资产,是指国家为武装力量建设、国防科研生产和其他国防建设直接投入的资金、划拨使用的土地等资源,以及由此形成的用于国防目的的武器装备和设备设施、物资器材、技术成果等属于国防资产。③

① 参见安徽省淮南市中级人民法院民事判决书,(2021)皖 04 民终 265 号。

② 《国防法》第 3 条规定。

③ 《国防法》第 40 条第 1 款规定。

《国防法》第 40 条第 2 款规定:“国防资产属于国家所有。”《民法典》第 254 条第 1 款亦对此作了宣示性规定。《国防法》第 42 条第 1 款规定:“国家保护国防资产不受侵害,保障国防资产的安全、完整和有效。”第 41 条规定:“国家根据国防建设和经济建设的需要,确定国防资产的规模、结构和布局,调整和处分国防资产。国防资产的管理机构和占有、使用单位,应当依法管理国防资产,充分发挥国防资产的效能。”第 42 条第 2 款、第 3 款规定:“禁止任何组织或者个人破坏、损害和侵占国防资产。未经国务院、中央军事委员会或者国务院、中央军事委员会授权的机构批准,国防资产的占有、使用单位不得改变国防资产用于国防的目的。国防资产中的技术成果,在坚持国防优先、确保安全的前提下,可以根据国家有关规定用于其他用途。”“国防资产的管理机构或者占有、使用单位对不再用于国防目的的国防资产,应当按照规定报批,依法改作其他用途或者进行处置。”

铁路、公路、电力设施、电信设施和油气管道等基础设施,主要是由国家投资的,国家对其投资形成的资产当然享有所有权,依法行使占有、使用、收益和处分的权利。但并非所有的铁路、公路、电力设施、电信设施和油气管道等基础设施,都属于国家所有,只有“依照法律规定为国家所有的”,才属于国家所有。强化国家对其享有的铁路、公路、电力设施、电信设施和油气管道等基础设施的产权保护,对于适应社会主义现代化建设,提高人民生活水平,满足人民日益增长的物质和文化需求,增强人民群众的安全感、获得感和幸福感,具有重要作用和意义。《铁路法》第 37 条第 1 款规定:“已经取得使用权的铁路建设用地,应当依照批准的用途使用,不得擅自改作他用;其他单位或者个人不得侵占。”第 42 条规定:“铁路运输企业必须加强对铁路的管理和保护,定期检查、维修铁路运输设施,保证铁路运输设施完好……”《公路法》第 7 条第 1 款规定:“公路受国家保护,任何单位和个人不得破坏、损坏或者非法占用公路、公路用地及公路附属设施。”第 44 条第 1 款规定:“任何单位和个人不得擅自占用、挖掘公路。”《电力法》第 4 条规定:“电力设施受国家保护。禁止任何单位和个人危害电力设施安全……”《石油天然气管道保护法》第 8 条第 1 款规定:“任何单位和个人不得实施危害管道安全的行为。”前列法律规定只是强调对铁路等基础设施的保护,没有明确规定国家投资基础设施的所有权,需要将来在修改这些法律时予以明确规定。对于国家所有电信设施的国家所有权,目前尚没有法律规定,需要将来制定《电信法》①时予以明确规定。

案　例

上诉人云腾公司与被上诉人某东区人防办租赁合同纠纷案

原告某东区人防办向一审法院起诉,请求判令被告向原告支付 2017 年 12 月至 2020 年 10 月人防工事使用费 88,627 元及利息(自起诉之日起至付清之日止,利率按照全国银行间同业拆借中心公布的贷款市场报价计算)。一审法院判决:被告云腾公司于判决书生效后 10 日内给付原告某东区人防办人防工事使用费 88,627 元(缴费期间自 2017 年 12 月至 2020 年 10 月);给付原告逾期付款利息(自 2020 年 11 月 1 日起至给付之日止,按照同期全国银行间同业拆借中心公布的贷款市场报价利率计算);驳回原告的其他诉讼请求。

二审法院认为:

(1)关于本案是否属于民事案件审理范围的问题。本案系被上诉人诉请要求上诉人支付人防工程租金的案件,双方当事人系平等主体之间的关系,而非被上诉人基于行政管理而发生的管理行为,故本案属于民事案件审理范围。

(2)关于上诉人云腾公司应否向被上诉人东区人防办支付自 2017 年 12 月至 2020 年 10 月人防工事使用费 88,627 元及利息的问题。

上诉人主张案涉人防工程不是“国有资产”。根据《人民防空法》第 5 条规定:“国家对人民防空设施建设按照有关规定给予优惠。国家鼓励、支持企业事业组织、社会团体和个人,通过多种途径,投资进行人民防空工程建设;人民防空工程平时由投资者使用管理,收益归投资者所有。”人防车位是

① 目前仅有的《电信条例》也没有明确规定国家所有电信设施的国家所有权,且立法层级较低。

占用人防工程的建筑面积而开发的停车位,属于国防资产,理论上产权应属于国家所有。且根据案涉人防结建工程所有权确认证书来看,也体现出该工程系人防国有资产,其中 1151 平方米所有权被确认为国有资产。一审法院认定案涉人防车位系国有资产并无不当。

关于上诉人主张一审法院认定上诉人在合同履行期限届满后未继续缴纳人防工程使用费,违反《人民防空法》《合同法》的相关规定,属于适用法律错误。首先,就上诉人应否缴纳案涉人防工程使用费问题。根据《合同法》第 236 条规定:“租赁期间届满,承租人继续使用租赁物,出租人没有提出异议的,原租赁合同继续有效,但租赁期限为不定期。”①本案双方签订《人民防空工程使用合同》,约定由上诉人自 2013 年 3 月 1 日起至 2016 年 2 月 28 日止使用案涉人防工程,平时使用用途为汽车库,向管理人缴纳使用费。合同到期后,双方未再续签合同,上诉人仍继续使用案涉人防工程,被上诉人未提出异议,原使用合同继续有效,故上诉人应缴纳人防工程使用费。其次,案涉人防工程使用费计算标准问题。根据《关于重新核定结建人防工程指导标准的通知》(沈价发〔2011〕5 号)第 1 项规定“结建人防工程使用费按照使用人防工程的建筑面积收费”、《关于明确人防工程使用费征收有关事宜的通知》规定“原则上按不低于 1 元/平方米(建筑面积)/月的标准,向人防工程使用单位征收人防工事使用费”、《辽宁省人防工事使用费(平战结合收入)征收管理暂行办法》(辽人防发〔2017〕10 号)第 6 条规定“人防工事使用费(平战结合收入)的收费标准,由人防部门和人防国有资产的使用者双方可参照原有标准协商议定,并签署相应合同(协议)确定”。因此,关于人防工程使用费收费面积应按照建筑面积即双方签订的人防工程所有权确认书约定的面积 1151 平方米收取。又根据沈阳市政府相关部门文件,对于案涉人防工程应按照 2017 年 12 月至 2018 年 5 月收费标准为 2.5 元/平方米,2018 年 6 月至 2018 年 12 月收费标准为 1 元/平方米,2019 年 1 月至 2020 年 10 月收费标准为 2.5 元/平方米。一审法院认定并无不当,本院予以确认。综上,上诉人云腾公司的上诉请求不能成立,应予驳回。故判决:驳回上诉,维持原判。②

---

① 现对应《民法典》第 734 条规定。——笔者注

② 参见辽宁省沈阳市中级人民法院民事判决书,(2021)辽 01 民终 6779 号。

45

国家机关享有的物权

【民法典】

第二百五十五条　国家机关对其直接支配的不动产和动产，享有占有、使用以及依照法律和国务院的有关规定处分的权利。

释　法

《民法典》第 255 条规定了国家机关对其直接支配的不动产和动产享有的物权，与《物权法》第 53 条规定的内容相同。

国家机关，是指行使国家权力、管理国家事务的机关，包括国家权力机关、国家行政机关、审判机关、检察机关和监察机关等，如全国人民代表大会、国务院、地方各级人民代表大会和人民政府、各级监察委员会、人民法院、人民检察院等。《民法典》第 97 条规定："有独立经费的机关和承担行政职能的法定机构从成立之日起，具有机关法人资格，可以从事为履行职能所需要的民事活动。"国家机关法人作为独立的民事主体，对由其直接支配的不动产和动产享有占有、使用和处分的权利。但这种处分必须依照法律和国务院的有关规定行使，不得擅自处分国有财产。否则，其处分行为有可能被认定为无效。《民法典》对此作出明确规定，对于保护国有财产具有重要意义。

由国家机关直接支配的这部分国有财产，主要是用于维持国家机器的正常运转而非用于经营，故属于非经营性资产。这类非经营性资产的特定用途和非增值性，决定了主要由国家通过财政划拨和行政划拨的方式进行配置，授权给国家机关占有和使用。《民法典》第 255 条的规定没有赋予国家机关的收益权，主要是在于不允许国家机关经营谋利，即便是在占有、使用和处分过程中确有收益,也应归国家所有。财政部《行政单位国有资产管理暂行办法》第 25 条规定:“行政单位出租、出借的国有资产,其所有权性质不变,仍归国家所有;所形成的收入,按照政府非税收入管理的规定,实行‘收支两条线’管理。”

《民法典》第 255 条规定的“依照法律和国务院的有关规定处分”,是对国家机关享有物权的处分权限和程序,尚需制定有关法律和国务院制定有关行政法规及其他规定时,予以明确。目前,仅有财政部《行政单位国有资产管理暂行办法》的规定,属于部门规章,立法层级较低,其第 27 条规定:“行政单位国有资产处置,是指行政单位国有资产产权的转移及核销,包括各类国有资产的无偿转让、出售、置换、报损、报废等。”第 29 条规定:“行政单位处置国有资产应当严格履行审批手续,未经批准不得处置。”

案　例

1. 上诉人杨某喜与被上诉人漯河市某区国税局、某襄镇政府确认合同效力纠纷案

某区国税局向一审法院起诉,请求:(1)确认某襄镇政府与杨某喜于 2010 年 10 月 9 日签订的转让协议无效;(2)某襄镇政府返还某区国税局位于邓某镇的房屋一楼东四间(含大门)、二楼东三间及院落。一审法院判决:(1)确认某襄镇政府与杨某喜于 2010 年 10 月 9 日签订的有关房屋及土地使用权转让协议无效;(2)杨某喜于本判决生效 30 日内返还某区国税局位于漯河市 × × 镇的涉案房屋一楼东四间(含大门)、二楼东三间及院落。

二审法院认为,案涉房屋及占用范围内的土地,至今未办理房产证及土地使用证,案涉房屋占用范围内的土地,系原某城县税务局以划拨方式取得,涉案房屋亦系原某城县税务局建造,后经国税与地税分家及区划调整,案涉房屋及占用范围内的土地归某区国税局所有,上述事实,有某区国税局原审中所提供的相关证据予以证实,本院依法予以认定。杨某喜上诉主张案涉房屋及占用范围内的土地使用权归某襄镇政府所有,缺乏事实和法律依据,本院依法不予支持。2010 年 10 月 9 日,某襄镇政府与杨某喜签订转让协议,约定某襄镇政府将案涉房屋及占用的土地转让给杨某喜，因某襄镇政府并非案涉房地产的所有权及使用权人，协议转让的不动产系国有资产，某襄镇政府处置该国有资产未履行审批手续，协议转让的土地系划拨用地，某襄镇政府转让该划拨土地使用权亦未经有批准权的人民政府批准，故一审判决以此认定某襄镇政府与杨某喜签订的转让协议无效，判令涉房地产的实际占用人杨某喜将案涉房地产返还给权利人某区国税局，于理相通，于法有据，本院依法予以维持。某襄镇政府与杨某喜签订转让协议，某襄镇政府对其无权处分的案涉房地产转让给杨某喜，如因此给杨某喜造成损失，杨某喜可另行向某襄镇政府主张。综上，杨某喜上诉请求不能成立，应予驳回；一审判决认定事实清楚，适用法律正确，应予维持。故判决：驳回上诉，维持原判。①

2. 上诉人李某宏与被上诉人某区城市管理局、某友公司物权保护纠纷案

李某宏向一审法院起诉，请求：(1)判定涉案房屋归原告所有；(2)判令二被告立即协助原告办理过户手续。一审法院认定事实：2006年7月30日，原告与二被告协商，以10万元购买沈阳市和平区某华路×××号的36.31平方米不动产一处。此后，该不动产由原告经营麻将社使用。该不动产一直登记在被告某友公司名下，原本为被告城市管理局作为公厕修建。2019年1月19日，沈阳市和平区人民法院(2018)辽0102执恢558号案件下达执行裁定书(已生效)，将案涉房屋作为被执行人(本案被告某友公司)名下财产，裁定归该案外人某区国资局所有，并注销案涉房产的相应权利登记手续。沈阳市不动产登记中心于2020年10月12日将案涉房产登记在案外人某区国资局名下。一审法院判决驳回原告李某宏的诉讼请求。

二审法院认为，关于案涉房屋的性质问题。本案双方均确认案涉房屋为公厕，《房屋分层分户平面图》亦显示案涉房屋为公厕，且上诉人未提供案涉房屋规划变更的相关证据，故案涉房屋的性质一直为公厕，属于公共财产。关于公共财产的处理问题。依据《民法典》第255条的规定，国家机关对其占用的财产的处分必须依照法律规定的限制和程序进行，不得擅自处置国有财产。公有物和公用物属于国家所有，不得转让，不得作为取得时效的客体。也就是说，公有物和公用物不得成为法律行为的客体，不能成为交易的对象。

---

① 参见河南省漯河市中级人民法院民事判决书，(2018)豫11民终1664号。

现上诉人未提交证据证明其购买案涉房屋(公厕)的合法性,故一审法院未予支持上诉人的诉讼请求并无不当。综上,一审判决认定事实清楚,应予维持。故判决:驳回上诉,维持原判。①

46

国家举办的事业单位享有的物权

【民法典】

第二百五十六条　国家举办的事业单位对其直接支配的不动产和动产,享有占有、使用以及依照法律和国务院的有关规定收益、处分的权利。

释　法

《民法典》第256条规定了国家举办的事业单位对其直接支配的不动产和动产享有的物权,与《物权法》第54条的规定内容相同。

国家举办的事业单位,是指国家为了公益,由国家机关举办(设立)从事教育、科技、文化、卫生等活动的社会服务组织,如学校,科研机构,新闻出版、广播电视、电影艺术机构,文化团体,体育机构,公立医院,社会福利、救助减灾机构,技术监督、检验检测机构,人才交流、就业服务中心和机关后勤服务单位等。②《民法典》第88条规定:"具备法人条件,

① 参见辽宁省沈阳市中级人民法院民事判决书,(2022)辽01民终5197号。

② 参见陈启超:《以案释法:民法典总则编100篇》,法律出版社2022年版,第140页。

为适应经济社会发展需要，提供公益服务设立的事业单位，经依法登记成立，取得事业单位法人资格；依法不需要办理法人登记的，从成立之日起，具有事业单位法人资格。”

国家举办的事业单位对其在设立时得来的经费（开办资金），或者由此形成的，以及在经营过程中获得的，由其直接支配的不动产和动产享有物权，即应当享有占有、使用、收益和处分的权利。但依《民法典》第256条规定，其收益权、处分权受到了一定的限制，要“依照法律和国务院的有关规定”，即其物权是不完整的。因为该物权来自国家的授权，往往通过财政划拨或者行政划拨的方式获得，仍属于非经营性国有资产；其主要用于国家管理事务和社会性的教育、科技、文化、卫生、社会福利等公益事业，仍应由国家进行调控，不能完全交由市场进行自由配置。也有部分国家举办的事业单位，因从事必要的经营活动而带来一定的收益，对此部分收益或者资产进行处分的话，必须依法依规，不能擅自、随意进行处分。否则，有可能导致其处分行为无效。

《事业单位登记管理暂行条例》第15条规定：“事业单位开展活动，按照国家有关规定取得的合法收入，必须用于符合其宗旨和业务范围的活动。事业单位接受捐赠、资助，必须符合事业单位的宗旨和业务范围，必须根据与捐赠人、资助人约定的期限、方式和合法用途使用。”《森林法》第20条第1款规定：“国有企业事业单位机关、团体、部队营造的林木，由营造单位经营管护并按照国家规定支配林木收益。”《高等教育法》第38条规定：“高等学校对举办者提供的财产、国家财政性资助、受捐赠财产依法自主管理和使用。高等学校不得将用于教学和科学研究活动的财产挪作他用。”第64条规定：“高等学校收取的学费应当按照国家有关规定管理和使用，其他任何组织和个人不得挪用。”《体育法》第79条规定：“国家有关部门应当加强对体育资金的管理，任何单位和个人不得侵占、挪用、截留、克扣、私分体育资金。”以上只是例举了部分规定。应当说，对国家举办的事业单位收益、处分权的限制性法律、国务院的有关规定，仍须不断予以完善，进一步加强对这部分国有财产的保护。

案　例

原告某县房产中心与被告尤某物权保护纠纷案

某县房产中心提出诉讼请求:(1)判令被告立即将某县西区某乐小区棚户区改造安置房1号楼GZFSP19－15号、16号、19号、21号商铺腾空后返还给原告,并按每间每年30,000元的标准向原告支付自2018年8月20日至实际腾房之日的房屋占有使用费(暂计至2021年7月20日共350,000元);(2)判令被告立即将某县西区某乐小区棚户区改造安置房1号楼1单元201室恢复原貌并返还给原告,并按360.34元/月的标准向原告支付自2019年6月至实际腾房日的房屋占有使用费(暂计至2021年7月共25个月9008.5元)。

法院审理认为:

(1)某县房产中心的诉讼主体是否适格。某县房产中心原名为某县房地产管理局,仍隶属于某县住房和城乡建设局,继承了某县房产管理局的权利义务,是某县住房和城乡建设局举办的事业单位。《民法典》第256条规定,"国家举办的事业单位对其直接支配的不动产和动产,享有占有、使用以及依照法律和国务院的有关规定收益、处分的权利。"某县房产中心对涉案的房产在更名前后均享有支配权,对涉案房产依法享有处分和收益权。且根据尤某向某县房地产管理局所出具的借条载明"今借到房管局公租房门面商铺七间,钥匙九把,期限至2018年8月20日到期",其债务对象为"房管局",即某县房产中心,故某县房产中心作为国家举办的法人组织,其诉讼主体适格。

(2)尤某占有4间商铺及201住宅的理由是否成立。尤某出具的借条明确约定借用商铺,借用日期截至2018年8月20日,故尤某和房管局之间形成了附期限的借用合同关系。该合同合法有效。尤某于2018年8月20日之前的占有有约在先,为合法占有,但借用期满后继续占有未经某县房产中心同意,为非法占有。尤某辩称其出具借条系受到政府工作人员胁迫,未提交证据证实,不予采信。辩称其拆迁补偿事宜目前尚未处理完结,占用商铺仍处于过渡期,因拆迁补偿事宜与借用占有商铺系两个法律关系,拆迁补偿是尤某与某县城关镇政府之间的拆迁安置纠纷,其争议焦点在于补偿费的高低，应由某县城关镇政府和尤某依法解决；其占用某县房产中心的商铺并不能解决补偿费的问题，而本案系尤某借用某县房产中心商铺存放货物逾期未归还属于债务纠纷，其争议焦点在于拆迁后货物无处存放的问题。经查棚改办已向尤某支付补偿款30余万元，在拆迁纠纷解决之前，上述款项足以解决其经营百货商品的存储问题，故尤某辩解其租用商铺为过渡期的理由无事实和法律依据，其辩解理由不能成立。尤某辩称201住宅是原房管局负责人通过请示主管领导口头安置给其的，但现某县房产中心对此不认可，依据《民法典》第171条的规定，朱某的代理行为为无权代理，且现某县房产中心未追认，故朱某对201房产的处分对某县房产中心不发生效力，即朱某的"安排"无效。综上，尤某占有四间商铺及201住宅的理由不能成立。

(3)尤某占有商铺及201住宅的租金损失是否应该得到支持。自2018年8月20日起，尤某非法占有某县房产中心4间商铺逾期且拒绝归还，因商铺位于临街一层，为商业性质，由于尤某的占有，限制和影响了某县房产中心的处分权和收益权。《民法典》第511条第2项、第577条、第582条、第584条规定，当事人不履行合同应当承担违约责任，对违约责任没有约定的，按照市场价格确定，其损失额以实际损失为限。结合尤某占有4间商铺作为仓储使用，应参照县城西区商铺同期出租户的出租价格酌情按每年每间5000元确定尤某的违约责任。因201住宅的处分为无权处分，故尤某占有201住宅系无权占有，应当参照物价局文件的规定以公租房的标准支付占用费(6.5元/月/平方米×54.35平方米×12个月)。故判决：(1)尤某腾空并返还某县房产服务中心位于××镇16号、19号、21号商铺及1号楼1单元201室住宅1套；(2)尤某支付某县房产服务中心4间商铺占用费每年2万元，自2018年8月21日起至商铺交还之日止(截至2021年8月21日4间商铺占用费6万元)；(3)尤某支付某县房产服务中心201室住宅占用费每年4239.30元，自2019年6月起至201房产交还之日止(截至2021年6月住宅占用费为8478.60元)；(4)尤某将201住宅与13号商铺之间的通道恢复原状。上述内容限判决书生效后10日内履行完毕。①

① 参见甘肃省镇原县人民法院民事判决书，(2021)甘1027民初2067号。

47

国家出资的企业出资人制度

【民法典】

第二百五十七条　国家出资的企业，由国务院、地方人民政府依照法律、行政法规规定分别代表国家履行出资人职责，享有出资人权益。

释　法

《民法典》第257条规定了国家出资的企业出资人制度，与《物权法》第55条的规定内容相同。

国家出资的企业，是指国家出资的国有独资企业、国有独资公司，以及国有资本控股公司、国有资本参股公司。①《民法典》第246条第1款规定："法律规定属于国家所有的财产，属于国家所有即全民所有。"《企业国有资产法》第2条规定，企业国有资产是指国家对企业各种形式的出资所形成的权益。《企业国有资产产权登记管理办法》规定，依照该办法对国家出资企业占有的国有资产办理产权登记②。《民法典》第246条第2款规定："国有财产由国务院代表国家行使所有权。法律另有规定的，依照其规定。"《企业国有资产法》第3条规定："国有资产属于国家所有即全民所有。国务院代表国家行使国有资产所有权。"

---

① 《企业国有资产法》第5条规定。

② 产权登记分为占有产权登记、变动产权登记和注销产权登记。《企业国有资产产权登记管理办法》第6条规定。

《民法典》第 257 条规定，国家出资的企业，国务院、地方人民政府依照法律、行政法规规定分别代表国家履行出资人职责，享有出资人权益。《企业国有资产法》第 4 条第 1 款规定与此相同，第 2 款作了分工规定："国务院确定的关系国民经济命脉和国家安全的大型国家出资企业，重要基础设施和重要自然资源等领域的国家出资企业，由国务院代表国家履行出资人职责。其他的国家出资企业，由地方人民政府代表国家履行出资人职责。"①第 11 条第 1 款、第 2 款规定："国务院国有资产监督管理机构和地方人民政府按照国务院的规定设立的国有资产监督管理机构，根据本级人民政府的授权，代表本级人民政府对国家出资企业履行出资人职责。""国务院和地方人民政府根据需要，可以授权其他部门、机构代表本级人民政府对国家出资企业履行出资人职责。"第 9 条规定"国家建立健全国有资产基础管理制度。具体办法按照国务院的规定制定。"

1. 出资人的职责。《企业国有资产法》第 12 条规定："履行出资人职责的机构代表本级人民政府对国家出资企业依法享有资产收益、参与重大决策和选择管理者等出资人权利。履行出资人职责的机构依照法律、行政法规的规定，制定或者参与制定国家出资企业的章程。履行出资人职责的机构对法律、行政法规和本级人民政府规定须经本级人民政府批准的履行出资人职责的重大事项，应当报请本级人民政府批准。"《企业国有资产监督管理暂行条例》第 13 条规定："国有资产监督管理机构的主要职责是：(一) 依照《中华人民共和国公司法》等法律、法规，

---

① 《企业国有资产监督管理暂行条例》第 5 条第 1 款、第 2 款具体规定为："国务院代表国家对关系国民经济命脉和国家安全的大型国有及国有控股、国有参股企业，重要基础设施和重要自然资源等领域的国有及国有控股、国有参股企业，履行出资人职责。国务院履行出资人职责的企业，由国务院确定、公布。省、自治区、直辖市人民政府和设区的市、自治州级人民政府分别代表国家对由国务院履行出资人职责以外的国有及国有控股、国有参股企业，履行出资人职责。其中，省、自治区、直辖市人民政府履行出资人职责的国有及国有控股、国有参股企业，由省、自治区、直辖市人民政府确定、公布，并报国务院国有资产监督管理机构备案；其他由设区的市、自治州级人民政府履行出资人职责的国有及国有控股、国有参股企业，由设区的市、自治州级人民政府确定、公布，并报省、自治区、直辖市人民政府国有资产监督管理机构备案。"

对所出资企业履行出资人职责，维护所有者权益；（二）指导推进国有及国有控股企业的改革和重组；（三）依照规定向所出资企业委派监事；（四）依照法定程序对所出资企业的企业负责人进行任免、考核，并根据考核结果对其进行奖惩；（五）通过统计、稽核等方式对企业国有资产的保值增值情况进行监管；（六）履行出资人的其他职责和承办本级政府交办的其他事项。国务院国有资产监督管理机构除前款规定职责外，可以制定企业国有资产监督管理的规章、制度。”

2. 出资人的权益。《企业国有资产法》第 16 条规定：“国家出资企业对其动产、不动产和其他财产依照法律、行政法规以及企业章程享有占有、使用、收益和处分的权利。国家出资企业依法享有的经营自主权和其他合法权益受法律保护。”《企业国有资产监督管理暂行条例》第 14 条第 1 款第 5 项规定的“尊重、维护国有及国有控股企业经营自主权，依法维护企业合法权益，促进企业依法经营管理，增强企业竞争力”是国有资产监督管理机构的主要义务之一。同时，《企业国有资产法》第 21 条还规定：“国家出资企业对其所出资企业依法享有资产收益、参与重大决策和选择管理者等出资人权利。国家出资企业对其所出资企业，应当依照法律、行政法规的规定，通过制定或者参与制定所出资企业的章程，建立权责明确、有效制衡的企业内部监督管理和风险控制制度，维护其出资人权益。”

案　　例

上诉人祁鹿公司与被上诉人神鹿公司确认合同无效纠纷案

神鹿公司向一审法院起诉，请求：（1）确认原、被告 2011 年 4 月 11 日签订的土地使用协议无效；（2）判令被告返还原告位于某县某湾的 435 亩土地（含熟成耕地 358 亩一块，土地四至范围为：东至王某刚租用耕地边界；西至元明公路；南至某科公司门前公路；北至原告公司的安置农户地块边界），即土地证附图中 B1 段全部土地及 B2 段西侧靠王某刚租赁土地东边。一审法院判决支持了原告神鹿公司的诉讼请求。被告祁鹿公司不服，提起上诉。

二审法院认为，案涉土地由某县土地管理局于 2001 年 5 月 1 日向某县鹿业集团公司农场颁发了国有土地使用证，证书号为：（2001）字第 01 × 10

号,土地用途为种植业,使用权类型为划拨,终止日期为2011年5月1日。因缺少不动产登记基础测绘资料,未办理土地延期手续,某县自然资源局于2020年3月4日出具案涉土地权属为原土地权属单位神鹿公司所有的情况说明。故此,被上诉人神鹿公司主张其为涉案土地登记的使用权人并无不当。

本案现争议的焦点:上诉人祁鹿公司与被上诉人神鹿公司就案涉土地使用权于2011年4月11日签订的土地使用协议是否合法有效?本院认为,划拨土地使用权是指土地使用人通过除出让土地使用权以外的各种方式依法无偿取得的国有土地使用权。依据《土地管理法》第2条,《城镇国有土地使用权出让和转让暂行条例》第44条、第45条以及《划拨用地目录》的有关规定,以划拨方式提供土地使用权的必须经有批准权的人民政府批准,土地利用目的应为国家重点扶持的能源、交通、水利等基础设施用地项目用地。对以营利为目的,对划拨土地使用权进行转让、出租、抵押的,应当以有偿方式提供土地使用权。本案中,据上诉人祁鹿公司提交的2011年4月11日与被上诉人神鹿公司签订的土地使用协议,协议约定被上诉人神鹿公司无偿将案涉土地交由上诉人祁鹿公司开发种植、养殖业,使用期限自2010年12月1日至2050年11月30日止。上述约定致使国有资产长期无偿由上诉人祁鹿公司使用,有违民事活动应遵循的等价有偿原则,也有悖政府划拨给被上诉人神鹿公司使用涉案土地目的。同时,依据《物权法》及《土地管理法》的有关规定,国有土地所有权属于国家,具体由国务院授权当地人民政府代表行使权利,土地的管理和监督工作由自然资源主管部门统一负责。对由国家出资的企业,国务院、地方人民政府依照法律、行政法规规定分别代表国家履行出资人职责,享有出资人权益。本案被上诉人神鹿公司作为国有控股公司,案涉土地使用权由某县人民政府划拨其使用。但其与上诉人祁鹿公司形成的转让协议仅由双方公司盖章,并未经土地所有权人的审批,存在非法转让国有划拨土地使用权,侵害国家和社会公共利益的行为。故一审法院认定该协议无效,并无不当。对上诉人祁鹿公司在二审中主张因合同无效给其造成的损失,可另行主张。综上,本案一审判决认定事实清楚,判处适当。故判决:驳回上诉,维持原判。①

---

① 参见甘肃省张掖市中级人民法院民事判决书,(2020)甘07民终1147号。

48

国有财产的保护

【民法典】

第二百五十八条　国家所有的财产受法律保护，禁止任何组织或者个人侵占、哄抢、私分、截留、破坏。

释　法

《民法典》第258条规定了对国有财产的保护，与《物权法》第56条规定的内容基本一致。

《民法典》第246条第1款规定："法律规定属于国家所有的财产，属于国家所有即全民所有。"国有财产是国家经济、政治、文化、社会发展的物质基础，加强对国有财产的保护，对于巩固发展公有制经济，坚持和完善社会主义基本经济制度具有重要意义。《宪法》第12条规定："社会主义的公共财产神圣不可侵犯。国家保护社会主义的公共财产。禁止任何组织或者个人用任何手段侵占或者破坏国家的和集体的财产。"《民法典》第258条规定是对宪法规定的具体落实。是对国有财产的民法保护方式。本条规定的国有财产，包括：(1)《民法典》第247条至第254条规定的矿藏、水流、海域、无居民海岛、城市土地、森林、草原、野生动植物、无线电频谱等资源和国家所有的文物、国防资产、铁路、公路等基础设施等；(2)《民法典》第255条规定的国家机关直接支配的不动产和动产；(3)《民法典》第256条规定的国家举办的事业单位直接支配的不动产和动产；(4)《民法典》第257条规定的国家出资企业对其占有的不动产、动产及其经营收益；(5)国家的财政收入、税收和外汇储备等。

《民法典》第258条列举规定了对国有财产的侵害行为。"侵占"，是指以非法占有为目的,将由其经营管理的国有资产非法据为己有的行为。“哄抢”,是以非法占有为目的,组织或多人一起参与强行抢占国有财产的行为。“私分”,是指违反国家关于国有财产分配管理的规定,以单位名义将国有财产分配给个人所有的行为。“截留”,是指违反国家关于国有资金等国有财产拨付、划(流)转的规定,将国有财产据为己有或者挪作他用的行为。“破坏”,是指故意损坏国有财产的行为。

对以上侵害国有财产的行为,国家可以采取行政处罚和刑事处罚等公法上的保护手段和我们这里所谈的私法上的保护手段。私法上的保护,即可以依据《民法典》第233条至第239条的规定行使物权请求权,或者依据《民法典》总则编第177条以下、侵权责任编第1165条以下规定,要求侵权人承担民事侵权责任。

案　例

1. 原告王某换与被告杨某伟房屋买卖合同纠纷案

原告王某换向法院起诉,请求:(1)确认原、被告之间签订的《廉租房买卖合同》无效;(2)判令被告杨某伟退还原告购房款98,000元。

法院认为,被告杨某伟承认原告在本案中主张的事实,故对原告王某换主张的事实,本院予以确认。

(1)关于原、被告之间签订的《廉租房买卖合同》的效力。《民法典》第258条规定:“国家所有的财产受法律保护,禁止任何组织或者个人侵占、哄抢、私分、截留、破坏。”马家庄小区×号楼×单元×02室房屋属于平凉市崆峒区公共租赁住房。公租房是由政府或社会力量投资建设,面向符合规定条件的城区中等偏下收入住房困难家庭、新就业无房人员、在城镇稳定就业的外来务工人员出租的保障性住房。该房屋的所有权人为平凉市崆峒区房地产管理局。《民法典》第255条规定:“国家机关对其直接支配的不动产和动产,享有占有、使用以及依照法律和国务院的有关规定处分的权利。”因此,被告杨某伟对案涉房屋无处分权,其与原告王某换签订的《廉租房买卖合同》,违反了法律、行政法规的强制性规定,属无效合同。

(2)关于原告要求被告退还购房款98,000元的诉讼请求是否成立。《民法典》第155条规定:“无效的或者被撤销的民事法律行为自始没有法律约束力。”第 157 条规定:“民事法律行为无效、被撤销或者确定不发生效力后,行为人因该行为取得的财产,应当予以返还;不能返还或者没有必要返还的,应当折价补偿。有过错的一方应当赔偿对方由此所受到的损失;各方都有过错的,应当各自承担相应的责任。法律另有规定的,依照其规定。”故被告杨某伟应当返还原告王某换向其支付的购房款 98,000 元。故判决:(1)原告王某换与被告杨某伟于 2018 年 5 月 17 日签订的《廉租房买卖合同》无效;(2)被告杨某伟于本判决生效后 15 日内返还原告王某换购房款 98,000 元。①

2. 上诉人和某辉与被上诉人某坪公路分局物权保护纠纷案

某坪公路分局向一审法院起诉,请求判令和某辉排除妨碍(拆除房屋)、恢复原状,返还超限超载运输管理检测点的土地及公路用地。

二审法院经审理查明:某坪公路分局(某坪公路管理段)于 2016 年 7 月 18 日致福登村委会的证明中记载“经福登村委会证明,原超限站占用土地中确有一块属该村村民和某播。”福登村委会、福登村委会四组及其部分村民均证实,某坪公路分局建治超点使用的 2.15 亩土地中有和某辉户的土地。而某坪公路分局仅能提供相关证据证明县人民政府依法征收了 0.92 亩农用地,并通过国有土地出让方式将该 0.92 亩土地出让给其建治超点使用。其未能提供证据证明建治超点使用的 2.15 亩土地中另 1.23 亩土地经县人民政府依法征收,并通过国有土地出让方式将该 1.23 亩土地出让给其建治超点使用。案外人和某播系和某辉之父。

二审法院认为,本案争议焦点:和某辉是否应当搬离治超点,并拆除在治超点上自建的房屋及其设施,恢复治超点原状?

关于和某辉是否应当搬离治超点办公楼问题。某坪县人民政府批复同意某坪公路分局在省道 S311 剑兰线 K80 + 350 至 K80 + 470 处的 2.15 亩土地上建治超点后,在该 2.15 亩土地上建盖了治超点办公楼,某坪公路分局对治超点办公楼享有使用权,是治超点办公楼使用权人,和某辉未经某坪公路分局同意擅自使用治超点办公楼的行为,侵害了某坪公路分局对治超点办公楼的使用权,和某辉应当停止侵害,搬离治超点办公楼。

---

① 参见甘肃省平凉市崆峒区人民法院民事判决书,(2022)甘 0802 民初 5055 号。

关于是否应当拆除自建在治超点的猪圈及其设施问题。某坪公路分局取得了使用2.15亩土地建治超点的批复,和某辉无权在2.15亩土地上建盖猪圈等建/构筑物,即便其中的1.23亩土地属于和某辉户的土地,由于该土地属于农用地,所以和某辉亦不应当在该土地上建盖猪圈等建/构筑物。和某辉应当拆除自建在治超点上的猪圈及其设施,恢复治超点原状。

关于其中的1.23亩土地是否属于和某辉户的土地问题。和某辉主张某坪县人民政府批复同意某坪公路分局建治超点的2.15亩土地中,除依法征收的0.92亩以外的1.23亩土地属于和某辉户的土地。至本院作出二审生效判决前,某坪公路分局未能提供证据证明已经依法征收了该1.23亩土地。双方就该1.23亩土地的争议属于土地所有权、使用权争议,不属于本案审理范围。依据《土地管理法》第14条的规定,土地所有权和使用权争议,由当事人协商解决,协商不成的,由人民政府处理。和某辉应向相关的人民政府申请确认土地权属。综上,和某辉的上诉请求不能成立,应予驳回。故判决:驳回上诉,维持原判。①

49

国有财产管理的法律责任

【民法典】

第二百五十九条　履行国有财产管理、监督职责的机构及其工作人员,应当依法加强对国有财产的管理、监督,促进国有财产保值增值,防止国有财产损失;滥用职权,玩忽职守,造成国有财产损失的,应当依法承担法律责任。

---

① 参见云南省怒江傈僳族自治州中级人民法院民事判决书,(2021)云33民终132号。

违反国有财产管理规定,在企业改制、合并分立、关联交易等过程中,低价转让、合谋私分、擅自担保或者以其他方式造成国有财产损失的,应当依法承担法律责任。

释　法

《民法典》第259条规定了对国有财产管理的法律责任,与《物权法》第57条规定内容相同。

加大对国有财产的保护力度,切实防止国有财产流失,是巩固和发展公有制经济的重要内容。本条规定,一是依法加强对国有财产的管理、监督;二是明确造成国有财产损失应依法承担法律责任。本条规定的"履行国有财产管理、监督职责的机构",一般主要是指国资委;但也应包括其他如财政、审计、监察、税务、外汇管理和银行业监督管理等部门(机构)。

2003年3月,根据十届全国人大一次会议批准的国务院机构改革方案和国务院《关于机构设置的通知》(国发〔2003〕8号),国务院成立了国有资产监督管理委员会。此后,中央、省、市三级国有资产管理、监督机构基本建立。国资委的主要职责是:(1)根据国务院授权,依照《公司法》等法律和行政法规履行出资人职责,监管中央所属企业(不含金融类企业)的国有资产,加强国有资产的管理工作。(2)建立和完善国有资产保值增值指标体系,制定考核标准,通过统计、稽核对所监管企业进行监管,承担监督所监管企业国有资产保值增值的责任。(3)指导推进国有企业改革和重组,推进国有企业的现代企业制度建设,完善公司治理结构,推动国有经济布局和结构的战略性调整。(4)通过法定程序对所监管企业负责人进行任免、考核和奖惩,建立符合现代企业制度要求的选人、用人机制,完善经营者激励和约束制度。(5)负责组织所监管企业上交国有资本收益,参与制定国有资本经营预算有关管理制度和办法,负责国有资本经营预决算编制和执行等工作。(6)按照出资人职责,负责督促检查所监管企业贯彻落实国家安全生产方针政策及有关法律法规、标准等工作。(7)负责企业国有资产基础管理,起草国有资产管理的法律法规草案,制定有关规章、制度,依法对地方国有资产管理工作进行指导和监督。①

《民法典》第 259 条第 1 款规定,明确了国有财产管理监督的目标是"促进国有财产保值增值,防止国有财产损失"。同时,还强调了履行国有财产管理、监督职责的机构的工作人员的责任。如果滥用职权,玩忽职守,造成国有财产损失的,应当依法承担法律责任。比如,《企业国有资产法》第 68 条规定:"履行出资人职责的机构有下列行为之一的,对其直接负责的主管人员和其他直接责任人员依法给予处分:(一)不按照法定的任职条件,任命或者建议任命国家出资企业管理者的;(二)侵占、截留、挪用国家出资企业的资金或者应当上缴的国有资本收入的;(三)违反法定的权限、程序,决定国家出资企业重大事项,造成国有资产损失的;(四)有其他不依法履行出资人职责的行为,造成国有资产损失的。"第 69 条规定:"履行出资人职责的机构的工作人员玩忽职守、滥用职权、徇私舞弊,尚不构成犯罪的,依法给予处分。"依据《刑法》第 397 条规定:"国家机关工作人员滥用职权或者玩忽职守,致使公共财产、国家和人民利益遭受重大损失的,处三年以下有期徒刑或者拘役;情节特别严重的,处三年以上七年以下有期徒刑……"

依据《民法典》第 259 条第 2 款的规定,违反国有财产管理规定,在企业改制、合并分立、关联交易②等过程中,造成国有财产损失的情形主

---

① 参见国务院国有资产监督管理委员会网站首页"主要职责"公示内容,载 http://www.sasac.gov.cn/n2588020/,最后访问日期:2023 年 2 月 3 日。其主要法律依据是《企业国有资产监督管理暂行条例》第 13 条的规定。

② 1997 年 5 月财政部颁布的《企业会计准则——关联方关系及其交易披露》第 4 条规定:"在企业财务和经营决策中,如果一方有能力直接或间接控制、共同控制另一方或对另一方施加重大影响,本准则视其为关联方;如果两方或更多方同受一方控制,本准则也将视其为关联方。"这里的控制,是指有权决定某个企业的财务和经营决策,并能据以从该企业的经营活动中获得利益;所谓重大影响,则是指对某个企业的财务和经营政策有参与决策的权利,但并不决定这些政策。关于关联交易的相关内容。参见陈启超:《以案释法:民法典总则编 100 篇》,法律出版社 2022 年版,第 124 ~ 127 页。

要有:(1)低价转让。不按规定进行国有财产评估或者压低评估价格;将国有财产无偿转让或者低价折股、出售给非国有组织或者个人;经营过程中高进低出等。(2)合谋私分。违反国有财产管理规定,私分侵占国有财产。(3)擅自担保。未经法定程序和公司章程规定,擅自为非国有组织或者个人提供担保,造成国有财产损失。(4)其他方式。例如,通过管理层持股非法谋取利益,虚假破产、逃避债务,贪污、挪用国有财产,直接负责的主管人员玩忽职守致使企业破产或者严重亏损等。

上列行为造成国有财产损失的,应当依法承担法律责任。该"法律责任"亦包括民事责任、行政责任和刑事责任。比如,《企业国有资产监督管理暂行条例》第 37 条规定:"所出资企业中的国有独资企业、国有独资公司未按照规定向国有资产监督管理机构报告财务状况、生产经营状况和国有资产保值增值状况的,予以警告;情节严重的,对直接负责的主管人员和其他直接责任人员依法给予纪律处分。"第 38 条规定:"国有及国有控股企业的企业负责人滥用职权、玩忽职守,造成企业国有资产损失的,应负赔偿责任,并对其依法给予纪律处分;构成犯罪的,依法追究刑事责任。"

案　例

上诉人蔡某敏与被上诉人某海市一医院合同纠纷案

某海市一医院向一审法院起诉,请求:(1)依法确认某海市一医院和蔡某敏签订的《项目合同》《项目补充合同》无效,蔡某敏立即将涉案东北角房屋(坐落在某海市××路××号)腾空并返还给某海市一医院;(2)五被告立即返还涉案地块及房屋占有期间获取的财产计 13,440,499.20 元,各被告互负连带责任。审理过程中,变更诉讼请求为:依法确认某海市一医院和蔡某敏签订的《项目合同》《项目补充合同》无效。一审法院判决:确认某海市一医院与蔡某敏签订的《项目合同》《项目补充合同》无效。

二审法院认为,某海市一医院系某海市卫生和计划生育局举办的全民所有制非营利性事业单位法人。《物权法》第 57 条第 2 款规定"……违反国有财产管理规定,在企业改制、合并分立、关联交易等过程中,低价转让、合谋私分、擅自担保或者以其他方式造成国有财产损失的，应当依法承担法律责任。”本案中，时任某海市一医院副院长翁某在某海市××号综合服务楼项目申报、实施过程中，身为具体负责人，私下拼股其中，未按照法定程序申请报批，未依照规定实行公开议标和进行国有资产评估，私下草率确定起拍价、保留价等，另外还帮助合伙人蔡某敏在合同条款中更改中标款项支付时间、50年使用权起算时间等内容，在履行合同过程中，擅自同意蔡某敏不按照合同履行中标款项的支付义务，帮助蔡某敏将二、三层房屋以单身公寓对外出售等，从而造成国家利益遭受特别重大损失。据此，本院在(2019)浙10刑终925号刑事裁定书中认定翁某的行为构成国有事业单位人员滥用职权罪。本院还在(2019)浙10刑终1020号刑事裁定书中认定，2008年至2017年间，蔡某敏在某海市××号服务综合楼项目中，为了谋取在合同中加入有利于自己的条款、更改付款方式、延长合同起算时间、让某海市一医院用公共资金代付工程款、从某海市一医院骗取税费等不正当利益，给予时任某海市一医院院长崔某现金、购物卡共计16.5万元，副院长翁某财物共计1.5万元，崔某、翁某予以收受。蔡某敏向某海市监察委员会退出违法所得80万元。《合同法》第52条规定“有下列情形之一的，合同无效……(二)恶意串通，损害国家、集体或者第三人利益；(三)以合法形式掩盖非法目的……(五)违反法律、行政法规的强制性规定。”本案合同当事人为谋私利而恶意串通签订《项目合同》《项目补充合同》，损害了国家利益，一审法院认定该两份合同无效，并无不当。上诉人蔡某敏称招标投标程序合法，没有发生透露标底情况，双方签订的合同有效，明显与事实不符，本院不予采信。综上，蔡某敏的上诉请求不能成立，一审判决认定事实清楚，适用法律正确。故判决：驳回上诉，维持原判。①

---

① 参见浙江省台州市中级人民法院民事判决书，(2021)浙10民终310号。案例中《物权法》第57条第2款规定已废止，现对应《民法典》第259条第2款；《合同法》第52条规定现已废止。

50

集体所有财产的范围

【民法典】

第二百六十条　集体所有的不动产和动产包括：

（一）法律规定属于集体所有的土地和森林、山岭、草原、荒地、滩涂；

（二）集体所有的建筑物、生产设施、农田水利设施；

（三）集体所有的教育、科学、文化、卫生、体育等设施；

（四）集体所有的其他不动产和动产。

释　法

《民法典》第 260 条规定了集体所有财产的范围，与《物权法》第 58 条的规定内容相同。

集体所有权，是指集体组织及其全体成员对集体财产享有占有、使用、收益和处分的权利。集体所有权是集体所有制在法律上的体现。集体所有制，是"社会主义劳动群众集体所有制"的简称，是社会主义社会中生产资料和劳动成果归劳动群众集体共同所有的一种公有制形式。《宪法》第 6 条规定，"中华人民共和国的社会主义经济制度的基础是生产资料的社会主义公有制，即全民所有制和劳动群众集体所有制"。根据《宪法》第 8 条规定，农村中的生产、供销、信用、消费等各种形式的合作经济，是社会主义劳动群众集体所有制经济。参加农村集体经济组织的劳动者，有权在法律规定的范围内经营自留地、自留山、家庭副业和饲养自留畜。城镇中的手工业、工业、建筑业、运输业、商业、服务业等行业的各种形式的合作经济，也都是社会主义劳动群众集体所有制经济。确认集体财产的范围，对于加强对集体财产的保护力度，维护广大集体组织成员的合法财产权益，具有重大意义。

《民法典》总则编在民事主体的“特别法人”里规定了农村集体经济组织法人和城镇农村的合作经济组织法人。第 99 条规定：“农村集体经济组织依法取得法人资格。法律、行政法规对农村集体经济组织有规定的，依照其规定。”第 101 条第 2 款规定：“未设立村集体经济组织的，村民委员会可以依法代行村集体经济组织的职能。”第 100 条规定：“城镇农村的合作经济组织依法取得法人资格。法律、行政法规对城镇农村的合作经济组织有规定的，依照其规定。”《农村集体经济组织法》第 6 条第 1 款规定：“农村集体经济组织依照本法登记，取得特别法人资格，依法从事与其履行职能相适应的民事活动。”①集体所有财产的所有权主体是集体，归集体组织成员共同所有；但其又不同于《民法典》物权编规定的共有关系②。集体组织的成员依法享有成员权③，但其不能要求独

---

① 《农村集体经济组织法》，2024 年 6 月 28 日十四届全国人大常委会第十次会议通过，自 2025 年 5 月 1 日起施行。下文引用不再重复说明。该法第 19 条第 1 款规定：“农村集体经济组织应当具备下列条件：（一）有符合本法规定的成员；（二）有符合本法规定的集体财产；（三）有符合本法规定的农村集体经济组织章程；（四）有符合本法规定的名称和住所；（五）有符合本法规定的组织机构。”第 2 款规定：“符合前款规定条件的村一般应当设立农村集体经济组织，村民小组可以根据情况设立农村集体经济组织；乡镇确有需要的，可以设立农村集体经济组织。”

② 在“共有”物权关系中，除共有人约定不得分割共有财产外，共有人可以要求分割共有财产；按份共有人转让其共有份额的，其他共有人享有优先购买权。

③ 比如，依据《民法典》第 264 条规定，农村集体经济组织的成员有权查阅、复制集体财产的相关资料；第 265 条规定，农村集体经济组织、村民委员会或者其负责人作出的决定侵害集体成员合法权益的，受侵害的集体成员可以行使撤销权。《农村集体经济组织法》第 13 条规定：“农村集体经济组织成员享有下列权利：（一）依照法律法规和农村集体经济组织章程选举和被选举为成员代表、理事会成员、监事会成员或者监事；（二）依照法律法规和农村集体经济组织章程参加成员大会、成员代表大会，参与表决决定农村集体经济组织重大事项和重要事务；（三）查阅、复制农村集体经济组织财务会计报告、会议记录等资料，了解有关情况；（四）监督农村集体经济组织的生产经营管理活动和集体收益的分配、使用，并提出意见和建议；（五）依法承包农村集体经济组织发包的农村土地；（六）依法申请取得宅基地使用权；（七）参与分配集体收益；（八）集体土地被征收征用时参与分配土地补偿费等；（九）享受农村集体经济组织提供的服务和福利；（十）法律法规和农村集体经济组织章程规定的其他权利。”

自对集体财产行使物权,离开集体组织时也不能提出分割集体财产的要求。①

集体所有财产的范围②,包括:(1)法律规定属于集体所有的土地和森林、山岭、草原、荒地、滩涂。《宪法》第 10 条第 2 款规定:“农村和城市郊区的土地,除由法律规定属于国家所有的以外,属于集体所有;宅基地和自留地、自留山,也属于集体所有。”《土地管理法》第 9 条第 2 款亦作了同样的规定。《宪法》第 9 条第 1 款规定:“矿藏、水流、森林、山岭、草原、荒地、滩涂等自然资源,都属于国家所有,即全民所有;由法律规定属于集体所有的森林和山岭、草原、荒地、滩涂除外。”《民法典》第 250 条规定:“森林、山岭、草原、荒地、滩涂等自然资源,属于国家所有,但是法律规定属于集体所有的除外。”《森林法》第 14 条第 1 款规定:“森林资源属于国家所有,由法律规定属于集体所有的除外。”《草原法》第 9 条第 1 款规定:“草原属于国家所有,由法律规定属于集体所有的除外……”但究竟哪些森林、山岭、草原、荒地和滩涂属于集体所有,须要将来在对《土地管理法》《森林法》《草原法》等法律规定进行修改时予以进一步明确。③(2)集体所有的建筑物、生产设施、农田水利设施。比如,集体(企业)建设(拥有)的厂房、仓库,机器设备、交通工具,水库、农田灌溉渠道等。(3)集体所有的教育、科学、文化、卫生、体育等设施。比如,集体建设(拥有)的学校、文化场(馆)、卫生院(所)、敬老院和体育健身场(所)等。(4)集体所有的其他不动产和动产。此为兜底性规定。

---

① 《农村集体经济组织法》第 36 条第 2 款规定:“集体财产依法由农村集体经济组织成员集体所有,由农村集体经济组织依法代表成员集体行使所有权,不得分割到成员个人。”

② 《农村集体经济组织法》第 36 条第 1 款规定:“集体财产主要包括:(一)集体所有的土地和森林、山岭、草原、荒地、滩涂;(二)集体所有的建筑物、生产设施、农田水利设施;(三)集体所有的教育、科技、文化、卫生、体育、交通等设施和农村人居环境基础设施;(四)集体所有的资金;(五)集体投资兴办的企业和集体持有的其他经济组织的股权及其他投资性权利;(六)集体所有的无形资产;(七)集体所有的接受国家扶持、社会捐赠、减免税费等形成的财产;(八)集体所有的其他财产。”该款第 4 项、第 5 项、第 6 项、第 7 项规定,是对《民法典》第 260 条第 4 项规定所作的具体、详细规定。

③ 参见本书“39　国家所有的土地”关于此问题的分析和论述。

案 例

1. 上诉人张某伟与被上诉人某阳村委会排除妨害纠纷案

某阳村委会向一审法院起诉,请求依法判令被告张某伟排除妨碍,立即交还原龙口市液压胶管厂大院土地及院内的所有房屋及附属设施(见清单),并支付自2021年9月18日起至实际交还之日止按年12万元标准的占用费。一审法院依照《民法典》第238条、第240条、第260条和第265条第1款之规定,判决:被告张某伟于判决生效后10日内将原龙口市液压胶管厂大院土地及院内房屋和附属设施现状,交还给某阳村委会;并支付资产占用费(自2021年9月18日起诉之日至实际交还大院土地房屋之日,按照年12万元标准按日计算)。

本案某阳村委会与张某伟于2021年9月17日经协商一致达成如下协议约定:(1)乙方张某伟同意于本协议签订之日将原胶管厂大院土地及大院内的所有房屋及附属设施现状交还甲方某阳村委会(见清单),甲方同意接受,本协议签订后3日内乙方将大院内的个人财产清理完毕,逾期未清理的财产视为乙方放弃所有权,甲方有权自行处理。(2)乙方称乙方承包经营期间在胶管厂大院土地上出资自建、改建了部分房屋(见清单),待甲方调查确认后,双方协商解决……之后,张某伟未将原胶管厂大院土地及大院内的房屋及附属设施交还某阳村委会,某阳村委会遂诉至法院。一审庭审中张某伟主张其个人在原胶管厂大院内的资产已清理完毕。院内的建筑物均未办理产权证书。以上事实,双方当事人均无异议,本院予以认定。

二审法院认为,某阳村委会与张某伟2021年9月17日签订的协议,为双方当事人真实意思表示,未违反法律、行政法规的强制性规定,合法有效。现张某伟上诉主张其未将原胶管厂大院土地及大院内的房屋及附属设施交还某阳村委会的原因系某阳村委会未对其所称由其出资自建、改建的价值约200万元的房屋等对其进行合理的作价补偿,某阳村委会对此不予认可。根据双方协议内容,能够确认协议并未对补偿事宜进行约定,亦无某阳村委会对张某伟进行补偿后再交付大院的约定,故张某伟上述主张,无事实与法律依据,本院依法不予支持。其上诉请求不能成立,应予驳回。故判决:驳回上诉,维持原判。①

2. 原告颜某才与被告吴某、第三人吴某霞确认合同无效纠纷案

原告颜某才向法院提出诉讼请求,依法确认原、被告之间的2007年3月1日签订的《房屋转让协议》无效。

法院审理认为,根据法律规定,农民集体所有的土地依法属于村民集体所有的,由村集体经济组织或者村民委员会经营、管理。宅基地使用权是农村集体经济组织成员享有的权利,宅基地上所建农村房屋也只能在同村组村民之间转让。本案中,原告述称其对协议内容不知情,双方不存在房屋买卖关系,但其未能就其在协议上的签字行为及被告对房屋进行翻建并占有10余年的事实作出合理解释,故原被告之间存在涉案房屋的买卖合同关系。根据不动产的房地关联性,双方的房屋买卖必然涉及土地使用权的转让,承载该房屋的土地使用权性质为农村宅基地,原被告在签订房屋买卖合同时不属于同一集体经济组织的成员,故双方之间的房屋买卖合同违反了国家法律和行政法规等强制性规定,应属无效。但本案相关的交易发生在10余年前,原被告之间买卖的房屋已由被告翻建,翻建后的房屋亦已拆迁,故应结合诚实信用等原则谨慎处理合同无效的法律后果。原告在庭审中明确表示不在本案中对合同无效后的处理问题进行诉讼,故对合同无效的后果,本案不予处理。故依法判决:原告颜某才与被告吴某于2007年3月1日签订的《房屋转让协议》无效。②

---

① 参见山东省烟台市中级人民法院民事判决书,(2022)鲁06民终6735号。

② 参见江苏省扬州市邗江区人民法院民事判决书,(2021)苏1003民初3885号。

51

农民集体财产权及其行使

【民法典】

第二百六十一条　农民集体所有的不动产和动产,属于本集体成员集体所有。

下列事项应当依照法定程序经本集体成员决定:

(一)土地承包方案以及将土地发包给本集体以外的组织或者个人承包;

(二)个别土地承包经营权人之间承包地的调整;

(三)土地补偿费等费用的使用、分配办法;

(四)集体出资的企业的所有权变动等事项;

(五)法律规定的其他事项。

第二百六十四条　农村集体经济组织或者村民委员会、村民小组应当依照法律、行政法规以及章程、村规民约向本集体成员公布集体财产的状况。集体成员有权查阅、复制相关资料。

释　法

《民法典》第261条、第264条规定了农民集体财产所有权及其行使,由《物权法》第59条、第62条的规定修改而来。

农民集体所有权属于农民成员集体所有,应当由农民集体组织及其全体成员共同享有对集体所有的不动产和动产的所有权,也即对集体所有财产享有占有、使用、收益和处分的权利。其特征就是,集体共同所有、共同管理、共享收益。还有就是成员之间地位的平等性,不分民族、不分男女、不分老少,也不分加入集体组织的时间先后,更不分对集体组织贡献的大小。农村有句俗话："嫁出去的女，泼出去的水。"正像后面所举案例，对出嫁女歧视不分承包地、不分征地补偿款的情况，还时有存在，这是与宪法和法律规定的平等原则相违背的。对集体财产的处分，不能由村委会主任、小组长、村党（总）支部书记或者党委书记等个别人说了算，而是要按一定的程序由集体组织成员来共同决定和行使。但这种行使程序只能是对涉及本集体组织成员利益有重大影响的事项，而不是"事无巨细"都按这种程序来决定和行使。涉及下列重大事项，应当依照法定程序经本集体成员决定：

（1）土地承包方案以及将土地发包给本集体以外的组织或者个人承包。依据《土地承包法》第 19 条第 3 项的规定，集体土地承包方案应当经本集体经济组织成员的村民会议 2/3 以上成员或者 2/3 以上村民代表的同意。第 20 条规定，土地承包应当按照以下程序进行：本集体经济组织成员的村民会议选举产生承包工作小组；承包工作小组依照法律、法规的规定拟订并公布承包方案；依法召开本集体经济组织成员的村民会议，讨论通过承包方案；公开组织实施承包方案；签订承包合同。第 52 条第 1 款规定，将农村土地发包给本集体经济组织以外的单位或者个人承包，应当事先经本集体经济组织成员的村民会议 2/3 以上成员或者 2/3 上村民代表的同意，并报乡（镇）人民政府批准。

（2）个别土地承包经营权人之间承包地的调整。依据《土地承包法》第 28 条的规定，承包期内发包方不得调整承包地；但因自然灾害严重毁损承包地等特殊情形对个别农户之间承包的耕地和草地需要适当调整的，必须经本集体经济组织成员的村民会议 2/3 以上成员或者 2/3 以上村民代表的同意，并报乡（镇）人民政府和县级人民政府农业农村、林业和草原等主管部门批准。

（3）土地补偿费等费用的使用、分配办法。依据《村民委员会组织法》第 24 条的规定，征地补偿费的使用、分配方案应当经村民会议讨论决定；村民会议也可以授权村民代表会议讨论决定。第 28 条第 3 款规定，属于村民小组的集体所有的土地，由村民小组会议依照有关法律的规定讨论决定。

(4)集体出资的企业的所有权变动等事项。因其关涉集体经济组织成员的切身利益,亦应依据《村民委员会组织法》及有关法律的规定,由村民会议或村民代表会议、村民小组会议讨论决定。

(5)法律规定的其他事项。此为兜底条款。依据《村民委员会组织法》第24条的规定,对于从村集体经济所得收益的使用,本村公益事业的兴办和筹资筹劳方案及建设承包方案,村集体经济项目的立项、承包方案,宅基地的使用方案,以借贷、租赁或者其他方式处分村集体财产等涉及村民利益的事项,应由村民会议或村民代表会议讨论决定。①

《民法典》第264条规定:"农村集体经济组织或者村民委员会、村民小组应当依照法律、行政法规以及章程、村规民约向本集体成员公布集体财产的状况。集体成员有权查阅、复制相关资料。"这是集体经济组织成员享有成员权的重要内容,也是其依照法律规定或者约定对集体财产行使所有权权能的体现和保障。《农村集体经济组织法》第45条规定:"农村集体经济组织应当定期将财务情况向农村集体经济组织成员

---

① 《农村集体经济组织法》第5条规定:"农村集体经济组织依法代表成员集体行使所有权,履行下列职能:(一)发包农村土地;(二)办理农村宅基地申请、使用事项;(三)合理开发利用和保护耕地、林地、草地等土地资源并进行监督;(四)使用集体经营性建设用地或者通过出让、出租等方式交由单位、个人使用;(五)组织开展集体财产经营、管理;(六)决定集体出资的企业所有权变动;(七)分配、使用集体收益;(八)分配、使用集体土地被征收征用的土地补偿费等;(九)为成员的生产经营提供技术、信息等服务;(十)支持和配合村民委员会在村党组织领导下开展村民自治;(十一)支持农村其他经济组织、社会组织依法发挥作用;(十二)法律法规和农村集体经济组织章程规定的其他职能。"第26条第1款规定:"农村集体经济组织成员大会由具有完全民事行为能力的全体成员组成,是本农村集体经济组织的权力机构,依法行使下列职权:(一)制定、修改农村集体经济组织章程;(二)制定、修改农村集体经济组织内部管理制度;(三)确认农村集体经济组织成员;(四)选举、罢免农村集体经济组织理事会成员、监事会成员或者监事;(五)审议农村集体经济组织理事会、监事会或者监事的工作报告;(六)决定农村集体经济组织理事会成员、监事会成员或者监事的报酬及主要经营管理人员的聘任、解聘和报酬;(七)批准农村集体经济组织的集体经济发展规划、业务经营计划、年度财务预决算、收益分配方案;(八)对农村土地承包、宅基地使用和集体经营性财产收益权份额量化方案等事项作出决定;(九)对集体经营性建设用地使用、出让、出租方案等事项作出决定;(十)决定土地补偿费等的分配、使用办法;(十一)决定投资等重大事项;(十二)决定农村集体经济组织合并、分立等重大事项;(十三)法律法规和农村集体经济组织章程规定的其他职权。"

公布。集体财产使用管理情况、涉及农村集体经济组织及其成员利益的重大事项应当及时公布。农村集体经济组织理事会应当保证所公布事项的真实性。"《村民委员会组织法》第 30 条规定,村民委员会实行村务公开制度。一般事项至少每季度公布一次;集体财务往来较多的,财务收支情况应当每月公布一次;涉及村民利益的重大事项应当随时公布。村民委员会应当保证所公布事项的真实性,并接受村民的查询。

案　　例

上诉人彭某莺等 5 人与被上诉人某凡村委会及某凡村×组侵害集体经济组织成员权益纠纷案

彭某莺、何某 3、崔某、何某 1、何某 2 向一审法院起诉,请求判令二被告支付征地补偿款 524,030 元,并支付占用期间的利息(自 2019 年 2 月 3 日起至付清之日止按年利率 6% 计算)。一审法院判决:被告某凡村×组应支付原告彭某莺等 5 人土地补偿款 27 万元,驳回原告彭某莺等 5 人的其他诉讼请求。

二审法院认为:被上诉人某凡村×组虽抗辩上诉人何某 3 已在"补偿款分配方案"和"扣回分配拍卖款方案"的会议记录上签字,系自愿同意"对俞某燕、苏某伟两人的冻结分配款的一半从其户分配款中扣回",不违反法律规定,应予以遵守,一审法院亦作相同认定。本院认为,该签字行为的效力应结合关联当事人的案件及相关背景情况予以综合认定。首先,《妇女权益保障法》第 32 条、第 33 条①及相关规定可以明确"农村妇女无论是否婚嫁,都应与相同条件的男性村民享有同等权利,任何组织和个人不得以任何形式剥夺其在农村集体经济组织中的各项权益。"被上诉人某凡村×组提交的补偿款分配方案第 2 条"……若出现已出嫁女或其他人员对本分配方案有不同意见甚至个别人起诉至法院的,由各户自行负责"的约定,明显与法律规定相悖,不具有法律效力。其次,俞某燕系彭某莺的女儿、何某 3 的姐姐、俞某禄的妹妹,因被被上诉人认定为外嫁女不享有分配权,俞某燕及其子苏某伟二人于 2019 年 1 月向一审法院提起诉讼,并申请对被上诉人进行财产保全、冻结相关款项,该案业经一审、二审判决确认俞某燕、苏某伟具有该集体经济组

---

① 现对应《妇女权益保障法》第 55 条、第 56 条规定。

织成员资格,应获得相关土地补偿款,该判决并已实际履行完毕。俞某燕、苏某伟的主张已获法院生效判决支持,该二人的权益主张已不属待定状态,亦不存在冻结被上诉人款项54万元的情况。因此,被上诉人继续扣回何某3、俞某禄2户各27万元分配款缺乏事实依据。

本院认为,涉案预留地被征收前为某凡村农民集体所有,出让所得价款按政策用于补偿被征地农民,该款项的受益主体应为某凡村(含某凡村×组)集体经济组织内部全体成员。从户口登记状况来看,彭某莺等5人或因婚嫁或因出生久居某凡村×组,且没有证据证明其5人改变或脱离了以该组织的土地为基本来源的生产生活状态或获得了其他替代性基本生活保障,故应认定其5人具有某凡村集体经济组织成员资格,并享有获得土地补偿款的分配权。被上诉人某凡村×组收到土地补偿费后,经户代表会议决定每人分配254,030元,彭某莺一户5人,理应与其他集体经济组织成员一样,享有平等的分配权,共计可获得1,270,150元土地补偿款,目前彭某莺一户已实际领取到款项746,120元,其主张余款524,030元的请求应获支持。本案征地补偿款分配方案是某凡村×组决定作出,该款应由某凡村×组支付。本案涉及的是征地补偿款,彭某莺等5人主张逾期利息,缺乏依据,不予支持。对一审认定事实和适用法律不当部分,本院依法予以纠正。故判决:(1)撤销福建省宁德市蕉城区人民法院(2021)闽0902民初4224号民事判决;(2)被上诉人某凡村×组于本判决生效之日起5日内支付上诉人彭某莺等5人土地补偿款524,030元;(3)驳回彭某莺等5人其他诉讼请求。①

---

① 参见福建省宁德市中级人民法院民事判决书,(2022)闽09民终648号。

52

集体所有不动产所有权的行使

【民法典】

第二百六十二条　对于集体所有的土地和森林、山岭、草原、荒地、滩涂等,依照下列规定行使所有权:

(一)属于村农民集体所有的,由村集体经济组织或者村民委员会依法代表集体行使所有权;

(二)分别属于村内两个以上农民集体所有的,由村内各该集体经济组织或者村民小组依法代表集体行使所有权;

(三)属于乡镇农民集体所有的,由乡镇集体经济组织代表集体行使所有权。

释　法

《民法典》第 262 条规定了集体所有不动产所有权的行使,由《物权法》第 60 条的规定修改而来。

《农村集体经济组织法》第 37 条规定:"集体所有和国家所有依法由农民集体使用的耕地、林地、草地以及其他依法用于农业的土地,依照农村土地承包的法律实行承包经营。集体所有的宅基地等建设用地,依照法律、行政法规和国家有关规定取得、使用、管理。集体所有的建筑物、生产设施、农田水利设施,由农村集体经济组织按照国家有关规定和农村集体经济组织章程使用、管理。集体所有的教育、科技、文化、卫生、体育、交通等设施和农村人居环境基础设施,依照法律法规、国家有关规定和农村集体经济组织章程使用、管理。"第 39 条规定:"对符合国家规定的集体经营性建设用地,农村集体经济组织应当优先用于保障乡村产业发展和乡村建设,也可以依法通过出让、出租等方式交由单位或者个人有偿使用。”

对于集体所有的土地和森林、山岭、草原、荒地、滩涂等不动产行使所有权,可以分为以下三种情形:

(1)属于村农民集体所有的,由村集体经济组织或者村委会依法代表集体行使所有权。《土地管理法》第 11 条也规定,农民集体所有的土地依法属于村农民集体所有的,由村集体经济组织或者村民委员会经营、管理。依据《民法典》第 100 条第 1 款的规定,城镇农村的合作经济组织依法取得法人资格。第 101 条规定,居民委员会、村民委员会具有基层群众性自治组织法人资格,可以从事为履行职能所需要的民事活动;未设立村集体经济组织的村民委员会以依法代行村集体经济组织的职能。农村的合作经济组织,主要有农民专业合作社、农村供销合作社和农村互助合作社等。对由其享有的不动产所有权按有关法律和章程规定行使所有权。① 村委会,是村民自我管理、自我教育、自我服务的基层群众性自治组织,实行民主选举、民主决策、民主管理、民主监督。其职责是办理本村的公共事务和公益事业,调解民间纠纷,协助维护社会治安,向人民政府反映村民的意见、要求和提出建议。其要向村民会议、村民代表会议负责并报告工作。②

《村民委员会组织法》第 8 条第 2 款规定:“村民委员会依照法律规定,管理本村属于村农民集体所有的土地和其他财产,引导村民合理利用自然资源,保护和改善生态环境。”第 3 款规定:“村民委员会应当尊重并支持集体经济组织依法独立进行经济活动的自主权,维护以家庭承包经营为基础、统分结合的双层经营体制,保障集体经济组织和村民、承包经营户、联户或者合伙的合法财产权和其他合法权益。”根据《土地管理法》第 13 条的规定,农民集体所有耕地、林地、草地,采取农村集体经济组织内部的家庭承包方式承包,不宜采取家庭承包方式的荒山、荒沟、荒

① 关于农村合作经济组织的详细内容,参见陈启超:《以案释法:民法典总则编 100 篇》,法律出版社 2022 年版,第 160 ~ 161 页。

② 《村民委员会组织法》第 2 条规定。

丘、荒滩等,可以采取招标、拍卖、公开协商等方式承包,从事种植业、林业、畜牧业、渔业生产。《农村集体经济组织法》第38条规定:"依法应当实行家庭承包的耕地、林地、草地以外的其他农村土地,农村集体经济组织可以直接组织经营或者依法实行承包经营,也可以依法采取土地经营权出租、入股等方式经营。"

(2)分别属于村内两个以上农民集体所有的,由村内各该集体经济组织或者村民小组依法代表集体行使所有权。依据《土地管理法》第11条的规定,对已经分别属于村内两个以上农村集体经济组织的农民集体所有的土地,由村内各该农村集体经济组织或者村民小组经营、管理。《村民委员会组织法》第3条第3款规定,村委会可以根据村民居住状况、集体土地所有权关系等分设若干村民小组。村民小组对分属于其所有的土地有发包给其小组成员承包经营的权利。第28条第1款、第3款规定:"召开村民小组会议,应当有本村民小组十八周岁以上的村民三分之二以上,或者本村民小组三分之二以上的户的代表参加,所作决定应当经到会人员的过半数同意。""属于村民小组的集体所有的土地、企业和其他财产的经营管理以及公益事项的办理,由村民小组会议依照有关法律的规定讨论决定,所作决定及实施情况应当及时向本村民小组的村民公布。"

(3)属于乡镇农民集体所有的,由乡镇集体经济组织代表集体行使所有权。乡镇集体经济组织可以依法取得特别法人资格,依法行使对其所有的土地等不动产的所有权。《土地管理法》第11条也规定,对已经属于乡(镇)农民集体所有的土地,由乡(镇)农村集体经济组织经营、管理。

案 例

上诉人马某1与被上诉人某墩村委会侵害集体经济组织成员权益纠纷案

马某1向一审法院起诉,请求依法撤销某墩村委会作出的《致全体某墩村村民的告知书》,以消除对马某1农业生产经营活动的现实危险。

一审法院认定事实:马某1系某墩村2队村民。2016年10月30日,马某1与某墩村1队村民杨某刚签订《土地转让协议》,约定:杨某刚将其位于××里的土地转让于马某1,自双方成交之日起,土地的经营权、使用权均归马某1享有。某墩村委会在《土地转让协议》的证明人处加盖了印章。上述土地为某墩村委会集体所有,1981年实施土地承包责任制时,被划分为打谷场,打谷场的功能消失后,某墩村委会将该土地分配给杨某刚等4户村民使用。2021年4月15日,某墩村委会召开村民代表会议,会议应到村民代表会议组成人员共29人,实到24人,实到人数超过应到村民代表会议组成人员2/3。其中"关于4个队的场面和牛场回收"的议题有24人同意形成决议。同年4月17日,某墩村委会作出《告知书》并向马某1进行了送达,告知书载明:"……为改善我村人居环境,现对所有打谷场进行优化治理,经村委会研究决定:收回某墩村委会1、2、3、4队场面,由基地进行合理规划使用。请大家将所有场面杂物及违建设施清理完成,此项工作于2021年4月底前完成……"

一审法院认为:首先,涉案土地性质为集体所有,根据《民法典》第262条第1项的规定,某墩村委会有权代表村集体行使所有权;其次,《告知书》系某墩村委会依据村民代表会议形成的决议作出,此次村民代表会议的召开,由2/3以上的村民代表会议组成人员参会,关于收回包括涉案土地在内的四个场面的决议由过半数的参会人员同意,决议程序符合《村民委员会组织法》第26条的规定。故马某1请求撤销《告知书》无事实及法律依据,本院不予支持。综上,依法判决驳回原告马某1的诉讼请求。

二审法院认为:根据在卷的证据和审理查明的事实可以确认案涉土地系被上诉人某墩村委会村集体所有,被上诉人具有对案涉土地经营、管理的权利。被上诉人虽曾将案涉土地分配给案外人杨某刚使用,后同意由杨某刚转让给上诉人使用。但杨某刚与被上诉人、上诉人与被上诉人之间关于案涉土地的用途、使用期限等并无相关合同约定。上诉人虽称其对案涉土地享有承包经营权,但其提交的证据不足以证实其主张,应承担举证不能的不利后果。现被上诉人依法召开村民代表会议决定收回案涉集体土地,程序合法。上诉人要求撤销案涉《告知书》的理由不能成立,一审法院未予支持,并无不当。上诉人主张的补偿事宜不属于本案审理范围。上诉人的上诉理由均不能成立,本院不予支持。被上诉人经本院传票传唤未到庭参加诉讼,视为其相关诉讼权利的放弃。故判决:驳回上诉,维持原判。①

53

城镇集体财产权的行使

【民法典】

第二百六十三条　城镇集体所有的不动产和动产,依照法律、行政法规的规定由本集体享有占有、使用、收益和处分的权利。

释　法

《民法典》第 263 条规定了城镇集体财产所有权的行使,与《物权法》第 61 条规定的内容相同。

城镇集体财产所有权,是指城镇集体组织范围内的劳动群众集体对其所有的不动产和动产享有占有、使用、收益和处分的权利。《城镇集体所有制企业条例》第 3 条规定:"城镇集体所有制经济是我国社会主义公有制经济的一个基本组成部分,国家鼓励和扶持城镇集体所有制经济的发展。"第 4 条第 1 款规定:"城镇集体所有制企业(以下简称集体企业)是财产属于劳动群众集体所有、实行共同劳动、在分配方式上以按劳分配为主体的社会主义经济组织。"第 2 款规定:"前款所称劳动群众集体所有,应当符合下列中任一项的规定:(一)本集体企业的劳动群众

① 参见宁夏回族自治区银川市中级人民法院民事判决书,(2022)宁 01 民终 4231 号。

集体所有;(二)集体企业的联合经济组织范围内的劳动群众集体所有;(三)投资主体为两个或者两个以上的集体企业,其中前(一)、(二)项劳动群众集体所有的财产应当占主导地位。本项所称主导地位,是指劳动群众集体所有的财产占企业全部财产的比例,一般情况下应不低于51%,特殊情况经过原审批部门批准,可以适当降低。"

1. 城镇集体所有制企业主要产生于20世纪50~80年代。从产生原因来看,主要有:(1)50年代中期手工业者走合作化道路兴办的集体企业;(2)50年代末60年代初街道、居委会组织家庭妇女、社会闲散人员举办的集体企业;(3)70年代为学生学工兴办的校办工厂;(4)国有企业为知青回城、家属工等就业兴办的三产等集体企业;(5)80年代初发展商品经济为戴红帽子兴办的集体企业。从资金构成上看,主要有:(1)个人出资;(2)联社投资;(3)银行贷款;(4)国有企业划拨财产;(5)国家给予优惠政策,如利润留存等积累。改革开放后,城镇集体企业先后经过放权、承包经营责任制和股份合作制等改革,改革为有限责任公司、股份有限公司、股份合作制企业和合伙等形式。[①] 目前,传统意义上的纯集体所有制企业已经不多了。

《城镇集体所有制企业条例》第6条规定:"集体企业依法取得法人资格,以其全部财产独立承担民事责任。集体企业的财产及其合法权益受国家法律保护,不受侵犯。"第21条规定,集体企业享有自主安排生产、经营、服务活动;吸收职工和其他企业、事业单位、个人集资入股,与其他企业、事业单位联营,向其他企业、事业单位投资,持有其他企业的股份等权利。第37条规定:"集体企业的公共积累,归本企业劳动群众集体所有。"第38条第1款规定:"集体企业的联合经济组织的投资,归该联合经济组织范围内的劳动群众集体所有。"第40条规定:"职工股金,归职工个人所有。"第41条规定:"集体企业外的单位和个人的投资,归投资者所有。"第46条规定:"集体企业的税后利润,由企业依法自主

---

① 参见全国人大常委会法工委民法室编著:《物权法立法背景与观点全集》,法律出版社2007年版,第292~293页。

支配。企业应当按照国家规定确定公积金、公益金、劳动分红和股金分红的比例。"第 47 条规定:"集体企业职工的劳动报酬必须坚持按劳分配的原则。具体分配形式和办法由企业自行确定。"

2. 城镇集体财产所有权的行使。《城镇集体所有制企业条例》第 8 条规定:"集体企业的职工是企业的主人,依照法律、法规和集体企业章程行使管理企业的权力。集体企业职工的合法权益受法律保护。"第 9 条规定:"集体企业依照法律规定实行民主管理。职工(代表)大会是集体企业的权力机构,由其选举和罢免企业管理人员,决定经营管理的重大问题。集体企业实行厂长(经理)负责制。集体企业职工的民主管理权和厂长(经理)依法行使职权,均受法律保护。"第 32 条第 1 款规定:"厂长(经理)由企业职工代表大会选举或者招聘产生……"第 55 条规定:"国家保护集体企业的合法权益。任何政府部门及其他单位和个人不得改变集体企业的集体所有制性质和损害集体企业的财产所有权,不得向集体企业摊派人力、物力、财力,不得干预集体企业的生产经营和民主管理。"

案　例

上诉人某县政府与被上诉人陈某光等 65 人撤销行政答复行政诉讼案

某综联厂于 1956 年由企业职工自带工具、自愿组合、自筹资金创办成立,属自主经营、独立核算、自负盈亏的城镇集体所有制企业。1987 年由于生产原材料枯竭处于半停产状态,该厂动员有能力的职工外出自谋生活,能进能出。从 1995 年开始全面停产,未再进行生产经营,依靠出租企业门面房维持留守人员的基本生活。至陈某光等 65 人提起本案诉讼时,尚有未退休的留守人员 2 人,其余职工均已退休。该厂从创办成立至今通过原始积累形成占地 1880.8 平方米的厂房、办公室、职工宿舍等固定资产,门面房租金为该企业当前的唯一收入来源。2016 年 5 月 16 日,陈某光等 65 名原某综联厂职工及已故职工家属向某县政府提交《关于请求某县政府依法确认某综联厂资产权益的报告》。某县政府于同年 6 月 28 日作出《关于〈关于请求某县政府依法确认某综联厂资产权益的报告〉的答复》(以下简称《答复》),内容为"……职工在集体企业工作实行按劳取酬,享受各种福利、退休养老等待遇。已调离该企业、自动离职、被开除的职工,行政上在调离(离开)该集体企业时已与原企业结束了劳动关系和经济关系,不再是原企业职工,也不属于'本企业劳动群众集体所有'的规定性范畴……现某综联厂还在正常运行中,其资产仍归县某综联厂集体所有,应按章程进行经营管理……"①陈某光等65人不服该《答复》,诉至法院,请求撤销《答复》,确认某综联厂资产归属原企业劳动群众集体所有,维护陈某光等人合法权益。一审法院判决:撤销某县人民政府作出的《答复》,由某县政府对陈某光等人提出的关于依法确认某综联厂资产权益的请求重新作出处理。

二审法院认为:关于被诉《答复》是否合法的问题。本案某综联厂单位性质系集体所有制企业,根据《城镇集体所有制企业条例》第4条、第9条、第28条以及第46条的规定,集体所有制企业是指财产属于本集体劳动群众共同所有、实行共同劳动,在分配方式上以按劳分配为主体的社会主义经济组织。集体所有制企业依照法律规定实行民主管理。职工(代表)大会是集体所有制企业的权力机构,决定经营管理的重大问题,在法律、法规范围内行使职权②。同时,根据《城镇集体所有制企业条例》第50条、第52条和第55条的规定,人民政府与集体所有制企业的关系是扶持和指导,任何政府部门及其他单位和个人不得改变集体所有制企业的集体所有制性质和损害集体所有制企业的财产所有权,不得向集体所有制企业摊派人力、物力、财力,不得干预集体所有制企业的生产经营和民主管理。被上诉人向某县政府提交《报告》的根本诉求是以其曾是原某综联厂的职工要求分配现某综联厂资产权益,该请求事项属于企业内部经营决策事项,应由该厂职工(代表)大会讨论决定。法律没有赋予县级人民政府对城镇集体所有制企业资产权益分配进行处理的权力。某县政府在《答复》中的认定,直接否定了陈某光等人参

---

① 《答复》内容较长,为节省篇幅,部分内容省略,其中省略号为笔者所加。案例部分的注释及省略号代替部分内容均为笔者所加,以下不再注明。

② 《城镇集体所有制企业条例》第28条规定:"集体企业的职工(代表)大会在国家法律、法规的规定范围内行使下列职权:(一)制定、修改集体企业章程;(二)按照国家规定选举、罢免、聘用、解聘厂长(经理)、副厂长(副经理);(三)审议厂长(经理)提交的各项议案,决定企业经营管理的重大问题;(四)审议并决定企业职工工资形式、工资调整方案、奖金和分红方案、职工住宅分配方案和其他有关职工生活福利的重大事项;(五)审议并决定企业的职工奖惩办法和其他重要规章制度;(六)法律、法规和企业章程规定的其他职权。"

与分配某综联厂资产权益的资格,属于超越职权,依照《行政诉讼法》第70条第4项的规定,应予撤销。一审判决第一项撤销《答复》正确。由于某县政府没有对集体所有制企业资产权益分配进行处理的法定职责,一审判决第二项由某县政府对陈某光等人提出的关于依法确认某综联厂资产权益的请求重新作出处理,没有法律依据。故判决:维持河池市中级人民法院(2016)桂12行初111号行政判决第一项;撤销该行政判决第二项。①

54

集体财产权的保护

【民法典】

第二百六十五条　集体所有的财产受法律保护,禁止任何组织或者个人侵占、哄抢、私分、破坏。

农村集体经济组织、村民委员会或者其负责人作出的决定侵害集体成员合法权益的,受侵害的集体成员可以请求人民法院予以撤销。

释　法

《民法典》第265条规定了集体财产所有权的保护,由《物权法》第63条的规定修改而来。

《民法典》第265条第1款宣示性规定,集体所有的财产受法律保护。这里讲的集体所有的财产,从范围上讲,就是《民法典》第260条规定的集体所有的不动产和动产,包括法律规定属于集体所有的土地和森

① 参见广西壮族自治区高级人民法院民事判决书,(2017)桂行终668号。

林、山岭、草原、荒地、滩涂;集体所有的建筑物、生产设施、农田水利设施;集体所有的教育、科学、文化、卫生、体育等设施;以及集体所有的其他不动产和动产。《农村集体经济组织法》第 36 条对集体财产包括的范围作了更为详尽的规定。[①] 从主体上讲,既包括农民集体所有的财产,也包括城镇集体所有的财产。对集体所有的财产,禁止任何组织或者个人予以侵占、哄抢、私分和破坏。"侵占",是指以非法占有为目的,将由其经营管理的集体财产非法据为己有的行为。"哄抢",是以非法占有为目的,组织或者多人一起参与强行抢占集体财产的行为。"私分",是指违反集体财产分配管理的规定,私自将集体财产分配给部分集体成员的行为。"破坏",是指故意损坏集体财产的行为。

《民法典》第 265 条第 2 款规定,如果农村集体经济组织、村委会或者其负责人作出的决定侵害了集体成员合法权益的,受侵害的集体成员可以行使撤销权。从而为集体成员提供了向人民法院提起诉讼,依法撤销农村集体经济组织、村委会或者其负责人所作决定的救济途径。比如,《农村土地承包法》第 31 条规定:"承包期内,妇女结婚,在新居住地未取得承包地的,发包方不得收回其原承包地;妇女离婚或者丧偶,仍在原居住地生活或者不在原居住地生活但在新居住地未取得承包地的,发包方不得收回其原承包地。"如果农村集体经济组织、村委会或者其负责人违反该规定,决定收回"出嫁女"、离婚或者丧偶妇女的承包地,该合法权益受到侵害的妇女,则可以依法向人民法院提起撤销之诉。被撤销的农村集体经济组织、村委会或者其负责人作出的决定,自始没有法律效力。受侵害的集体成员应当自知道或者应当知道撤销事由之日起 1 年内行使撤销权;自该决定作出之日起 5 年内没有行使撤销权的,撤销权消灭。[②]

---

① 参见本书"50 集体所有财产的范围"篇的注释。

② 《民法典》第 155 条、第 152 条规定。

案　例

1. 上诉人张某法与被上诉人某河村委会占有排除妨害纠纷案

某河村委会向一审法院起诉，请求判令张某法拆除所建大棚并退还某所占用村集体土地。一审法院认定事实：张某法系某河村村民，在张某法住宅西侧原有一处空闲地，原为垃圾场，四五年前，张某法用土将其填平，种植蔬菜。2021 年 5 月 20 日张某法卸任村支部书记后，在涉案土地上建一东西 8.8 米、南北 8.4 米钢架结构大棚，种植蔬菜。2022 年 4 月 19 日，某河村委会向张某法送达告知函，告知其行为属于私自占用公共用地，破坏村庄规划，通知其于收到告知函后 10 日内自行拆除违规建设的大棚并恢复土地原状。其至今未将涉案大棚拆除并将土地返还某河村委会。庭审中，张某法自认涉案土地是村集体土地，没有发包给张某法，也没有通过其他方式允许其耕种。一审法院认为，因上诉人张某法违反了《土地管理法》第 11 条和《民法典》第 265 条第 1 款的规定，某河村委会要求张某法拆除所建大棚并将所占用的土地返还村集体，其诉讼请求符合法律规定。判决张某法于判决生效后 10 日内将所建大棚（东西 8.8 米、南北 8.4 米）拆除并将所占用的土地返还某河村委会。

二审法院认为，本案的争议焦点为张某法是否享有对涉案土地的使用权。其一，根据《民法典》《土地管理法》相关规定，农民集体所有的土地依法属于村农民集体所有的，由村集体经济组织或者村民委员会经营、管理；村民对集体土地的使用权，需通过法定形式取得。本案双方当事人对诉争土地的性质为集体土地均无异议，张某法主张其将诉争土地原有垃圾大坑填平，但此并非获取集体土地使用权的法定形式，张某法并不因此取得该土地的使用权。其二，张某法主张 2018 年经党员及村民代表大会决定，同意村民开荒地自种，不足采信；即使属实，张某法亦无证据证明其使用该土地的有效期限，故不影响某河村委会因经营管理需要收回土地。其三，张某法所称的某河村委会选择性排除妨碍问题。某河村委会提起本案诉讼，系依法行使对集体土地的经营管理职责，其对其他土地的处理意见并非张某法的合法抗辩事由。综上，张某法并不享有对涉案土地的使用权，原判决判令其拆除地上所建大棚并返还土地，合法有据，予以确认。故判决：驳回上诉,维持原判。①

2. 再审申请人罗某娥与被申请人某合村委会侵害集体经济组织成员权益纠纷案

一审法院认为,对于村民行使民主权利,通过投票或其他形式形成的决议不能撤销,如果诉讼请求仅为撤销村民(小组)会议决定的分配方案的,则不宜受理。《村民委员会组织法》第27条规定,村民(小组)会议的决定违法的,应当由乡一级人民政府责令改正。罗某娥诉请撤销的《×谷项目某合村八组红线内、外土地补增及青苗款分配到户表》《某合村八组山林流转款发放明细表》《×谷项目某合村八组山林流转青苗收购表》,实际上系某源县某花源镇某合村委会村民小组通过小组村民投票或其他形式形成的分配方案,系村民会议自治范围,故对于罗某娥的诉求,法院不宜受理。裁定对罗某娥的起诉,法院不予受理。

罗某娥不服,向湖南省常德市中级人民法院提起上诉。二审法院亦认为,根据《物权法》第59条、《村民委员会组织法》第24条之规定,某合村委会和该村八组关于修建某花源×谷项目时征收该村组土地、青苗、山林的征收补偿款分配表和发放表系农村集体经济组织集体决定的事项,属于村民自治的范畴。罗某娥所诉事项,不属于人民法院主管范围,应通过向乡镇一级人民政府申请解决。罗某娥的上诉理由不成立。裁定驳回上诉,维持原裁定。

再审法院认为,根据《村民委员会组织法》第24条"涉及村民利益的下列事项,经村民会议讨论决定方可办理……(七)征收补偿费的使用、分配方案……"《物权法》第59条"农民集体所有的不动产和动产,属于本集体成员集体所有。下列事项应当依照法定程序经本集体成员决定……(三)土地补偿费等费用的使用、分配办法……"第63条"集体所有的财产受法律保护,禁止任何单位和个人侵占、哄抢、私分、破坏。集体经济组织、村民委员会或者其负责人作出的决定侵害集体成员合法权益的,受侵害的集体成员可以请求人民法院予以撤销"之规定,罗某娥诉请撤销《×谷项目某合村八组红线内、外土地补增及青苗款分配到户表》《某合村八组山林流转款发放明细表》

① 参见山东省威海市中级人民法院民事判决书,(2022)鲁10民终2867号。

《×谷项目某合村八组山林流转青苗收购表》,系以三表中涉及的补偿方案决定侵害其合法权益为由,诉请事项符合上述法律规定的受理条件,原一、二审裁定不予受理适用法律错误。故裁定:(1)撤销湖南省桃源县人民法院(2018)湘 0725 民初 2149 号民事裁定和湖南省常德市中级人民法院(2018)湘 07 民终 1733 号民事裁定;(2)本案由湖南省桃源县人民法院立案受理。[①]

55

私人财产权及其保护

【民法典】

第二百六十六条　私人对其合法的收入、房屋、生活用品、生产工具、原材料等不动产和动产享有所有权。

第二百六十七条　私人的合法财产受法律保护,禁止任何组织或者个人侵占、哄抢、破坏。

释　法

《民法典》第 266 ~ 267 条规定了私人财产所有权及其保护。《民法典》第 266 条与《物权法》第 64 条规定内容一致,《民法典》第 267 条由《物权法》第 66 条的规定修改而来。

私人财产所有权,是指私人对其合法的收入、房屋、生活用品、生产工具、原材料等财产,享有占有、使用、收益和处分的权利。私人财产所

---

① 参见湖南省高级人民法院民事裁定书,(2020)湘民再 82 号。案例中引用的《物权法》第 59 条、第 63 条的规定对应《民法典》第 261 条、第 265 条规定。

有权是私人所有制在法律上的反映。《宪法》第13条第2款规定:“国家依照法律规定保护公民的私有财产权和继承权。”《民法典》第266条是根据《宪法》规定在民法上对私人财产所有权所作的立法确认和具体规定。私人财产所有权的主体范围,是“私人”,其不仅包括我国公民,也包括在我国合法取得财产的外国人和无国籍人;不仅包括自然人,也包括个人独资、合伙等私营企业。私人所有权的客体范围,包括私人所有的不动产和动产。具体表现为:(1)合法收入,是指自然人在法律允许的范围内,用自己的劳动或者其他方法取得的收入,包括工资、奖金、报酬等劳动收入,存款利息、租金收入、农村承包经营所得,通过买卖、赠与、继承所得等。(2)房屋,是指私人拥有的住宅、商铺和厂房等。房屋属于私人所有的重要不动产。根据《民法典》第243条的规定,国家为了公共利益的需要、依照法律规定的权限和程序,可以征收私人所有的房屋,但必须要依法给予补偿。(3)生活用品,是指私人用于生活需要的物品。主要指的是动产,比如家居家私、图书资料、私人文物、牲畜宠物等。(4)生产工具、原材料,是指私人为了生产经营需要而拥有的各种工具、器具和原材料等。(5)私人合法拥有的其他不动产和动产。

《民法典》第267条规定,“私人的合法财产受法律保护”。第113条规定:“民事主体的财产权利受法律平等保护。”对国有财产、集体财产和私人财产予以平等保护,既是我国坚持中国特色社会主义发展道路和发展社会主义市场经济的根本要求,也是弘扬社会主义法治精神的具体体现。对私人的合法财产,禁止任何组织或者个人予以侵占、哄抢和破坏。“侵占”,是指以非法占有为目的,将他人拥有的合法财产非法据为己有的行为。“哄抢”,是以非法占有为目的,组织或者多人一起参与强行抢占他人私有财产的行为。“破坏”,是指故意损坏他人私有财产的行为。

案　　例

上诉人彭某强、彭某东与被上诉人石某燕占有物返还纠纷案

石某燕向一审法院起诉,请求:(1)判令二被告将位于鞍山市高新区千山东路×××号的房屋(产籍号:4×-9×-2×-3×××)腾出返还给原告;(2)判令被告自2021年1月1日起至实际房屋交付止每月向原告支付房屋租金2500元。

一审法院认定事实:原告石某燕与被告彭某强原系夫妻关系,原告石某燕与被告彭某东原系继母女关系,被告彭某强与被告彭某东为父子关系。2018年9月21日,原告石某燕与被告彭某强签订声明一份,载明:"现两处房屋(××城房屋两处,各98平),一楼给儿子改为彭某东的名字,三楼的房子全部产权由彭某强和石某燕共同拥有,二人要共同努力经营好婚姻,如果有一方要离婚房子归另一方,特此声明。"声明落款处为原告石某燕与被告彭某强。原告石某燕曾在该院起诉与被告彭某强离婚,该院于2020年9月3日判决原告石某燕与被告彭某强离婚,并将涉案房屋判归原告石某燕个人所有。后被告彭某强对该院判决不服,上诉至鞍山市中级人民法院。鞍山市中级人民法院于2020年12月22日通过(2020)辽03民终3784号民事判决,维持了一审法院(2020)辽0304民初3039号民事判决结果。(2020)辽03民终3784号民事判决载明:本案涉案的两处房产,其中1楼的房屋系双方婚后于2004年9月6日购买,现登记在上诉人彭某强名下。虽然双方曾签署声明一份,但双方约定的是将1楼的房屋改为彭某东,将3楼的房屋确定双方共有。而彭某强在未经被上诉人石某燕同意的情况下擅自将3楼的房屋过户给其子彭某东,彭某强的行为已违反双方约定在先,双方声明中的协议内容已无法实现,故该声明对石某燕不再具有约束力。虽然彭某强辩称1楼的房屋是其母亲全款购买,其有权赠与彭某强,不同意按共同财产予以分割,但因其未提供证据证明该房屋系其母亲出资,亦未证明该赠与事实存在,因该房屋是在双方夫妻关系存续期间购买,故一审法院认定为夫妻共同财产正确。另查,2021年1月25日,原告石某燕取得涉案房屋的单独所有权。再查,庭审中被告方自认占有涉案房屋,且实际居住。

一审法院判决:(1)被告彭某强、彭某东于本判决发生法律效力后10日

内将涉案房屋腾出并返还给原告石某燕；(2)被告彭某强、彭某东自2021年2月1日起至房屋实际交付之日止，按照每月1000元标准向原告支付房屋租金；(3)驳回原告石某燕的其他诉讼请求。

二审法院认为，《民法典》第229条规定："因人民法院、仲裁机构的法律文书或者人民政府的征收决定等，导致物权设立、变更、转让或者消灭的，自法律文书或者征收决定等生效时发生效力。"第240条规定："所有权人对自己的不动产或者动产，依法享有占有、使用、收益和处分的权利。"第267条规定："私人的合法财产受法律保护，禁止任何组织或者个人侵占、哄抢、破坏。"本案涉案房屋已经生效判决确认归被上诉人石某燕所有，且被上诉人已经取得涉案房屋的不动产权属证书，故可以认定涉案房屋的所有权人为被上诉人石某燕，被上诉人作为涉案房屋的所有权人依法对涉案房屋享有占有、使用、收益及处分的权利。另外，《民法典》第235条规定："无权占有不动产或者动产的，权利人可以请求返还原物。"第238条规定："侵害物权，造成权利人损害的，权利人可以依法请求损害赔偿，也可以依法请求承担其他民事责任。"现二上诉人彭某强、彭某东无正当理由居住、占有涉案房屋，并拒不腾退搬出，对涉案房屋所有权人即被上诉人石某燕的权利造成侵害，二上诉人是涉案房屋的无权占有人，被上诉人有权向二上诉人主张返还房屋并赔偿损失。故一审法院判决二上诉人将涉案房屋腾出并返还给被上诉人、向被上诉人支付占用期间房屋租金，并无不当，本院予以维持。综上所述，上诉人彭某强、彭某东的上诉请求不能成立，应予驳回。故判决：驳回上诉，维持原判。①

① 参见辽宁省鞍山市中级人民法院民事判决书，(2022)辽03民终58号。

56

出资人权益的物权保护

【民法典】

第二百六十八条　国家、集体和私人依法可以出资设立有限责任公司、股份有限公司或者其他企业。国家、集体和私人所有的不动产或者动产投到企业的,由出资人按照约定或者出资比例享有资产收益、重大决策以及选择经营管理者等权利并履行义务。

释　法

《民法典》第 268 条规定了出资人权益的物权保护,与《物权法》第 67 条规定的内容基本一致。

国家、集体组织和私人可以把自己所有的财产投入公司或者企业中,从而成为出资人,享有出资者权益。国家、集体组织和私人投入公司或者企业中的财产成为公司或者企业的财产,与其所有的其他财产相隔离。《民法典》第 257 条规定:“国家出资的企业,由国务院、地方人民政府依照法律、行政法规规定分别代表国家履行出资人职责,享有出资人权益。”《公司法》第 169 条第 1 款规定:“国家出资公司,由国务院或者地方人民政府分别代表国家依法履行出资人职责,享有出资人权益。国务院或者地方人民政府可以授权国有资产监督管理机构或者其他部门、机构代表本级人民政府对国家出资公司履行出资人职责。”第 4 条第 1 款规定:“有限责任公司的股东以其认缴的出资额为限对公司承担责任;股份有限公司的股东以其认购的股份为限对公司承担责任。”第 2 款规定:“公司股东对公司依法享有资产收益、参与重大决策和选择管理者等权利。”《公司法》第 3 条第 1 款规定,公司或者企业依法“享有法人财产权”,“以其全部财产对公司的债务承担责任。”

1. 国家、集体组织和私人作为公司或者企业的出资人(股东)享有的出资者权益,即为《民法典》第125条规定的出资者享有的“股权和其他投资性权利”[①]。对出资人(股东)的权利(益),在《公司法》作具体规定的同时,又在《民法典》总则编和物权编予以原则性、宣示性规定,体现了我国民商合一的立法体系安排。

出资人的权益具体体现在:

(1)按照出资(持有股份)比例享有资产收益权。《公司法》第4条第2款规定,公司股东对公司依法享有“资产收益”的权利。第236条第2款规定:“公司财产在分别支付清算费用、职工的工资、社会保险费用和法定补偿金,缴纳所欠税款,清偿公司债务后的剩余财产,有限责任公司按照股东的出资比例分配,股份有限公司按照股东持有的股份比例分配。”

(2)重大决策权。国家、集体组织和私人作为公司或者企业的出资人(股东),依照《公司法》及公司章程(企业管理制度)的规定,通过股东会、股东大会等权力机构来行使职权。《公司法》第59条第1款规定,股东会行使下列职权:选举和更换董事、监事,决定有关董事、监事的报酬事项;审议批准董事会、监事会的报告;审议批准公司的利润分配方案和弥补亏损方案;对公司增加或者减少注册资本,发行公司债券,合并、分立、解散、清算,或者变更公司形式作出决议;修改公司章程;以及公司章程规定的其他职权。[②]

(3)选择经营管理者等权利。《公司法》第68条、第75条规定,有限责任公司设董事会,规模较小或者股东人数较少的有限责任公司,可

---

① 参见陈启超:《以案释法:民法典总则编100篇》,法律出版社2022年版,第215~218页。

② 《公司法》第172条规定:“国有独资公司不设股东会,由履行出资人职责的机构行使股东会职权。履行出资人职责的机构可以授权公司董事会行使股东会的部分职权,但公司章程的制定和修改,公司的合并、分立、解散、申请破产,增加或者减少注册资本,分配利润,应当由履行出资人职责的机构决定。”

以设一名董事,该董事可以兼任公司经理。有限责任公司董事会成员为 3 人以上,其成员中可以有公司职工代表。职工人数 300 人以上的有限责任公司,除依法设监事会并有公司职工代表的外,其董事会成员中应当有公司职工代表。第 173 条规定,国有独资公司的董事会成员中,应当过半数为外部董事,并应当有公司职工代表。董事会成员由履行出资人职责的机构委派;但董事会成员中的职工代表由公司职工代表大会选举产生。出资人(股东)借助于董事会,可以决定公司内部管理机构的设置,聘任或者解聘公司经理及其报酬事项,并根据经理的提名决定聘任或者解聘公司副经理、财务负责人及其报酬事项。①

依据《公司法》第 57 条第 1 款的规定,股东还有权查阅、复制公司章程、股东会会议记录、董事会会议决议、监事会会议决议、财务会计报告和公司会计账簿。

2. 国家、集体组织和私人作为公司或者企业的出资人(股东),不仅享有出资者权益;同时,还应履行出资者义务。比如,《公司法》第 49 条第 1 款、第 2 款规定:“股东应当按期足额缴纳公司章程规定的各自所认缴的出资额。股东以货币出资的,应当将货币出资足额存入有限责任公司在银行开设的账户;以非货币财产出资的,应当依法办理其财产权的转移手续。”又如,《公司法》第 21 条、第 23 条规定,公司股东应当遵守法律、行政法规和公司章程,依法行使股东权利,不得滥用股东权利损害公司或者其他股东的利益。公司股东滥用股东权利给公司或者其他股东造成损失的,应当承担赔偿责任。公司股东滥用公司法人独立地位和股东有限责任,逃避债务,严重损害公司债权人利益的,应当对公司债务承担连带责任。

---

① 《公司法》第 67 条第 2 款规定,“董事会行使下列职权:(一)召集股东会会议,并向股东会报告工作;(二)执行股东会的决议;(三)决定公司的经营计划和投资方案;(四)制订公司的利润分配方案和弥补亏损方案;(五)制订公司增加或者减少注册资本以及发行公司债券的方案;(六)制订公司合并、分立、解散或者变更公司形式的方案;(七)决定公司内部管理机构的设置;(八)决定聘任或者解聘公司经理及其报酬事项,并根据经理的提名决定聘任或者解聘公司副经理、财务负责人及其报酬事项;(九)制定公司的基本管理制度;(十)公司章程规定或者股东会授予的其他职权。”

案 例

上诉人罗某民与被上诉人张某艳、钟某才,原审第三人李某炉、罗某明、潘某光、罗某花侵害企业出资人权益纠纷案

二审法院认为,本案争议焦点为:罗某民是否应当向张某艳、钟某才退回投资款26万元。

首先,涉案合作协议形成于2016年6月间,约定张某艳、罗某明、李某炉、潘某光、罗某花、罗某民就各方共同出资重组某然公司达成协议,明确了合作人的投资数额、投资方式、占股比例、利润分享、亏损分担、股东权利与义务和违约责任等,张某艳、李某炉、罗某花、罗某明、潘某光均在该协议上签名。罗某民虽未在该协议上签名,但其在诉讼中确认清楚该协议内容,且该协议约定的某然公司为罗某民的独资企业,罗某民也收取了各投资人的出资,亦认可各投资人的投资行为,视为其接受合作协议约束,故涉案合作协议成立并生效。

其次,张某艳、钟某才于2014年8月29日出资3万元、于2015年3月27日出资5万元,合计8万元,罗某民认可属于出资金额;张某艳、钟某才于2016年6月25日按照合作协议约定出资18万元,罗某民亦认可属于出资金额。故按合作协议载明内容及张某艳、钟某才的出资情况,结合其他出资人对张某艳出资人身份的认可,和钟某才与张某艳之间为夫妻关系的事实,对张某艳为某然公司出资人的事实予以认定。

最后,根据合作协议约定,张某艳作为投资人,享有重大决策、资产收益等方面的权利;同时,各投资人在合作结束时,某然公司应进行资产清算,确定各投资人有权取得的财产。然罗某民作为某然公司唯一的登记股东,在既未经各投资人协商一致,也未对某然公司进行清算的情况下,就申请注销了某然公司,其行为违反了合作协议的约定,也侵犯了张某艳作为某然公司出资人的合法权益。结合某然公司未实际开业的事实,张某艳、钟某才请求罗某民返还投资款26万元及资金占用费的诉求,依法应予支持。综上所述,上诉人罗某民的上诉请求依据不足,应予驳回。故判决:驳回上诉,维持原判。①

---

① 参见广东省梅州市中级人民法院民事判决书,(2022)粤14民终2065号。

57

法人财产权及其保护

【民法典】

第二百六十九条　营利法人对其不动产和动产依照法律、行政法规以及章程享有占有、使用、收益和处分的权利。

营利法人以外的法人,对其不动产和动产的权利,适用有关法律、行政法规以及章程的规定。

第二百七十条　社会团体法人、捐助法人依法所有的不动产和动产,受法律保护。

释　法

《民法典》第 269 条、第 270 条规定了法人财产所有权及其保护,由《物权法》第 68 条、第 69 条的规定修改而来。

1. 营利法人,是以取得利润并分配给股东等出资人为目的成立的法人。其包括有限责任公司、股份有限公司和其他企业法人等。[①] 营利法人作为民事主体,作为所有权人,依照《民法典》第 240 条的规定,当然对其所有的不动产和动产,享有占有、使用、收益和处分的权利。但这里强调的是,要"依照法律、行政法规以及章程"的规定享有权利。"法律"主要是指《民法典》和《公司法》等法律规定。比如,《民法典》第 255 条规定,国家机关对其直接支配的不动产和动产,享有占有、使用以及依照法律和国务院的有关规定处分的权利;第 256 条规定,国家举办的事业单位对其直接支配的不动产和动产,享有占有、使用以及依照法律和国务

---

① 《民法典》第 76 条规定。

院的有关规定收益、处分的权利;第 257 条规定,国家出资的企业,由国务院、地方人民政府依照法律、行政法规规定分别代表国家履行出资人职责,享有出资人权益。《公司法》第 3 条第 1 款规定:"公司是企业法人,有独立的法人财产,享有法人财产权。公司以其全部财产对公司的债务承担责任。""行政法规"主要是指《企业国有资产监督管理暂行条例》《城镇集体所有制企业条例》和《乡村集体所有制企业条例》等有关国有及国有控股企业、国有参股企业中的国有资产的管理、处置,集体所有制企业财产所有和处分等方面的规定。比如,《企业国有资产监督管理暂行条例》第 32 条规定:"所出资企业中的国有独资企业、国有独资公司的重大资产处置,需由国有资产监督管理机构批准的,依照有关规定执行。"《乡村集体所有制企业条例》第 18 条规定:"企业财产属于举办该企业的乡或者村范围内的全体农民集体所有,由乡或者村的农民大会(农民代表会议)或者代表全体农民的集体经济组织行使企业财产的所有权。""法律、行政法规"均属于法定、强制性规定,应当必须执行;营利法人"章程"则属于自治、意定性规定,在不违反法律、行政法规规定的情况下,亦应予以遵照执行。

2. 营利法人以外的法人,包括非营利法人和特别法人。非营利法人是指为公益目的或者其他非营利目的成立,不向出资人、设立人或者会员分配所取得利润的法人,包括事业单位法人、社会团体法人和捐助法人等。① 特别法人,指机关法人、农村集体经济组织法人、城镇农村的合作经济组织法人和基层群众性自治组织法人。② 以上营利法人以外的法人,对其不动产和动产的权利,适用有关法律、行政法规以及章程的规定。比如,《农村集体经济组织法》第 36 条第 2 款规定:"集体财产依法由农村集体经济组织成员集体所有,由农村集体经济组织依法代表成员集体行使所有权,不得分割到成员个人。"又如,依据《社会团体登记管理条例》第 26 条第 3 款规定:"社会团体接受捐赠、资助,必须符合章程

---

① 《民法典》第 87 条规定。

② 《民法典》第 96 条规定。

规定的宗旨和业务范围，必须根据与捐赠人、资助人约定的期限、方式和合法用途使用。社会团体应当向业务主管单位报告接受、使用捐赠、资助的有关情况，并应当将有关情况以适当方式向社会公布。”

社会团体法人、捐助法人依法所有的不动产和动产，受法律保护。社会团体法人、捐助法人，依据其取得事实的不同，可能是对不动产和动产享有物权，也可能是享有对他人的债权。这里规定的是对社会团体法人、捐助法人享有物权的保护。这种法律上的保护，包括公法和私法上的保护手段。前者包括追究侵权人的行政责任或者刑事责任；后者为依据《民法典》第 233 ~239 条的规定行使物权请求权，或者依据《民法典》总则编第 177 条以下、侵权责任编第 1165 条以下规定，要求侵权人承担侵权责任。

案　例

上诉人淞源公司与被上诉人某城投公司及原审被告牛某林占有排除妨害纠纷案

某城投公司向一审法院起诉，请求判令：(1)被告淞源公司排除妨碍，腾退所占用的淄博市某区西侧面积 22,000 平方米的土地、地上建筑物及附着物；(2)被告淞源公司向原告支付自 2021 年 3 月 22 日至 2021 年 7 月 21 日的占用费 250,000 元及自 2021 年 7 月 22 日至实际搬离之日按照 65,000 元/月计算的占用费；(3)被告牛某林对第 2 项诉讼请求承担连带责任。

一审法院认为，原告系涉案不动产的所有权及相应的其他权利人，享有《民法典》第 269 条第 1 款“营利法人对其不动产和动产依照法律、行政法规以及章程享有占有、使用、收益和处分的权利”规定的权利。淞源公司主张根据租赁合同占用涉案不动产，但其租赁合同签订时间系法院查封之后，不符合《执行异议和复议案件规定》第 31 条第 1 款“承租人请求在租赁期内阻止向受让人移交占有被执行的不动产，在人民法院查封之前已签订合法有效的书面租赁合同并占有使用该不动产的，人民法院应予支持”规定的情形，其构成无权占有。依照《民法典》第 235 条“无权占有不动产或者动产的，权利人可以请求返还原物”和第 236 条“妨害物权或者可能妨害物权的，权利人可以请求排除妨害或者消除危险”的规定，原告有权要求淞源公司排除妨害，返还涉案不动产。原告主张的占用费标准无有效证据证明，且在本案中也未申请司法鉴定,该主张在本案中不予支持,可待证据充分后另行主张。相应的,原告主张牛某林承担连带责任在本案中亦不予支持。判决:(1)被告淞源公司于判决生效之日起10日内排除妨害,返还原告某城投公司位于淄博市某区西侧面积22,000平方米的土地、地上建筑物及附着物;(2)被告牛某林在本案中不承担责任;(3)驳回原告某城投公司的其他诉讼请求。

二审法院认为,人民法院查封案涉土地后,出租人与承租人签订租赁合同,承租人主张在租赁期内阻止向查封土地受让人移交占有被执行的不动产,人民法院不予支持。本案中,通过(2020)鲁0391执恢32号案件能够确认2014年11月4日一审法院就已查封康德公司面积32,291.76平方米的国有土地使用权,该土地包含被上诉人通过司法拍卖程序竞得的案涉土地、地上建筑物及附着物。康德公司与淞源公司分别于2016年5月20日、2017年8月1日签订租赁合同,两份租赁合同的订立时间均在一审法院查封之后,上诉人二审提交的证据仅能证明淞源公司与康德公司之间租赁合同的履行情况,不能证明双方租赁合同发生在一审法院查封之前,故上诉人淞源公司以此主张不予移交案涉土地、地上建筑物及附着物,于法无据,本院不予支持。故判决:驳回上诉,维持原判。①

58

建筑物区分所有权

【民法典】

第二百七十一条　业主对建筑物内的住宅、经营性用房等专有部分享有所有权,对专有部分以外的共有部分享有共有和共同管理的权利。

---

① 参见山东省淄博市中级人民法院民事判决书,(2022)鲁03民终1616号。

释 法

《民法典》物权编第六章，规定的是业主的建筑物区分所有权(第271～288条)。《民法典》第271条规定了建筑物区分所有权的概念，与《物权法》第70条的规定内容一致。

建筑物区分所有权，是指业主对建筑物内的住宅、经营性用房等专有部分享有所有权，对专有部分以外的共有部分享有共有和共同管理的权利。随着我国城市化进程的加快，越来越多的人涌进(大)城市，奋斗多年以求拥有一套属于自己的住宅(房屋)。多人共同居住在一栋楼房内，每一个人(业主)在对自己购买的单元套房享有所有权的同时，共有走廊和电梯，共同管理楼房的电器、暖气设备和房屋维修等事宜，形成和睦友好的建筑物区分所有权相邻关系。

对于“业主的建筑物区分所有权”，我们需要了解：

1. 权利主体。业主，是享有建筑物专有部分所有权的人。《物业管理条例》第6条规定，房屋的所有权人为业主；《建筑物区分所有权案件解释》第1条规定，依法登记取得或者依据《民法典》第229条至第231条规定取得建筑物专有部分所有权的人，应当认定为《民法典》第2编第6章所称的“业主”。基于与建设单位之间的商品房买卖民事法律行为，已经合法占有建筑物专有部分，但尚未依法办理所有权登记的人，可以认定为《民法典》第2编第6章所称的“业主”。

2. 权利内容。建筑物区分所有权是一种复合权，包括三个方面的内容：(1)业主对建筑物内的住宅、经营性用房等专有部分的所有权。住宅，是指以居住为目的及用途，为家庭居住使用的房屋。经营性用房，是指以经营为目的及用途，供商业经营使用的房屋。《民法典》第272条规定，业主对其建筑物专有部分享有占有、使用、收益和处分的权利。(2)业主对建筑物专有部分以外的共有部分的共有权。业主对建筑物自己专有部分以外的电梯、楼梯、过道、外墙、屋顶和水、电、气的主管线等享有共有的权利。《民法典》第274条规定，建筑区划内的道路(属于城镇公共道路的除外)、绿地(属于城镇公共绿地或者明示属于个人的除外)，以及其他公共场所、公用设施、物业服务用房，均属业主共有。第 275 条第 2 款规定，占用业主共有的道路或者其他场地用于停放汽车的车位，属于业主共有。(3)业主对建筑物专有部分以外的共有部分的共同管理权。这实为成员权。《民法典》第 284 条第 1 款规定，业主可以自行管理建筑物及其附属设施，也可以委托物业服务企业或者其他管理人管理。第 277 条、第 278 条规定，业主可以设立业主大会，选举业主委员会，制定和修改业主大会议事规则和管理规约，选举业主委员会或者更换业主委员会成员，选聘和解聘物业服务企业或者其他管理人，筹集、使用建筑物及其附属设施的维修资金，改建、重建建筑物及其附属设施等。第 286 条第 2 款规定，业主大会或者业主委员会，对任意弃置垃圾、排放污染物或者噪声、违反规定饲养动物、违章搭建、侵占通道、拒付物业费等损害他人合法权益的行为，有权依照法律、法规以及管理规约的规定，请求行为人停止侵害、排除妨碍、消除危险、恢复原状、赔偿损失。

3. 权利性质。除了前面所谈建筑物区分所有权属复合权外，其还有以下特性：(1)专有部分所有权的主导性。在构成建筑物区分所有权的三个方面权利内容中，专有部分所有权是主要的、主导的，起着决定性作用，共有权和管理权则处于从属地位。因为业主只有取得了专有部分的所有权，才能取得对专有部分以外共有部分的共有权和管理权；业主拥有专有部分所有权建筑面积的多少决定了业主占有共有部分的份额和管理权(成员权)表决的权重大小；不动产登记部门只登记专有部分所有权，对共有权和管理权则不用、不予登记。(2)权利存续和处分的整体性和一体性。构成建筑物区分所有权的三个方面的权利内容是一个整体，不可分割、分离，在建筑物区分所有权转让、抵押、继承时，三个方面的权利是同时、一体转让给受让人的。不能说只转让专有部分所有权，仍保留共有权和管理权。但能够与专有部分的房屋分离的车位、会所，则可单独、分开转让。(3)权利中的"人法性"因素。在构成建筑物区分所有权的三个方面权利内容中，突出人的因素，即人(业主)在行使共有权和管理权时，强调维系和谐的业主共同体关系，构建安全、舒适、高品质的社区生活。

案　例

再审申请人国电业委会与被申请人宏基公司、通州公司房屋买卖合同纠纷案

国电业委会向一审法院起诉请求,判令:(1)宏基公司、通州公司承担业主房屋已完工程质量缺陷修复所需费用及应建设而未建设工程(小区业主生活用水管网与城市供水管网接通工程、小区业主用房排水系统与城市管网接通工程、依照经批准的小区规划在本小区内配建小区幼儿园等遗留工程)的施工费用共计 56,215,829.3 元及逾期违约金;(2)宏基公司履行 240 户业主商品房不动产确权登记义务,向业主发放《不动产权证书》;(3)宏基公司承担逾期办理房地产权属证书的违约金 1,629,200 元;(4)宏基公司终止未履行前期物业服务的违约状态,并退还非法收取的物业费 541,967.4 元;(5)宏基公司、通州公司承担国电业委会的律师费、公证费、司法鉴定费等实现债权的费用。一审法院认为,国电业委会作为本案的原告提起诉讼,诉讼主体不适格,裁定驳回其起诉。国电业委会不服,提起上诉。二审法院认为,国电业委会的上诉请求不能成立,裁定驳回上诉,维持原裁定。

再审法院认为,本案争议的焦点为:

(1)二审法院认定国电业委会不是本案适格原告是否有误的问题。依据《民法典时间效力解释》第 2 条的规定,行为时有效的《物权法》第 70 条规定:"业主对建筑物内的住宅、经营性用房等专有部分享有所有权,对专有部分以外的共有部分享有共有和共同管理的权利。"最高人民法院《关于春雨花园业主委员会是否具有民事诉讼主体资格的复函》([2005]民立他字第 8 号)载明:"根据《物业管理条例》的规定,业主委员会是业主大会的执行机构,根据业主大会的授权对外代表业主进行民事活动,所产生的法律后果由全体业主承担。业主委员会与他人发生民事争议的,可以作为被告参加诉讼。"对于国电业委会一审起诉请求涉及国电家园小区的工程质量缺陷、供水系统、排水系统、安防系统等配套设施未建设及退还物业费等事项,国电业委会系适格原告,一审、二审法院认定国电业委会不是本案适格原告系适用法律错误,应予纠正。

(2)国电业委会是否构成重复起诉的问题。依据《民事诉讼法解释》第

247条第1款的规定①,对比(2021)新40民初2号案件和本案,当事人不同,前案的当事人为国能吉林台公司与宏基公司、通州公司,本案当事人为国电业委会与宏基公司、通州公司。前案诉讼主要针对国能吉林台公司购买使用的集控中心办公楼、运转楼、车库三处房产涉及的问题,本案诉讼针对的是全体业主购买的住宅楼涉及的问题。两起案件的当事人、诉讼标的和诉讼请求均不相同,不构成重复起诉。

综上,国电业委会的部分再审请求成立,予以支持。一审、二审裁定适用法律错误,予以纠正。故裁定:(1)撤销新疆维吾尔自治区高级人民法院(2021)新民终48号民事裁定及新疆维吾尔自治区高级人民法院伊犁哈萨克自治州分院(2020)新40民初49号民事裁定;(2)指令新疆维吾尔自治区高级人民法院伊犁哈萨克自治州分院对本案进行审理。②

59

业主的专有权

【民法典】

第二百七十二条　业主对其建筑物专有部分享有占有、使用、收益和处分的权利。业主行使权利不得危及建筑物的安全,不得损害其他业主的合法权益。

---

① 《民事诉讼法解释》第247条第1款规定:"当事人就已经提起诉讼的事项在诉讼过程中或者裁判生效后再次起诉,同时符合下列条件的,构成重复起诉:(一)后诉与前诉的当事人相同;(二)后诉与前诉的诉讼标的相同;(三)后诉与前诉的诉讼请求相同,或者后诉的诉讼请求实质上否定前诉裁判结果。"

② 参见最高人民法院民事裁定书,(2021)最高法民再344号。

释　法

《民法典》第272条规定了业主对建筑物专有部分的所有权,即业主的专有权,与《物权法》第71条规定的内容一致。

业主对建筑物的专有部分享有专有权。该专有权,是业主的一种单独的不动产所有权。其与其他所有权一样,具有绝对性、永久性和排他性的特点。依据《民法典》第240条的规定,业主对建筑物的专有部分依法享有占有、使用、收益和处分的权利。业主作为所有权人,可以对其所有的建筑物的专有部分行使占有、使用,以满足其居住、营业、办公等目的的需要,亦可出租给他人使用以收取租金,也可将其抵押担保以换取银行贷款,或者将其自由转让给他人。

1.根据《建筑物区分所有权案件解释》第2条规定,建筑物的专有部分是指建筑区划内符合下列条件的房屋(包括整栋建筑物),以及车位、摊位等特定空间:(1)具有构造上的独立性,能够明确区分。所谓"构造上的独立性",是指建筑物各区分所有部分在建筑构造上能够独立地进行划分或分隔。(2)具有利用上的独立性,可以排他使用。所谓"利用上的独立性",是指建筑物各区分所有部分能够单独使用,满足社会经济生活上独立的经济效用。(3)能够登记成为特定业主所有权的客体。此实为法律上的独立性。《民法典》第209条第1款规定:"不动产物权的设立、变更、转让和消灭,经依法登记,发生效力;未经登记,不发生效力,但是法律另有规定的除外。"故建筑物区分所有权人须依法办理不动产登记,方能取得建筑物区分所有权。规划上专属于特定房屋,且建设单位销售时已经根据规划列入该特定房屋买卖合同中的露台等,亦应属于专有部分的组成部分。专有部分的范围,要依内部关系及外部关系来定:在建筑物区分所有权人相互之间对建筑物维持管理关系上,专有部分仅包括墙壁、天花板、地板等境界部分表层所粉刷的部分;在外部关系(如买卖、保险、税金)等上,专有部分达到墙壁、天花板、地板等境界部分厚度的中心线。[①] 依据《民法典》第275条第1款:"建筑区划内,规划用于停放汽车的车位、车库的归属,由当事人通过出售、附赠或者出租等方式约定"的规定,即车位、车库可以通过出售、附赠或者出租等方式约定给业主专有(使用)。当车位、车库等附属建筑物从属于某一建筑物专有部分时,专有部分的范围延伸至该附属建筑物。

2. 根据《民法典》第132条的规定:"民事主体不得滥用民事权利损害国家利益、社会公共利益或者他人合法权益。"业主行使专有权不得危及建筑物的安全,不得损害其他业主的合法权益。前者,是指业主要在合理限度内使用自己的专有部分,不得对建筑物安全性造成损害,妨碍整栋建筑物的正常使用。比如,在装修时不得拆改建筑物承重结构危及建筑物安全;又如,业主在房间内存放危险品,或者放置超重物,足以危害建筑物的安全等。后者,是指不得损害其他业主基于建筑物区分所有权所享有的相关合法权益。

案　例

上诉人李某宝、李某与被上诉人溪语物业公司,原审第三人浅草公司、沈阳市某西区人防办物业服务合同纠纷案

李某宝、李某向一审法院起诉,请求判令被告及第三人出具或配合出具同意原告在停车位安装新能源汽车充电桩的文件,并协助原告办理安装所必需的其他程序及手续。一审法院查明:原告与第三人浅草公司签订《浅草绿阁地下车位租赁协议》,原告承租位于沈阳市某西区北×中路7号"浅草绿阁"小区地下车位西区0×5号,一次性支付160,000元。租赁年限20年,剩余年限为开发商赠送,使用年限同住宅土地使用证年限。2021年8月9日原告李某宝购买宝马牌插电式混合动力轿车一辆。一审法院认为,根据《民法典》第278条的规定,改建、重建建筑物及其附属设施,有关共有和共同管理权利的其他重大事项,由业主共同决定。原告在其车位安装充电桩,必然涉及相应部位的施工改建,其使用将影响其他业主的利益,应经过业主共同决

---

① 参见王泽鉴:《民法物权(第1册) 通则·所有权》,中国政法大学出版社2001年版,第251页。

定。现原告未取得其他业主同意，要求被告协助安装充电桩，一审法院不予支持。判决驳回原告李某宝、李某的诉讼请求。

二审法院认为，根据《民法典》第9条的规定，民事主体从事民事活动，应当有利于节约资源、保护生态环境。新能源汽车的发展对保障能源安全、促进节能减排、防治大气污染等具有重要意义。居民区充电基础设施建设是促进电动汽车产业发展的重要举措之一，符合绿色出行的发展趋势。国家部委发布的相关部门规章、辽宁省以及沈阳市发布的地方性规范性文件等，均要求物业服务企业在充电设施建设时予以配合、提供便利。本案上诉人作为案涉车位的使用权人，基于新能源汽车充电需要，有权申请在其车位地上安装充电桩设施，物业公司应当主动承担社会责任，全面履行物业服务合同义务，按照相关规范性文件的要求，给予配合、提供便利。案涉车位权属单位虽为某西区人防办，但根据上诉人与第三人浅草公司签订的《地下车位租赁协议》约定，案涉车位租赁期为20年，使用期限同住宅土地使用证年限，剩余年限为开发商赠送，可见上诉人对案涉车位享有长期的专属使用权，其有权在使用车位上安装与其汽车配套的充电桩；且产权人某西区人防办亦明确表示，在符合条件的情况下，不反对上诉人安装充电桩，物业公司以此拒绝缺乏依据。

关于被上诉人主张安装充电桩需经业主大会同意的问题，《民法典》第272条规定，业主对其建筑物专有部分享有占有、使用、收益和处分的权利。《建筑物区分所有权案件解释》第4条规定，业主基于对住宅、经营性用房等专有部分特定使用功能的合理需要，无偿利用屋顶以及与其专有部分相对应的外墙面等共有部分的，不应认定为侵权。本案上诉人对案涉车位享有长期的专属使用权，安装充电桩时因布设电线等需要使用共有部分，属于建筑物区分所有权人为提升专有部分使用价值，对公共部分的合理使用，物业公司亦未提交证据证明侵害了其他业主的权益，故本院对被上诉人的该项抗辩不予采纳。需要指出的是，物业公司同意业主安装充电桩只是安装充电桩的环节之一，对于所涉的用电条件、消防安全、人防安全等问题，应由相关部门勘查评估、作出专业判断，物业公司不能凭借主观判断，以可能存在安全隐患为由对抗上诉人的合法权利。安装充电桩后，并不意味着物业服务企业可以放松、放弃管理，其仍应肩负起安全保障义务，在发现不当行为、安全隐患时，及时行使物业管理权并采取相应措施。综上所述,上诉人的上诉请求成立,应予支持。故判决:(1)撤销沈阳市铁西区人民法院作出(2022)辽0106民初9138号民事判决;(2)溪语物业公司出具同意李某宝、李某在停车位安装新能源汽车充电桩的相关文件,并协助办理安装所必需的其他手续。①

60

业主的共有权及义务

【民法典】

第二百七十三条　业主对建筑物专有部分以外的共有部分,享有权利,承担义务;不得以放弃权利为由不履行义务。

业主转让建筑物内的住宅、经营性用房,其对共有部分享有的共有和共同管理的权利一并转让。

释　法

《民法典》第273条规定了业主对建筑物共有部分的共有权及义务,与《物权法》第72条规定的内容基本一致。

业主对建筑物的共有部分享有共有所有权,简称共有权。所谓共有权,是指业主对建筑物专有部分以外的共有部分享有占有、使用、收益和处分的权利。此"共有部分"的厘定,《民法典》采取了排除的定义方法,即共有部分,是专有部分以外的建筑物部分,以及不属于专有部分而共同所有、共同使用、共同管理的建筑物附属部分和规划范围内的建设用

① 参见辽宁省沈阳市中级人民法院民事判决书,(2022)辽01民终15142号。

地使用权。区分建筑物,以其形态可以分为:(1)纵切式,如一排平房分为数户,或联排别墅。(2)横切式,比如独栋三层楼房,每层一户。(3)混合式,左右纵切、上下横切,即我们多数人住的单元(套)房。纵切式的共有关系比较简单,即共有分隔的墙壁;横切式和混合式则相对复杂,除共有墙壁外,还共有大门、楼梯和屋顶等。区分所有权人之间需要协调好邻里关系,订定共同管理规则等。

1. 建筑物的共有部分,可分为法定共有部分、天然共有部分和约定共有部分。依据《民法典》第 274 条、第 275 条第 2 款和《建筑物区分所有权案件解释》第 3 条的规定,下列属于法定共有部分:(1)建筑区划内的道路,属于业主共有,但是属于城镇公共道路的除外;(2)建筑区划内的绿地,属于业主共有,但是属于城镇公共绿地或者明示属于个人的除外;(3)建筑区划内的其他公共场所、公用设施;(4)物业服务用房;(5)占用业主共有的道路或者其他场地用于停放汽车的车位;(6)建筑区划内的建设用地使用权,但属于业主专有的整栋建筑物的规划占地或者城镇公共道路、绿地占地除外。天然共有部分,包括建筑物的基础、承重结构、外墙、屋顶等基本结构部分,通道、楼(电)梯、大堂等公共通行部分,消防、公共照明等附属设施、设备,避难层、设备层或者设备间等结构部分。其他不属于业主专有部分,也不属于市政公用部分或者其他权利人所有的场所及设施等,属于约定共有部分。

2. 依据《民法典》第 131 条规定的权利义务相一致原则,业主在行使对建筑物共有部分共有权的同时,还得承担相应的义务;并且,不得以放弃权利为由不履行义务。根据《民法典》和《物业管理条例》的相关规定,业主应当履行下列义务:(1)按共有部分的本来用途使用共有部分,且不得损害他人利益。如在通道内随意堆放杂物、在屋顶饲养动物和违章搭建房屋等。(2)对共有部分及其附属设施管理费用的分担义务,如管理费(物业费)的缴纳和维修费用的分担等。(3)依法确须改变公共建筑和共用设施用途的,应当在依法办理有关手续后告知物业服务企业。(4)因维修物业或者公共利益确需临时占用、挖掘道路、场地的,应当征得业主委员会和物业服务企业的同意;并应在约定期限内恢复原状。(5)利用物业共用部位、共用设施设备进行经营的,应当在征得相关业主、业主大会、物业服务企业的同意后,按照规定办理有关手续;所得收益应当主要用于补充专项维修资金,也可以按照业主大会的决定使用。

前文已述,建筑物区分所有权有其特殊性,即专有部分所有权的主导性和共有权、管理权的从属性,以及权利存续、处分的整体性、一体性。所以,业主在转让建筑物内的住宅、经营性用房专有部分时,其对共有部分享有的共有权和共同管理权应一并予以转让。

案 例

上诉人毕某波与被上诉人蒋某军恢复原状纠纷案

蒋某军向一审法院起诉,请求判令毕某波停止侵害,将毕某波家阁楼墙开门恢复至原始墙体以及拆除顶楼违建房屋。蒋某军、李某二人系夫妻关系,二人的房屋坐落于鞍山市某山区某平街×栋×层××号,其与毕某波系邻居。该楼房一梯三户,顶层为18楼,毕某波居住于该层西户房屋,蒋某军、李某居住于该层中户房屋。2021年11月,毕某波装修房屋时在顶层违规搭建砖混结构房,并于2021年12月26日在两家相邻的共用墙壁上开凿门洞,通过门洞可通往蒋某军、李某家阳台。2022年6月,鞍山市某山区综合行政执法中心对毕某波下达《辽宁省城市管理综合执法责令限期改正/停止违法行为通知书》,责令毕某波立即拆除违建房屋,但其并未拆除。一审法院判决:毕某波于判决生效后30日内停止侵害,拆除楼顶搭建的砖混结构房,并按楼顶原有设计结构恢复原状,将共用墙开门恢复至原始墙体。

二审法院认为,本案的争议焦点为:

(1)毕某波的行为对蒋某军的权益是否造成侵害。首先,根据《建筑物区分所有权案件解释》第3条规定:“除法律、行政法规规定的共有部分外,建筑区划内的以下部分,也应当认定为民法典第二编第六章所称的共有部分:(一)建筑物的基础、承重结构、外墙、屋顶等基本结构部分,通道、楼梯、大堂等公共通行部分,消防、公共照明等附属设施、设备,避难层、设备层或者设备间等结构部分;(二)其他不属于业主专有部分,也不属于市政公用部分或者其他权利人所有的场所及设施等。建筑区划内的土地,依法由业主共同享有建设用地使用权,但属于业主专有的整栋建筑物的规划占地或者城镇公共道路、绿地占地除外。”第 4 条规定:“业主基于对住宅、经营性用房等专有部分特定使用功能的合理需要,无偿利用屋顶以及与其专有部分相对应的外墙面等共有部分的,不应认定为侵权。但违反法律、法规、管理规约,损害他人合法权益的除外。”毕某波开设门洞的墙壁属于共用部分,其称在自家墙壁开门的主张无法律依据,本院不予支持。其次,根据《住宅室内装饰装修管理办法》(建设部 2003 第 110 号令)第 6 条的规定:“装修人从事住宅室内装饰装修活动,未经批准,不得有下列行为:(一)搭建建筑物、构筑物;(二)改变住宅外立面,在非承重外墙上开门、窗……前列第(一)项、第(二)项行为,应当经城市规划行政主管部门批准……”毕某波在共用墙壁上开门和在顶层私自搭建房屋的行为,违反了上述法律规定,侵害了被上诉人的合法权益。一审法院判决于法有据,本院予以维持。

(2)蒋某军是否具备诉讼主体资格。《民法典》第 286 条第 2 款规定:“业主大会或者业主委员会,对任意弃置垃圾、排放污染物或者噪声、违反规定饲养动物、违章搭建、侵占通道、拒付物业费等损害他人合法权益的行为,有权依照法律、法规以及管理规约,请求行为人停止侵害、排除妨碍、消除危险、恢复原状、赔偿损失。”《建筑物区分所有权案件解释》第 15 条规定,业主或者其他行为人违反法律、法规、国家相关强制性标准、管理规约,或者违反业主大会、业主委员会依法作出的决定,实施下列行为的,可以认定为《民法典》第 286 条第 2 款所称的其他“损害他人合法权益的行为”:(一)损害房屋承重结构,损害或者违章使用电力、燃气、消防设施,在建筑物内放置危险、放射性物品等危及建筑物安全或者妨碍建筑物正常使用;(二)违反规定破坏、改变建筑物外墙面的形状、颜色等损害建筑物外观;(三)违反规定进行房屋装饰装修;(四)违章加建、改建,侵占、挖掘公共通道、道路、场地或者其他共有部分。本案上诉人在楼顶私自搭建房屋的行为,违反了上述法律规定,鞍山市某山区综合行政执法中心向其下达了限期改正/停止违法行为的通知。其行为已经侵害了其他业主的合法权益,蒋某军作为毕某波相邻的业主,有权就毕某波的行为向有关部门举报或向人民法院提起诉讼。一审法院受理蒋某军的起诉并无不当,本院予以维持。综上所述,上诉人毕某波的上诉请求不能成立,应予驳回。故判决:驳回上诉,维持原判。[①]

61

建筑区划内的道路、绿地等的权利归属

【民法典】

第二百七十四条　建筑区划内的道路,属于业主共有,但是属于城镇公共道路的除外。建筑区划内的绿地,属于业主共有,但是属于城镇公共绿地或者明示属于个人的除外。建筑区划内的其他公共场所、公用设施和物业服务用房,属于业主共有。

释　法

《民法典》第274条规定了建筑区划内的道路、绿地、其他公共场所、公用设施和物业服务用房的权利归属问题,与《物权法》第73条规定的内容基本一致。

依据《民法典》第274条的规定,下列属于业主共有:

(1)建筑区划内的道路,除非属于城镇的公共道路,由建筑区划内的业主共有。一般情况下,建筑区划内的道路是开发商前期在国土资源管理部门受让土地使用权时一块买入的。参照《民法典》第352条的规定[②],建筑区划内的道路相当于建筑物的附属设施,其依附于国有建设

① 参见辽宁省鞍山市中级人民法院民事判决书,(2023)辽03民终1439号。

② 《民法典》第352条规定:"建设用地使用权人建造的建筑物、构筑物及其附属设施的所有权属于建设用地使用权人,但是有相反证据证明的除外。"

用地使用权,应当属于建设用地使用权人所有;但在房屋建成、出卖之后,就应归属于业主共有。这里的“除外”规定,是指在出让建设用地使用权时,建设用地规划文件已经明确该区划内的某条道路属于城镇公共道路,或者在开发商建设过程中或小区建成之后,国家通过征收的途径将建筑区划内的某条道路改变为城镇公共道路。若属于后种情况,则应给业主予以补偿。

(2)建筑区划内的绿地,除非属于城镇公共绿地或者明示属于个人所有的以外,属于建筑区划内的业主共有。购房人在选购商品房时,大多很看重小区的绿化环境;开发商在推介时,也往往会宣称其开发的小区绿地面积多大、容积率多低等,可小区建成之后绿化面积缩水的情况不少。一般情况下,建筑区划内的绿地已经被公摊到区分所有的建筑物面积之中,其所有权当然属于业主共有。这里的“除外”规定,有两种情况:一是如前述建筑区划内的道路一样,在出让建设用地使用权时规划文件已经明确该区划内的某块绿地属于城镇公共绿地,或者在开发商建设过程中或小区建成之后,国家通过征收的途径将建筑区划内的某块绿地改变成了城镇公共绿地。二是按商品房预售合同或销售合同的约定或者依管理规约的约定,明示某块绿地属于小区内某个(些)业主所有。开发商若保留有自持房屋,其地位亦应与其他业主相同。如果开发商或者物业服务企业、其他管理人擅自将某块绿地划归个别业主所有,其他业主或业主委员会有权予以监督和制止。①

(3)建筑区划内的其他公共场所、公用设施,包括建筑区划内的诸如小型(活动)广场、娱乐室、健身房和体育场(馆)等公共场所。这些场所占用的土地使用权业已列入建设用地规划范围内,且已分摊到业主区分所有的建筑面积之中,理当属于业主共有;区分所有建筑物的基础、承重结构、外墙、屋顶等基本结构部分,通道、楼(电)梯、大堂等公共通行部分,消防、公共照明等附属设施(设备),避难层、设备层或者设备间等

---

① 参见《民法典》第285条第1款规定:“物业服务企业或者其他管理人根据业主的委托,依照本法第三编有关物业服务合同的规定管理建筑区划内的建筑物及其附属设施,接受业主的监督,并及时答复业主对物业服务情况提出的询问。”

结构部分,均应属于业主共有。有些小区开发商将屋顶(平台)卖给顶层业主专门所有,是违反《民法典》规定的;即便经过业主委员会决定同意由顶层业主使用,其他同栋楼业主仍享有建筑物区分相邻权。地下室可以被单独或者附属登记在业主名下,确定归业主专门使用,但即便如此也不能排除、影响其他业主基于相邻关系的利用权利。至于利用地下室划定、建设的车位、车库的归属,还要依据《民法典》第275条规定的规则来确定。会所一般情况下应当属于业主共有,但如果开发商在建设时没有将其列入业主建筑物区分所有权的分摊面积之中,且建成后单独进行了不动产登记,应归开发商或其他权利人所有。

(4)物业服务用房,为了满足小区业主物业管理需要而专门建设的房屋,或者在其他区分所有建筑物范围内保留的物业服务用房,应当属于业主共有。《物业管理条例》第37条亦明确规定:"物业管理用房的所有权依法属于业主。未经业主大会同意,物业服务企业不得改变物业管理用房的用途。"对物业服务用房没有例外,不论是否列入业主建筑物区分所有权的分摊面积中,只要规划用途是物业服务用房,即应属于业主共有。

案　　例

上诉人某阳公司与被上诉人某众物业公司、原审第三人某基公司案外人执行异议之诉案

某众物业公司一审诉讼请求:判决不得执行湖北省十堰市茅某区某堂商店(祝某香)的房租。一审法院认为,业主对建筑物内的住宅、经营性用房等专有部分享有所有权,对专有部分以外的共有部分享有共有和共同管理的权利。业主在行使共同管理权时,可以自行管理建筑物及其附属设施,也可以委托物业服务企业或其他管理人管理。涉案出租房屋系某众物业公司在拆除公用设施人行电梯后搭建的临时用房屋,虽然搭建在第三人某基公司所有的建筑物内,但在房屋建筑规划设计中并无该房屋,在房管部门也无备案,且涉案房屋所处的位置系公共部分,某众物业公司在公共区域搭建的该间房屋,属于对建筑物公共区域空间用途的改变及再利用,其产生的收益应属于全体业主共同享有,涉案房屋不能认定为由某基公司独自享有所有权,根据某众物业公司与某基公司签订的物业管理合同,某众物业公司有权对"某盛阁”负2~5层商业物业及楼盘周围停车场实行物业管理,有权代表全体业主维护共同享有的相关权利。案涉房屋确系某众物业公司将某隆广场一至三楼的扶梯拆除后改建为安全逃生通道所形成,其对该房屋享有临时所有权。故其主张排除执行的理由成立,予以采纳。判决不得执行十堰市茅某区某堂商店(祝某香)的房屋租金。

二审法院认为,案涉出租房屋虽系某众物业公司在拆除公用设施人行电梯后搭建的临时用房,且搭建的房屋亦属登记在某基公司名下10×号房屋大堂内的区域,但根据某阳公司提交的《十堰市不动产登记信息查询结果》得知,包括案涉搭建(出租)房屋在内的10×号房屋均为公共设施用房。依据《民法典》第274条的规定,案涉10×号房屋虽然登记在某基公司名下,但案涉房屋的性质属于公共设施用房,属于全体业主共有,不属于某基公司所有。

关于某众物业公司管理涉案房屋是否合法的问题……某众物业公司作为物业合同的相对方,依据合同约定取得了对“某盛阁”负2~5层商业物业及楼盘周围停车场等实行物业管理的权利,有权代表全体业主维护共同享有的相关权利。某阳公司上诉主张某众物业公司未获得案涉房屋物业管理权利的理由不能成立,本院不予支持。

关于某众物业公司提交的证据能否阻却法院的强制执行问题。《物业管理条例》第54条规定:“利用物业共用部位、共用设施设备进行经营的,应当在征得相关业主、业主大会、物业服务企业的同意后,按照规定办理有关手续。业主所得收益应当主要用于补充专项维修资金,也可以按照业主大会的决定使用。”本案案涉房屋系全体业主所有,且某众物业公司已提交了充分证据证实其对案涉房屋具有合法的服务管理权限;也提交了房屋租赁合同、房屋收款收据、银行交易明细等证据,能够证实十堰市某堂商店(祝某香)与某众物业公司之间存在案涉房屋的租赁合同关系并已实际履行。至于某众物业公司收取案涉房屋租金的行为是否有效系另一法律关系,并不影响案涉房屋及其收益归全体业主所有的事实。因此,某阳公司申请执行案涉出租房屋的租金没有事实和法律依据,其上诉理由不能成立,本院不予支持。故判决:驳回上诉,维持原判。①

---

① 参见湖北省高级人民法院民事判决书,(2022)鄂民终29号。

62

建筑物区划内的车位、车库归属

【民法典】

第二百七十五条　建筑区划内，规划用于停放汽车的车位、车库的归属，由当事人通过出售、附赠或者出租等方式约定。

占用业主共有的道路或者其他场地用于停放汽车的车位，属于业主共有。

第二百七十六条　建筑区划内，规划用于停放汽车的车位、车库应当首先满足业主的需要。

释　法

《民法典》第275～276条规定了建筑物区划内的车位、车库归属问题，与《物权法》第74条规定的内容一致，只是把原来的一条规定拆分为两条。

1. 现实生活中，因小区车位、车库引起的纠纷比较多，影响社区和谐。关于建筑区划内车位、车库的归属，分以下几种情况：

(1)业主专有。这是在建筑区划内规划用于停放汽车的车位、车库，由开发商和业主、第三人通过出售、附赠等方式约定其所有权。该约定是将车位、车库作为独立的不动产进行交易的，其前提条件是经过了政府主管部门核发的建设工程规划许可证的审批同意。此种情况下业主购买的车位，应当是能够办理不动产权证的，但现实中大多没有给办理。2023年3月6日，山西省住房和城乡建设厅、山西省自然资源厅、山西省人民防空办公室、山西省市场监督管理局共同制定了《房地产开发项目车位和车库租售管理办法》，规范房地产开发项目车位、车库出租、出售行为。其中明确，建筑区划内可出售的车位(机械车位除外)、车库可以作为基本单元予以权属登记，单独发放不动产权证书。[①] 看来，花了十几万元买的车位不能登记“没名没分”的情况，有望得到改变。现实中，开发商卖了车位、车库不想给业主办证的理由，还可能与开发商将后面所列两种情况，即占用业主共有的道路或者其他场地建设的车位和利用地下人防工程建设的车位混在一起出售有关。有必要说明的是，出租只是业主对车位、车库的使用权，不是所有权，不管协议上写的是使用多少年。

(2)业主共有。开发商在建筑区划内规划建设的车位、车库之外，占用业主共有的道路或者其他场地建设的车位，应当属于业主共有。现实中确有开发商为了多赚钱，将这些车位、车库在出售房屋时卖给了业主的情况，对此，业主委员会可以依据《民法典》第 153 条的规定，主张该买卖合同无效。《民法典》第 275 条第 2 款的规定属于强制性法律规定，违反当然无效。

(3)开发商所有。《人民防空法》第 5 条第 2 款规定：“国家鼓励、支持企业事业组织、社会团体和个人，通过多种途径，投资进行人民防空工程建设；人民防空工程平时由投资者使用管理，收益归投资者所有。”据此，由开发商在规划建设的车位、车库之外，自己利用人防工程投资建设的车位、车库的使用、管理和收益权归开发商所有。开发商可以出租给业主使用，但其没有出售权。

2. 建筑区划内规划用于停放汽车的车位、车库，开发商在出售、出租时，应当首先满足业主的需要。在满足业主需要之前，不得将车位、车库出售、出租给小区外的人。如何界定“应当首先满足业主的需要”？依

---

① 《业主们请注意，这些车位可以办理不动产权证啦》，载 https://www.taiyuan.gov.cn/zwyw/20230306/30025219.html，最后访问日期：2024 年 8 月 22 日。“近日，在巢湖市不动产登记(交易)中心办事大厅，工作人员为巢湖国际新城小区的业主宋先生颁发了巢湖市首本地下车位个人不动产权证，标志着巢湖市正逐步实现住宅小区非人防地下停车位的不动产登记工作常态化。”参见《全市首例！这个小区的地下车位可以“办证”啦》，载 https://www.chaohu.gov.cn/zjch/chry/11343875.html，最后访问日期：2024 年 8 月 22 日。

据《建筑物区分所有权案件解释》第5条第1款规定，建设单位按照配置比例将车位、车库，以出售、附赠或者出租等方式处分给业主的，应当认定其行为符合《民法典》第276条有关“应当首先满足业主的需要”的规定；第2款规定，配置比例是指规划确定的建筑区划内规划用于停放汽车的车位、车库与房屋套数的比例。《河南省物业管理条例》第64条规定：“城乡规划主管部门应当将规划用于停放汽车的车位、车库在建设工程规划许可证的附件中予以注明，同时明确物业管理区域内车位、车库的配置比例。建设单位应当将物业管理区域车位、车库配置比例在显著位置公示，按照配置比例通过出租、出售、附赠方式约定车位、车库的归属。”第65条第2款规定：“建设单位不得将物业管理区域内规划的车库、车位出售给本区域以外的其他人。业主要求承租尚未处置且空置的规划车库、车位的，建设单位不得以只售不租为由拒绝出租。”第3款规定：“在首先满足本物业管理区域内业主的购买和承租需要后还有多余规划车位、车库的，建设单位可以出租给本物业管理区域外的使用人，但租赁期限不得超过六个月。”

案　例

上诉人天基公司与被上诉人某门花园业委会、原审被告麦某年车位纠纷案

某门花园业委会向一审法院起诉，请求：(1)确认某门花园小区内编号为××号室外地面露天车位（或该车位的占地）属于佛山市某海区某山镇某门花园全体业主共有，并由某门花园业委会代为行使上述权利。上述车位的价值约为5万元，麦某年承担共同清偿责任；(2)天基公司立即向某门花园业委会返还上述××号室外地面露天车位，麦某年承担共同清偿责任；(3)天基公司向某门花园业委会支付上述××车位自2018年11月起至实际返还之日止的车位占用费；其中2018年11月至2022年3月按平均150元/月计算，合共6150元；自2022年4月起至实际返还之日止按200元/月计算占用费。

一审法院认为，《民法典》第275条规定的规划内车位、车库，是建设单位在开始建造之初经规划部门批准，并于建造完成后可以办理产权登记的车位。该车位为建筑专有部分，具有独立产权，小区规划总平面图中的规划设计确定的为该区域的具体使用用途（停车位），但不等同于条文中定义的规

划内车位，天基公司亦明确涉案的××车位非建筑专有确权部分，涉案车位并非《民法典》第275条第1款的规划内车位……一审法院判决：(1)天基公司、麦某年应于判决发生法律效力之日起10日内返还位于某门花园的××车位予某门花园业委会；(2)天基公司应于判决发生法律效力之日起10日内支付自2018年11月1日起至2022年2月28日止按150元/月计算占有使用费予某门花园业委会；(3)天基公司、麦某年应于判决发生法律效力之日起10日内支付自2022年3月1日起至上列第一项返还之日止按150元/月计算占有使用费予某门花园业委会；(4)驳回某门花园业委会的其他诉讼请求。

二审法院认为，天基公司上诉称案涉车位属于建筑区划内规划用于停放汽车的车位，案涉车位的权属已经由天基公司与全体业主约定属于天基公司所有。对此，本院认为，案涉车位属于室外地面露天车位，且天基公司确认案涉车位没有办理产权证，亦无法办理产权证。根据《建筑物区分所有权案件解释》第2条第1款关于"建筑区划内符合下列条件的房屋，以及车位、摊位等特定空间，应当认定为民法典第二编第六章所称的专有部分：(一)具有构造上的独立性，能够明确区分；(二)具有利用上的独立性，可以排他使用；(三)能够登记成为特定业主所有权的客体"的规定，案涉车位属于不能办理产权登记的室外地面露天车位，因此该车位依法不能成为享有专有权的专有部分，其本质应属于由全体业主共有的土地使用权。天基公司所提交的证据不能证明其主张享有案涉车位所有权的合法性，本院对此不予采纳。一审法院据此判令天基公司、麦某年向某门花园业委会返还案涉车位并按150元/月/个的标准支付相应的占有使用费，理据充分，公平合理，本院予以维持。故判决：驳回上诉，维持原判。①

① 参见广东省佛山市中级人民法院民事判决书，(2022)粤06民终15740号。

63

业主大会、业主委员会的设立

【民法典】

第二百七十七条　业主可以设立业主大会，选举业主委员会。业主大会、业主委员会成立的具体条件和程序，依照法律、法规的规定。

地方人民政府有关部门、居民委员会应当对设立业主大会和选举业主委员会给予指导和协助。

释　法

《民法典》第277条规定了业主大会、业主委员会的设立以及指导和协助的问题，由《物权法》第75条规定的内容修改而来。

同居一小区的业主之间形成了一个共同体关系。为了维持建筑物各部分的基本功能，维系全体业主的共同生活秩序，协调彼此之间的利益矛盾，建设和谐美好社区，需要建立管理团体以行使业主对建筑物专有部分以外共有部分的共同管理权。随着国家住房制度改革措施的推行，物业管理作为一种新型的服务管理体制应运而生。自1994年4月1日起施行的《城市新建住宅小区管理办法》，第一次正式要求住宅小区要成立住宅小区管理委员会（以下简称管委会）。管委会在房地产行政主管部门指导下，由住宅小区内房地产产权人和使用人选举的代表组成，代表和维护住宅小区内房地产产权人和使用人的合法权益。[①] 自2003年9月1日起施行的《物业管理条例》首次以行政法规的形式明确

① 参见《城市新建住宅小区管理办法》第6条规定。

了业主、业主大会和业主委员会的概念。自 2007 年 10 月 1 日起施行的《物权法》则从法律上确立了业主大会、业主委员会的法律地位和业主的共同管理权。

业主可以设立业主大会,选举业主委员会。业主大会是基于业主的建筑物区分所有权而产生的业主自治组织。《物业管理条例》第 8 条规定:“物业管理区域内全体业主组成业主大会。业主大会应当代表和维护物业管理区域内全体业主在物业管理活动中的合法权益。”第 6 条第 2 款规定:“业主在物业管理活动中,享有下列权利:……(二)提议召开业主大会会议,并就物业管理的有关事项提出建议;(三)提出制定和修改管理规约、业主大会议事规则的建议;(四)参加业主大会会议,行使投票权;(五)选举业主委员会成员,并享有被选举权;(六)监督业主委员会的工作……”第 9 条第 1 款规定:“一个物业管理区域成立一个业主大会。”第 10 条规定:“同一个物业管理区域内的业主,应当在物业所在地的区、县人民政府房地产行政主管部门或者街道办事处、乡镇人民政府的指导下成立业主大会,并选举产生业主委员会……”依据《民法典》第 278 条的规定,制定、修改业主大会议事规则和选举业主委员会或者更换业主委员会成员,应当由业主共同决定,由专有部分面积占比 2/3 以上的业主且人数占比 2/3 以上的业主参与表决。《物业管理条例》第 14 条规定:“召开业主大会会议,应当于会议召开 15 日以前通知全体业主。住宅小区的业主大会会议,应当同时告知相关的居民委员会。”第 16 条规定:“业主委员会应当自选举产生之日起 30 日内,向物业所在地的区、县人民政府房地产行政主管部门和街道办事处、乡镇人民政府备案。业主委员会委员应当由热心公益事业、责任心强、具有一定组织能力的业主担任。业主委员会主任、副主任在业主委员会成员中推选产生。”住房和城乡建设部《业主大会和业主委员会指导规则》(建房〔2009〕274 号)对业主大会的成立和业主委员会的选举产生及备案，作了详细、具体的规定。[1]

《物业管理条例》第15条规定："业主委员会执行业主大会的决定事项，履行下列职责：(一)召集业主大会会议，报告物业管理的实施情况；(二)代表业主与业主大会选聘的物业服务企业签订物业服务合同；(三)及时了解业主、物业使用人的意见和建议，监督和协助物业服务企业履行物业服务合同；(四)监督管理规约的实施；(五)业主大会赋予的其他职责。"第19条规定："业主大会、业主委员会应当依法履行职责，不得作出与物业管理无关的决定，不得从事与物业管理无关的活动。业主大会、业主委员会作出的决定违反法律、法规的，物业所在地的区、县人民政府房地产行政主管部门或者街道办事处、乡镇人民政府，应当责令限期改正或者撤销其决定，并通告全体业主。"第20条第2款规定："在物业管理区域内，业主大会、业主委员会应当积极配合相关居民委员会依法履行自治管理职责，支持居民委员会开展工作，并接受其指导和监督。"

案　例

上诉人某顺物业与被上诉人某岭业委会物业服务合同纠纷案

某岭业委会向一审法院起诉，请求判令：(1)某顺物业撤离某岭小区；(2)某顺物业移交物业用房、业主名册、业主收费账册等物业管理资料，且从2022年2月8日至实际交付之日，按照每月5000元的标准支付物业服务用

---

① 比如，《业主大会和业主委员会指导规则》第31条规定："业主委员会由业主大会会议选举产生，由5至11人单数组成。业主委员会委员应当是物业管理区域内的业主，并符合下列条件：(一)具有完全民事行为能力；(二)遵守国家有关法律、法规；(三)遵守业主大会议事规则、管理规约，模范履行业主义务；(四)热心公益事业，责任心强，公正廉洁；(五)具有一定的组织能力；(六)具备必要的工作时间。"第32条规定："业主委员会委员实行任期制，每届任期不超过5年，可连选连任，业主委员会委员具有同等表决权。业主委员会应当自选举之日起7日内召开首次会议，推选业主委员会主任和副主任。"第33条规定："业主委员会应当自选举产生之日起30日内，持下列文件向物业所在地的区、县房地产行政主管部门和街道办事处、乡镇人民政府办理备案手续：(一)业主大会成立和业主委员会选举的情况；(二)管理规约；(三)业主大会议事规则；(四)业主大会决定的其他重大事项。"

房占用费；(3)某顺物业移交2处门市房、2台饮水机、快递柜以及公共收益台账；(4)某顺物业移交公共收益，扣除管理费后的金额31.07万元；(5)某顺物业支付小区公共停车位收入扣除管理费后的金额76,800元。一审法院判决：(1)某顺物业于判决生效后10日内退出某岭小区，并将物业管理用房、某岭小区业主名册移交某岭小区业委会；(2)向某岭小区业委会支付公共收益73,080元；(3)驳回某岭小区业委会的其他诉讼请求。

二审法院认为：

(1)某岭业委会有无诉讼主体资格。依据《民法典》第277条规定，本案某岭小区以书面征求意见为主的方式召开业主大会选举了业主委员会，由威海市环翠区某园街道办事处某岭社区居民委员会发布了《某岭小区业主大会表决结果公示》，并由威海市环翠区物业服务指导中心出具了《业主委员会换届选举备案证明》。威海市环翠区某园街道办事处及某岭社区居民委员会、威海市环翠区物业服务指导中心盖章确认的《业主委员会基本情况》载明，某岭业委会物业管理区域总面积为15,000平方米，总套数为187套。某顺物业再行主张应将统一路×××号纳入某岭小区范围，共同选举业主委员会，依据不足，本院不予采信。某顺物业对某岭业委会诉讼主体资格提出异议，未提供充分证据证明其主张，本院对其该项上诉请求不予支持。

(2)某岭小区解聘物业公司，程序是否符合法律规定。根据前述分析，《业主委员会基本情况》对业委会管理区域面积及户数有明确记载，某岭小区与统一路×××号在位置上分别独立，虽原由同一业主委员会对外签订物业服务合同，但某岭小区单独选举业委会并不违反法律法规的强制性规定，统一路×××号楼的业主也未对此提出异议，某顺物业据此主张业主大会解聘物业公司程序违法，理由不当，本院不予支持……

综上所述，某顺物业的上诉请求不能成立，应予驳回。故判决：驳回上诉，维持原判。①

① 参见山东省威海市中级人民法院民事判决书，(2023)鲁10民终420号。

64

业主共同决定事项及表决权

【民法典】

第二百七十八条　下列事项由业主共同决定：

(一)制定和修改业主大会议事规则；

(二)制定和修改管理规约；

(三)选举业主委员会或者更换业主委员会成员；

(四)选聘和解聘物业服务企业或者其他管理人；

(五)使用建筑物及其附属设施的维修资金；

(六)筹集建筑物及其附属设施的维修资金；

(七)改建、重建建筑物及其附属设施；

(八)改变共有部分的用途或者利用共有部分从事经营活动；

(九)有关共有和共同管理权利的其他重大事项。

业主共同决定事项，应当由专有部分面积占比三分之二以上的业主且人数占比三分之二以上的业主参与表决。决定前款第六项至第八项规定的事项，应当经参与表决专有部分面积四分之三以上的业主且参与表决人数四分之三以上的业主同意。决定前款其他事项，应当经参与表决专有部分面积过半数的业主且参与表决人数过半数的业主同意。

释　　法

《民法典》第278条规定了业主共同决定的事项及表决权问题，由《物权法》第76条规定的内容修改而来。重要的修改内容为：(1)增加规定“改变共有部分的用途或者利用共有部分从事经营活动”为业主共同决定的事项。(2)明确规定业主共同决定事项参与表决的“面积”“人数”的“双 2/3”标准,即由专有部分面积占比 2/3 以上的业主且人数占比 2/3 以上的业主参与表决。(3)提高了业主对重大特别议决事项的通过比例,即将“面积”“人数”的“双 2/3”标准(经专有部分占建筑物总面积 2/3 以上的业主且占总人数 2/3 以上的业主同意),改为“双 3/4”标准(经参与表决专有部分面积 3/4 以上的业主且参与表决人数 3/4 以上的业主同意)。

《民法典》第 271 条规定业主对专有部分以外的共有部分享有共同管理的权利,主要体现在下列业主参与共同决定的事项:

(1)制定和修改业主大会议事规则。业主大会会议可以采用集体讨论的形式,也可以采用书面征求意见的形式。业主大会会议分为定期会议和临时会议。业主大会定期会议应当按照业主大会议事规则的规定召开。经 20% 以上的业主提议,业主委员会应当组织召开业主大会临时会议。业主大会议事规则应当就业主大会的议事方式、表决程序、业主委员会的组成和成员任期等事项作出约定。① 制定和修改业主大会议事规则应当由业主共同决定。

(2)制定和修改管理规约。管理规约是对有关物业的使用、维护、管理,业主的共同利益和应当履行的义务,以及违反管理规约应当承担的责任等事项依法作出的约定;管理规约对全体业主具有约束力;②制定和修改管理规约应当由业主共同决定。

(3)选举业主委员会或者更换其成员。业主委员会是业主大会的执行机关,按照业主大会的决议和管理规约的约定,对内就建筑区划内的一般事务作出决定,对外代表业主进行维护全体业主利益的活动。业主委员会及其成员的选举或者更换,涉及全体业主的切身利益,应当由业主共同决定。

(4)选聘和解聘物业服务企业或者其他管理人。物业服务企业或

---

① 《物业管理条例》第 12 条第 1 款、第 13 条、第 18 条规定。

② 《物业管理条例》第 17 条规定。

者其他管理人的职责是,按照物业服务合同约定,对房屋及配套的设施设备和相关场地进行维修、养护、管理,维护物业管理区域内的环境卫生和相关秩序的活动。① 物业服务企业或者其他管理人服务质量关涉业主利益,应当由业主共同决定。

(5)使用建筑物及其附属设施的维修资金。《物业管理条例》第53条规定:“住宅物业、住宅小区内的非住宅物业或者与单幢住宅楼结构相连的非住宅物业的业主,应当按照国家有关规定交纳专项维修资金。专项维修资金属于业主所有,专项用于物业保修期满后物业共用部位、共用设施设备的维修和更新、改造,不得挪作他用。专项维修资金收取、使用、管理的办法由国务院建设行政主管部门会同国务院财政部门制定。”《住宅专项维修资金管理办法》第7条规定:“商品住宅的业主、非住宅的业主按照所拥有物业的建筑面积交存住宅专项维修资金,每平方米建筑面积交存首期住宅专项维修资金的数额为当地住宅建筑安装工程每平方米造价的5%至8%。直辖市、市、县人民政府建设(房地产)主管部门应当根据本地区情况,合理确定、公布每平方米建筑面积交存首期住宅专项维修资金的数额,并适时调整。”依据《民法典》第281条的规定,建筑物及其附属设施的维修资金,属于业主共有。经业主共同决定,可以用于电梯、屋顶、外墙、无障碍设施等共有部分的维修、更新和改造。使用建筑物及其附属设施的维修资金需要业主共同决定。

(6)筹集建筑物及其附属设施的维修资金。《物业管理条例》第54条规定,利用物业共用部位、共用设施设备进行经营所得的收益,应当主要用于补充专项维修资金,也可以按照业主大会的决定使用。依据《民法典》第283条“建筑物及其附属设施的费用分摊、收益分配等事项,有约定的,按照约定;没有约定或者约定不明确的,按照业主专有部分面积所占比例确定”的规定,筹集建筑物及其附属设施的维修资金应当由业主共同决定。

(7)改建、重建建筑物及其附属设施。改建,是在原来的基础上改

① 《物业管理条例》第2条规定。

动修建;重建,是重新建设。对建筑物及其附属设施的改建、重建,涉及业主建筑物区分所有权的行使和费用的负担,事关重大,理应由业主共同决定。

(8)改变共有部分的用途或者利用共有部分从事经营活动。《物业管理条例》第 54 条规定:“利用物业共用部位、共用设施设备进行经营的,应当在征得相关业主、业主大会、物业服务企业的同意后,按照规定办理有关手续……”因此事项涉及业主对建筑物专有部分以外的共有部分共有权的行使和收益的分配,应当由业主共同决定。

(9)有关共有和共同管理权利的其他重大事项。依据《建筑物区分所有权案件解释》第 7 条的规定,处分共有部分,以及业主大会依法决定或者管理规约依法确定应由业主共同决定的事项,应当认定为《民法典》第 278 条第 1 款第 9 项规定的有关共有和共同管理权利的“其他重大事项”。

业主决定共同事项,应当由专有部分面积占比 2/3 以上的业主且人数占比 2/3 以上的业主参与表决。决定前列第 6 ~ 8 项事项,属于重大特别议决事项,应当经参与表决专有部分面积 3/4 以上的业主且参与表决人数 3/4 以上的业主同意;前列其他事项,属于一般普通议决事项,经参与表决专有部分面积过半数的业主且参与表决人数过半数的业主同意即可。

案　例

上诉人高某社与被上诉人某鑫物业公司物业服务合同纠纷案

高某社向一审法院起诉,请求判令:(1)某鑫物业公司修缮高某社所居住房屋的屋顶且达到国家工程质量标准,即 GB 50345—2012《房屋工程技术规范》3. 0. 5 防水等级 2 级(一道防水设防)的规定,并应符合国家标准《屋面工程质量验收规范》GB 50207—2012 中 6 防水与密封工程 6. 1. 1 ~ 6. 5. 8 的规定;(2)某鑫物业公司赔偿屋内墙面损失 5 万元和因漏水造成的屋内柜子、家具、电器等损失 1 万元。一审法院判决:驳回高某社的诉讼请求。

二审法院认为,高某社与某鑫物业公司未签订书面物业服务合同,某鑫物业公司一直为该小区提供物业服务,高某社也交纳了相应物业费,双方虽形成合法的物业服务合同关系,但依据《民法典》第271条、第283条和第278条的规定,物业公司仅负责对物业共用部位和共有设备设施进行日常维修养护,若涉及中、大修,更新及改造等,需要专有部分占建筑物总面积2/3以上的业主且占总人数2/3以上的业主同意,申请使用专项维修资金。高某社所在房屋楼顶漏水,已超出了物业公司日常维修养护范围,应申请专项维修资金处理。因该小区业主全部未交纳专项维修基金,故楼顶漏水等公共部位的维修费应由整栋楼的业主共同分担,高某社上诉要求某鑫物业公司对其所居住房屋屋顶进行修缮并达到国家标准的上诉请求无法律依据,本院不予支持。故判决:驳回上诉,维持原判。①

65

业主“住改商”的限制条件

【民法典】

第二百七十九条　业主不得违反法律、法规以及管理规约,将住宅改变为经营性用房。业主将住宅改变为经营性用房的,除遵守法律、法规以及管理规约外,应当经有利害关系的业主一致同意。

释　法

《民法典》第279条规定了业主将住宅改变为经营性用房(以下简称“住改商”)的限制条件,与《物权法》第77条规定的内容基本一致。

---

① 参见陕西省渭南市中级人民法院民事判决书,(2023)陕05民终249号。

作为住宅用途的楼房在建设规划时业已确定，不得随意改变，尤其是改变为商业经营用途。现实生活中，将一楼住房改成门面房的情况比较多，也有将其他住宅改为商业经营用房的情况。这种“住改商”可能会打掉承重墙，从而影响房屋的建筑结构和使用寿命，产生安全隐患。2023年登上微博热搜的“4·28哈尔滨私拆承重墙”事件，就是业主将其购买的一梯4户4套房屋租给他人准备开健身房使用，承租人动用铲车、挖掘机等设备违法拆除房屋承重墙，造成31层高楼墙体开裂、240多户业主被要求紧急疏散撤离、损失1.6亿多元的严重后果。[①] 还有的业主在小区单元房内经营餐饮、歌厅等，影响了其他住户的生活安宁。“住改商”还可能会造成小区的车位、电梯、水、电等公共设施和资源的使用紧张，增加小区的不安全、不安定因素，防火防盗压力加大。总之，不利于小区业主之间的和谐共处和良好的社会管理秩序，容易产生矛盾和纠纷。故此，《民法典》第279条规定了业主“住改商”的限制性条件：

(1)不得违反法律、法规的规定，即合法原则。《民法典》第8条规定：“民事主体从事民事活动，不得违反法律，不得违背公序良俗。”《物业管理条例》第49条规定：“物业管理区域内按照规划建设的公共建筑和共用设施，不得改变用途。业主依法确需改变公共建筑和共用设施用途的，应当在依法办理有关手续后告知物业服务企业；物业服务企业确需改变公共建筑和共用设施用途的，应当提请业主大会讨论决定同意后，由业主依法办理有关手续。”《民法典》第272条规定，业主在对其建筑物专有部分行使权利时，“不得危及建筑物的安全，不得损害其他业主的合法权益”。

(2)不得违反管理规约。《物业管理条例》第17条第1款规定：“管理规约应当对有关物业的使用、维护、管理，业主的共同利益，业主应当履行的义务，违反管理规约应当承担的责任等事项依法作出约定。”第3款规定：“管理规约对全体业主具有约束力。”业主应当遵守管理规约的

① 《哈尔滨私拆承重墙更多细节：业主想开健身房！挖机开上三楼！》，载http://news.sohu.com/a/672404041_413491，最后访问日期：2024年8月22日。

规定。业主“住改商”,应当依照管理规约的规定向物业服务企业或者其他管理人提出申请并办理有关手续。《物业服务案件解释》第1条规定:“业主违反物业服务合同或者法律、法规、管理规约,实施妨碍物业服务与管理的行为,物业服务人请求业主承担停止侵害、排除妨碍、恢复原状等相应民事责任的,人民法院应予支持。”

(3)应当经有利害关系的业主一致同意。这里必须是“一致同意”,即为“一致决”,不是“多数决”。一般情况下,征得有利害关系的业主同意应当采取书面形式,以免发生纠纷时无法举证证明。依据《建筑物区分所有权案件解释》第11条的规定,业主“住改商”,本栋建筑物内的其他业主,应当认定为《民法典》第279条所称“有利害关系的业主”。建筑区划内,本栋建筑物之外的业主,主张与自己有利害关系的,应证明其房屋价值、生活质量受到或者可能受到不利影响。该解释第10条还规定,业主“住改商”未经有利害关系的业主一致同意,有利害关系的业主请求排除妨害、消除危险、恢复原状或者赔偿损失的,人民法院应予支持。“住改商”的业主以多数有利害关系的业主同意其行为进行抗辩的,人民法院不予支持。

案　例

1. 上诉人蔡某与被上诉人阳光物业公司、原审第三人苏某敏物业服务合同纠纷案

阳光物业公司向一审法院起诉,请求:(1)判令被告停止经营超市,恢复房屋原使用性质;(2)判令被告将以案涉房屋为营业地址的工商登记信息注销或变更;(3)本案诉讼费及律师费由被告承担。一审庭审过程中,阳光物业公司撤回了第2项诉讼请求。一审法院判决:(1)被告蔡某于本判决生效之日起30日内将位于某开发区××路××号××房屋由经营性用房恢复至住宅用途;(2)驳回原告阳光物业公司的其他诉讼请求。

二审法院认为,依法成立的合同,对当事人具有法律约束力。上诉人蔡某与被上诉人阳光物业公司签订的承诺书系基于双方当事人的真实意思表示,内容未违反法律、行政法规的强制性规定,合法有效,双方均应恪守履行。

承诺书中约定业主同意遵守《阳光 100 某岭公馆业主临时规约》的一切条款,如有违约,愿承担相应违约责任,上诉人蔡某应按《临时规约》约定履行自己的权利义务。关于上诉人提出其已取得营业执照并经多数业主同意,物业公司在上诉人购买案涉房屋时答应其可在一楼进行经营的问题。经查,根据《民法典》第 279 条的规定,若法律、法规以及管理规约明确约定业主不得将住宅改变为经营性用房的,业主应当予以遵守并不得违反。从本案现有事实看,案涉临时规约第 7 条约定:“1. 按照规划批准使用物业,不得擅自改变物业的使用功能,因特殊情况需要改变使用性质的,需经相邻业主、物业使用人及业主委员会或物业服务公司(业主委员会成立前)同意后,并报有关行政管理部门批准……”第 12 条约定:“……2. 根据本规约规定,物业服务公司有权代表全体业主对违约业主、物业使用人的行为采取下列措施进行处理……也可根据本规约向人民法院提起诉讼。”现上诉人将案涉房屋改变为经营性用房使用,已经违反了临时规约的约定,上诉人提供的现有证据亦不足以证明已经取得相邻业主、物业使用人及业主委员会或物业服务公司的同意,应当承担相应的违约责任。一审法院适用法律正确,对上诉人的该项上诉请求,本院不予支持。故判决:驳回上诉,维持原判。①

2. 上诉人李某与被上诉人王某冬、徐某、张某 1、张某德、一审被告张某 2 排除妨害纠纷案

王某冬、徐某、张某 1、张某德向一审法院起诉,请求判令二被告李某、张某 2 停止其菜鸟驿站的经营,恢复房屋原住宅用途。一审法院认定,王某冬、徐某、张某 1、张某德均系位于沈阳市某区某河路北欧云某住宅小区的业主,其中王某东系该小区 172 – 3 号(2 – 3 – 1)房屋所有权人,徐某系该小区 172 – 3 号(2 – 1 – 2)房屋所有权人,张某 1 系该小区 172 – 3 号(1 – 3 – 2)房屋所有权人;李某系该小区 172 – 3 号(1 – 1 – 2)房屋所有权人,该房屋系其单独所有,规划用途为住宅。张某 2 曾租住此房产进行经营,现已不再经营。另查明,由李某所有的案涉房屋现用于超市及菜鸟驿站的经营使用。一审法院判决被告李某于本判决生效之日起 30 日内恢复案涉房屋的住宅用途,停止经营性行为。

---

① 参见辽宁省沈阳市中级人民法院民事判决书,(2022)辽 01 民终 12433 号。

二审法院认为,依据《民法典》第 279 条的规定,上诉人李某在事先未经利害关系的业主一致同意的前提下擅自将住宅改为经营菜鸟驿站使用,且至今仍未得到利害关系的业主一致同意。上诉人将房屋出租他人从事经营性活动的行为侵害了被上诉人的权益。故一审法院判令上诉人李某恢复案涉房屋的住宅用途,停止经营性行为并无不当。上诉人李某提出的上诉主张,本院不予支持。故判决:驳回上诉,维持原判。①

66

业主大会、业主委员会决定的效力

【民法典】

第二百八十条　业主大会或者业主委员会的决定,对业主具有法律约束力。

业主大会或者业主委员会作出的决定侵害业主合法权益的,受侵害的业主可以请求人民法院予以撤销。

释　法

《民法典》第 280 条规定了业主大会、业主委员会决定的效力问题,与《物权法》第 78 条规定的内容基本一致。

业主大会或者业主委员会的决定,对业主具有法律约束力。其产生约束力的前提,必须是依法设立的业主大会或者业主委员会依照法定程序作出的,且其内容不得违反公序良俗,不得损害国家、社会公共利益和

① 参见辽宁省沈阳市中级人民法院民事判决书,(2023)辽 01 民终 2701 号。

他人合法权益。业主大会或者业主委员会决定的约束力,还应当及于建筑物区分所有权的买受人、承租人、借用人,以及业主死亡后的继承人、受遗赠人。《建筑物区分所有权案件解释》第 16 条第 2 款规定:“专有部分的承租人、借用人等物业使用人……根据法律、法规、管理规约、业主大会或者业主委员会依法作出的决定,以及其与业主的约定,享有相应权利,承担相应义务。”

若业主大会或者业主委员会作出的决定违法的,可能会被撤销。其违法包括实体违法和程序违法。实体违法,就是内容违法。依照《民法典》第 153 条的规定,违反法律、行政法规的强制性规定和违背公序良俗的业主大会或者业主委员会的决定,应当归于无效。对决定内容是否无效产生争议时,可以向人民法院提起确认之诉。程序违法,主要在于:(1)业主大会或者业主委员会作出的决定是否属于业主共同决定的事项,即是否符合《民法典》第 278 条第 1 款的规定。(2)表决的过程是否合法有效。比如,《物业管理条例》第 12 条第 1 款规定,业主大会会议可以采用集体讨论的形式,也可以采用书面征求意见的形式;但是,应当有物业管理区域内专有部分占建筑物总面积过半数的业主且占总人数过半数的业主参加。第 14 条第 1 款规定,召开业主大会会议,应当于会议召开 15 日以前通知全体业主。(3)表决结果是否达到法定的比例要求,即依《民法典》第 278 条第 2 款规定,制定、修改业主大会议事规则和管理规约,选举业主委员会或者更换业主委员会成员,选聘和解聘物业服务企业或者其他管理人,以及使用维修资金的一般议决事项,须经参与表决专有部分面积过半数的业主且参与表决人数过半数的业主同意;而筹集维修资金,改建、重建建筑物及其附属设施,改变共有部分的用途或者利用共有部分从事经营活动,和其他有关共有和共同管理权利的特别重大事项,则应当经参与表决专有部分面积 3/4 以上的业主且参与表决人数 3/4 以上的业主同意。关于业主投票权数的确定,《业主大会和业主委员会指导规则》有具体、详尽的规定。①

撤销决定的方式分为两种：一是行政机关撤销。《物业管理条例》第19条第2款规定，业主大会、业主委员会作出的决定违反法律、法规的，物业所在地的区、县人民政府房地产行政主管部门或者街道办事处、乡镇人民政府，应当责令限期改正或者撤销其决定，并通告全体业主。二是《民法典》第280条第2款规定的，受侵害的业主可以请求人民法院予以撤销。该撤销权的行使，《建筑物区分所有权案件解释》第12条规定，应当在知道或者应当知道业主大会或者业主委员会作出决定之日起1年内行使。

案　例

上诉人某沈小区业委会与被上诉人陈某旭、潘某松、张某蔚业主撤销权纠纷案

陈某旭、潘某松、张某蔚向一审法院起诉，请求：(1)撤销某沈小区业委会2021年3月1日物业费涨价公告；(2)判令某沈小区业委会按照《民法典》第278条规定，由业主共同决定的就物业费涨价事项表决规则投票计票；(3)诉讼费、某沈小区业委会律师代理费无半数业主表决同意，判由某沈小

---

① 住房和城乡建设部《业主大会和业主委员会指导规则》(建房〔2009〕274号)第24条规定："业主大会确定业主投票权数，可以按照下列方法认定业主人数和总人数：(一)业主人数，按照专有部分的数量计算，一个专有部分按一人计算。但建设单位尚未出售和虽已出售但尚未交付的部分，以及同一买受人拥有一个以上专有部分的，按一人计算；(二)总人数，按照前项的统计总和计算。"第25条规定："业主大会应当在业主大会议事规则中约定车位、摊位等特定空间是否计入用于确定业主投票权数的专有部分面积。一个专有部分有两个以上所有权人的，应当推选一人行使表决权，但共有人所代表的业主人数为一人。业主为无民事行为能力人或者限制民事行为能力人的，由其法定监护人行使投票权。"第26条规定："业主因故不能参加业主大会会议的，可以书面委托代理人参加业主大会会议。未参与表决的业主，其投票权数是否可以计入已表决的多数票，由管理规约或者业主大会议事规则规定。"第27条规定："物业管理区域内业主人数较多的，可以幢、单元、楼层为单位，推选一名业主代表参加业主大会会议，推选及表决办法应当在业主大会议事规则中规定。"第28条规定："业主可以书面委托的形式，约定由其推选的业主代表在一定期限内代其行使共同管理权，具体委托内容、期限、权限和程序由业主大会议事规则规定。"

区业委会 5 个成员负担。一审法院认定事实:某沈小区位于沈阳市某区某北街 1 × 1 号,共有业主 378 户。陈某旭、潘某松、张某蔚均系某沈小区业主。某沈小区业委会于 2020 年 2 月成立。2020 年 3 月 1 日,某沈小区业委会(甲方)与案外人某顺物业公司(乙方)签订《某沈小区物业服务合同》,第 25.17 条约定:"自合同生效之日起一年内不上调物业费,第二年起物业费可以上调至 0.8 元/建筑面积平方米/月(若业主对乙方服务超过三分之二不满意,则不上调物业费)。"2021 年 2 月,某沈小区业委会发布《业主大会公告(2021 年 1 号)》:拟定 2 月 27 日至 28 日以征求书面意见的形式,对过去一年的物业服务进行不满意度调查,本调查结果关系物业合同的履行。2021 年 3 月 1 日,某沈小区业委会发布《业委会公告》:2 月 27 日、28 日对物业服务进行了不满意意见调查,3 月 1 日在部分业主的监督下进行了验票,其中不满意意见票 46 张,占小区总业主的 12.3%,不满意意见没有达到全体业主的 2/3,某沈小区业主与某顺物业公司签订的物业服务合同继续履行。另查,上述调查共收取意见票 70 张,其中不满意 46 张、满意 24 张。2021 年 3 月 1 日起,某沈小区物业费由 0.5 元/平方米/月上调至 0.8 元/平方米/月。

一审法院认为,依据《民法典》第 278 条的规定,对于选聘和解聘物业服务企业或者其他管理人等有关共有和共同管理权利的重大事项,应由业主共同决定。业主共同决定的事项,应当有专有部分面积占比 2/3 以上的业主且人数占比 2/3 以上的业主参与表决,经参与表决专有部分面积过半数的业主且参与表决人数过半数的业主同意。依据《建筑物区分所有权案件解释》第 12 条规定,业主以业主大会或者业主委员会作出的决定侵害其合法权益或者违反了法律规定的程序为由,依据《民法典》第 280 条第 2 款的规定请求人民法院撤销该决定的,应当在知道或者应当知道业主大会或者业主委员会作出决定之日起 1 年内行使。本案中,某沈小区业委会对物业公司服务满意度进行调查,并依据调查结果履行物业合同,而满意度调查只收取票数 70 张,对其余 308 户未反映意见的业主以默示方式认定为满意,并于 2021 年 3 月 1 日作出的业委会公告,明显不符合法律规定。陈某旭、潘某松、张某蔚于 2021 年 3 月 2 日知晓上述公告,于 2022 年 2 月 28 日向法院起诉请求撤销上述公告,于法有据,一审法院予以支持。关于陈某旭、潘某松、张某蔚主张就物业事项重新投票的问题,属于业主意思自治范畴,一审法院不予审理。关于陈某旭、潘某松、张某蔚主张诉讼费、律师费由业委会成员负担的问题，于法无据，一审法院不予支持。据此，判决：(1)撤销某沈小区业委会2021年3月1日的业委会公告；(2)驳回陈某旭、潘某松、张某蔚的其他诉讼请求。

二审法院认为，二审法院应当围绕当事人的上诉请求进行审理，故对当事人没有提出上诉请求的部分，不再审理。本案审理中，上诉人表示对一审判决认定事实部分没有异议，对判决结果没有异议，只是对一审判决认定业委会"对其余308户未反映意见的业主以默示方式认定为满意"的论断等有异议。鉴于此，本院对一审判决结果予以维持。同时，根据案涉物业合同约定履行期限为5年，案涉业委会公告发布时物业合同只履行1年，且涉诉调查系对"物业服务不满意度调查，调查结果关系物业合同的履行"，以及是否"以默示方式认定为满意"属于主观判断，该问题并不影响判决结果的实际情况，本院对该问题不做出确认。另外，案涉公告与物业费的相关事项无关，物业费的增减也不属于本案审理范围。综上所述，上诉人某沈小区业委会的上诉请求不能成立。故判决：驳回上诉，维持原判。①

67

维修资金的归属及用途

【民法典】

第二百八十一条　建筑物及其附属设施的维修资金，属于业主共有。经业主共同决定，可以用于电梯、屋顶、外墙、无障碍设施等共有部分的维修、更新和改造。建筑物及其附属设施的维修资金的筹集、使用情况应当定期公布。

---

① 参见辽宁省沈阳市中级人民法院民事判决书，(2022)辽01民终17929号。

紧急情况下需要维修建筑物及其附属设施的，业主大会或者业主委员会可以依法申请使用建筑物及其附属设施的维修资金。

释 法

《民法典》第 281 条规定了建筑物及其附属设施维修资金的归属及用途，由《物权法》第 79 条规定修改而来。

建筑质量再好的楼房，随着时间的推移，也会出现因破旧、老化需要维修的问题。维修事关建筑物及其附属设施的正常使用和业主的安全保障，关系到社会的和谐与稳定，不可等闲视之。维修需要钱，钱从哪里来，归属于谁，怎么使用，用在哪里，费用怎么分担等都需要予以明确规定。

1. 明确归属。建筑物及其附属设施维修资金属于业主共有。依据《物业管理条例》第 53 条的规定，业主应当按照国家有关规定交纳专项维修资金。住宅专项维修资金，是指专项用于住宅共用部位、共用设施设备保修期满后的维修和更新、改造的资金。其具有公共性、公益性，对其管理实行专户存储、专款专用、所有权人决策和政府监督的原则。业主交存的住宅专项维修资金属于业主所有。从公有住房售房款中提取的住宅专项维修资金属于公有住房售房单位所有。业主大会应当委托所在地一家商业银行作为本物业管理区域内住宅专项维修资金的专户管理银行，并在专户管理银行开立住宅专项维修资金专户。该住宅专项维修资金专户，应当以物业管理区域为单位设账，按房屋户门号设分户账。业主大会成立后，直辖市、市、县人民政府建设（房地产）主管部门或者负责管理公有住房住宅专项维修资金的部门应当按照规定将业主交存的住宅专项维修资金划转至业主大会开立的住宅专项维修资金账户，并将有关账目等移交业主委员会。业主大会应当建立住宅专项维修资金管理制度。[①] 专项维修资金属于业主所有，各户按分户账的数额享

---

① 参见《住宅专项维修资金管理办法》第 2 条第 2 款、第 4 条、第 9 条、第 15 条、第 16 条规定。

有按份所有权。

2. 明确用途。可以用于电梯、屋顶、外墙、无障碍设施等共有部分的维修、更新和改造。依据《民法典》第 278 条的规定,建筑物及其附属设施的维修资金的筹集和使用应当由业主共同决定,应当经参与表决专有部分面积 3/4 以上的业主且参与表决人数 3/4 以上的业主同意。建筑物及其附属设施维修资金的筹集、使用情况应当定期公布,保障业主的知情权。公布方式应当满足业主了解相关信息的要求。

3. 紧急情况的处理。紧急情况下需要维修建筑物及其附属设施的,业主大会或者业主委员会可以依法申请使用建筑物及其附属设施的维修资金。依照《住宅专项维修资金管理办法》第 24 条的规定,发生危及房屋安全等紧急情况,需要立即对住宅共用部位、共用设施设备进行维修和更新、改造的,按照规定申请列支住宅专项维修资金。①

案 例

上诉人某云物业公司与被上诉人某云花园业委会及原审第三人黄某杰、刘某全、黄某亮、朱某立物业服务合同纠纷案

某云物业公司向一审法院起诉,请求判令被告某云花园业委会立即支付给原告:(1)在 2017 年 1 月 1 日至 2021 年 5 月 31 日管理期间认定的赔付费用合计 353,408 元;(2)在前述管理期间代垫支出的电梯维保、维修费用合计 633,930

---

① 《住宅专项维修资金管理办法》第 24 条第 1 款第 1 项规定:“住宅专项维修资金划转业主大会管理前,按照本办法第二十二条第四项、第五项、第六项的规定办理。”第 2 项规定:“住宅专项维修资金划转业主大会管理后,按照本办法第二十三条第四项、第五项、第六项和第七项的规定办理。”也就是说,第一,物业服务企业持有关材料向业主委员会提出列支住宅专项维修资金;其中,动用公有住房住宅专项维修资金的,向负责管理公有住房住宅专项维修资金的部门申请列支。第二,业主委员会依据使用方案审核同意,并报直辖市、市、县人民政府建设(房地产)主管部门备案;动用公有住房住宅专项维修资金的,经负责管理公有住房住宅专项维修资金的部门审核同意;直辖市、市、县人民政府建设(房地产)主管部门或者负责管理公有住房住宅专项维修资金的部门发现不符合有关法律、法规、规章和使用方案的,应当责令改正。第三,业主委员会、负责管理公有住房住宅专项维修资金的部门向专户管理银行发出划转住宅专项维修资金的通知。第四,专户管理银行将所需住宅专项维修资金划转至维修单位。

元;(3)上述两项费用合计987,338元的利息74,564.29元(自2020年6月1日起算,暂计至2022年6月15日止,按同期1年期贷款市场报价利率计)。

一审法院认为,经本案各方当事人确认,《调解协议》提及的353,408元,确应由被告承担付款义务,但双方对付款是否具有前提条件各执一词,即对付款期限约定不明确。根据《民法典》第511条第4项的规定①,原告可以随时主张被告付款,但同时应给予被告必要的准备时间。诉讼前,原告在长达1年期间以不同方式多次催收,可以认定其给予了被告必要的准备时间,现被告仍未能履行付款义务,原告以诉讼方式要求被告支付353,408元,依据充分,该院予以支持。关于被告是否应支付电梯维保、维修费用633,930元及利息。按照《某云花园物业管理协议书》约定,小区电梯的日常维护是属于物业管理公司的工作内容之一,电梯保修、大修、更新、改造等属于非日常维护内容。日常维护保养产生的费用从业主交纳的物业管理费中支出,非日常维护如共用设施设备在保修期满后的维修、更新、改造等费用从专项维修资金中支出,且需经制定维修方案、业委会审议通过、支取费用等相应程序。从原告提供的《电梯维护保养合同》《收款收据》来看,其主张的633,930元,既包含应从物业管理费中支出的电梯日常保养费用,也包含部分案外人的付款,原告在未有证据证明电梯日常保养费用需由业主另行支付或其有权代案外人主张权利的情况下,主张要求被告支付该部分费用依据不足,该院不予支持。根据《民法典》第281条和《住宅专项维修资金管理办法》第22条②的

---

① 《民法典》第511条规定:"当事人就有关合同内容约定不明确,依据前条规定仍不能确定的,适用下列规定……(四)履行期限不明确的,债务人可以随时履行,债权人也可以随时请求履行,但是应当给对方必要的准备时间……"

② 《住宅专项维修资金管理办法》第22条规定:"住宅专项维修资金划转业主大会管理前,需要使用住宅专项维修资金的,按照以下程序办理:(一)物业服务企业根据维修和更新、改造项目提出使用建议;没有物业服务企业的,由相关业主提出使用建议;(二)住宅专项维修资金列支范围内专有部分占建筑物总面积三分之二以上的业主且占总人数三分之二以上的业主讨论通过使用建议;(三)物业服务企业或者相关业主组织实施使用方案;(四)物业服务企业或者相关业主持有关材料,向所在地直辖市、市、县人民政府建设(房地产)主管部门申请列支;其中,动用公有住房住宅专项维修资金的,向负责管理公有住房住宅专项维修资金的部门申请列支;(五)直辖市、市、县人民政府建设(房地产)主管部门或者负责管理公有住房住宅专项维修资金的部门审核同意后,向专户管理银行发出划转住宅专项维修资金的通知;(六)专户管理银行将所需住宅专项维修资金划转至维修单位。"

规定,结合双方对非日常维护项目的约定,公用设施设备的维修、更新、改造等,需经相应的程序,除非出现紧急情况。现原告未提交证据证实相应维修或更新、改造项目已履行相应程序或存在紧急情况,亦未有证据证实其已向被告主张过该跨越年度较长的费用。如原告有证据证实其633,930元的费用均属于专项维修资金范畴且已经法定程序申领,可另行主张。

一审法院判决:(1)被告某云花园业委会应在本判决发生法律效力之日起10日内向原告某云物业公司支付353,408元及利息(以353,408元为基数,从2022年4月8日起至2022年6月15日止按同期全国银行间同业拆借中心公布的1年期LPR计);(2)驳回原告的其他诉讼请求。

二审法院认为,二审争议焦点为:上诉人主张应由被上诉人支付其代垫支出的电梯维保、维修费用能否得到支持。上诉人某云物业公司与被上诉人某云花园业委会签订的《某云花园物业管理协议书》约定,小区电梯的日常维护属于物业管理公司的工作内容之一,电梯保修、大修、更新、改造等属于非日常维护内容。日常维护保养产生的费用从业主交纳的物业管理费中支出,非日常维护如共用设施设备在保修期满后的维修、更新、改造等费用从专项维修资金中支出,且需经制定维修方案、业委会审议通过、支取费用等相应程序。上诉人某云物业公司在本案中诉请的633,930元,为电梯维保、维修费用。首先,现有证据无法体现上诉人与被上诉人就上诉人可先行维修电梯再后审议支出的情形作出了约定。其次,上诉人无法证明其就上述费用在支出前制定了维修方案并经业委会审议通过,亦无法证明其向业主大会、全体业主公布了每年的电梯维保、维修费用,并及时向被上诉人主张上述长达3年的费用。故上诉人以物业合同约定物业费用按建筑面积计算而实际按套内面积计算为由,主张应由被上诉人支付其代垫支出的电梯维保、维修费用,依据不足,一审不予支持并无不当,本院予以维持。综上,某云物业公司的上诉请求不能成立,应予驳回。故判决:驳回上诉,维持原判。①

① 参见广东省梅州市中级人民法院民事判决书,(2022)粤14民终2145号。

68

利用业主的共有部分产生收入的归属

【民法典】

第二百八十二条　建设单位、物业服务企业或者其他管理人等利用业主的共有部分产生的收入，在扣除合理成本之后，属于业主共有。

释　法

《民法典》第282条规定了建设单位、物业服务企业或者其他管理人等利用业主的共有部分产生收入的归属问题。本条为《民法典》新的规定。

依据《民法典》第273条至第275条的规定，业主对建筑物专有部分以外的共有部分，属于业主共有的建筑区划内的道路、绿地和占用业主共有的道路或者其他场地用于停放汽车的车位，以及建筑区划内的其他公共场所、公用设施和物业服务用房等，享有共有所有权。

利用共有部分、共有设施和物业服务用房等进行经营活动的，必须经过业主大会同意，并办理相关手续。依照《民法典》第278条规定，改变共有部分的用途或者利用共有部分从事经营活动，应当由业主共同决定；应当经参与表决专有部分面积3/4以上的业主且参与表决人数3/4以上的业主同意。《物业管理条例》第54条规定："利用物业共用部位、共用设施设备进行经营的，应当在征得相关业主、业主大会、物业服务企业的同意后，按照规定办理有关手续。业主所得收益应当主要用于补充专项维修资金，也可以按照业主大会的决定使用。"第37条规定："物业管理用房的所有权依法属于业主。未经业主大会同意，物业服务企业不得改变物业管理用房的用途。"第49条规定："物业管理区域内按照规划建设的公共建筑和共用设施，不得改变用途。业主依法确需改变公共建筑和共用设施用途的，应当在依法办理有关手续后告知物业服务企业；物业服务企业确需改变公共建筑和共用设施用途的，应当提请业主大会讨论决定同意后，由业主依法办理有关手续。"《建筑物区分所有权案件解释》第14条第1款规定："建设单位、物业服务企业或者其他管理人等擅自占用、处分业主共有部分、改变其使用功能或者进行经营性活动，权利人请求排除妨害、恢复原状、确认处分行为无效或者赔偿损失的，人民法院应予支持。"

建设单位、物业服务企业或者其他管理人等利用业主的共有部分产生的收入，在扣除合理成本之后，属于业主共有。《建筑物区分所有权案件解释》第14条第2款规定，对于建设单位、物业服务企业或者其他管理人等擅自占用业主共有部分进行经营性活动的，权利人①请求建设单位、物业服务企业或者其他管理人将扣除合理成本之后的收益用于补充专项维修资金或者业主共同决定的其他用途的，人民法院应予支持。行为人对成本的支出及其合理性承担举证责任。《民法典》第943条也规定："物业服务人应当定期将服务的事项、负责人员、质量要求、收费项目、收费标准、履行情况，以及维修资金使用情况、业主共有部分的经营与收益情况等以合理方式向业主公开并向业主大会、业主委员会报告。"

案　例

1. 上诉人某达物业公司与被上诉人某大业委会业主共有权纠纷案

某大业委会向一审法院起诉，请求判决：(1)确认沈阳市某洪区某大小区地上停车位(110个)、地下停车位(87个)的收益权归某大小区全体业主共有；(2)给付原告2019年6月至2022年6月的停车费(占用费)1,335,600元。

一审法院认为：占用业主共有的道路或者其他场地用于停放汽车的车位，属于业主共有。建设单位、物业服务企业或者其他管理人等利用业主的

① 此"权利人"，应当指"业主或者业主委员会"。

共有部分产生的收入,在扣除合理成本之后,属于业主共有。本案某大小区地上车位为在建筑区划内规划用于停放汽车的车位,应属于小区内部全体业主共有。本案经业主与小区现任物业服务某耀物业公司确认,小区内部共计地上车位 110 个。车位收费标准为 100 元/月,被告共收取地上车位车位费为:407,000 元(37 个月×110 个×100 元/月)。被告方主张为管理车位支付 2 名保安、1 名保洁的工资,该支出应为合理必要性支出,结合小区保安、保洁的工资情况,合计认定为 238,400 元,扣除后剩余 168,600 元。涉案地下车位的地下工程由某大房屋开发公司开发,该地下车位的收益权应归其所有,且原、被告双方签订《某大物业交接备忘书》中也有明确地下车位归某大房屋开发公司,故原告对于地下车位的主张不予支持。判决:(1)沈阳市某洪区某大小区地上停车位的收益权应属全体业主共有;(2)被告某达物业公司于本判决生效之日起 7 日内返还原告某大主委员会剩余地上车位费 168,600 元;(3)驳回原告其他诉讼请求。

二审法院认为,关于本案地上停车位的使用数量问题。案涉小区现任物业服务公司某耀物业公司已经出具情况说明小区共有地上停车位 110 个。某达物业公司对此予以否认,但未提供充分的反驳证据对于地上停车位的数量以及实际使用情况予以证明。其主张地上停车位数量以及实际使用数量的观点依据不足,不予支持。故判决:驳回上诉,维持原判。①

2. 上诉人某韵新城业委会与某居物业公司返还原物纠纷案

某韵新城业委会向一审法院起诉,请求判令:(1)某居物业公司立即返还某韵新城小区 2020 年 6 月 21 日至 2021 年 6 月 20 日间的公共收益暂计 18 万元(具体以法庭调查为准),并承担自 2020 年 6 月 21 日起至实际给付之日止按同期 LPR 计算的资金占用损失;(2)某居物业公司将经营所涉资产移交某韵新城业委会,并停止继续经营全体业主公用物业;(3)判令某居物业公司返还物业管理用房 8 栋 106 室,22 栋 106 室、206 室、306 室。

一审法院认为,根据《民法典》第 271 条和《江苏省物业管理条例》第 66

① 参见辽宁省沈阳市中级人民法院民事判决书,(2023)辽 01 民终 6742 号。

条第2款的规定①,建筑区划内的公共设施和物业服务用房属于业主共有,利用业主共有部分、公用设施从事广告等经营性活动的,应经有利害关系的业主同意,收益也应在扣除合理成本后归属于全体业主所有。本案某居物业公司所得的快递柜租金收益、基站场地使用收益、售水机场地使用费、旧衣回收箱管理费的收益应属于全体业主所有。一审法院综合认定为13,390元,在扣除10%的合理成本后应将收取的公共收益中的90%,即12,051元返还给某韵新城业委会。一审法院支持自本案起诉时起至实际给付之日止按照本案诉讼时即2022年2月21日全国银行间同业拆借中心公布的贷款市场报价利率3.7%计算,超出该部分的诉讼请求不予支持。关于某韵新城业委会要求某居物业公司将经营所涉资产移交业委会并要求返还相关物业管理用房,事关全体业主切身利益,属于业主的重大事项,应当经过业主大会表决通过,但其未提供该表决材料证明,故对该请求一审法院不予支持。一审法院判决:(1)某居物业公司于判决生效之日起10日内返还某韵新城业委会公共收益12,051元并承担利息(自2022年3月7日起至实际给付之日止,按年利率3.7%计算);(2)驳回某韵新城业委会其他诉讼请求。

二审法院认为,本案某居物业公司将属于业主共有的公共收益占为己有,侵害了全体业主的权益,应予返还。关于某居物业公司应返还的公共收益的数额,一审法院已经查明2020年6月21日至2021年6月20日快递柜租金收益、基站场地使用收益、售水机场地使用费、旧衣回收箱管理费收益等公共收益为13,390元,本院予以确认。考虑到某居物业公司对该部分公共部位提供物业服务需支付合理成本,一审法院酌情确认某居物业公司返还90%的收益,较为客观公正,某居物业公司上诉认为应扣除30%的成本,无相应事实依据,不予采信。某韵新城业委会和某居物业公司的上诉请求均不

① 《江苏省物业管理条例》(2021年修正)第66条第2款规定:"业主大会成立后,需要占用业主共有的道路或者其他场地用于停放汽车,以及利用业主共有部分从事广告等经营性活动的,物业服务企业应当提请业主大会或者业主大会授权的业主委员会决定后,依法办理有关手续并公示。利用业主共有部分从事广告等经营性活动的,还应当经有利害关系的业主同意。利用业主的共有部分产生的收入,在扣除合理成本之后,所得收益属于业主共有,应当单独列账。收益按照业主大会或者业主大会授权的业主委员会决定、物业服务合同约定使用。"

能成立,不予支持。故判决:驳回上诉,维持原判。①

69

费用分摊和收益分配

【民法典】

第二百八十三条　建筑物及其附属设施的费用分摊、收益分配等事项,有约定的,按照约定;没有约定或者约定不明确的,按照业主专有部分面积所占比例确定。

释　法

《民法典》第 283 条规定了建筑物及其附属设施的费用分摊和收益分配问题,由《物权法》第 80 条的规定修改而来。

《民法典》第 271 条规定,业主对建筑物专有部分以外的共有部分享有共有和共同管理的权利。第 273 条第 1 款规定,业主对建筑物专有部分以外的共有部分,享有权利,承担义务;不得以放弃权利为由不履行义务。第 282 条规定,建设单位、物业服务企业或者其他管理人等利用业主的共有部分产生的收入,在扣除合理成本之后,属于业主共有。以上规定都明确了业主对建筑物及其附属设施等共有部分享有共有和共同管理的权利。《民法典》第 131 条亦明确规定,民事主体行使权利时,应当履行法律规定的和当事人约定的义务,即权利义务相一致原则。业主对利用建筑物及其附属设施产生的收益享有按比例分配的权利;同时,

① 参见江苏省盐城市中级人民法院民事判决书,(2022)苏 09 民终 4962 号。

对因管理和维修建筑物及其附属设施产生的费用,亦有按比例分摊的义务。

前述收益分配和费用分摊的原则,是约定优先,即有约定的,按照约定;若没有约定或者约定不明确的,则应当按照业主专有部分面积所占比例确定。该规定体现了私人自治的原则和精神,业主之间的约定属于"自治法"的范畴,其对业主具有约束力。这个"约定"可以是管理规约(包括前期签订的临时管理规约)和业主大会、业主委员会的决定。即便是没有参加会议或者在表决时投了反对票或弃权票的业主,在业主大会形成决议之后,也应该予以遵守。

关于"业主专有部分面积"的确定,依照《建筑物区分所有权案件解释》第8条的规定,可以按照不动产登记簿记载的面积计算;尚未进行物权登记的,暂按测绘机构的实测面积计算;尚未进行实测的,暂按房屋买卖合同记载的面积计算。业主专有部分面积"所占比例",指的是其所占"建筑物总面积"的比例。而建筑物总面积,是指所有业主专有部分面积的总和。现实中,对"建筑物总面积"的确定往往会产生争议。分母(建筑物总面积)的大小,关系收益分配、费用分摊的多寡,也即是部分共有业主的"收益分配、费用分摊"问题,还是建筑区划内(整个小区)的全体业主共有的"收益分配、费用分摊"问题。笔者认为,对此业主范围的确定,可以参照《建筑物区分所有权案件解释》第11条规定中"有利害关系的业主"的范围来确定。例如,仅仅是某栋楼的房顶漏水需要维修,产生的费用分摊应仅在该栋楼的业主范围内进行。如果某小区仅有两栋楼房临街,使用该两栋楼的楼面或楼顶广告产生的收益,原则上应归整个小区业主共享收益分配;当然也可以由业主大会或者业主委员会决定,给该两栋楼的业主适当多分。

案　例

1. 上诉人某美物业公司与被上诉人王某跃物业服务合同纠纷案

某美物业公司向一审法院起诉,请求判决王某跃向其支付自2020年3月至2021年11月的物业服务费6111元及其违约金1790.07元,代缴公摊水电费422.48元。一审法院判决:(1)王某跃应于判决发生法律效力之日起10日内向某美物业公司支付2020年3月至2021年11月的物业服务费6111元及违约金(以欠缴月份的物业服务费291元/月为基数从欠缴的次月1日起至实际清偿之日止,按同期全国银行间同业拆借中心公布的贷款市场报价利率计算);(2)驳回某美物业公司的其他诉讼请求。

二审法院认为,本案二审的争议焦点为:某美物业公司诉请王某跃支付欠付的公摊电费及违约金是否应予支持。涉案《某德区前期物业管理委托合同》约定物业服务费的开支不包含公共设施设备能耗费用,《前期物业管理备案通知书》亦明确物业服务费收费标准不含公共水电分摊。某美物业公司二审提交了公摊电费计算方式、公摊电用量明细、缴费凭证及公示照片,本院确认某美物业公司已实际代缴了公摊电费。根据《民法典》第283条的规定,在某美物业公司已经代缴公摊电费的情况下,王某跃应按照专有部分面积所占比例向某美物业公司支付公摊电费。依据某美物业公司提交的公摊电费计算方式,王某跃应向某美物业公司支付公摊电费422.48元。某美物业公司一审仅主张王某跃支付代缴公摊水电费,并未主张逾期支付公摊水电费的违约金,其上诉请求王某跃支付代缴公摊水电费的违约金,超出一审诉讼请求范围,本院不予审查处理。

综上所述,某美物业公司的上诉请求部分成立,本院予以支持;对不成立部分,予以驳回。故判决:(1)维持一审民事判决第1项;(2)撤销一审民事判决第2项;(3)被上诉人王某跃应于本判决发生法律效力之日起10日内向上诉人某美物业公司支付2020年3月至2021年11月代缴公摊电费422.48元;(4)驳回上诉人某美物业公司其他诉讼请求。①

2. 原告鲍某与被告姜某芳、张某蛟、刘某伟、郭某成业主共有权纠纷案

原告鲍某向法院提起诉讼,请求判令被告按房屋面积比例分担威海某区北环海路××号楼楼顶公共部位的维修费用9243.31元(其中被告姜某芳、张某蛟承担3066.37元、被告刘某伟承担3129.61元、被告郭某成承担3047.33元)。

原、被告均系威海某区北环海路××号楼业主,被告姜某芳、张某蛟,被

① 参见广东省佛山市中级人民法院民事判决书,(2022)粤06民终9526号。

告刘某伟,被告郭某成分别为 103 室、403 室、503 室房屋所有权人,房屋建筑面积分别为 120.74 平方米、123.23 平方米、119.99 平方米;原告鲍某为 603 室所有权人,房屋建筑面积 146.18 平方米。另同排 203 室房屋所有权人为侯某娜,房屋建筑面积 123.23 平方米;303 室房屋所有权人为李某,房屋建筑面积为 123.23 平方米。庭审中,原告与 203 室业主侯某娜就维修费用分担事宜达成一致,原告撤回对侯某娜的起诉。另关于 303 室业主李某应承担的费用,原告要求另行主张,不在本案一并处理。

法院认为,原告、被告居住房屋的顶层属于该单元涉及业主共有部分,原告、被告对该单元房顶享有共有权利,并应承担相应维修义务。本案原告提交的照片、防水工程合同、维修费用转账记录等证据,能够证实原、被告共有房顶在下雨后存在渗漏的情况,原告做防水维修,使屋顶恢复至能够发挥正常使用的状态。为合理正常的维修,在原告已支付维修费用的情况下,有权向其他相关业主主张分担该部分费用。原告在 2020 年 9 月对房顶进行了维修并支出 28,000 元,原告主张其中部分维修费 19,215 元,系其对自身权益的处分,本院予以确认。关于被告应承担的维修费用,法律规定①,建筑物及其附属设施的费用分摊、收益分配等事项,有约定的,按照约定;没有约定或者约定不明确的,按照业主专有部分占建筑物总面积的比例确定。原告要求各被告按照其专有部分占建筑物总面积比例确认各自应承担的维修费用,于法有据,本院予以确认。经计算,被告姜某芳、张某蛟应承担的维修费为 3066.37 元,被告刘某伟应承担维修费 3129.61 元,被告郭某成应承担维修费 3047.33 元。被告对涉案维修费用提出异议,并提出屋顶漏水系原告私自改建破坏导致,但未提供证据证实,本院不予采纳。故判决:被告姜某芳、张某蛟、被告刘某伟和被告郭某成分别于本判决生效后 10 日内支付原告鲍某维修费 3066.37 元、3129.61 元和 3047.33 元。②

---

① 判决原文没有列明法律规定条文,应为《物权法》第 80 条,现为《民法典》第 283 条。

② 参见山东省威海火炬高技术产业开发区人民法院民事判决书,(2021)鲁 1091 民初 382 号。

70

物业管理的主体

【民法典】

第二百八十四条　业主可以自行管理建筑物及其附属设施,也可以委托物业服务企业或者其他管理人管理。

对建设单位聘请的物业服务企业或者其他管理人,业主有权依法更换。

释　法

《民法典》第284条规定了建筑物及其附属设施(物业)管理的主体问题,与《物权法》第81条规定内容相同。

一栋楼或者一个小区建成,开发商交房、业主入住以后,就面临着对建筑物及其附属设施的管理,即物业管理的问题。好的物业管理,对于建设安全舒适、和谐温馨的家园社区至关重要,不可等闲视之。

《民法典》第284条第1款规定了两种物业管理方式:一是业主自行管理,即自治管理方式。由建筑物区分所有权人自行执行管理事务或者组成一个管理团体执行管理事务。如果建筑物区分所有权人人数众多,可以通过业主大会选举产生业主委员会,由业主委员会进行物业管理。二是委托管理方式,即由业主大会授权业主委员会与物业服务企业签订物业服务合同,物业服务企业依照法律、法规规定和物业服务合同约定进行物业管理。《物业管理条例》第2条规定,即为委托管理方式,其是指业主通过选聘物业服务企业,由业主和物业服务企业按照物业服务合同约定,对房屋及配套的设施设备和相关场地进行维修、养护、管理,维护物业管理区域内的环境卫生和相关秩序的活动。

对于采取哪种管理方式,业主有自主选择权。依据《民法典》第278条的规定,对于制定、修改业主大会议事规则和管理规约,选举业主委员会或者更换业主委员会成员,选聘和解聘物业服务企业或者其他管理人等事项,应当由业主共同决定;且应当由专有部分面积和人数占比"双2/3"以上的业主参与表决,并经参与表决面积和人数"双过半"的业主同意。所以说,对物业管理方式的决定权不能由某一个、一些个别业主说了算。

在小区业主委员会成立之前,只能由建设单位选聘物业管理企业对建筑物及其附属设施进行管理。《物业管理条例》第21条规定:"在业主、业主大会选聘物业服务企业之前,建设单位选聘物业服务企业的,应当签订书面的前期物业服务合同。"第33条规定:"一个物业管理区域由一个物业服务企业实施物业管理。"对物业管理区域的划分,地方性法规往往有明确规定。如《河南省物业管理条例》第11条规定:"物业管理区域的划分以有利于实施物业管理为原则,综合考虑规划条件、土地使用权属范围、建筑物规模、共用设施设备、自然界限、社区建设等因素确定。物业管理用房、供水、供电、消防等配套设施设备和相关场地共用不能分割的,应当划为一个物业管理区域。"《物业管理条例》第24条第1款规定:"国家提倡建设单位按照房地产开发与物业管理相分离的原则,通过招投标的方式选聘物业服务企业。"第25条规定:"建设单位与物业买受人签订的买卖合同应当包含前期物业服务合同约定的内容。"第26条规定:"前期物业服务合同可以约定期限;但是,期限未满、业主委员会与物业服务企业签订的物业服务合同生效的,前期物业服务合同终止。"这就是《民法典》第284条第2款的规定,对建设单位聘请的物业服务企业或者其他管理人,业主有权依法更换。"依法"更换,就是依照法律、法规规定的程序,由业主共同决定予以更换。前期物业服务合同终止时,物业服务企业应当将物业管理用房和相关物业管理资料①交还给业

① 依据《物业管理条例》第29条第1款的规定,在办理物业承接验收手续时,应当移交下列资料:竣工总平面图,单体建筑、结构、设备竣工图,配套设施、地下管网工程竣工图等竣工验收资料;设施设备的安装、使用和维护保养等技术资料;物业质量保修文件和物业使用说明文件;物业管理所必需的其他资料。

主委员会,或者与业主大会、业主委员会选聘的新的物业服务企业做好交接工作。

《民法典》第 938 条第 1 款规定:“物业服务合同的内容一般包括服务事项、服务质量、服务费用的标准和收取办法、维修资金的使用、服务用房的管理和使用、服务期限、服务交接等条款。”第 2 款规定:“物业服务人公开作出的有利于业主的服务承诺,为物业服务合同的组成部分。”第 939 条规定:“建设单位依法与物业服务人订立的前期物业服务合同,以及业主委员会与业主大会依法选聘的物业服务人订立的物业服务合同,对业主具有法律约束力。”

案　例

1. 再审申请人某翔公司与被申请人某煌大厦业委会物业服务合同纠纷系列案

再审法院经审查认为:关于某翔公司是否应向某煌大厦业委会支付管理费的问题。根据一审、二审法院查明的事实,某煌大厦业委会是某煌大厦依法成立的业主委员会,《某煌大厦紧急自行管理方案》已由某煌大厦业主大会表决通过并由某煌大厦业委会通过决议实行,该决议的法律效力亦得到了另案生效判决的确认。该管理方案规定,授权业主委员会代表业主与业主大会聘请专业服务团队,协助业主委员会予以实施,并规定了相应的管理费标准。根据《物权法》第 78 条第 1 款规定“业主大会或者业主委员会的决定,对业主具有约束力”及第 81 条第 1 款规定“业主可以自行管理建筑物及其附属设施,也可以委托物业服务企业或者其他管理人管理”①,某翔公司作为涉案小区业主,应受《某煌大厦紧急自行管理方案》的约束,并按该管理方案支付管理费。一审、二审法院对某煌大厦业委会要求某翔公司支付管理费的主张予以支持,并无不当。关于某翔公司是否可以自行管理涉案物业的问题。某煌大厦包括业主自有区域和公共区域,涉案物业属于某煌大厦整体建筑的一部分,某翔公司并未提供证据证明其在某煌大厦内拥有的涉案物业可以划

① 《物权法》第 78 条第 1 款现为《民法典》第 280 条第 1 款的规定,《物权法》第 81 条第 1 款现为《民法典》第 284 条第 1 款的规定。

定为独立的物业管理区域，故主张其可自行管理涉案物业，并以此为由拒绝支付管理费，缺乏充分理据。一审、二审判决对其主张不予采纳，并无不当。故裁定：驳回某翔公司的再审申请。①

2. 上诉人某合物业公司与被上诉人某尚园小区二期第一届业委会物业服务合同纠纷案

某尚园小区二期第一届业委会向一审法院起诉，请求依法判令被告某合物业公司向原告移交或交接物业服务用房、相关设施和相关资料，并依法撤场。一审法院认定：2013 年 8 月 20 日，被告某合物业公司与案涉小区开发商某宁房地产公司签订《某尚园前期物业服务合同》，为案涉小区提供物业服务。2020 年 1 月 20 日，某尚园小区二期第一届业委会成立，并在大连某普新区办事处备案，确认业委会任期自 2019 年 12 月 27 日至 2024 年 12 月 26 日。2021 年 3 月 29 日，案涉小区业主大会决议聘用某家物业公司为案涉小区提供物业服务。2021 年 4 月 7 日，案涉小区业主大会与某家物业公司签订《某尚园小区二期物业服务合同》，约定由某家物业公司为案涉小区提供物业管理服务。原告为该合同甲方案涉小区业主大会的委托执行人。该合同于同年 6 月 7 日生效。原告已通知被告某合物业公司退出案涉小区并办理交接。一审法院判决：被告某合物业公司于本判决生效之日起 30 日内退出案涉某尚园小区二期物业服务区域；并将物业服务用房、相关设施、物业服务所必需的相关资料移交给原告业委会。

二审法院认为，本案二审争议焦点为：被上诉人某尚园小区二期第一届业委会与某家物业公司签订的《某尚园小区二期物业服务合同》是否有效。在上诉人韩某、孙某俊、王某弟与被上诉人某尚园小区二期第一届业委会业主撤销权纠纷上诉一案中，本院作出的(2021)辽 02 民终 10102 号民事判决已经发生法律效力。该生效判决已认定，本案被上诉人某尚园小区二期第一届业委会组织的两次业主大会投票不存在违反法律、法规强制性规定的情形。其参照《民法典》《大连市物业管理招标投标管理办法》等相关规定，采用招标、评标方式组织业主大会选聘和解聘物业服务企业，并将 2020 年 12

---

① 参见广东省高级人民法院民事裁定书，(2020)粤民申 2827－2844 号。其中部分争议焦点评述从略。

月 25 日选聘物业服务公司的决议上报某街道办事处确认备案。故被上诉人作出的聘用某家物业公司的决议有效。被上诉人依据该决议与某家物业公司签订的《某尚园小区二期物业服务合同》,合法有效。综上,上诉人某合物业公司的上诉请求不能成立,应予驳回。故判决:驳回上诉,维持原判。①

71

物业服务和业主监督权

【民法典】

第二百八十五条　物业服务企业或者其他管理人根据业主的委托,依照本法第三编有关物业服务合同的规定管理建筑区划内的建筑物及其附属设施,接受业主的监督,并及时答复业主对物业服务情况提出的询问。

物业服务企业或者其他管理人应当执行政府依法实施的应急处置措施和其他管理措施,积极配合开展相关工作。

释　法

《民法典》第 285 条规定了物业服务企业或其他管理人的物业服务和业主监督权,由《物权法》第 82 条规定修改而来。

《民法典》第 284 条第 1 款规定,业主可以自行管理建筑物及其附属设施,也可以委托物业服务人(包括物业服务企业和其他管理人,下同)管理。业主选择委托物业服务人管理的,应当依据《民法典》第 278 条规

① 参见辽宁省大连市中级人民法院民事判决书,(2021)辽 02 民终 10187 号。

定的程序由业主共同决定。业主共同决定选聘物业服务人之后，应当由业主委员会与选聘的物业服务企业订立书面的物业服务合同。物业服务人依照《民法典》第三编合同编第二十四章物业服务合同的有关规定管理建筑区划内的建筑物及其附属设施。这里作了指引性规定。

《民法典》第 937 条规定："物业服务合同是物业服务人在物业服务区域内，为业主提供建筑物及其附属设施的维修养护、环境卫生和相关秩序的管理维护等物业服务，业主支付物业费的合同。"第 938 条规定："物业服务合同的内容一般包括服务事项、服务质量、服务费用的标准和收取办法、维修资金的使用、服务用房的管理和使用、服务期限、服务交接等条款。物业服务人公开作出的有利于业主的服务承诺，为物业服务合同的组成部分。"第 942 条规定："物业服务人应当按照约定和物业的使用性质，妥善维修、养护、清洁、绿化和经营管理物业服务区域内的业主共有部分，维护物业服务区域内的基本秩序，采取合理措施保护业主的人身、财产安全。对物业服务区域内违反有关治安、环保、消防等法律法规的行为，物业服务人应当及时采取合理措施制止、向有关行政主管部门报告并协助处理。"《物业管理条例》第 35 条亦规定，物业服务企业应当按照物业服务合同的约定，提供相应的服务。物业服务企业未能履行物业服务合同的约定，导致业主人身、财产安全受到损害的，应当依法承担相应的法律责任。

业主对物业服务人提供的物业服务享有知情权和监督权。《物业管理条例》第 6 条规定，业主在物业管理活动中，享有提议召开业主大会会议，并就物业管理的有关事项提出建议；监督物业服务企业履行物业服务合同；以及对物业共用部位、共用设施设备和相关场地使用情况享有知情权和监督权。《民法典》第 943 条规定："物业服务人应当定期将服务的事项、负责人员、质量要求、收费项目、收费标准、履行情况，以及维修资金使用情况、业主共有部分的经营与收益情况等以合理方式向业主公开并向业主大会、业主委员会报告。"《建筑物区分所有权案件解释》第 13 条规定，业主请求公布、查阅下列应当向业主公开的情况和资料的，人民法院应予支持：(1) 建筑物及其附属设施的维修资金的筹集、使用情况；(2)管理规约、业主大会议事规则，以及业主大会或者业主委员会的决定及会议记录；(3)物业服务合同、共有部分的使用和收益情况；(4)建筑区划内规划用于停放汽车的车位、车库的处分情况；(5)其他应当向业主公开的情况和资料。依据《物业管理条例》第 8 条、第 15 条规定，业主大会应当代表和维护物业管理区域内全体业主在物业管理活动中的合法权益。业主委员会作为业主大会的执行机构，要及时了解业主、物业使用人的意见和建议，监督和协助物业服务企业履行物业服务合同。物业服务人要接受业主的监督，并及时答复业主对物业服务情况提出的询问。

政府依法实施应急处置措施和其他管理措施是非常必要和有效的。物业服务人作为生活小区的服务者，应当依法履行管理职责，积极配合有关部门开展相关工作。故《民法典》第 285 条第 2 款新增如是规定。

案　例

1. 上诉人程某丽、某管理公司与被上诉人某开发公司、楼外楼公司业主知情权纠纷案

程某丽向一审法院起诉，请求判令：(1)被告公布与某服装城物业有关应当公开的情况和资料(具体内容从略)；(2)判令被告 3 向原告归还被告 1、2 通过价格欺诈行为由被告 2 从受托管理原告商铺中获得的不当得利 33,446.40 元，并 3 倍赔偿原告损失；(3)判令三被告转包物业全部服务非法、被告 3 限期退出某服装城。一审法院判决：(1)被告某管理公司于本判决发生法律效力之日起 30 日内向原告程某丽公布 2010 年 1 月至 2021 年 12 月公共区域以及共用设施的维修养护记录和经营收益明细、物业管理服务费用收支账目明细；建筑物及其附属设施的维修资金的筹集、使用情况；建筑区划内规划用于停放汽车的车位、车库的处分情况以及其他应当向原告公开的情况和资料(公布方式：将上述资料提供原告程某丽查阅，如确需复印的，被告某管理公司应予协助，复印费由原告自行承担)；(2)驳回原告程某丽的其他诉讼请求。

二审院认为，关于业主知情权的范围和方式问题……应当综合业主申请公布或者查阅的文件或者情况的性质以及业主行使知情权主观上是否具有正当目的而判定，以求实现切实保障业主知情权以及维护物业正常管理的双重目的。一审法院确定的业主知情权范围和方式并无不当。关于程某丽主张某管理公司收取物业费存在价格欺诈以及本案存在非法转包的问题，实为其个人请求撤销《前期物业服务合同》以及《某服装城项目承包经营管理合同》……解除物业服务合同，属于关乎全体业主利益的重大事项，应当经由业主共同决定。上诉人作为单一个体，以个人名义向法院提起诉讼要求撤销案涉合同不符合法律规定，不予支持。故判决：驳回上诉，维持原判。①

2. 上诉人某安物业公司与被上诉人第一公馆业委会物业服务合同纠纷案

某安物业公司向一审法院起诉，请求判决：(1)第一公馆业委会排除妨碍、消除影响，继续履行《物业管理委托合同》；(2)第一公馆业委会向某安物业公司赔偿违约金10,000元，并赔偿预期利益损失188,387.79元。一审法院判决：驳回某安物业公司的诉讼请求。

二审法院认为，关于上诉人履行合同期间服务业主质量问题。2022年3月23日，某枫街道某站社区居委会出具情况说明：2020年9月至2021年3月，第一公馆小区业主数次反映某安物业公司服务不到位的问题，经调查走访，物业公司确实存在一些问题，居委会也多次组织物业公司跟业委会进行沟通，同时要求物业公司对存在的问题进行整改，但某安物业公司对业主提出的问题未能有效解决，业主一直持续反映至信访局，协调未果……在双方争议阶段，上诉人认为被上诉人采取了影响其正常工作的行为，撤离了小区。根据被上诉人解除物业服务合同的主张，从上诉人撤出小区之日双方已经解除了物业服务合同。对小区物业服务中存在的问题，作为业主，有权利提出物业服务的要求，积极参与和谐园区建设；上诉人作为物业公司是服务者，应注重提高效能和增强服务意识，积极回应业主的诉求，让业主感受到暖心，但上诉人的服务引起业主持续信访，协商无果，对问题不能整改解决，上诉人存在物业服务不到位的情况。发生争议后，上诉人又撤离小区终止物业服务，故一审驳回其关于支付违约金、赔偿预期利益损失等诉讼请求有证据印证，

① 参见辽宁省沈阳市中级人民法院民事判决书，(2023)辽01民终8532号。案例评析部分内容从略，省略号为引者所加。

并无不当。故判决:驳回上诉,维持原判。①

72

业主行为规范及不当行为的处理

【民法典】

第二百八十六条　业主应当遵守法律、法规以及管理规约,相关行为应当符合节约资源、保护生态环境的要求。对于物业服务企业或者其他管理人执行政府依法实施的应急处置措施和其他管理措施,业主应当依法予以配合。

业主大会或者业主委员会,对任意弃置垃圾、排放污染物或者噪声、违反规定饲养动物、违章搭建、侵占通道、拒付物业费等损害他人合法权益的行为,有权依照法律、法规以及管理规约,请求行为人停止侵害、排除妨碍、消除危险、恢复原状、赔偿损失。

业主或者其他行为人拒不履行相关义务的,有关当事人可以向有关行政主管部门报告或者投诉,有关行政主管部门应当依法处理。

释　　法

《民法典》第 286 条规定了业主的行为规范以及对业主不当行为的处理,是对《物权法》第 83 条规定的内容予以修改,拆分为两条(第 2 款后句内容分成《民法典》第 287 条),并增加规定了新的内容。

1. 业主的行为规范,是指业主应当遵照一定的规范行事。这里的规

---

① 参见河南省商丘市中级人民法院民事判决书,(2023)豫 14 民终 2857 号。

范是指：

(1)法律规定，如《民法典》第944条第1款规定："业主应当按照约定向物业服务人支付物业费。物业服务人已经按照约定和有关规定提供服务的，业主不得以未接受或者无需接受相关物业服务为由拒绝支付物业费。"第272条规定："业主对其建筑物专有部分享有占有、使用、收益和处分的权利。业主行使权利不得危及建筑物的安全，不得损害其他业主的合法权益。"

(2)法规规定，不仅指国务院《物业管理条例》等行政法规，还包括各省、直辖市、自治区以及各省辖市制定的物业管理方面的地方性法规。比如，《物业管理条例》第7条规定："业主在物业管理活动中，履行下列义务：(一)遵守管理规约、业主大会议事规则；(二)遵守物业管理区域内物业共用部位和共用设施设备的使用、公共秩序和环境卫生的维护等方面的规章制度；(三)执行业主大会的决定和业主大会授权业主委员会作出的决定；(四)按照国家有关规定交纳专项维修资金；(五)按时交纳物业服务费用；(六)法律、法规规定的其他义务。"

(3)管理规约，涵括建设单位在销售物业之前签订的《业主临时规约》。《民法典》第278条第1款第2项规定，由业主共同制定和修改管理规约。《物业管理条例》第17条规定："管理规约应当对有关物业的使用、维护、管理，业主的共同利益，业主应当履行的义务，违反管理规约应当承担的责任等事项依法作出约定。管理规约应当尊重社会公德，不得违反法律、法规或者损害社会公共利益。管理规约对全体业主具有约束力。"

对业主行为的特别规定：一是应当符合节约资源、保护生态环境的要求。这是依据《民法典》第9条绿色原则规定，对业主行为提出的特别要求。二是对于物业服务人执行政府依法实施的应急处置措施和其他管理措施，业主应当依法予以配合。《民法典》第285条第2款规定："物业服务企业或者其他管理人应当执行政府依法实施的应急处置措施和其他管理措施，积极配合开展相关工作。"与此规定相适应，物业服务人为配合政府依法实施的应急处置措施和其他管理措施，业主应当予以配合。

2. 对业主不当行为的处理。对存在任意弃置垃圾、排放污染物或者噪声、违反规定饲养动物、违章搭建、侵占通道、拒付物业费等损害他人合法权益的行为,业主大会或者业委会,有权依照法律、法规以及管理规约的规定,请求行为人停止侵害、排除妨碍、消除危险、恢复原状、赔偿损失。什么是"损害他人合法权益的行为"?依据《建筑物区分所有权案件解释》第15条规定,业主或者其他行为人违反法律、法规、国家相关强制性标准、管理规约,或者违反业主大会、业委会依法作出的决定,实施下列行为的,可以认定为《民法典》第286条第2款所称的其他"损害他人合法权益的行为":损害房屋承重结构,损害或者违章使用电力、燃气、消防设施,在建筑物内放置危险、放射性物品等危及建筑物安全或者妨碍建筑物正常使用;违反规定破坏、改变建筑物外墙面的形状、颜色等损害建筑物外观;违反规定进行房屋装饰装修;违章加建、改建,侵占、挖掘公共通道、道路、场地或者其他共有部分。第14条第1款规定,建设单位、物业服务企业或者其他管理人等擅自占用、处分业主共有部分、改变其使用功能或者进行经营性活动,权利人请求排除妨害、恢复原状、确认处分行为无效或者赔偿损失的,人民法院应予支持。第4条规定,业主基于对住宅、经营性用房等专有部分特定使用功能的合理需要,无偿利用屋顶以及与其专有部分相对应的外墙面等共有部分的,不应认定为侵权。但违反法律、法规、管理规约,损害他人合法权益的除外。

3. 对于业主或者其他行为人拒不履行相关义务的,有关当事人可以向有关行政主管部门报告或者投诉,有关行政主管部门应当依法处理。这里规定的是行政处理程序;如果向法院起诉,法院是不受理的。

案　例

1. 上诉人丛某平与被上诉人某惠大厦业委会、某润公司恢复原状纠纷案

某惠大厦业委会向一审法院起诉,请求判令:(1)丛某平恢复三楼东电梯井靠近步梯侧墙体;(2)丛某平、某润公司拆除三楼通往东西外侧步梯(图纸标注为"楼梯三""楼梯四")防盗门,并恢复墙体结构;(3)丛某平拆除一

楼东通道锁具，清除通道内物品。一审法院认为：某惠大厦业委会主张丛某平私自占用一楼东通道并封闭用于商铺经营。依据《民法典》第286条第2款规定，判决：丛某平于判决生效之日起10日内拆除某惠大厦一楼东通道锁具并清除通道内物品。

二审法院认为，本案争议焦点为丛某平是否享有诉争一楼东通道业主专有权，其占用该通道有无合法依据。依据《建筑物区分所有权案件解释》第2条第1款和第3条第1款第1项的规定①，通道作为公共通行部分，属于建筑物共有部分。丛某平以其与开发商某润公司签订的相关协议为据，主张双方合同约定该部分为丛某平专用，且其持有的房屋所有权证书中的面积包含该通道面积；但某润公司对其主张不予认可，且该房屋所有权证书中显示丛某平享有的专有部分为该大厦三层的301室、302室、304室，并未体现一楼诉争通道部分。故此，现有证据不足以证实丛某平对其占用的一楼通道享有合法的业主专有权，一审认定该通道应由某惠大厦业主共同使用，判令丛某平拆除锁具并清除通道内物品，于法有据，本院予以确认。故判决：驳回上诉，维持原判。②

2. 上诉人某花园业委会与被上诉人张某东、张某夫物权保护纠纷案

某花园业委会一审起诉，请求判令两被告拆除某花园小区自行车棚违建部分60平方米。一审法院经审查认为：被告张某夫与涉案小区的开发建设单位某建房产公司于1997年针对涉案小区的自行车棚签订协议，约定涉案自行车棚由被告张某夫出资，由开发公司负责自行车棚的规划、设计、建设施工，建成后由被告张某夫享有自主经营管理权，该协议中未载明自行车棚的面积，涉案自行车棚亦没有相关产权证书。现原告认为被告擅自将自行车棚进行扩建，已超出涉案小区建设工程规划图纸载明的自行车棚的面积，以此

---

① 《建筑物区分所有权案件解释》第2条第1款规定，建筑区划内符合下列条件的房屋，以及车位、摊位等特定空间，应当认定为《民法典》第二编第六章所称的专有部分：(1)具有构造上的独立性，能够明确区分；(2)具有利用上的独立性，可以排他使用；(3)能够登记成为特定业主所有权的客体。第3条第1款规定，除法律、行政法规规定的共有部分外，建筑区划内的以下部分，也应当认定为《民法典》第二编第六章所称的共有部分：建筑物的基础、承重结构、外墙、屋顶等基本结构部分，通道、楼梯、大堂等公共通行部分，消防、公共照明等附属设施、设备，避难层、设备层或者设备间等结构部分。

② 参见山东省威海市中级人民法院民事判决书，(2023)鲁10民终417号。

请求判令两名被告拆除某花园小区自行车棚违建部分60平方米。原告主张的关于违章建筑的拆除不属于人民法院受理民事诉讼的范围,裁定驳回原告某花园业委会的起诉。

二审法院认为:根据《民法典》第286条的规定,相关行为人拒不履行义务的,可以向有关行政主管部门报告或者投诉,由有关行政主管部门依法处理。故一审法院认定本案某花园业委会主张违章建筑拆除需由有关行政管理部门予以确认并予以处理,本案不属于人民法院民事诉讼的受案范围,并驳回某花园业委会的本案起诉,并无不当。故裁定:驳回上诉,维持原裁定。①

73

业主合法权益的保护

【民法典】

第二百八十七条　业主对建设单位、物业服务企业或者其他管理人以及其他业主侵害自己合法权益的行为,有权请求其承担民事责任。

释　法

《民法典》第287条规定了业主合法权益的保护问题,是在《物权法》第83条规定内容基础上修改、拆分而来,将业主对侵害自己合法权益的行为,有权请求侵害者承担民事责任,予以单列规定。

侵害业主合法权益行为承担民事责任的主体,一般包括建设单位、

① 参见辽宁省丹东市中级人民法院民事裁定书,(2023)辽06民终521号。

物业服务人以及其他业主。现实生活中,常见的民事纠纷发生在:

(1)业主与建设单位之间。建设单位,即房地产开发商,商品房买卖合同的卖方;业主,即建筑物区分所有权人,房屋所有权人,商品房买卖合同的买方。《物业管理条例》第31条规定:“建设单位应当按照国家规定的保修期限和保修范围,承担物业的保修责任。”第57条规定:“违反本条例的规定,建设单位擅自处分属于业主的物业共用部位、共用设施设备的所有权或者使用权的……给业主造成损失的,依法承担赔偿责任。”业主与建设单位之间,一般会存在因房屋质量,延期交房,开发商变更小区规划,没有配备物业管理用房、变更用途(改为商用、另行出租)和产权归属,绿地、露台(天台)、会所、车库(车位)的权属界分等产生纠纷。对这些纠纷的处理,业主可以依据商品房买卖合同和有关法律、法规规定,依法主张维护自身合法民事权益。涉及业主整体利益的,作为业主代表的业主委员会可以依法主张权利、提起诉讼。

(2)业主与物业服务人之间。物业服务人,即物业服务企业或者其他管理人。《民法典》第942条规定:“物业服务人应当按照约定和物业的使用性质,妥善维修、养护、清洁、绿化和经营管理物业服务区域内的业主共有部分,维护物业服务区域内的基本秩序,采取合理措施保护业主的人身、财产安全。对物业服务区域内违反有关治安、环保、消防等法律法规的行为,物业服务人应当及时采取合理措施制止、向有关行政主管部门报告并协助处理。”《物业管理条例》第35条规定:“物业服务企业应当按照物业服务合同的约定,提供相应的服务。物业服务企业未能履行物业服务合同的约定,导致业主人身、财产安全受到损害的,应当依法承担相应的法律责任。”业主与物业服务人之间常见的纠纷有:物业公司起诉业主欠缴物业费、业主主张服务不到位的抗辩,物业停水、停电、共用水管堵塞引致财产损害赔偿,室内财产被盗引起的赔偿,物业管理区域内的消防责任与赔偿,因外墙面、玻璃幕墙脱落砸伤(坏)人、物(汽车等)引起的赔偿,台风、暴雨引起水淹车库的赔偿,物业管理区域内因流浪狗、脱管狗伤人引起的赔偿等。业主请求赔偿的请求权基础,可以依据《民法典》第 577 条规定①,主张物业公司违反合同约定没有尽到管理职责而承担违约责任,或者依据《民法典》第 1165 条规定②,主张因物业公司存在过错而承担侵权责任。

(3)业主与其他业主之间。《民法典》第 272 条规定,业主行使权利不得危及建筑物的安全,不得损害其他业主的合法权益。依据《民法典》第 286 条规定,对其他业主任意弃置垃圾、排放污染物或者噪声、违反规定饲养动物、违章搭建、侵占共用通道等损害他人合法权益的行为,除业主大会(或者业委会)有权依照法律、法规以及管理规约予以制止、请求行为人承担民事责任外,业主也可以依法提起侵权之诉。

以上所述侵害业主合法权益的行为依法应当承担民事责任的形式,即为《民法典》第 179 条规定的停止侵害、排除妨碍、消除危险、返还财产、恢复原状、继续履行、支付违约金和赔偿损失等形式。

案　例

上诉人某鑫物业某城分公司与被上诉人杨某华、宋某、高某、董某平财产损害赔偿纠纷案

杨某华向一审法院起诉,请求判决被告宋某、高某、董某平、某鑫物业某城分公司:(1)修复室内管道及漏水点,消除危险;(2)赔偿原告财产损失 36,672.80 元、鉴定费 5000 元及公告费 820 元,合计 42,492.80 元;(3)赔偿原告房屋被淹无法居住的租金损失(按年 12,000 元为基数,从 2020 年 4 月 6 日起至判决生效之日止)。某鑫物业某城分公司是某城市某台小区的物业服务企业,杨某华、宋某、高某、董某平均是该小区 B7 号楼 3 单元的业主,杨某华住 101 室、宋某住 201 室、董某平住 301 室、高某住 501 室,该单元同侧的其他房屋至今未装修入住,且杨某华与宋某均不在此日常居住生活,高某、

① 《民法典》第 577 条规定:"当事人一方不履行合同义务或者履行合同义务不符合约定的,应当承担继续履行、采取补救措施或者赔偿损失等违约责任。"

② 《民法典》第 1165 条规定:"行为人因过错侵害他人民事权益造成损害的,应当承担侵权责任。依照法律规定推定行为人有过错,其不能证明自己没有过错的,应当承担侵权责任。"

董某平在此处常住。2020年3月30日,杨某华经邻居告知101室房屋自室内向外流水,其立即向某鑫物业某城分公司反映情况,某鑫物业某城分公司又与201室宋某取得联系。次日,杨某华与宋某委托的刘姓男子及某鑫物业某城分公司员工共同进入201室现场查看,三方共同确认因共用下水管堵塞,导致201室厨房下水管污水外溢并下渗至101室,造成101室屋顶、墙面、家具、家电等受损。

一审法院依据《民法典》第287条和第1165条第1款的规定,依照查明事实推定共用下水管堵塞导致污水倒灌的时间较长,某鑫物业某城分公司未尽到必要的检修、维护义务,判定其对此次漏水事故负有过错。此外,高某与董某平作为该单元楼的常住户,日常使用厨房下水,对共用下水管道的堵塞亦负有一定过错。而杨某华与宋某均未在此日常居住,家中长期无人,二人对漏水的发生虽无直接过错,但二人对此漏水事故的严重后果均负有过错:宋某作为201室业主,未能及时发现厨房溢水,在对物的管理和支配上存在过错;杨某华家长期无人居住,对其遭受的损害亦未能及时发现,对损失的扩大亦存在一定的过错。综上,对杨某华的合理损失,应由某鑫物业某城分公司承担50%的赔偿责任,宋某、高某与董某平三人分别承担10%的赔偿责任,杨某华自负20%。判决:(1)某鑫物业某城分公司应自本判决生效之日起3日内,一次性赔偿杨某华经济损失20,836.4元;(2)宋某应自本判决生效之日起3日内,一次性赔偿杨某华经济损失4167.28元;(3)高某应自本判决生效之日起3日内,一次性赔偿杨某华经济损失4167.28元;(4)董某平应自本判决生效之日起3日内,一次性赔偿杨某华经济损失4167.28元;(5)宋某应自本判决生效之日起3日内,一次性赔偿杨某华公告费820元;(6)驳回杨某华的其他诉讼请求。

二审法院认为,造成本起事故的直接原因是宋某家室内下水管道堵塞污水外溢至楼下,但根本原因在于主管道阻塞。某鑫物业某城分公司作为该小区的物业管理服务单位,依据物业服务合同的约定,对共用管道具有检修、维护的义务,其未尽到该义务,对本案事故的发生具有一定的过错,应当承担次要赔偿责任,应承担40%的赔偿责任,即16,669.12元。宋某未在此日常居住,家中长期无人,对漏水未及时发现,对杨某华遭受的损害亦未能及时发现,对损失的扩大存在一定的过错,故应该承担20%的赔偿责任,即8334.56

元。某鑫物业某城分公司的上诉请求部分成立。判决:(1)维持兴城市人民法院(2022)辽 1481 民初 3540 号民事判决第 3 项、第 4 项、第 5 项、第 6 项;(2)变更兴城市人民法院(2022)辽 1481 民初 3540 号民事判决第 1 项为,某鑫物业某城分公司自本判决生效之日起 3 日内,一次性赔偿杨某华经济损失 16,669.12 元;(3)变更兴城市人民法院(2022)辽 1481 民初 3540 号民事判决第 2 项为,宋某自本判决生效之日起 3 日内,一次性赔偿杨某华经济损失 8334.56 元。①

74

处理相邻关系的原则和依据

【民法典】

第二百八十八条　不动产的相邻权利人应当按照有利生产、方便生活、团结互助、公平合理的原则,正确处理相邻关系。

第二百八十九条　法律、法规对处理相邻关系有规定的,依照其规定;法律、法规没有规定的,可以按照当地习惯。

释　法

《民法典》物权编第七章,规定的是相邻关系(第 288 ~ 296 条)。《民法典》第 288 ~ 289 条规定了处理相邻关系的原则和依据,与《物权法》第 84 条、第 85 条规定的内容相同。

相邻关系,又称相邻权,是指不动产的相邻权利人在行使不动产权

① 参见辽宁省葫芦岛市中级人民法院民事判决书,(2023)辽 14 民终 934 号。

利过程中,相互之间依法应当给予对方方便或者接受限制而发生的权利义务关系。不动产主要是指土地,还包括建筑物、构筑物等。相邻,包括直接相邻和间接相邻;间接相邻,以对不动产的占有、使用形成影响为限,如相邻用水、排水关系中,由高地流向低地的自然河(流)水,在干旱季节位于上游河岸的土地承包权人不得将水流全部截流,以使位于下游河岸的土地承包权人也能享有用水浇地的权利。上、下游河岸土地之间存有一定的间隔距离,即属于间接相邻关系。不动产的相邻权利人,不仅包括不动产的所有人,还包括土地承包经营权人、建设用地使用权人、建筑物区分所有权人、宅基地使用权人、地役权人等用益物权人和租赁人等占有权人。规定不动产相邻关系的目的,在于促使相邻权利人之间能够和睦相处、互相帮助,以减少或者避免矛盾冲突,实现各方的利益平衡,充分发挥不动产的经济效用,增进社会公共福祉。

1. 正确处理相邻关系,应当遵循以下原则:(1)有利生产。处理不动产相邻关系,要以有利于生产、合理利用资源为原则,如工厂排放废水、矿山企业堆放废渣,不得违反国家排放有害的水污染物、土壤污染物有关规定;若因此给相邻权利人造成损害的,应负赔偿责任。(2)方便生活。《民法典》第 291 条规定:"不动产权利人对相邻权利人因通行等必须利用其土地的,应当提供必要的便利。"比如,传统民居的"大杂院",前院住户应当允许后院住户从其房门前通过,应留有出路,方便通行。(3)团结互助。相邻不动产权利人要互相帮助,互谅互让,以邻为善,而非以邻为壑。人们都知晓"七尺巷"的故事。说的是,清朝康熙年间,桐城张英官拜文华殿大学士。老家的邻居和他家之间有一条一尺宽的小巷,邻居要扩建占用小巷而起纷争。张家写信给张英,张英以诗回复:"千里修书只为墙,让他三尺又何妨?长城万里今犹在,不见当年秦始皇。"于是家里人主动让地三尺,邻居很惭愧也让出三尺,于是就成了"七尺巷"。争之不足,让之有余。(4)公平合理。相邻方在行使权利和对他方权利予以限制,均应在合理范围之内;超过必要限度给相邻方造成损害,应负赔偿责任。对相邻纠纷的处理,亦应公平合理地予以解决。上述原则的规定,也是平等、和谐、诚信、友善等社会主义核心价值观的具体体现。

2.《民法典》第 289 条规定了处理相邻关系的依据。(1)应当依据法律、法规的规定。除了《民法典》相关规定外,还可适用其他相关法律、法规的规定,如《建筑法》第 39 条第 2 款规定:“施工现场对毗邻的建筑物、构筑物和特殊作业环境可能造成损害的,建筑施工企业应当采取安全防护措施。”这里的“法规”,不仅指行政法规,还包括地方法规,如《郑州市房屋使用安全管理条例》第 14 条规定:“进行城市轨道交通等重大基础设施工程建设对相邻房屋可能造成损害的,建设、施工单位应当先行制定专项防护措施;造成房屋损害的,依法承担相应责任。”(2)法律、法规没有规定的,可以依照当地习惯。《民法典》第 10 条规定:“处理民事纠纷,应当依照法律;法律没有规定的,可以适用习惯,但是不得违背公序良俗。”《民法典总则编解释》第 2 条第 1 款对“习惯”的定义,是指在一定地域、行业范围内长期为一般人从事民事活动时普遍遵守的民间习俗、惯常做法等。习惯在处理相邻关系纠纷时起到了“补白”的作用。清末民初,有这样一起相邻纠纷:河北顺义县沙井村的李注源和他的侄子李广恩系祖上分家形成的邻居,李广恩从街道进屋要穿过李注源的院子。李广恩的分家单上对通行权有明确标明。依照当时当地的习惯,李注源卖地,其四邻有先买权,且卖地之前须同四邻商量,一般还要找村长做中人。可李注源找了一个外村人做中人,偷偷把他的院子卖给了赵文,没有告知李广恩的通行权问题。赵文系新近才来本村居住的,买房后要在通道上盖房,李广恩当然不允,于是发生了争执。村民们请出李氏宗亲的长老李儒源来调停。李儒源甚至愿意从自己地里让出一条通道(在李广恩住宅的北面)给李广恩,但李广恩觉着还是不如原来的通道方便,不肯罢休。在赵文执意盖房时,双方发生了斗殴,赵文还把官司告到了县法庭。最后还是通过和解,给赵文补贴了些钱而了结。[①] 这里,民间习惯起到了处理相邻关系依据的作用。

---

① 参见[美]黄宗智:《清代的法律、社会与文化:民法的表达与实践》,法律出版社 2014 年版,第 56 ~ 57 页。

案 例

原告朱某松与被告朱某权排除妨害纠纷案

原告朱某松向法院起诉,请求判令被告立即拆除影响原告通行的障碍物,并恢复原状,确保原告行人、车辆通行。法院认定:原、被告系东西邻居,双方居住地段历史上属于原某庆镇×民6组、5组,后改名为某头镇××村18组、19组,属于里下河洼地,原告居住于南北小河西,属于××村18组,被告居住于南北小河东,属于××村19组,被告房屋东侧是一条南北向的公路。1971年政府在上述二组之间的南北小河修建防洪闸,后因年久失修,于1992年重建。在始建防洪闸之前,就有一条18组通向19组的必经之路。被告朱某权原住宅在大河河北,1995年修建现住宅,建成后的房屋即邻原有东西路段的通道。近年来,因被告在该路段堆物、挖坑或放置物品,严重影响了原告的正常通行。2018年10月,原告女儿朱某芳驾驶汽车不慎撞到被告家的附属用房墙角,引发纠纷,经村、镇领导多次协调达成协议,由原告将被告的墙先修好,后续再处理道路的事。墙修好后,被告并未将东西道路清理拓宽。2020年7月,被告在门前路上取土,再次引发矛盾,某头镇执法局派员将被告安装在鸡舍南侧(东西道路上)的鼓风机拆除,原告亦以排除妨害向海安市人民法院起诉,其间被告主动填平了通道上的水坑,原告申请撤诉。不久,被告又将风机安放在通道上,目前鼓风机外侧距离被告南侧的猪舍边设置的障碍物最窄处仅为1.38米左右,严重影响了原告及车辆的正常通行,故原告再次提起诉讼。另查明,原告屋后是河流、门前是水塘,西侧是一条可供行人的通向田野的小径。双方争议的道路(被告门前东西向道路)是原告往东出行的唯一道路。

法院认为:本案为相邻通行权纠纷。根据《民法典》第288条的规定,不动产的所有人或者使用人行使权利,应当给予相邻方以行使权利必要的便利。本案中,当事人所在地村委会证明双方争议的道路在20世纪90年代就已存在至今,被告亦当庭认可已存在50余年。被告房屋建成后,包括原告在内的当地村民在涉案道路出入通行已有较长时间且形成习惯,该道路也是原告朱某松向东出行的唯一道路。双方当事人均无法提供证据证明其对案涉道路享有排他性的占有使用权,因此,当地村民均可对涉案道路合理使用,同时不得妨碍他人的合理使用。被告在其鸡舍南侧安装了鼓风机、放置了杂物,挤占了道路,致使最窄处仅为1.38米,侵害了包括原告在内的当地村民的相邻通行利益,故原告的请求于法有据,应予支持。故判决:被告朱某权于本判决发生法律效力后10日内将其住房南侧的鼓风机拆除,并清理道路上的杂物,恢复道路平整,自住房南侧墙外边线向南保持争议道路2.4米宽度(自东边南北向公路直至西边防洪闸),确保行人及小汽车等机动车辆畅行。①

75

相邻用水、排水关系

【民法典】

第二百九十条　不动产权利人应当为相邻权利人用水、排水提供必要的便利。

对自然流水的利用,应当在不动产的相邻权利人之间合理分配。对自然流水的排放,应当尊重自然流向。

释　法

《民法典》第290条规定了相邻用水、排水关系,与《物权法》第86条规定的内容一致。

相邻用水、排水关系,是指不动产权利人之间因用水、排水而发生的相邻关系。其可分为相邻用水关系和相邻排水关系。相邻用水关系,是指不动产权利人之间因自然流水利用而发生的相邻权利义务关系。相

① 参见江苏省海安市人民法院民事判决书,(2021)苏0621民初2722号。

邻排水关系，是指不动产权利人之间因排水而形成的相邻权利义务关系。

水是生命之源，是人们生产、生活的必要条件。因用水、排水引起的相邻关系纠纷，古已有之，绵延不绝。历史上明清两代的“亢村开渠案”颇为典型：晋南三村民众争讼，官司从明朝万历 15 年（公元 1587 年）打到清朝光绪 34 年（公元 1908 年），其间历时 300 余年，从县城到府城、省城乃至京城，相互控告，打诉讼车轮战，最后，亢村的官司（好像）也没有打赢。[①] 亢村人的基本诉求：要开渠引水，灌溉该村坡地，与柴里、羊舍二村同享引水灌溉之利。可万历 23 年（公元 1595 年）平阳府的判决书，判令亢村“只可灌涧旁平地，永禁开渠夺水引灌坡地”，理由是：“惟亢村地处高阜，向无渠道，若经开渠引水，倘遇山水骤发，退泄不及，势必漫溢下游。柴里、羊舍等村地势低洼，必致尽被淹没。是亢村未见其利，而柴里、羊舍等村之害已可立至。”从嘉庆七年（公元 1802 年）的诉讼文书，可见诉争双方的观点主张。羊舍村、柴里村称：“今年正月间，亢村苏明远等十四人率领数百人忽在我等上游凿山挖土，私开渠道，硬欲截夺我等古有之水利。”“亢村在羊舍上游，该村新在山坡石上开凿渠口一个，欲浇灌东北坡地，尚未挖成。”而亢村则认为：“涧河之水先从我村经过，为上下流村咽喉之地，岂不能修渠导水，均沾水利？”当河水来水量不足的情况下，争水浇地是老百姓心中的头等大事，也是纷争不息的根本原因所在。[②]

《水法》第 3 条规定，水资源属于国家所有。第 2 条第 2 款规定，水资源包括地表水和地下水。《民法典》第 247 条规定，水流属于国家所有。自然流水包括江河、湖泊、水库的流水。农村集体经济组织所有的水塘、水库中的水，属于集体所有。自然流水的所有权与使用权相分离。对自然流水的利用，要处理好相邻关系，不动产权利人应当基于团结互助等原则，为相邻权利人用水、排水提供必要的便利。这里的“必要”，

---

① 资料没有明确显示最终的诉讼结果。

② 参见张俊峰：《不确定性的世界：一个洪灌型水利社会的诉讼与秩序——基于明清以来晋南三村的观察》，载《近代史研究》2023 年第 1 期。

是指若不向相邻权人提供这种便利,就会影响相邻权人的正常生产或者生活;同时,这种便利不应超过一定的限度或者相邻权人所能承受的能力。《水法》第 28 条规定,任何单位和个人引水、截(蓄)水、排水,不得损害公共利益和他人的合法权益。

1. 相邻用水关系:对自然流水的利用,应当在不动产的相邻权利人之间合理分配。自然流水流经的不动产权利人应当尊重自然流水的规律,不得垄断对水的利用,不得改变水的流向、流速和流量,不得污染水源等,影响不动产相邻权人的正常生产、生活;否则,由此给不动产相邻权人造成损害,受害人有权请求排除妨碍、恢复原状和赔偿损失。《民法典》第 296 条也规定,不动产权利人因用水、利用相邻不动产的,应当尽量避免对相邻的不动产权利人造成损害。自然流水由高至低,高地所有权人或使用权人有自然排水权(或称"过水权"),低地所有权人或使用权人则有容忍排水的义务,亦有合理分配用水,即请求给予"有余之水"的权利。[①]《水法》第 45 条第 1 款规定:"调蓄径流和分配水量,应当依据流域规划和水中长期供求规划,以流域为单元制定水量分配方案。"第 21 条规定:"开发、利用水资源,应当首先满足城乡居民生活用水,并兼顾农业、工业、生态环境用水以及航运等需要。在干旱和半干旱地区开发、利用水资源,应当充分考虑生态环境用水需要。"第 35 条规定:"从事工程建设,占用农业灌溉水源、灌排工程设施,或者对原有灌溉用水、供水水源有不利影响的,建设单位应当采取相应的补救措施;造成损失的,依法给予补偿。"

2. 相邻排水关系:对自然流水的排放,应当尊重自然流向。自然流水的排放,包括自然排放和人工排放。自然排放,是指自然流水由高地向低地自然排放。人工排放,是指自然流水借助人工设施排放流水。高地所有权人或使用权人因使浸水之地干涸,或排泄家用、农工业用水至公共排水通道,须要通过相邻的低地,该低地所有权人或使用权人有容

---

① 参见谢在全:《民法物权论》(上),中国政法大学出版社 1999 年版,第 181 页;王泽鉴:《民法物权(第 1 册) 通则 · 所有权》,中国政法大学出版社 2001 年版,第 221 页。

忍的义务;但该排水应当在必要限度内使用并采取适当的保护措施,若给低地所有权人或使用权人造成损害的,则负赔(补)偿责任。《民法典》第296条规定,不动产权利人因排水利用相邻不动产的,应当尽量避免对相邻的不动产权利人造成损害。《水法》第37条规定:“禁止在江河、湖泊、水库、运河、渠道内弃置、堆放阻碍行洪的物体和种植阻碍行洪的林木及高秆作物。禁止在河道管理范围内建设妨碍行洪的建筑物、构筑物以及从事影响河势稳定、危害河岸堤防安全和其他妨碍河道行洪的活动。”第38条第2款规定,因在河道管理范围内建设桥梁、码头和其他拦河、跨河、临河建筑物、构筑物,铺设跨河管道、电缆等工程设施,需要扩建、改建、拆除或者损坏原有水工程设施的,建设单位应当负担扩建、改建的费用和损失补偿。但是,原有工程设施属于违法工程的除外。

3. 对相邻用水、排水关系纠纷的处理,一般应通过民事诉讼来解决。但《水法》第57条规定:“单位之间、个人之间、单位与个人之间发生的水事纠纷,应当协商解决;当事人不愿协商或者协商不成的,可以申请县级以上地方人民政府或者其授权的部门调解,也可以直接向人民法院提起民事诉讼。县级以上地方人民政府或者其授权的部门调解不成的,当事人可以向人民法院提起民事诉讼。在水事纠纷解决前,当事人不得单方面改变现状。”此规定的“水事纠纷”应为相邻用水、排水关系纠纷的一部分,并非全部。

案　例

上诉人杨某贵与被上诉人田某、卢某芬相邻关系纠纷案

田某、卢某芬向一审法院起诉,请求判令被告将原告正房东面、南面,猪圈东面、南面的排水沟填土回填至原告石脚顶端,并保持排水沟通畅,使原告家生活污水能正常排放。一审法院认定:原、被告两家系同村邻居,原告家位于被告家西边。2018年9月20日,被告家因建房与原告发生相邻问题纠纷,经某阳街道新村村委会调解委员会调解达成调解协议,约定被告应回填土方到原告房屋石脚顶端,并留出宽0.4米的排水沟作为双方共用排水。之后,被告对相邻双方共用排水沟回填了部分土方,建起了砖混结构房屋。2022

年 2 月 16 日,被告家建设化粪池,因其未按调解协议约定回填土方至原告房屋石脚顶端,造成共用排水沟内积水不能正常排出,遂与原告发生纠纷。一审法院判决:(1)被告杨某责于判决生效后 10 日内将其与原告田某、卢某芬房屋相邻的共用排水沟填土至原告房屋石脚顶端,保证排水沟内正常排出积水。(2)驳回原告田某、卢某芬的其他诉讼请求。

二审法院认为,本案双方经某阳街道新村村委会调解委员会调解达成的调解协议,系双方自愿达成,依法成立有效,对双方具有法律约束力。上诉人建起房屋后,未回填土方至被上诉人家房屋石脚顶端,致共用排水沟中的积水不能有效排除,对被上诉人家房屋确有危害,应承担相应责任。田某、卢某芬的诉讼请求符合法律规定,本院予以支持。上诉人主张本案诉讼时效已过,及一审判决程序违法的上诉理由不能成立,本院不予支持。故判决:驳回上诉,维持原判。①

76

相邻通行关系

【民法典】

第二百九十一条　不动产权利人对相邻权利人因通行等必须利用其土地的,应当提供必要的便利。

释　法

《民法典》第 291 条规定了相邻通行关系,与《物权法》第 87 条规定

① 参见云南省红河哈尼族彝族自治州中级人民法院民事判决书,(2023)云 25 民终 239 号。

的内容相同。

所谓相邻通行关系，是指不动产权利人对相邻权利人因通行等必须利用其土地的，其应当提供必要的便利而形成的权利义务关系。这里的“通行”应作广义的理解，包括人、畜、人力车和机动车等的通行。此处的“土地”，包括城镇建设用地、农村宅基地、农村承包土地、林地和草地等。“必须”，是指相邻权人不利用不动产权利人的土地，就无法通行，或者通行困难（存有危险）、费用过大等①，从而影响自己的生产或者生活。所谓“提供必要的便利”，是指不动产权利人应当为相邻权人从自己的土地上通行提供积极的便利条件，或者消极的不得妨阻义务。比如，应当留出足够通行的通道，不得在通道上设置障碍或者予以封堵造成相邻权人通行困难甚至无路可走。《民法通则意见》（已失效）第101条规定，对于一方所有的或者使用的建筑物范围内历史形成的必经通道，所有权人或者使用权人不得堵塞。因堵塞影响他人生产、生活，他人要求排除妨碍或者恢复原状的，应当予以支持。但有条件另开通道的，也可以另开通道。

1. 相邻通行关系的构成要件：(1)土地与公路之间没有合适方便的通行道路，此称为“袋地”或者“准袋地”。相邻权人非经不动产权利人的土地通行，则不能正常使用其土地，即应享有通行权。(2)相邻权人的通行须为必要的正常使用。通行权实为不动产权利人设定的负担，或者是对其权利的限制，不动产权利人有容忍的义务。(3)不得是相邻权人的任意行为，如故意毁坏或者改变原有的通行道路，致使请求不动产权利人为开辟新的通行道路的，不得允许。若因放弃原有道路，需要不动产权利人为其开辟新的道路，则应经不动产权利人同意，且应负担改道支出的费用，并支付相应的补偿款额。②

2. 相邻通行关系的法律效果：(1)相邻权人享有通行权。此为相邻

---

① 参见王泽鉴：《民法物权（第1册）通则·所有权》，中国政法大学出版社2001年版，第222页。

② 参见王泽鉴：《民法物权（第1册）通则·所有权》，中国政法大学出版社2001年版，第222～223页；史尚宽：《物权法论》，中国政法大学出版社2000年版，第102～105页。

权人的权利,亦是不动产权利人的义务。这是《民法典》第290条规定处理相邻关系原则的必然要求,和适用于土地相邻通行关系的法律效果。(2)相邻权人支付赔(补)偿金的义务。在相邻通行关系中,允许相邻权人使用不动产权利人的土地是法律明确规定的,一般情况下是免费的,这与地役权一般约定为有偿不同。既然是免费,就不能超过必要的限度,且应以损害最少的方法为之。《民法典》第296条也明确规定,不动产权利人因通行利用相邻不动产的,应当尽量避免对相邻的不动产权利人造成损害;否则,因超过必要限度给不动产权利人造成损害的,应承担赔偿责任。

案　例

1. 上诉人白某与被上诉人白某红排除妨害纠纷案

白某红向一审法院起诉,请求:(1)白某将海淀区某庄镇××村×××号院内北房五间中西数第一、二、三间房屋腾空退还给白某红;(2)海淀区某庄镇××村×××号院落、院内通道、院落大门由白某红、白某共同使用。

一审法院审理查明:白某红与白某系姑侄关系,就位于北京市海淀区某庄镇××村×××号宅院内的18间房屋(南北房各5间,东西房各4间)的分家析产、继承纠纷一案,已由北京市海淀区人民法院作出(2020)京0108民初2145号民事判决书,判决:(1)位于北京市海淀区某庄镇××村×××号院内北房五间中西数第一、二、三间居住使用权益归白某红所有;(2)位于北京市海淀区某庄镇××村×××号院内北房五间中西数第四、五间,南房五间、东房四间、西房四间居住使用权益归白某所有;(3)驳回白某红其他诉讼请求。白某不服该判决,提出上诉,本院作出(2022)京01民终2680号民事判决书,判决驳回上诉,维持原判。该判决生效后,白某表示已将位于北京市海淀区某庄镇××村×××号院内北房五间中西数第一、二、三间房屋腾空,经该院查看白某提交的照片,上述三间房屋内仍有部分白某的个人物品。由于到达该房屋需经过院落大门及通道,但白某尚未将大门及通道的钥匙交予白某红,故白某红无法对上述房屋居住使用。一审法院判决:(1)白某于判决生效后30日内腾空北京市海淀区某庄镇××村×××号院内北房五间中西数第一、二、三间房屋,并将上述房屋交还给白某红;(2)位于北京市海淀区某庄镇××村×××号院的院落、院内通道、院落大门由白某红、白某共同使用。

白某提出上诉，请求撤销一审判决，依法改判驳回白某红的全部诉讼请求。二审法院认为，就北京市海淀区某庄镇××村×××号院内北房五间房屋的权属问题，生效的(2020)京0108民初2145号民事判决书已经作出认定，其中院内北房五间中西数第一、二、三间居住使用权益归白某红所有。因上述三间房屋尚未腾空，同时考虑方便生活等原则，一审法院判决白某腾空上述三间房屋以及上述院落、院内通道、院落大门由白某、白某红二人共同使用，符合法律规定。白某的上诉请求缺乏依据，不能成立。故判决：驳回上诉，维持原判。①

2. 原告朱某元与被告苏某其恢复原状纠纷案

原告朱某元向法院起诉，请求判令被告拆除原告位于村下甸北1.8亩承包田内的“方石块人造路”，恢复原告原有一整块田现状。原告认为，2015年原告收了被告200元青苗损失费，并非允许被告买断宽约50公分隔梗路的“通行权”，且被告在其田北边有村集体田埂路可走，原告田内的隔梗路并非唯一通道；关键是2015年原告允许被告走的约宽20公分的隔梗路，并非归村集体管理使用的田间通道，而是在原告一整块承包田内，为了方便原告耕种，原告有权取消这条田中的“隔梗路”。被告苏某其辩称：根据《民法典》第291条的规定，原告田地上的田埂连接公共道路，而答辩人的农田邻近该田埂，原告有义务给答辩人留出合理必要的通行便利。

法院查明：原告朱某元与被告苏某其均为大理市下关镇某村委会12组村民。原告朱某元于2018年7月30日取得的滇(2018)第001××1号《农村土地承包经营权证》记载朱某元户承包地共四块，其中位于“村下甸北”一块，面积1.8亩。被告苏某其于2018年7月30日取得的滇(2018)第001××4号《农村土地承包经营权证》记载苏某其户承包地共三块，其中位于“村下甸北”一块，面积1.97亩。原、被告两户的该两块承包地相邻，原告的承包地在机耕路旁，被告的承包地与机耕路间有原告的承包地为间隔。2015年双方因通行问题发生争议，经村干部口头调解后被告向原告支付200元，原

---

① 参见北京市第一中级人民法院民事判决书，(2023)京01民终5014号。

告认为该款系青苗损失费，被告认为系恢复损毁田埂的工时费。2021 年 5 月，被告苏某其用方形石块在原告的承包地内铺设了连接被告承包地与机耕路的通道。

法院经审理认为：农村承包土地的承包人依法对承包地享有占有、使用的权利。根据 2018 年大理市政府颁发的原告朱某元的《农村土地承包经营权证》记载其位于“村下甸北”的承包地为一块，该整块承包地无分割，原告对整块承包地享有占有、使用的权利。被告苏某其未提交原告朱某元允许其从原告承包地上修建通行道路的证据，原告朱某元没有用所承包土地为被告提供通道的义务。被告苏某其在原告朱某元的承包地上用方形石块铺设通道已侵害了原告的权利，被告应停止侵害，恢复耕地原状。故判决：限被告苏某其在判决书生效后 10 日内清除铺设在原告朱某元的承包地内的石块等障碍物，恢复耕地原状。①

77

相邻土地利用关系

【民法典】

第二百九十二条　不动产权利人因建造、修缮建筑物以及铺设电线、电缆、水管、暖气和燃气管线等必须利用相邻土地、建筑物的，该土地、建筑物的权利人应当提供必要的便利。

释　法

《民法典》第 292 条规定了相邻土地利用关系，与《物权法》第 88 条

① 参见云南省大理市人民法院民事判决书，(2021) 云 2901 民初 3708 号。

规定的内容一致。

所谓相邻土地利用关系，是指不动产权利人因建造、修缮建筑物和铺设电线、电缆、水管、暖气、燃气管线等必须利用相邻土地、建筑物的，该土地、建筑物的权利人应当提供必要的便利而形成的权利义务关系。此相邻土地涵括土地上的建筑物，当然也可仅仅是建筑物的利用。利用相邻土地、建筑物的情形有：一是因建造、修缮建筑物；二是因铺设电线、电缆、水管、暖气和燃气管线等。

1. 相邻土地利用关系的构成要件：(1)须存在相邻土地关系，即存在不动产权利人的不动产与相邻权人的土地、建筑物相邻的关系，包括紧邻和邻接。(2)须有利用相邻土地、建筑物的必要，即利用相邻土地、建筑物的理由具有充分必要性和合法性。如果不利用相邻的土地、建筑物，不动产权利人就无法完成其建筑物的建造、修缮，或者电线、电缆、水管、暖气和燃气管线等的铺设，或者费用过大，比如需要绕行更远的距离。(3)须由不动产权利人向相邻权人提出请求。此为请求权。若不动产权利人在利用理由必要且合法的情况下，遭到了相邻权人的拒绝，不动产权利人可以提起相邻关系请求权之诉。①

2. 相邻土地利用关系的法律效果：(1)相邻土地利用关系为不动产权利人享有利用相邻权人土地、建筑物的权利，相邻权人负有为相邻不动产权利人提供便利和容忍的义务。相邻权人应当允许不动产权利人临时占用其土地、建筑物，或者允许不动产权利人铺设的电线、电缆、水管、暖气和燃气管线等通过。(2)不动产权利人若造成相邻权人损害，不动产权利人有支付赔(补)偿金的义务。不动产权利人应当谨慎行使利用权，以损害最少的处所或方法为之；否则，由此给相邻权人造成损害的，应承担赔(补)偿责任。②《民法典》第296条也规定，不动产权利人因铺设管线等利用相邻不动产的，应当尽量避免对相邻的不动产权利人造成损害。

---

① 参见史尚宽：《物权法论》，中国政法大学出版社2000年版，第107～109页；谢在全：《民法物权论》(上)，中国政法大学出版社1999年版，第185页、第192～193页。

② 参见谢在全：《民法物权论》(上)，中国政法大学出版社1999年版，第185页、第193页。

案　例

1. 上诉人刘某娥与被上诉人魏某明相邻关系纠纷案

魏某明向一审法院起诉，请求判令刘某娥不得阻挠其向位于北京市门头沟区×××5号院架设电线。一审法院认定事实：魏某明居住的5号院与刘某娥居住的北京市门头沟区×××4号院南北相邻，4号院位于北面，5号院位于南面，均需要通过4号院西墙西侧的通道由南往北进入大街，该通道是两家通往公共场所的唯一通道，2020年7月23日，刘某娥在双方共用的通道上加建棚顶。在通道加建棚顶之前魏某明5号院用电电线从通道上方经过。刘某娥加建棚顶后，魏某明5号院用电电线从加建的棚顶上经过。现魏某明5号院增加了电器设备，需要更换原有输电电线，2022年11月，魏某明准备更换电线时，刘某娥以双方通行的通道属于自己的宅基地，如果魏某明家输入电线从通道棚顶上架设，对自己构成危险为由，阻止魏某明从共用通道上方架设5号院的输电电线。在此情况下，魏某明临时将进入5号院的输电电线挂靠在邻居房屋后墙上。一审法院依照《民法典》第288条、第292条之规定，判决：刘某娥不得阻碍魏某明经刘某娥与魏某明共用通道上空架设北京市门头沟区×××5号院的用电电线。

二审法院认为，不动产的相邻权利人应当按照有利生产、方便生活、团结互助、公平合理的原则，正确处理相邻关系。不动产权利人因建造、修缮建筑物以及铺设电线、电缆、水管、暖气和燃气管线等必须利用相邻土地、建筑物的，该土地、建筑物的权利人应当提供必要的便利。本案4号院西墙西侧的通道为刘某娥、魏某明两家共用，长期以来，魏某明居住的5号院的用电线路一直经两家共用的通道上空输入，魏某明现因实际需要更换电线，并未改变线路走向，刘某娥应当提供必要的便利。刘某娥上诉主张魏某明架设电线对其人身安全构成影响，但现并无充分证据证明该电线必然会对刘某娥家带来现实危险，刘某娥该主张证据不足；刘某娥主张5号院另有其他的走线方式，但现有证据不足以证明其他的走线方式获得了相关权利人的许可以及更加具有便利性。因此，一审法院判决刘某娥不得阻碍魏某明经两家共用通道上空架设用电电线并无不当，应予维持。刘某娥的上诉请求依据不足，本院不予支持。故判决:驳回上诉,维持原判。[1]

2. 上诉人宋某祥与被上诉人刘某相邻关系纠纷案

刘某向一审法院起诉,请求判令:(1)宋某祥立即停止侵犯其业主对公共部分的共有权及义务、处理相邻权、相邻用水排水的关系,并配合楼上业主更换原管道;(2)宋某祥赔偿造成的经济损失1500元。一审法院认定事实:刘某系铁西区建设东路××号4-×-2房屋的所有权人,宋某祥系楼下业主。因刘某房屋卫生间下水管道经常堵塞,造成污物外溢,刘某要求更换铺设于宋某祥房屋地面下方的排水管道,宋某祥未予配合,刘某遂诉至法院。一审法院依据《民法典》第292条、第296条之规定,判决:(1)宋某祥于本判决发生法律效力后30日内配合刘某更换下水管道;(2)驳回刘某的其他诉讼请求。

二审法院认为,刘某、宋某祥系同一栋楼上、下楼邻居关系。不动产的相邻权利人应当按照有利生产、方便生活、团结互助、公平合理的原则,正确处理相邻关系。本案因刘某房屋卫生间下水管道经常堵塞,造成污物外溢,刘某要求更换铺设于宋某祥房屋地面下方的排水管道。根据相关法律规定,不动产权利人因建造、修缮建筑物以及铺设电线、电缆、水管、暖气和燃气管线等必须利用相邻土地、建筑物的,该土地、建筑物的权利人应当提供必要的便利。故一审法院判决宋某祥配合刘某更换下水管道,符合现实状况。但刘某应注意尽量避免对相邻的不动产权利人造成损害。对上诉人宋某祥的上诉请求,本院不予支持。故判决:驳回上诉,维持原判。[2]

---

① 参见北京市第一中级人民法院民事判决书,(2023)京01民终4665号。

② 参见辽宁省沈阳市中级人民法院民事判决书,(2022)辽01民终12839号。

78

相邻通风、采光、日照关系

【民法典】

第二百九十三条　建造建筑物,不得违反国家有关工程建设标准,不得妨碍相邻建筑物的通风、采光和日照。

释　法

《民法典》第 293 条规定了相邻通风、采光、日照关系,与《物权法》第 89 条规定的内容基本一致。

所谓相邻通风、采光、日照关系,是指不动产权利人建造建筑物时,不得违反国家有关工程建设标准,不得妨碍相邻建筑物的通风、采光和日照而形成的建筑物相邻关系。在土地上建造建筑物,是土地所有人、使用权人利用土地以实现其不动产利益的重要形式。阳光普照,惠风和畅,是大自然对人类的恩赐。自然通风、采光和日照,是所有不动产权利人都应当平等享有的权利。现代社会,高楼林立,土地资源日益稀缺,在建筑物之间的距离较以往缩小的情况下,协调处理好不动产权利人之间的权利冲突,对于充分发挥土地、建筑物效能,促进社会和谐稳定,具有重要的价值和现实意义。

1. 相邻通风、采光、日照关系的构成要件:(1)不动产权利人建造建筑物,不得违反国家有关工程建设标准。工程建设强制性标准,是指直接涉及工程质量、安全、卫生及环境保护等方面的工程建设标准强制性条文。[①]

---

① 住建部《实施工程建设强制性标准监督规定》(2000 年 8 月 25 日建设部令第 81 号公布,2015 年 1 月 22 日住建部令第 23 号修正)第 3 条规定。

住建部《实施工程建设强制性标准监督规定》第2条规定,从事新建、扩建、改建等工程建设活动,必须执行工程建设强制性标准。《城市居住区规划设计标准》(GB 50180—2018)是住建部批准发布的国家标准①。该标准明确了住宅建筑间距应综合考虑日照、采光、通风等要求。例如,“日照标准的建立是提升居住区环境质量的必要条件,是保障环境卫生、建立可持续社区的基本要求,也是保护社会公平的重要手段。”日照时数:大于等于50万人人口规模的城市大寒日不低于2小时,小于50万人人口规模的城市大寒日不低于3小时;老年人居住建筑日照标准不应低于冬至日日照时数2小时;在原设计建筑外增加任何设施不应使相邻住宅原有日照标准降低,既有住宅建筑进行无障碍改造加装电梯除外;旧区改建项目内新建住宅建筑日照标准不应低于大寒日日照时数1小时。② (2)不得妨碍相邻建筑物的通风、采光和日照。若不动产权利人建造的建筑物违反了国家有关工程建设标准,影响了相邻建筑物的通风、采光和日照,即构成了对相邻建筑物的妨碍。

2. 相邻通风、采光、日照关系的法律效果:(1)不动产权利人不得妨碍相邻权人的通风、采光和日照,是其应当承担的义务,也是相邻权人应当享有的权利。但是,相邻权人的忍受是有限度的。该“限度”的判断标准,就是前面所述不动产权利人“不得违反国家有关工程建设标准”。易言之,其建筑物的建造若是符合前述国家建设标准,即使对相邻建筑的通风、采光、日照造成一定程度的妨碍,也不视为超出了相邻权人忍受的“限度”。即相邻权人的忍受仍在合理范围之内。(2)若妨碍相邻通风、采光、日照关系,则构成侵权行为。相邻权人有权请求不动产权利人停止侵害、恢复原状或者采取其他补救措施,若因此造成损失的还可以请求损害赔偿。

---

① 该标准于2018年7月10日发布,2018年12月1日起实施。

② 参见《城市居住区规划设计标准》(GB 50180—2018)第4.0.9条。

案 例

再审申请人马某与被申请人高某排除妨害纠纷案

马某申请再审称,其与被申请人高某两家南北相邻而居,被申请人修建的房屋严重影响其家采光,已影响其生活舒适度,被申请人朝其家修建无门厕所,自己及家人行走时均可看到厕所内情况,现要求被申请人立即拆除铁皮房屋及修建厕所大门。原审判决定性不准,认定事实缺乏证据支持,适用法律错误,二审法院违反法定程序,对上诉案件不审不问,维持原判不当。请求撤销原判,再审本案。

再审审查法院经审查认为,关于本案新的证据问题。再审申请期间,马某提交视频拟说明案涉院落的日照情况,经查,因案涉院落的日照情况系庭审前已经形成的,并非因客观原因于庭审结束后才发现的或在原审庭审结束前已经发现,但因客观原因无法取得或者在规定的期限内不能提供等情形。在该案一审、二审期间,原审法院办案法官均进行实地勘验、测量,并制作勘验笔录,拍摄现场图片留存,能够真实反映案涉院落的实际日照情况。综上,该证据不足以推翻原判决所认定的事实,故该项再审理由不能成立。

关于本案事实认定的问题。经一审法院法官实地勘验、测量,并经二审法院办案人员现场查看,马某、高某两家南北相邻而居,高某家坐落在马某家的南面。马某南墙根与高某北墙根之间有一条宽4.6米的通道,马某北房前檐水与高某北墙根的距离是14.6米,包括4.6米的通道。高某北房高度为4米,高某东北角房屋高度为7.3米。高某北面厕所除粪口朝向马某的南墙,在通道处。一审庭审时,高某表示愿在厕所安装小门,马某委托诉讼代理人马某1亦表示同意,综上,原审法院认定本案事实并无不当。

关于本案法律适用的问题。根据《民法典》第293条规定:“建造建筑物,不得违反国家有关工程建设标准,不得妨碍相邻建筑物的通风、采光和日照。”本案马某与高某宅院南北相邻而居,马某主张被申请人高某修建的三层北面的房屋,严重影响了其宅院的采光,并要求被申请人停止侵害并进行拆除,但经一审法院实地勘验、测量和二审法院办案人员现场查看,再审申请人所述与事实不符,且被申请人修建的房屋并未违反国家有关工程建设采光标准,故原审法院未支持其要求拆除高某二间房屋的诉讼请求并无不当。

关于所提二审未开庭审理的问题。根据《民事诉讼法》第176条第1款规定："第二审人民法院对上诉案件应当开庭审理。经过阅卷、调查和询问当事人，对没有提出新的事实、证据或者理由，人民法院认为不需要开庭审理的，可以不开庭审理。"本案再审申请人马某上诉时并未提出新的事实、证据或者理由，二审法院采取书面询问审理符合法律规定，故其该项再审申请理由亦不能成立。综上所述，原审判决认定事实清楚，证据确实、充分，适用法律正确。故裁定：驳回马某的再审申请。①

79

相邻污染侵害关系

【民法典】

第二百九十四条　不动产权利人不得违反国家规定弃置固体废物，排放大气污染物、水污染物、土壤污染物、噪声、光辐射、电磁辐射等有害物质。

释　法

《民法典》第294条规定了相邻污染侵害关系，是由《物权法》第90条的规定修改而来。

相邻污染侵害关系，是指不动产权利人因违反国家规定弃置固体废物，排放大气污染物、水污染物、土壤污染物、噪声、光辐射、电磁辐射等有害物质，对相邻权人造成侵害而形成的相邻关系。现代社会，污染问

① 参见甘肃省高级人民法院民事裁定书，(2022)甘民申1144号。

题已构成了对人们生活环境的严重威胁。保护环境,人人有责。《民法典》第 9 条规定的“绿色原则”要求,民事主体从事民事活动应当有利于保护生态环境。在处理不动产相邻关系中,不动产权利人不得违反国家规定弃置固体废物,排放大气污染物、水污染物、土壤污染物、噪声、光辐射、电磁辐射等有害物质,对相邻权人造成侵害。

1. 相邻污染侵害关系的构成要件:(1)不动产权利人违反国家规定弃置固体废物,排放大气污染物、水污染物、土壤污染物、噪声、光辐射、电磁辐射等有害物质。固体废物,是指在生产、生活和其他活动中产生的丧失原有利用价值或者虽未丧失利用价值但被抛弃或者放弃的固态、半固态和置于容器中的气态的物品、物质以及法律、行政法规规定纳入固体废物管理的物品、物质,包括工业固体废物、农业固体废物、建筑垃圾、危险废物和生活垃圾等。[①]《固体废物污染环境防治法》第 20 条第 1 款规定:“产生、收集、贮存、运输、利用、处置固体废物的单位和其他生产经营者,应当采取防扬散、防流失、防渗漏或者其他防止污染环境的措施,不得擅自倾倒、堆放、丢弃、遗撒固体废物。”第 49 条第 2 款规定:“任何单位和个人都应当依法在指定的地点分类投放生活垃圾。禁止随意倾倒、抛撒、堆放或者焚烧生活垃圾。”大气污染物、水污染物、土壤污染物、噪声、光辐射、电磁辐射等有害物质的侵害,在《德国民法典》中称为“不可量物侵害”,在英美法上称为“安居妨害”“近邻妨害”。[②] 大气污染物,是指颗粒物、二氧化硫、氮氧化物、挥发性有机物、氨等。[③] 水污染

---

① 参见《固体废物污染环境防治法》第 124 条规定:工业固体废物,是指在工业生产活动中产生的固体废物。农业固体废物,是指在农业生产活动中产生的固体废物。建筑垃圾,是指建设单位、施工单位新建、改建、扩建和拆除各类建筑物、构筑物、管网等,以及居民装饰装修房屋过程中产生的弃土、弃料和其他固体废物。危险废物,是指列入国家危险废物名录或者根据国家规定的危险废物鉴别标准和鉴别方法认定的具有危险特性的固体废物。生活垃圾,是指在日常生活中或者为日常生活提供服务的活动中产生的固体废物,以及法律、行政法规规定视为生活垃圾的固体废物。

② 参见陈华彬:《物权法论》,中国政法大学出版社 2018 年版,第 389、390 页。

③ 《大气污染防治法》第 2 条第 2 款规定。

物，是指直接或者间接向水体排放的，能导致水体污染的物质。[①] 土壤污染，是指因人为因素导致某种物质进入陆地表层土壤，引起土壤化学、物理、生物等方面特性的改变，影响土壤功能和有效利用，危害公众健康或者破坏生态环境的现象。[②] 噪声，是指在工业生产、建筑施工、交通运输和社会生活中产生的干扰周围生活环境的声音。[③] 光辐射一般分为紫外辐射、可见光和红外辐射。过量的光辐射会形成燥光污染，对人类的生活和生产环境造成不良影响。电磁辐射污染，是指电磁辐射设施和设备在环境中产生的电磁能量或者强度超过国家标准的辐射现象。[④]《环境保护法》第16条规定，国务院环境保护主管部门根据国家环境质量标准和国家经济、技术条件，制定国家污染物排放标准。省、自治区、直辖市人民政府对国家污染物排放标准中未作规定的项目，可以制定地方污染物排放标准；对国家污染物排放标准中已作规定的项目，可以制定严于国家污染物排放标准的地方污染物排放标准。《大气污染防治法》第18条规定，企业事业单位和其他生产经营者向大气排放污染物的，应当符合大气污染物排放标准，遵守重点大气污染物排放总量控制要求。《水污染防治法》第10条规定："排放水污染物，不得超过国家或者地方规定的水污染物排放标准和重点水污染物排放总量控制指标。"《土壤污染防治法》第19条规定："生产、使用、贮存、运输、回收、处置、排放有毒有害物质的单位和个人，应当采取有效措施，防止有毒有害物质渗漏、流失、扬散，避免土壤受到污染。"《噪声污染防治法》第9条第2款规定："排放噪声的单位和个人应当采取有效措施，防止、减轻噪声污染。"第22条第1款规定："排放噪声、产生振动，应当符合噪声排放标准以及相关的环境振动控制标准和有关法律、法规、规章的要求。"(2)对相邻权人造成了侵害。相邻污染侵害关系往往发生在相互毗邻或者地理位置较为接近的不动产之间。不动产权利人违反国家规定弃置固体

---

① 《水污染防治法》第102条第(2)项规定。

② 《土壤污染防治法》第2条第2款规定。

③ 《噪声污染防治法》第2条第1款规定。

④ 《河南省辐射污染防治条例》第3条第3款规定。

废物、排放大气污染物等有害物质，即造成了对相邻权人的侵害。

2. 相邻污染侵害关系的法律效果：(1)不动产权利人不得违反国家规定弃置固体废物、排放大气污染物等有害物质，是其应当承担的法定义务，也是相邻权人应当享有的权利。在不违反国家规定的情况下，相邻权人有忍受的义务。但是，相邻权人的忍受是有限度的。该"限度"的判断标准，就是不动产权利人"不得违反国家规定"弃置固体废物、排放大气污染物等有害物质。比如，依据《城市区域环境噪声标准》规定，居住、文教机关为主的区域以及乡村居住环境的噪声标准值，白天等效噪声值为 55 分贝，夜间为 45 分贝；商业、工业混杂区的等效噪声值为 60 分贝，夜间为 50 分贝；城市中交通干线两侧，白天噪声的等效噪声值为 70 分贝，夜间为 55 分贝。(2)不动产权利人违反国家规定弃置固体废物、排放大气污染物等有害物质，构成对相邻权人的侵害，依法应当承担侵权责任。相邻权人只要能够举证证明不动产权利人存在违反国家规定弃置固体废物、排放大气污染物等有害物质的事实即可。这里存在相邻污染侵害和环境污染侵权①两种请求权的竞合问题，相邻权人可以择一提起民事诉讼。有权请求不动产权利人停止侵害、排除妨碍、消除危险和赔偿损失。

案　例

原告董某与被告某铁锅炖鱼店相邻污染侵害纠纷案

原告董某向法院提出诉讼请求，判令被告停止制造噪声并赔偿原告损失 9000 元。法院经审理认定事实：原告居住在 × × 区。被告于 2020 年 7 月开始使用原告楼下的两层临街商铺经营饭店至今。被告在经营活动中产生的剁鸡剁鱼声、换气扇声、传菜设备声、店内顾客喧哗声，影响原告及其家人休息。原告就被告产生噪声问题曾多次报警，也曾向市场监督部门、生态环境

---

① 《民事案件案由规定》在第三部分物权纠纷规定了 1 个四级案由"相邻污染侵害纠纷"；在第九部分侵权责任纠纷里规定了 8 个四级案由：(1)大气污染责任纠纷；(2)水污染责任纠纷；(3)土壤污染责任纠纷；(4)电子废物污染责任纠纷；(5)固体废物污染责任纠纷；(6)噪声污染责任纠纷；(7)光污染责任纠纷；(8)放射性污染责任纠纷。

部门投诉。在与原告达成调解前,被告曾在店内通过铺设地毯、安装顶棚隔音设施、不给顾客提供骰子等措施减少噪声,但未能完全解决噪声影响原告休息问题。原告曾于晚11时左右持分贝仪到被告店内实测,顾客喧哗的噪声达80余分贝。原告亦曾晚上11时后在自己家中进行录音,但其未能提供证据证实其家中噪声监测数值。2022年2月22日,被告的店长杨某代表被告与原告经市场监督部门调解达成《投诉调解书》,协议内容为:由某铁锅炖鱼店出资,董某监督,共同完成该鱼店的隔音设施改造工程。但之后被告以即将搬走为由至今未进行整改。原告称因被告产生的噪声给其造成的损失,包括原告开车追尾他人发生交通事故损失1000元左右、原告骑电动车与他人发生事故损失1000元左右及原告公公住院花费五六千元,但所提供证据不足以证实其交通事故损失金额,其公公住院损失并非原告自己的损失。

法院认为,不动产权利人不得违反国家规定弃置固体废物,排放大气污染物、水污染物、土壤污染物、噪声、光辐射、电磁辐射等有害物质。被告租用商铺经营饭店,其经营过程中因经营活动产生噪声,该饭店与原告上下相邻,该噪声影响原告正常休息属实,被告理应采取措施避免,但双方达成调解协议后被告未按约定在原告监督下完成隔音设施改造工程,且被告经营期间顾客喧哗声音在所难免,亦非被告能够完全制止,故被告在每天晚上10时至次日7时停止对外营业为宜。原告无证据证明其损失金额,其要求赔偿损失理据不足,本院不予支持。综上所述,依照《民法典》第294条、第1229条①,《噪声污染防治法》第61条②之规定,故判决:(1)被告某铁锅炖鱼店于本判决生效后每天晚上10时至次日7时不得对外营业。(2)驳回原告董某的其他诉讼请求。③

---

① 《民法典》第1229条规定:"因污染环境、破坏生态造成他人损害的,侵权人应当承担侵权责任。"

② 原文为《环境噪声污染防治法》(已废止)有误,应为《噪声污染防治法》第61条规定:"文化娱乐、体育、餐饮等场所的经营管理者应当采取有效措施,防止、减轻噪声污染。"

③ 参见山西省运城市盐湖区人民法院民事判决书,(2022)晋0802民初5799号。

80

相邻防险关系

【民法典】

第二百九十五条　不动产权利人挖掘土地、建造建筑物、铺设管线以及安装设备等，不得危及相邻不动产的安全。

释　法

《民法典》第 295 条规定了相邻防险关系，与《物权法》第 91 条规定的内容一致。

所谓相邻防险关系，是指不动产权利人挖掘土地、建造建筑物、铺设管线以及安装设备等，不得危及相邻不动产的安全，使相邻权人免受损害而形成的相邻关系。相邻防险关系早在罗马法时期即已被法律所承认。罗马法上的潜在损害保证金制度，目的就是防止土地关系中发生的潜在损害。[①] 该制度被后世民法继承和发展，如德国、瑞士、日本民法等都对此作出了规定。比如，《德国民法典》第 908 条规定，因附着于邻地的建筑物或其他工作物的倒塌，或因建筑物或工作物的部分脱落，土地有将要遭到损坏的危险的，所有人可以对发生损害负责任的人请求采取避开危险为必要的预防措施。[②]《瑞士民法典》第 685 条第 1 款规定："所有人在挖掘或建筑时，不得有害于相邻土地，包括不得使相邻土地发生地层动摇或有动摇之虞，不得危害相邻土地的设

---

① 参见杨立新：《民法判解研究与适用》，中国检察出版社 1994 年版，第 474 页。

② 参见《德国民法典》，陈卫佐译注，法律出版社 2015 年版，第 340 页。

施。"[①]《日本民法典》第 238 条规定，于疆界线近处进行挖掘水井、用水池、下水坑，或者埋设水管、挖沟渠时，要预防土沙崩溃、水或污水渗漏到相邻不动产。[②] 我国台湾地区"民法"第 795 条规定，建筑物或其他工作物之全部，或一部有倾倒之危险，致邻地有受损害之虞者，邻地所有人，得请求为必要之预防。土地贵乎利用，以尽地利，但应防范损及邻地以策安全，为事理之当然。[③]

1. 相邻防险关系的构成要件：(1)不动产权利人和相邻权人之间存在建筑物相邻关系，即存在建筑物比邻、临接的相邻关系。(2)不动产权利人挖掘土地、建造建筑物、铺设管线以及安装设备等行为，使相邻权人受到了损害或者存在损害之虞。危险可以是现实存在的损害，也可以是可能造成损害的危险；但这种危险必须是可以预见的、切实存在的可能性的危险，不是主观臆测的。此处的"等"字应作扩大解释，诸如《民法通则意见》第 103 条规定的挖水沟、水池、地窖等，还应包括种植的竹木根枝伸延妨碍相邻建筑物的安全。[④]《建筑法》第 39 条第 2 款规定："施工现场对毗邻的建筑物、构筑物和特殊作业环境可能造成损害的，建筑施工企业应当采取安全防护措施。"(3)须有相邻权人对不动产权利人提起排除妨害、消除危险物权请求权，即《民法典》第 236 条的规定："妨害物权或者可能妨害物权的，权利人可以请求排除妨害或者消除危险。"

2. 相邻防险关系的法律效果：(1)维护相邻不动产的安全为不动产权利人应尽的义务，亦为相邻权人的权利。所以，也将相邻防险关系称为相邻防险权。不动产的相邻权利人之间应当依照《民法典》第 288 条

---

① 参见《瑞士民法典》，戴永盛译，中国政法大学出版社 2016 年版，第 241 页。

② 参见《日本民法典》，王书江译，中国人民公安大学出版社 1999 年版，第 42 页。

③ 参见王泽鉴：《民法物权(第 1 册) 通则 · 所有权》，中国政法大学出版社 2001 年版，第 216 页。

④ 《民法通则意见》第 103 条规定："相邻一方在自己使用的土地上挖水沟、水池、地窖等或者种植的竹木根枝伸延，危及另一方建筑物的安全和正常使用的，应当分别情况，责令其消除危险，恢复原状，赔偿损失。"建议最高人民法院在制定《民法典》物权编解释时将此内容吸收。

规定的“按照有利生产、方便生活、团结互助、公平合理的原则”,正确处理相邻关系。不动产权利人挖掘土地、建造建筑物、铺设管线以及安装设备等时,应当尽到谨慎的注意义务。即不得危及相邻不动产的安全。(2)不动产权利人实施的挖掘土地、建造建筑物等行为危及相邻不动产的安全,致使相邻权人受到损害的,相邻权人可以请求停止侵害、消除危险和赔偿损失。

案　例

上诉人邓某如、周某秀与上诉人陈某峰、陈某林恢复原状纠纷案

邓某如、周某秀向一审法院起诉,请求判令陈某峰、陈某林支付房屋修复费用 54,174.87 元。一审法院经审理认定事实:坐落于无锡市惠山区××村××巷××号房屋由邓某如与其妻周某秀居住,该房屋所附土地的土地使用权人为邓某如。陈某峰、陈某林为夫妻关系,与邓某如、周某秀为相邻关系。陈某峰、陈某林在委托饶某进建房过程中对邓某如、周某秀的房屋造成一定损害。一审法院认为:不动产的相邻权利人应当按照有利生产、方便生活、团结互助、公平合理的原则,正确处理相邻关系。不动产权利人挖掘土地、建造建筑物、铺设管线以及安装设备等,不得危及相邻不动产的安全。陈某峰、陈某林作为相邻一方建房应保障邓某如、周某秀房屋的安全和正常使用。经鉴定,邓某如、周某秀房屋的损害与陈某峰、陈某林建房之间存在因果关系,故陈某峰、陈某林应当承担相应的民事责任。某研公司、某南公司、某正公司具备相应鉴定、评估的资质,所出具的鉴定意见及回复具有证明效力,法院予以确认。根据前述鉴定意见,邓某如、周某秀主张陈某峰、陈某林赔偿修复费用 54,174.87 元,具有事实和法律依据,法院予以支持。据此,依照《民法典》第 179 条、第 238 条、第 288 条、第 295 条之规定,判决:陈某峰、陈某林于判决生效后 3 日内赔偿邓某如、周某秀房屋修复费用 54,174.87 元。

二审法院认为,第一,本案在一审期间,经邓某如、周某秀申请,法院对无锡市惠山区××村××巷××号房屋损失与陈某峰、陈某林、饶某进的施工行为之间是否具有因果关系进行鉴定。某研公司结合裂缝位置及特征、倾斜方向、相邻施工影响机理等因果关系进行了鉴定,鉴定报告程序合法,认证有力,本院予以采信。陈某峰、陈某林未能提供地质勘察报告以及邓某如房屋

在陈某峰、陈某林房屋施工前存在损伤的证据材料，因此邓某如房屋在陈某峰、陈某林房屋施工前是否因自然沉降产生损伤无依据鉴定。陈某峰、陈某林上诉认为某研公司鉴定报告事实不清，本院不予支持。第二，同样，经邓某如、周某秀申请，法院对无锡市惠山区××村××巷××号房屋修复工程进行造价鉴定。在鉴定过程中，某正公司前后出具了造价鉴定意见书(征询意见稿)、鉴定报告、异议回复。造价鉴定意见书(征询意见稿)即为鉴定工作程序的阶段性成果，某正公司将初稿寄交法院，由法院转给当事人，当事人如有异议再提出书面意见，如无异议则签字确认。某正公司出具造价鉴定意见书(征询意见稿)后，申请人因对鉴定结果有异议因此未签字确认，而是提出了异议意见，也视为对造价鉴定意见书(征询意见稿)的回复。邓某如、周某秀上诉认为《工程造价咨询报告书》的鉴定程序违反规定，与客观事实不符，本院不予支持。第三，某正公司出具的鉴定报告已经说明，本次鉴定所依据的《2014 江苏省建筑与装饰工程计价定额》与《2009 江苏修缮建筑定额》均为江苏省现行计价定额，其中人工费按照苏建函价〔2022〕379 号文件中无锡装饰人工平均价调整，材料费按《无锡工程造价信息 2022 年第 7 期》及广材网市场价询价计取，已经充分考虑到邓某如、周某秀修缮时的人工工资和材料价格。邓某如、周某秀上诉认为鉴定依据采用不当、鉴定数据存在错漏，无事实依据，本院不予支持。综上，邓某如、周某秀与陈某峰、陈某林的上诉请求均不能成立，应予驳回。故判决：驳回上诉，维持原判。①

① 参见江苏省无锡市中级人民法院民事判决书，(2022)苏 02 民终 8195 号。

81

相邻损害防免关系

【民法典】

第二百九十六条　不动产权利人因用水、排水、通行、铺设管线等利用相邻不动产的,应当尽量避免对相邻的不动产权利人造成损害。

释　法

《民法典》第 296 条规定了相邻损害防免关系,由《物权法》第 92 条的规定内容修改而来。

相邻损害防免关系,是指不动产权利人在因用水、排水、通行、铺设管线等利用相邻不动产时,应当尽量避免对相邻的不动产权利人造成损害而形成的相邻关系。相邻关系的实质,是对不动产权利人所有权、使用权的扩张或者限制。① 对"扩张"一方来说是权利,为充分发挥其不动产的效能,不动产权利人可以利用相邻不动产权利人的不动产;对"限制"一方来说则是义务,相邻不动产权利人有容忍不动产权利人使用其不动产的义务。双方应本着"有利生产、方便生活、团结互助、公平合理"的原则,正确处理好相邻关系。② 以使地尽其利,物尽其用。一方行使其权利(扩张)时,应当履行防免义务,即"应当尽量避免对相邻的不动产权利人造成损害";另一方履行义务(限制)时,不应超过一定的限

① 参见王利明主编:《中国民法典学者建议稿及立法理由(物权编)》,法律出版社 2005 年版,第 219 页。转引自渠涛、刘保玉、高圣平:《物权法学的新发展》,中国社会科学出版社 2021 年版,第 291 页。

② 《民法典》第 288 条规定。

度,即“提供必要的便利”以给自己“不造成损害”为容忍的边界。这也是《民法典》规定“诚信原则”和“禁止权利滥用原则”①对不动产权利人的基本要求。

1. 相邻损害防免关系的适用范围:(1)相邻用水、排水关系。《民法典》第 290 条第 1 款规定:“不动产权利人应当为相邻权利人用水、排水提供必要的便利。”但相邻权人应当采取措施或者方法,尽量不给不动产权利人造成损害。比如,能够利用原有的沟渠或者管道,就不应占用土地重复修建其他设施。(2)相邻通行关系。《民法典》第 291 条规定:“不动产权利人对相邻权利人因通行等必须利用其土地的,应当提供必要的便利。”但是,如果相邻权人故意毁坏或者改变原有的通行道路,致使请求不动产权利人为其开辟新的通行道路,则不应被允许。(3)铺设管线等相邻关系。《民法典》第 292 条规定:“不动产权利人因建造、修缮建筑物以及铺设电线、电缆、水管、暖气和燃气管线等必须利用相邻土地、建筑物的,该土地、建筑物的权利人应当提供必要的便利。”但安设管线的不动产权利人则应以对相邻权人不造成损害或者损害最小的处所、方法为之。不动产权利人因建造、修缮建筑物必须利用相邻土地、建筑物形成的相邻损害防免关系,亦属之。其中“等”字的等外内容,还应包括其他的相邻关系。

2. 相邻损害防免关系的法律效果:(1)“防免”是不动产权利人在因用水、排水、通行、铺设管线等利用相邻不动产时必须履行的义务。此义务为“应当尽量避免对相邻的不动产权利人造成损害”,是指不动产权利人在利用相邻不动产时,若能采取不造成损害的方法,就不应给相邻不动产权利人造成损害;若损害难以避免,就应当以采取损害最小的方法为之。(2)不动产权利人若没有尽到防免义务给相邻的不动产权利人造成损害的,则应当给予赔偿。《物权法》第 92 条后句“造成损害的,应当给予赔偿”的规定,在纳入《民法典》时给删除了。这并不是说不再

---

① 《民法典》第 7 条规定:“民事主体从事民事活动,应当遵循诚信原则,秉持诚实,恪守承诺。”第 132 条规定:“民事主体不得滥用民事权利损害国家利益、社会公共利益或者他人合法权益。”

给赔偿了,而是基于《民法典》体系上避免重复规定的安排,此种情形适用《民法典》侵权责任编的规定。比如,可以适用《民法典》第 1166 条承担无过错责任的规定①,或者适用《民法典》第 1186 条公平分担损失的规定②。

案　例

1. 上诉人某锋公司与被上诉人季某朋财产损害赔偿纠纷案

季某朋向一审法院起诉,请求判令被告某锋公司赔偿原告损失 20,000 元。一审法院认定:原告系某侯庄村北、上河滩地块(5 亩)承租方,租赁合同显示租赁期间 3 年,自 2019 年 1 月 1 日至 2021 年 12 月 31 日,土地使用费租金每亩每年 300 元。2022 年 10 月 27 日,法院组织原、被告双方进行现场查看,季某朋果园中存在部分果树死亡情况。排水沟排水方向,季某朋果园围栏(靠近公路处)外与排水沟之间无地下电缆,但在排水沟内靠杨北公路有电杆,排水沟宽度缩小至一半左右。被告陈述电缆和电线杆是 2019 年 8 月 1 日铺设的,8 月 15 日结束。当时杨北公路正在修建中,杨北公路和原告承包的地之间有沟,但不知道什么用途,在原告果木树死亡以后找过被告要求赔偿。一审法院判决:(1)被告某锋公司应于本判决生效之日起 10 日内赔偿原告季某朋损失 2500 元;(2)驳回原告季某朋的其他诉讼请求。

二审法院认为,本案争议焦点为:上诉人是否应对被上诉人果树损失承担赔偿责任。上诉人主张因其未在被上诉人果园内铺设电缆及电线杆,与被上诉人果树损失无因果关系,故其不应对被上诉人果树损失承担赔偿责任。但从一审法院的勘验笔录及现场图片来看,上诉人埋设电缆及铺设电线杆的位置处于被上诉人果园与排水沟之间,与排水沟处于平行位置,此电缆与电线杆客观上对排水沟的排水造成了一定影响。原审法院综合考虑造成被上诉人果树损失的主次因素,结合事件发生时的情况,认定被上诉人作为果园

---

① 《民法典》第 1166 条规定:“行为人造成他人民事权益损害,不论行为人有无过错,法律规定应当承担侵权责任的,依照其规定。”

② 《民法典》第 1186 条规定:“受害人和行为人对损害的发生都没有过错的,依照法律的规定由双方分担损失。”

承租人对损害结果的发生负主要责任，认定上诉人因其铺设的电缆、电线杆对果园排水造成一定影响而应承担一定责任，并酌定上诉人赔偿被上诉人果树损失 2500 元并无不当。故判决：驳回上诉，维持原判。①

2. 上诉人张某仙与上诉人张某雄相邻关系纠纷案

二审法院认为：(1)关于张某仙主张的通行权问题。《民法典》第 291 条规定，不动产权利人对相邻权利人因通行等必须利用其土地的，应当提供必要的便利。经本院现场查看，案涉通道包含在张某雄与李某耀调换来的土地范围内，且系张某仙一家通往屋后公路的必要通道。张某雄与张某仙两家毗邻而居，张某仙一家因生产、生活通行便利必须利用张某雄调换来的土地，张某雄作为该土地的管理、使用权利人应当提供必要的便利，且案涉通道在张某雄取得相关土地管理、使用权之前即已形成，系方便附近农户生产、生活的历史性通道。根据法律规定，不动产权利人即使在自有土地范围内，也应容忍相邻权利人长久使用该土地通行。张某仙主张 1.5 米的通行宽度，符合生产、生活的基本需求，应予支持。张某雄认为张某仙无权通行的理由不能成立，本院不予支持。

(2)关于张某仙应否给予张某雄经济补偿问题。《民法典》第 296 条规定，不动产权利人因用水、排水、通行、铺设管线等利用相邻不动产的，应当尽量避免对相邻的不动产权利人造成损害。因通行不可避免给不动产权利人造成损失的，应予赔偿。张某仙为便于自家生产、生活而从张某雄调换来的土地上通行，必然造成张某雄土地使用权能受限，给张某雄带来一定损失，张某仙应当给予适当补偿；且该土地是张某雄与李某耀调换而来，系有偿取得，张某雄牺牲自己的利益给予张某仙通行便利，由张某仙给予适当补偿，也是邻里之间团结互助、公平合理原则的体现。补偿标准并不等同于买卖标准，综合考虑占用土地面积、土地使用价值和实际使用情况，一审确定补偿标准为 2000 元适当，应予支持。故判决：驳回上诉，维持原判。②

---

① 参见天津市第二中级人民法院民事判决书，(2023)津 02 民终 3812 号。

② 参见湖南省张家界市中级人民法院民事判决书，(2022)湘 08 民终 746 号。

82

共　有

【民法典】

第二百九十七条　不动产或者动产可以由两个以上组织、个人共有。共有包括按份共有和共同共有。

释　法

《民法典》物权编第八章,规定的是“共有”(第 297 ~ 310 条)。

《民法典》第 297 条规定了共有的概念和分类,其内容与《物权法》第 93 条规定的内容基本一致。

共有,是指由两个以上组织、个人对同一不动产或者动产共同享有所有权。对共有的不动产或者动产,一般称其为共有物。“一物不能二主”;不然,容易产生纷争。罗马法就认为:“共有是纷争之源,应尽量避免发生共有或者使其消灭。”①正如保罗所言:“多个人不能对同一物进行共同占有。因为我占有某物,而你也同时占有它,这是违反自然的。同一占有不能同时落在两个人身上,正如你站在某处,而我也站在同一地方;或你坐在某处,而我也坐在同一地方。”②我们有必要弄清楚共有的概念、分类、处分和分割等问题,以便友好地维持或者和平地结束这种共有状态。

共有的基本法律特征:(1)“共有”的主体为两个以上的组织或者个

---

① 周枏:《罗马法原论》,商务印书馆 1994 年版,第 335 页。

② [古罗马]优士丁尼:《学说汇纂第四十一卷——所有权、占有与时效取得》,贾婉婷译,中国政法大学出版社 2011 年版,第 89 页。

人。其亦适用于一般的民事主体,即为自然人、法人和非法人组织。这是共有与单独所有的根本区别。(2)“共有”是多个主体共有同一不动产或者动产,即共有的客体(对象)为同一个不动产或者动产,如夫妻共有一套房屋。(3)各共有人对共有的不动产或动产按照份额或者共同(平等)地享有权利、承担义务,不受其他共有人的侵犯。

共有一般以是否存在份额划分为原则,将其分为按份共有和共同共有。《民法典》第298条规定:“按份共有人对共有的不动产或者动产按照其份额享有所有权。”第299条规定:“共同共有人对共有的不动产或者动产共同享有所有权。”按份共有的基础一般为合作关系,如合同约定;而共同共有的基础则往往存在紧密的人身关系,如夫妻关系等。除此之外,还有一种“准共有”关系,即《民法典》第310条规定“两个以上组织、个人共同享有用益物权、担保物权”的情况。

共有不同于公有。公有权包括国家所有权和集体所有权。① 是我国全民所有制和集体所有制在法律上的表现。在公有制关系下,全体民众(成员)对全部财产不分份额地拥有所有权,某个成员的加入或者退出也不影响公有财产的状况。共有也不同于前文所述建筑物区分所有权中的业主“共有权”。业主共有权,是指业主对建筑物专有部分以外的共同占有的土地使用权以及建筑区划内依法属于业主共有的道路、绿地、公共场所、公用设施等共有部分,享有占有、使用、收益和处分的权利。一般认为,业主共有权为按份共有和共同共有之外一种特殊的共有形态。②

案　例

1. 原告罗某燕与被告程某莉合伙协议纠纷案

罗某燕向法院提出诉讼请求:(1)判令武汉市新洲区某昌路以东某城华庭×号楼×单元101号的房屋[不动产权证书为鄂(2017)武汉市新洲不动

① 《民法典》第246~265条规定。

② 详见本书“60　业主的共有权及义务”的内容。

产权第××××××号,建筑面积 88.5 平方米]产权属罗某燕与程某莉共同所有,各享有 50% 的份额;(2)依法采取拍卖、出售或者折价补偿等方式分割上述涉案房屋的物权。

法院经审理后认为:(1)罗某燕与程某莉签订的《合伙购房协议书》及补充协议,系双方设立、变更、消灭民事权利义务关系的协议,当事人以同等条件共同出资购买涉案房屋用于经营投资的行为,构成个人合伙关系。当事人对个人合伙协议必备条款达成一致意见,并已实际履行了协议相应的交易义务,该协议应系当事人真实意思的表示且具备依法成立的要件,不违反法律禁止性规定,依法认定该协议成立,为有效合同。(2)双方共同投资购买的涉案房屋,按各自平均出资的比例确认均享有 50% 的不动产所有权,且该所有权在协议中已明确约定。故涉案房屋的权利人变更登记为程某莉,不符合法律对不动产物权的管理和合同的约定,罗某燕主张其与程某莉对涉案房屋按份共有并享有 50% 所有权份额的诉讼请求,本院予以支持。(3)依照《民法典》第 209 条"不动产物权的设立、变更、转让和消灭,经依法登记,发生效力;未经登记,不发生效力"之规定,罗某燕在购买涉案房屋时,就其享有 50% 所有权份额的不动产,知晓应办理不动产物权变更登记而未办理变更登记,不发生效力。故罗某燕在本次诉讼中主张拍卖、出售或者折价补偿等方式分割涉案房屋的诉讼请求,不符合法律规定,法院不予支持。

综上所述,本案原告罗某燕的上述诉讼请求,部分有合法依据。故判决:(1)罗某燕享有涉案房屋 50% 的所有权;(2)驳回罗某燕的其他诉讼请求。①

2. 上诉人季某 1 与被上诉人魏某 1 离婚后财产纠纷案

魏某 1 向一审法院起诉,请求:(1)判决对婚生女季某 2 在案涉房产中享有权利;(2)案涉某号房屋属于魏某 1 与季某 1 共有,现在由季某 1 装修后出租,请求季某 1 给予自 2019 年 10 月至 2022 年 5 月的租金或者房屋占有使用费;(3)对季某 1 独霸房产、租金的恶劣行径作出处罚;(4)诉讼费及魏某 1 差旅费由季某 1 负担。

一审法院认定事实,生效的(2021)京 01 民再 82 号民事判决书查明:魏某 1 与季某 1 于 2007 年 4 月 9 日登记结婚,婚后于 2009 年 2 月 10 日生育一

---

① 参见湖北省武汉市新洲区人民法院民事判决书,(2020)鄂 0117 民初 4260 号。

女季某2。2012年12月12日季某1与魏某1经法院调解离婚，确定季某2由魏某1抚养，季某1每月支付子女抚养费1100元，至季某2独立生活时止。某号房屋系集资房，2011年7月27日季某1、魏某1共同支付集资款209,036元。之后，季某1自行支付某号房屋集资款19万元、热力燃气工程集资款37,241.5元、补缴房屋集资款50,877.09元。季某1于2018年5月底收到某号房屋，且将房屋装修后出租，租赁期间自2018年12月1日至2019年12月1日。租金标准每月3500元。2021年12月15日法院判决：(1)案涉某号房屋的相关权利，由魏某1享有50%的份额，由季某1享有50%的份额；(2)魏某1给付季某1自行交纳房屋集资款的一半，即139,059元；(3)季某1给付魏某1自2018年12月1日至2019年9月30日的房屋租金17,500元。现案涉某号房屋由季某1管控。本案一审法院判决：(1)季某1于判决生效之日起7日内给付魏某1自2019年10月至2022年5月的房屋占有使用费56,000元；(2)驳回魏某1的其他诉讼请求。

二审法院认为：所有权人对自己的不动产或者动产，依法享有占有、使用、收益和处分的权利。本案魏某1、季某1各享有案涉某号房屋50%的份额，魏某1作为不动产物权人，享有其物权份额内的权利。魏某1主张的房屋占有使用费期间，涉案房屋由季某1管控，故季某1应向魏某1支付相应占有使用费用。现季某1上诉提出房屋未实际出租不应支持使用费、因魏某1父母的干预季某1不能实际管控房屋等理由，均不足以对抗房屋权利人行使其物权权利，法院对季某1的上诉理由不予采信。故判决：驳回上诉，维持原判。①

① 参见北京市第一中级人民法院民事判决书，(2022)京01民终6831号。

83

按份共有

【民法典】

第二百九十八条　按份共有人对共有的不动产或者动产按照其份额享有所有权。

第三百零八条　共有人对共有的不动产或者动产没有约定为按份共有或者共同共有，或者约定不明确的，除共有人具有家庭关系等外，视为按份共有。

第三百零九条　按份共有人对共有的不动产或者动产享有的份额，没有约定或者约定不明确的，按照出资额确定；不能确定出资额的，视为等额享有。

释　法

《民法典》第298条、第308～309条规定了按份共有，与《物权法》第94条、第103～104条规定的内容一致。

按份共有，是指共有人对共有的不动产或者动产按照其份额享有所有权的共有形式。这里的“份额”，是指各共有人对共有的不动产或者动产享有所有权的应有部分，也即其享有所有权的比例。按份共有产生的原因，一般是基于当事人意思而达成的协议。比如，甲、乙、丙分别以50%、30%、20%的出资比例共同购买一套房屋，甲、乙、丙约定分别以50%、30%、20%的比例共同享有房屋的所有权。当然，也可以基于相关规定或者由共同共有的财产经过分割后形成。前者如我国台湾地区“民法”第812条规定，经过附合后形成的合成物，各动产所有人“按动产附合时之价格"来计算其应有部分。[1] 后者如,夫妻、家庭共同财产,或者继承的共同财产,经过分割后转化为对财产的按份共有。《民法典》第309条规定:"按份共有人对共有的不动产或者动产享有的份额,没有约定或者约定不明确的,按照出资额确定;不能确定出资额的,视为等额享有。"对此,欲证明自己出资额的按份共有人应当负举证责任;若不能证明,则只能"视为"(推定)各共有人享有相同的份额。

《民法典》第308条规定:"共有人对共有的不动产或者动产没有约定为按份共有或者共同共有,或者约定不明确的,除共有人具有家庭关系等外,视为按份共有。"共有人可以对共有财产进行约定是按份共有还是共同共有,如果约定明确则尊重其约定;如果约定不明确,则推定为按份共有。只是这里有个例外,就是如果共有人具有家庭关系,那么应推定为共同共有。比如,确定财产是否属于夫妻共同所有,依据《民法典》第1065条第1款规定:"男女双方可以约定婚姻关系存续期间所得的财产以及婚前财产归各自所有、共同所有或者部分各自所有、部分共同所有。约定应当采用书面形式。没有约定或者约定不明确的,适用本法第一千零六十二条、第一千零六十三条的规定。"[2]《民法典》第308条规定"除共有人具有家庭关系等外",这里的"等"字,是立法上的"等外"规定,为将来发生新类型的共同共有预留了空间。

---

① 参见张永健:《物权法之经济分析:所有权》,北京大学出版社2019年版,第251页。虽然我国《民法典》第322条规定"因加工、附合、混合而产生的物的归属,有约定的,按照约定;没有约定或者约定不明确的,依照法律规定;法律没有规定的,按照充分发挥物的效用以及保护无过错当事人的原则确定",但没有明确规定为按份共有。

② 《民法典》第1062条第1款规定:"夫妻在婚姻关系存续期间所得的下列财产,为夫妻的共同财产,归夫妻共同所有:(一)工资、奖金、劳务报酬;(二)生产、经营、投资的收益;(三)知识产权的收益;(四)继承或者受赠的财产,但是本法第一千零六十三条第三项规定的除外;(五)其他应当归共同所有的财产。"第1063条规定:"下列财产为夫妻一方的个人财产:(一)一方的婚前财产;(二)一方因受到人身损害获得的赔偿或者补偿;(三)遗嘱或者赠与合同中确定只归一方的财产;(四)一方专用的生活用品;(五)其他应当归一方的财产。"

1. 按份共有的法律特征

(1)共有份额是按份共有人对共有物所有权的一种抽象的比例划分。这种比例确定了各按份共有人享有的权利份额。该份额可以作为一种财产利益进行处分(转让、抵押),也可以由共有人的继承人继承。《民法典》第 1153 条第 1 款规定:“夫妻共同所有的财产,除有约定的外,遗产分割时,应当先将共同所有的财产的一半分出为配偶所有,其余的为被继承人的遗产。”

(2)按份共有人按其享有的份额(比例)承担义务,如《民法典》第 302 条规定:“共有人对共有物的管理费用以及其他负担,有约定的,按照其约定;没有约定或者约定不明确的,按份共有人按照其份额负担,共同共有人共同负担。”

(3)按份共有人享有权利、承担义务应基于共有物的全部。按份共有人对共有的特殊动产(如汽车)不动产(如房屋),应当将共有人及其份额(比例)登记录入登记簿和权属证书,以免发生纠纷时因缺乏证据而不利于自己去依法维权。

(4)共有人享有权利比例的划分只是所有权的量上分割,而非权能上的分割。在所有权的权能上,各按份共有人都拥有占有、使用、收益和处分等全面的权能;只不过在处分时,共有人只能处分自己共有的份额,不能越权(无权)处分其他共有人的共有份额。

2. 按份共有的法律效力

(1)对内效力。一是按份共有人按照其份额对共有物享有占有、使用、收益的权利。按份共有人享有份额的多少是其行使权利范围大小的依据。份额越大,其占有、使用共有物并获取利益的权利就越大;份额越小,其占有、使用共有物并获取利益的权利就越小。二是按份共有人按照其份额对共有物享有处分权。《民法典》第 305 条规定:“按份共有人可以转让其享有的共有的不动产或者动产份额。其他共有人在同等条件下享有优先购买的权利。”三是按份共有人按照其份额享有债权、承担债务。《民法典》第 307 条规定,因共有的不动产或者动产产生的债权债务,在共有人内部关系上,除共有人另有约定外,按份共有人按照份额享有债权、承担债务。

(2)对外效力。一是对第三人的物上请求权。共有人作为所有人，当然享有《民法典》第235条规定的返还原物请求权、第236条规定的排除妨害、消除危险物权请求权，第237条规定的物权损害恢复请求权和第238条规定的物权损害赔偿请求权。按份共有人可以单独行使，也可以共同行使。唯有返还原物请求权只能为全体共有人的利益行使之，即在诉讼时，行使请求权的共有人仅有权请求侵害人向全体共有人返还财产，而不得请求仅向自己返还财产。① 二是对第三人的债权债务。《民法典》第307条规定，因共有的不动产或者动产产生的债权债务，在对外关系上，共有人享有连带债权、承担连带债务，但是法律另有规定或者第三人知道共有人不具有连带债权债务关系的除外；偿还债务超过自己应当承担份额的按份共有人，有权向其他共有人追偿。

案　例

再审申请人刘某与被申请人孙某华、某箭公司商品房预售合同纠纷案

再审审查法院经审查认为，本案再审审查的焦点问题是二审认定涉案房屋刘某享有17%的份额、孙某华享有83%的份额是否适当。

依据《民法典》第308条、第309条的规定，本案刘某与孙某华恋爱期间购买涉案房屋，未约定按份共有或者共同共有，应当视为按份共有。因双方未约定对涉案房屋享有的份额，故应当按照双方的出资比例予以确定。原审已查明，涉案房屋总价款为529,778元，涉案房屋公积金贷款为40万元，涉案房屋首付款刘某支付9万元、孙某华支付39,778元，涉案房屋公积金贷款40万元及相应的利息孙某华已偿还完毕，孙某华为购买涉案房屋共计支付房款439,778元，根据上述法律规定，二审认定孙某华占有涉案房屋的份额为83%(439,778元/529,778元)，刘某占有涉案房屋的份额为17%(90,000元/529,778元)，认定事实，适用法律并无不当。故裁定：驳回刘某的再审申请。②

---

① 参见谢在全：《民法物权论》(上)，中国政法大学出版社1999年版，第301页。

② 参见山东省高级人民法院民事裁定书，(2022)鲁民申1039号。

84

共同共有

【民法典】

第二百九十九条　共同共有人对共有的不动产或者动产共同享有所有权。

释　法

《民法典》第 299 条规定了共同共有,与《物权法》第 95 条规定内容一致。

共同共有,是指共有人对共有的不动产或者动产共同享有所有权的共有形式。其一般产生于当事人的约定或者法律的规定,往往是基于一定的共有关系而存在。

1. 常见的共同共有关系

(1)夫妻共同共有。依据《民法典》第 1062 条的规定,夫妻在婚姻关系存续期间取得的财产,为夫妻共同财产,归夫妻共同所有。夫妻对共同财产,有平等的处理权。但依据《民法典》第 1065 条的规定,男女双方可以约定婚姻关系存续期间所得的财产以及婚前财产归各自所有、共同所有或者部分各自所有、部分共同所有。夫妻之间的前述约定,对双方具有法律约束力。其中的共同共有即来源于夫妻之间的协议约定。

(2)家庭共同共有。此为家庭成员在家庭共同生活期间因共同劳动、投资、受赠取得的收入和财产。未成年子女没有经济收入,一般不能成为家庭共同共有财产的共有人。当出现父母一方或者双方死亡、父母离婚和成年子女分家等情况时,家庭共同共有关系终止。

(3)遗产的共同共有。自然人死亡后,其遗产归继承人所有。《民法典》第 1121 条第 1 款规定,继承从被继承人死亡时开始。在继承开始后、分割遗产前,各继承人共同享有遗产的所有权。

(4)合伙共同共有。合伙人之间可以约定对其投入的财产以及合伙企业依法经营取得的收入和财产,归合伙人共同共有。在合伙期间不得分割、转移或者私自处分合伙财产。因合伙经营产生的债务由全体合伙人承担连带清偿责任。

(5)其他共同共有。比如,《民法典婚姻家庭编解释(一)》第 22 条规定:"被确认无效或者被撤销的婚姻,当事人同居期间所得的财产,除有证据证明为当事人一方所有的以外,按共同共有处理。"这是基于同居关系形成的共同共有关系。

2. 共同共有的法律特征

(1)共同共有指向的客体往往是集合物。比如夫妻婚后所得的财产、未分割的遗产等。但是,基于一物一权的原则,仍应认定共同共有关系存在于每一个物之上。比如,数个继承人共同继承的遗产,要落实到具体的一套房屋、一辆汽车和一件家具等。①

(2)共同共有人的共有是不区分份额的共有。各共同共有人对共有物不分份额、平等地共同享有所有权。这是其与按份共有的根本区别。在共同关系中,人们往往会产生对共有物享有共有份额的观念,如在没有特别约定的情况下,夫或者妻一方认为自己享有共有财产一半份额的所有权,但这种份额只是隐形的、潜在的,只有到分割时才能显现出来。

(3)共同共有人平等地承担义务。这亦与按份共有是按拥有的份额承担义务不同。《民法典》第 302 条规定:"共有人对共有物的管理费用以及其他负担,有约定的,按照其约定;没有约定或者约定不明确的,共同共有人共同负担。"

3. 共同共有的法律效力

(1)对内效力。一是共同共有人对共有物享有平等地占有、使用、收益和处分的权利。对共同共有物的占有、使用和收益,各共有人均可

① 参见刘家安:《物权法论》,中国政法大学出版社 2015 年版,第 126 页。

根据生活、生产的需要平等地行使。依据《民法典》第 301 条规定,对共有物的处分以及作重大修缮、变更性质或者用途的,须经全体共同共有人的一致同意。二是共同共有人亦有不得分割共有物的义务。《民法典》第 303 条规定,共有人约定不得分割共有的不动产或者动产,以维持共有关系的,应当按照约定,但是共有人有重大理由需要分割的,可以请求分割;没有约定或者约定不明确的,共同共有人在共有的基础丧失或者有重大理由需要分割时可以请求分割。三是共同共有人应当共同享有债权、承担债务。《民法典》第 307 条规定,因共有的不动产或者动产产生的债权债务,在共有人内部关系上,除共有人另有约定外,共同共有人共同享有债权、承担债务。

(2)对外效力。一是对第三人的物上请求权。共同共有人可以依据《民法典》第 235～238 条的规定,行使返还原物请求权、排除妨害、消除危险请求权、损害恢复请求权和损害赔偿请求权。依照《民法典》第 300 条"共有人按照约定管理共有的不动产或者动产;没有约定或者约定不明确的,各共有人都有管理的权利和义务"的规定,各共同共有人应均有权向加害人提出前述物权请求权;不过,返还原物和损害赔偿的对象应是全体共同共有人。司法实务中,法院会通知其他共同共有人作为共同原告参加诉讼。① 二是部分共有人擅自处分共有物行为的效力。对共有物的处分须经全体共同共有人的一致同意;否则,其行为不发生效力。此属无权处分行为,在获得其他共有人追认之前不发生效力;但依据《民法典》第 311 条规定,对于善意取得的受让人除外,即受让人善意不知出让人无权处分的,可依善意取得之规定取得所有权。三是共有

---

① 《民事诉讼法解释》第 72 条规定:"共有财产权受到他人侵害,部分共有权人起诉的,其他共有权人为共同诉讼人。"第 73 条规定:"必须共同进行诉讼的当事人没有参加诉讼的,人民法院应当依照民事诉讼法第一百三十五条的规定,通知其参加;当事人也可以向人民法院申请追加。人民法院对当事人提出的申请,应当进行审查,申请理由不成立的,裁定驳回;申请理由成立的,书面通知被追加的当事人参加诉讼。"第 74 条规定:"人民法院追加共同诉讼的当事人时,应当通知其他当事人。应当追加的原告,已明确表示放弃实体权利的,可不予追加;既不愿意参加诉讼,又不放弃实体权利的,仍应追加为共同原告,其不参加诉讼,不影响人民法院对案件的审理和依法作出判决。"

人享有连带债权、承担连带债务。对第三人的债权债务，依据《民法典》第307条的规定，因共有的不动产或者动产产生的债权债务，在对外关系上，共有人享有连带债权、承担连带债务，但是法律另有规定或者第三人知道共有人不具有连带债权债务关系的除外。

案　例

上诉人朱某勇与上诉人朱某清、赵某珍共有权确认纠纷案

朱某勇向一审法院起诉，请求确认位于通化市某昌区江南某园B区××号楼×单元×××号，面积54.88平方米房屋，不动产权第××××号所有权由朱某勇与赵某珍共同共有。一审法院认为，朱某勇与赵某珍、朱某清及案外人朱某1、朱某2以书面遗嘱的形式将案涉房屋所有权确认归朱某勇与赵某珍共有，但未约定共有方式，因朱某勇与赵某珍系母子关系，应视为共同共有。该案涉房屋原先登记在赵某珍名下，现登记在朱某清名下，朱某勇提交的证据足以证明不动产登记簿的记载与真实权利状态不符，朱某勇为该不动产物权的真实的共有权利人，其请求确认其享有物权的，依法应予支持。赵某珍答辩时，主张案涉房屋以前是共有，现在给朱某清了，赵某珍未提交证据证明将案涉房屋转让给朱某清是经过朱某勇的同意，同时朱某清针对其抗辩主张未提交充足的证据予以证明，故对赵某珍、朱某清的主张不予支持。因赵某珍同意将其所有的案涉房屋的份额转让给朱某清，且已办理了产权过户手续，故案涉房屋应归朱某勇和朱某清共同共有。故判决：(1)案涉房屋归朱某勇与朱某清共同共有；(2)驳回朱某勇的其他诉讼请求。

二审法院认为，本案为共有权确认纠纷。未标注日期的赵某珍手写遗嘱，内容为案涉房屋赵某珍与朱某勇共有，该文件虽名为遗嘱，但明确表示赵某珍与朱某勇对案涉房屋先共有，在赵某珍去世后由朱某勇一人继承，赵某珍、朱某清、朱某勇、朱某1、朱某2对此均签名确认，故朱某勇对于案涉房屋享有共有权。后赵某珍虽做多份遗嘱及赠与合同，其内容虽表示将案涉房屋通过赠与或继承的方式给朱某清，但未经共有人朱某勇同意，赵某珍通过立遗嘱或赠与方式对处分朱某勇的财产部分无效。考虑到现案涉房屋登记在朱某清名下，一审法院认定朱某勇与朱某清共同共有，并无不当。朱某清、朱某勇的上诉主张均缺乏事实和法律依据，本院不予支持。赵某珍在一审并未提出反诉,其上诉主张均非本案审理范围,法院不予评判。故判决:驳回上诉,维持原判。[①]

85

共有物的管理

【民法典】

第三百条　共有人按照约定管理共有的不动产或者动产;没有约定或者约定不明确的,各共有人都有管理的权利和义务。

第三百零二条　共有人对共有物的管理费用以及其他负担,有约定的,按照其约定;没有约定或者约定不明确的,按份共有人按照其份额负担,共同共有人共同负担。

释　法

《民法典》第300条、第302条规定了共有物的管理和管理费用以及其他负担问题。《民法典》第300条规定与《物权法》第96条规定一致,第302条规定的内容是由《物权法》第98条的规定修改而来。

1. 共有物的管理。管理,就是管束、治理。共有物管理的概念有广义和狭义之分。广义的管理包括处分、保存、改良、使用、收益等。[②] 对共有物的处分,《民法典》第301条专门予以规定。对共有物的使用、收

---

① 参见吉林省通化市中级人民法院民事判决书,(2022)吉05民终1260号。

② 参见王泽鉴:《民法物权(第1册)通则·所有权》,中国政法大学出版社2001年版,第347页。

益属于所有权的基本权能,与单独拥有所有权一样,当由共有人共同行使之。对此,《民法典》没有予以明确规定。笔者认为,共有人对于使用、收益有约定的依其约定,没有约定或者若因使用方法、收益分配等问题产生争议的,可参照《民法典》第 301 条共有物处分权的规定,经占份额 2/3 以上的按份共有人或者全体共同共有人同意,始得为之。下文所述共有物的管理即为狭义的概念。

对共有物的管理,是指为了维持共有物的物理功能、经济效用和社会功能而实施的保存、改良等行为。保存行为,一般是指为了维持共有物的现状,防止共有物的毁损、灭失等目的,而实施的维护、简易修缮等行为。比如,汽车的保养和一般修理,房屋破损门窗的修理、玻璃的更换等。改良行为,是指为了更好地发挥共有物的效用,而实施的性能改善、使之持续处于良好状态的行为。比如,对老旧房屋进行重新装饰、增加设施设备等。对共有物的管理,依照私权自治原则,共有人有约定的按照约定进行;没有约定或者约定不明确的,各共有人都有管理的权利和义务。也就是说,管理既是一项权利,又是一项义务。《民法典》婚姻家庭编第 1062 条第 2 款规定:"夫妻对共同财产,有平等的处理权。"因日常生活需要对共同财产进行管理,夫或妻均有权作出决定。

2. 共有物管理费用以及其他负担。所谓管理费用,是指因为共有物的保存、改良等管理行为而支出的费用。所谓其他负担,是指共有物应负担的税费或者因共有物致人损害而产生的损害赔偿等。对于共有人对共有物的管理费用以及其他负担,要依照私权自治和权利义务相一致的原则,以及区分共有关系的类别而予以确定。共有人之间有约定的按照其约定执行;如果没有约定或者约定不明确的,对于按份共有人则按照其份额负担,对于共同共有人则应共同负担。

案　例

上诉人李某娇与被上诉人刘某、第三人李某柏共有物分割纠纷案

刘某向一审法院起诉,请求依法判令:(1)位于北京市通州区×××房屋归刘某所有,刘某给予李某娇经济补偿 123,139.33 元;(2)李某娇协助刘

某将涉案房屋的产权证变更登记至刘某名下;(3)李某娇承担案涉房屋2017~2022年暖气费及因暖气费产生的额外费用共计3636.6元;(4)李某娇承担涉案房屋2017~2021年物业费用共计2923.77元;(5)李某娇承担契税6297.6元、过户费560元、增值税等其他费用。

一审法院认定:2016年11月4日,刘某(买受人)、李某娇(买受人、共有人)与案外人卢某福(出卖人)签订《存量房屋买卖合同》,刘某、李某娇共同购买卢某福拥有的涉案房屋,建筑面积50.76平方米,房屋性质为商品房,用途为办公,成交价格为1,296,872元。契税38,906.16元,印花税648.44元、房本费560元。2016年,刘某、李某娇与兴业银行北京某支行签订《个人购房抵押(保证)借款合同》,办理购房抵押贷款64万元。庭审中,刘某主张案涉房屋首付款总计860,043元,其出资634,403元(含购房款、契税及印花税),李某娇出资225,640元,李某娇表示认可房屋首付款为860,043元,刘某出资634,403元,剩余房款由其支付。2017年1月15日,涉案房屋登记在刘某、李某娇名下共同共有。双方认可案涉房屋过户后至一审辩论终结之日处于空置状态,未有查封等限制所有权转移的情形。对于房屋贷款的偿还,双方认可截至2022年12月7日(一审辩论终结之日),已按照刘某负担73.76%,李某娇负担26.24%的比例偿还,剩余本金尚有319,844.42元未偿还。双方同意通过法院询价方式确定涉案房屋市场价格,经法院询价案涉房屋当前市场价格为82.5万元。关于暖气费支付情况,根据现有证据,刘某已支付2016~2021年度暖气费共计9770.3元(含滞纳金735元)。关于物业费支付情况,根据现有证据,刘某已支付2017年4月1日至2021年3月31日物业费共计7429.44元。一审法院判决:(1)登记在刘某和李某娇名下共同共有的涉案房屋归刘某单独所有,剩余房屋贷款由刘某偿还。(2)李某娇于判决生效之日起7日内,协助刘某将上述房屋过户至刘某名下,过户所产生的税费等相关费用由刘某负担73.76%,李某娇负担26.24%。(3)李某娇于判决生效之日起7日内支付刘某暖气费2563.73元、物业费1949.49元。(4)刘某于判决生效之日起7日内支付李某娇房屋补偿款132,552.82元。(5)驳回刘某的其他诉讼请求。

二审法院认为:共有人对共有的不动产或者动产共同享有所有权。共有人按照约定管理共有的不动产或者动产;没有约定或者约定不明确的,各共有人都有管理的权利和义务。不动产权属证书是权利人享有该不动产物权的证明,对物权的归属具有推定的效力。但当对物权权属存在争议时,该登记并非系当然认定物权权属的唯一证据,而应在审查相关证据是否能证明真实权利状态后,据实作出认定。本案中,虽然不动产权属证书上及房屋共有协议上记载为共同共有,但共同共有并不必然等同于共有人享有同等的份额,根据短信聊天记录内容、双方购房款出资及按比例偿还贷款情况,一审法院认定刘某对案涉房屋享有73.76%份额,李某娇享有26.24%份额更符合本案的实际情况,结合房屋市场价格、双方所享有的房屋份额、贷款偿还情况等因素,酌定刘某向李某娇支付房屋补偿款为132,552.82元,并无不当。因双方对于暖气费和物业费的负担未有约定,故一审法院按照双方所占房屋份额予以分割处理,并据此判决李某娇支付刘某暖气费2563.73元、物业费1949.49元,并无不当。关于契税等过户费用,一审判决由双方按房屋份额予以负担,亦无不当。关于李某娇主张涉案房屋系其与刘某共同共有故应同等份额划分的上诉意见,依据不足,法院不予采信。综上所述,李某娇的上诉请求不能成立,应予驳回;一审判决认定事实清楚,适用法律正确,应予维持。故判决:驳回上诉,维持原判。①

86

共有物的处分

【民法典】

第三百零一条　处分共有的不动产或者动产以及对共有的不动产或者动产作重大修缮、变更性质或者用途的,应当经占份额三分之二以上的按份共有人或者全体共同共有人同意,但是共有人之间另有约定的除外。

---

① 参见北京市第三中级人民法院民事判决书,(2023)京03民终7746号。

释　法

《民法典》第301条规定了共有物的处分,由《物权法》第97条规定的内容修改而来。

共有物的处分,包括事实上的处分和法律上的处分。前者如对共有物作重大修缮、变更性质或者用途等;后者如将共有物出租、在共有物上设定他物权以及将共有物转让等。简易修缮是管理行为,而重大修缮涉及费用较多,且费时较长,亦可能会影响到共有人对共有物的收益,故规定其为处分行为,采取与一般管理行为不同的行使规则。关于房屋出租,到底是管理行为还是处分行为,理论上存在颇多争议[①]。司法实务中法院的判决,甚至会出现截然相反的两种结果。例如,上诉人李某峯与上诉人陈某先、原审第三人李某菱侵权责任纠纷案,二审法院认为"本案中共有房屋的出租即系共有物的利用,属于对共有物的管理",认定"陈某先作为房屋共有权人有权对房屋整体出租收益扣除相关支出费用后要求分配,但其主张李某峯将房屋对外出租的行为侵犯其所有权并要求李某峯赔偿其损失,无事实及法律依据,本院不予支持。"[②]但在上诉人胡某常与被上诉人张某国、原审第三人胡某良返还原物纠纷案中,二审法院判决即认为胡某良将共有房屋出租系处分行为,应当征得共有人胡某常的同意。笔者认为,出租属于处分行为,建议将来在对《民法典》物权编作司法解释时能够予以明确。

对共有物的处分,关涉每个共有人的切身利益,须慎重对待。《民法典》第301条根据共有的类型不同,分别规定了以下处分规则:

(1)对于按份共有,应当经占份额2/3以上的按份共有人同意,但是共有人之间另有约定的除外。按份共有是共有人按照其份额共有共有物的所有权,依私权自由的原则,各共有人当可自由处分其应有份额;但

① 认为将共有物出租是处分行为的,参见尹田:《物权法》,北京大学出版社2022年版,第331页、第336页;认为是管理行为的,如中国审判理论研究会民事审判理论专业委员会编:《民法典物权编条文理解与司法适用》,法律出版社2020年版,第214页。

② 参见江苏省苏州市中级人民法院民事判决书,(2018)苏05民终1267号。

共有人在处分其份额时又涉及其他共有人应有份额权利的行使问题，故共有人之间要进行协商、共同讨论决定。但若必须经全体按份共有人一致同意，则又会影响到决策的效力，共有人越多，决策成本越高，效力越低。为求兼顾效益和公平，乃实行“多数决”的原则，即经占份额2/3以上的按份共有人同意，可形成对共有物处分的决策意见。

（2）对于共同共有，应当经全体共同共有人同意，但是共有人之间另有约定的除外。共同共有基于共同关系而产生，各共有人对共有物共同享有所有权，平等地享有权利和承担义务。故对共有物的处分，应当采取“一致决”原则，即应当经共同共有人全体同意才能予以决定。

案　例

1. 上诉人吴某民与被上诉人赵某花、苏某芬恢复原状纠纷案

吴某民与苏某芬系继母子关系，苏某芬与赵某花系母女关系。苏某芬与吴某民之父吴某田于1981年结婚，1984年吴某田申请建房并获得批示，1985年苏某芬与吴某田及家人在北京市延庆区××镇×××村××区3号院（以下简称3号院）建北房5间，后吴某民在该院内建西房3间。2021年，苏某芬准备修缮其2间北房，为方便进料，将3号院西墙、大门和北墙一部分拆除，现房屋已修缮完毕，并将西门堵住，一并将西侧和北侧院墙恢复。另将3号院西房南侧柴棚拆除，并在南侧和院内建设围挡，留有南门出入。吴某民向一审法院起诉，请求：（1）赵某花、苏某芬将拆除的3号院西墙和大门恢复原状；（2）赵某花、苏某芬将毁坏的3号院西房西北角恢复原状；（3）赵某花、苏某芬赔偿毁坏的3号院西房南侧大棚的损失6000元；（4）赵某花、苏某芬拆除建在3号院内北房西侧2间与东侧3间之间围挡和院南侧的围挡及铁门。一审法院判决：驳回吴某民的全部诉讼请求。

二审法院认为，生效的裁判文书确认3号院3间西房归吴某民所有，3号院5间北房中的西边两间归苏某芬所有，东边3间归吴某民之父吴某田和吴某民所有。现并无生效判决对3号院院落的使用权进行明确的划分，故苏某芬、吴某民作为院落内房屋的权利人，共同享有对3号院院落的使用权。苏某芬拆除院落西墙南端未恢复，拆除了西墙北端后虽恢复，但将原有的西门封堵，并在院落里加建围挡，另在南侧围挡上开南门，其行为改变了院落原有的格局，属于对 3 号院的重大修缮。其行为并未征得吴某民的同意，给吴某民使用 3 号院造成不便，侵害了吴某民对 3 号院的使用权，吴某民有权要求苏某芬拆除院内围挡及围挡上的南门，并将西墙和原有西门恢复原状。一审法院判决驳回吴某民诉讼请求不当，应予纠正。吴某民另主张苏某芬将其所有的西房西北角损坏，但未提交充分证据证明西房西北角的裂缝系因苏某芬的行为导致；吴某民亦未提交证据证明其对西房南侧大棚享有权利，故一审法院判决驳回吴某民关于要求苏某芬将 3 号院西房恢复原状及赔偿西房南侧大棚损失 6000 元的诉讼请求正确，本院予以维持。吴某民要求赵某花与苏某芬共同承担责任，但并无充分证据证明相关拆除及建设围挡的行为系赵某花所为，故对吴某民要求赵某花承担责任的诉讼请求，本院不予支持。另需明确，本院关于要求苏某芬恢复 3 号院西墙及西门的认定，系在考虑到 3 号院原有使用状态的情况下，对苏某芬未经吴某民同意擅自对 3 号院进行修缮行为所作的评价，并非对相关院落使用权的认定。

综上所述，吴某民的上诉请求部分成立，应予支持；其上诉请求中的不合理部分，应予驳回。故判决：(1)撤销北京市延庆区人民法院(2021)京 0119 民初 7284 号民事判决；(2)苏某芬于本判决生效后 30 日内将 3 号院西墙和大门(西门)恢复原状；(3)苏某芬于本判决生效后 30 日内将 3 号院内北房西侧 2 间与东侧 3 间之间的围挡和院南侧的围挡及铁门拆除；(4)驳回吴某民的其他诉讼请求。①

2. 上诉人胡某常与被上诉人张某国、原审第三人胡某良返还原物纠纷案

胡某常向一审法院起诉，请求判令张某国将位于北京市顺义区某栏山镇某志卷村 × 号宅院及院内房屋予以腾退，腾退后返还给胡某常。一审法院判决：驳回胡某常的诉讼请求。

二审法院认为：(1)胡某良是否有权对外出租房屋，如无权利出租，其相对方是否应当基于胡某常的起诉腾退房屋。涉案房屋系胡某常夫妇的共同财产，胡某常的配偶去世后，家庭未进行过析产继承。故即使胡某良能够通过继承享有一部分份额，其变更房屋用途用于出租也需征得胡某常的同意。胡某良擅自将房屋出租给张某国，其行为已构成对胡某常享有物权的侵犯，

---

① 参见北京市第一中级人民法院民事判决书，(2022)京 01 民终 4364 号。

现胡某常起诉要求无权占有人腾退房屋应当予以支持。

(2)胡某良的行为是否构成表见代理，胡某常是否应当基于胡某良的出租行为承担相应的后果。胡某良从未向张某国出示过胡某常同意出租的委托书，张某国提供的证据也不足以证明胡某常在双方缔约前即已经知晓并同意胡某良出租房屋。张某国在租赁房屋时均应查验宅基地土地权属证明，但其并未查验该证件，在胡某良并不具有权利外观的情况下即与其建立租赁关系，其行为具有过失，难言尽到谨慎注意义务。张某国如认为因权利人的阻碍致使租赁合同不能正常履行给其造成了损失，其可与胡某良另行解决。

综上所述，胡某常的上诉请求成立，本院予以支持。一审判决认定事实清楚，但适用法律错误，本院予以纠正。故判决：(1)撤销北京市顺义区人民法院(2022)京0113民初18319号民事判决；(2)张某国于本判决生效之日起7日内从涉案房屋腾出，将宅院及宅院内房屋返还给胡某常。①

87

共有物的分割

【民法典】

第三百零三条　共有人约定不得分割共有的不动产或者动产，以维持共有关系的，应当按照约定，但是共有人有重大理由需要分割的，可以请求分割；没有约定或者约定不明确的，按份共有人可以随时请求分割，共同共有人在共有的基础丧失或者有重大理由需要分割时可以请求分割。因分割造成其他共有人损害的，应当给予赔偿。

---

① 参见北京市第三中级人民法院民事判决书，(2023)京03民终8742号。

第三百零四条　共有人可以协商确定分割方式。达不成协议,共有的不动产或者动产可以分割且不会因分割减损价值的,应当对实物予以分割;难以分割或者因分割会减损价值的,应当对折价或者拍卖、变卖取得的价款予以分割。

共有人分割所得的不动产或者动产有瑕疵的,其他共有人应当分担损失。

释　法

《民法典》第303~304条规定了共有物的分割,与《物权法》第99条、第100条规定的内容基本一致。

共有物的分割,就是使共有关系消灭。因为"近代民法上之分别共有制度立法政策上,即视其仅为单独所有原则之一项例外,于尽可能范围内,使其易于终止或消灭,故仅为短暂之法律关系"①。我国民事立法,亦采不维持共有的态度和倾向,以尽早能结束共有关系,避免纷争,最大化地发挥物的效能。

1. 对于共有物的分割原则。(1)要尊重共有人的意思自治,其愿意维持共有关系,约定不得分割共有物的,应当按照约定。(2)如果没有约定或者约定不明确的,《民法典》第303条规定了不同的分割原则:按份共有人得自由处分其应有份额,可以随时请求分割;共同共有人为维持共有关系,只有在共有的基础丧失或者有重大理由需要分割时,才可以请求分割,如夫妻离婚,或者合伙人有重大疾病无法继续参与合伙经营等,也即按份共有以允许分割为原则,不允许分割为例外;共同共有以不允许分割为原则,允许分割为例外。(3)无论是按份共有还是共同共

① 谢在全:《民法物权论》(上),中国政法大学出版社1999年版,第305页。

有,只要有“重大理由”[1]均可提出分割请求。

2. 共有物的分割方式。共有人可以协商确定分割[2]的方式;协商不成的可以诉请法院予以裁判分割。分割的方式包括:(1)实物分割。适用于物理上可以分割且不会因分割减损其价值的共有物。二者必须同时具备则可。若是从物理属性上尽管可以分割,但从经济属性上判断不经济的话,则亦不可予以分割。(2)变价分割。此适用于共有物难以分割或者因分割会减损其价值的,应当将共有物拍卖、变卖,对取得的价款予以分割。(3)折价分割。对于不可分割或者分割将减损其价值的共有物,如果共有人中有人愿意取得共有物,那么可以由该共有人取得共有物,并由其向其他共有人折价补偿。折价可以由共有人协商确定共有物的价值,有争议时可以委托资产评估机构进行确定。比如,兄弟二人继承父母留下来的农村宅基地院落一座、上房3间、厦房1间,若分割的话,不方便利用,也减损其价值;不如协商将该院落折价给兄弟其中一人,另一人可向村委申请新的宅基地建房,一人给另一人予以经济补偿。

3. 共有物分割的效力。共有物经共有人分割后产生以下法律效力:(1)各共有人分别单独取得所有权。依照《民法典》第224条、第209条规定,共有物经共有人分割后,动产自交付时发生效力,不动产经依法变更登记发生效力;法律另有规定的除外。(2)因分割造成其他共有人损害的,应当给予赔偿。共有物分割请求权为物权请求权,故不适用诉讼时效的规定。(3)共有人分割所得的共有物有瑕疵的,其他共有人应当按照其共有份额的比例分担由此给取得共有物的共有人造成的损失。这里的“瑕疵”一般指的是物的瑕疵,但也可以将其扩张解释

① 《民法典》第1066条规定:“婚姻关系存续期间,有下列情形之一的,夫妻一方可以向人民法院请求分割共同财产:(一)一方有隐藏、转移、变卖、毁损、挥霍夫妻共同财产或者伪造夫妻共同债务等严重损害夫妻共同财产利益的行为;(二)一方负有法定扶养义务的人患重大疾病需要医治,另一方不同意支付相关医疗费用。”

② 因不履行达成的分割协议而成讼的,属于给付之诉,应当适用诉讼时效。

为权利瑕疵①。

案　例

上诉人苑某良与被上诉人刘某颖、原审第三人某成公司共有物分割纠纷案

刘某颖向一审法院起诉,请求判令:(1)刘某颖持有的位于北京市朝阳区东双园路××号院××号楼××层××号房屋50%的份额归苑某良所有,苑某良补偿刘某颖折价款;(2)苑某良补偿刘某颖自2021年2月19日起至2022年7月31日止的房屋贷款本金370,999.35元及利息138,904.12元;(3)2022年8月1日之后剩余贷款由苑某良负担,考虑在房屋价值之内;(4)苑某良支付刘某颖自2021年2月19日起至判决生效之日止的房屋租金(按月租金1万元,按照房屋95%的份额主张,租金计算方式为:1万元/95%×50%)。苑某良向一审法院提出反诉,请求:(1)确认刘某颖、苑某良按份共有案涉房屋,刘某颖享有53%份额,苑某良享有47%份额;(2)判令刘某颖返还已垫付购房款779,391.63元;(3)判令刘某颖向苑某良支付已垫付的契税64,219.87元;(4)判令刘某颖向苑某良支付印花税1123.87元;(5)判令刘某颖向苑某良支付基础服务费、库房能源费、车位管理费、取暖费99,624.83元;(6)判令苑某良在涉案房屋享有免费居住权;(7)判令苑某良持有的份额归刘某颖所有,刘某颖支付苑某良折价款。

一审法院经审理查明:刘某颖与苑某良原系夫妻关系,二人于2014年11月28日登记结婚,后经法院判决解除婚姻关系。2018年10月10日,刘某颖、苑某良共同作为买受人与某成公司作为出卖人签订《北京市商品房现房买卖合同》,约定买受人购买涉案房屋,商品房的规划性质为养老公寓,每平方米单价81,997.97元,总价4,240,935元。该合同附件13补充协议对于买受人和出卖人之间的产权比例、买受人资格、入住人条件进行约定。同日,刘

---

① 《民法典》第612条规定:"出卖人就交付的标的物,负有保证第三人对该标的物不享有任何权利的义务,但是法律另有规定的除外。"出卖人对交付的标的物尚且承担权利瑕疵担保责任,共有人因分割取得的共有物存在权利瑕疵的,其他共有人当然亦应承担瑕疵担保责任,即分担由此给取得共有物的共有人造成的损失。对此,建议对《民法典》物权编作司法解释时予以明确规定。

某颖、苑某良作为乙方与某成公司作为甲方签订《某和养老中心养老居室共有产权协议》,约定:刘某颖、苑某良购买涉案房屋95%的产权(剩余5%的产权由某成公司持有)。同日,刘某颖、苑某良向某成公司支付房款2,120,935元及印花税2120.50元。同年10月26日,刘某颖、苑某良共同作为借款人与贷款人工商银行北京某支行签订《个人购房借款/担保合同》,借款本金为212万元,借款期限为120个月,自2018年10月26日至2028年10月26日。2018年11月9日,某成公司将涉案房屋交付给刘某颖、苑某良。同日,刘某颖、苑某良向某成公司支付房屋契税、基础服务费、供暖费。2020年7月29日,涉案房屋登记为按份共有,刘某颖享有50%份额、苑某良享有45%份额、某成公司享有5%份额。一审法院判决:(1)涉案房屋95%的份额归苑某所有,自2022年11月之后的贷款由苑某良负担,苑某良于判决生效后10日内支付刘某颖折价补偿款1,600,000元;(2)苑某良于判决生效后7日内支付刘某颖房屋使用补偿款60,000元;(3)驳回刘某颖其他诉讼请求;(4)驳回苑某良其他反诉请求。

二审法院认为,综合当事人的诉辩主张和查明事实,本案二审争议焦点为:

(1)苑某良是否应当向刘某颖支付房屋使用补偿款60,000元,所有权人对自己的不动产或者动产,依法享有占有、使用、收益和处分的权利。侵害物权,造成权利人损害的,权利人可以请求损害赔偿,也可以请求承担其他民事责任。本案涉案房屋由刘某颖、苑某良及某成公司按份共有,在涉案房屋分割前,刘某颖作为共有人享有权利。对于分割前的使用权益,一审法院综合考虑房屋性质、双方离婚后共同使用房屋确有不便等情况,酌情判令苑某良补偿刘某颖60,000元,并无不当,法院对此予以确认。苑某良上诉主张其不应向刘某颖支付房屋使用补偿款,因无相应的事实及法律依据,法院对此不予采信。

(2)刘某颖是否应当向苑某良支付基础服务费、取暖费39,531元。苑某良要求刘某颖支付基础服务费、取暖费39,531元,结合上述费用所涉服务的内容,即物业服务、生活管家、基础医疗、健康管理、文化娱乐,以及涉案房屋一直由苑某良实际居住使用并接受服务的情况,法院认为,苑某良要求刘某颖支付上述费用依据不足,一审法院未支持苑某良的该项诉请并无不当,法院对此予以维持。综上所述，苑某良的上诉请求法院不予支持。一审判决结果并无不当，依法应予维持。故判决：驳回上诉，维持原判。[①]

88

按份共有人的优先购买权及其行使

【民法典】

第三百零五条　按份共有人可以转让其享有的共有的不动产或者动产份额。其他共有人在同等条件下享有优先购买的权利。

第三百零六条　按份共有人转让其享有的共有的不动产或者动产份额的，应当将转让条件及时通知其他共有人。其他共有人应当在合理期限内行使优先购买权。

两个以上其他共有人主张行使优先购买权的，协商确定各自的购买比例；协商不成的，按照转让时各自的共有份额比例行使优先购买权。

释　法

《民法典》第305～306条规定了按份共有人的优先购买权及其行使。第305条与《物权法》第101条规定内容一致；第306条为新增条文，是吸纳了《物权法解释(一)》(已失效)第14条的规定经修改

① 参见北京市第三中级人民法院民事判决书，(2023)京03民终8816号。

而成[①]。

按份共有人转让其享有的共有物的份额，是行使其共有物所有权的处分权能的体现。此为法律上的处分行为。依据《民法典》第301条的规定，对按份共有物整体的处分，应当经占份额2/3以上的按份共有人同意；对按份共有人享有共有物份额的处分，可由其自由行使。但是，应当受到其他按份共有人优先购买权的限制，即《民法典》第305条规定："按份共有人转让其享有的共有的不动产或者动产份额时，其他共有人在同等条件下享有优先购买的权利。"其立法目的在于，有利于配置资源，促进物尽其用；通过优先购买权的行使，简化共有关系，使共有关系尽早消灭，以避免或者减少共有人之间的纠纷。

1. 优先购买权的适用范围。(1)优先购买权仅适用于按份共有人向共有人之外的人转让其享有份额的情形。《民法典物权编解释(一)》第13条规定，按份共有人之间转让共有份额，其他按份共有人主张依据《民法典》第305条规定优先购买的，不予支持，但按份共有人之间另有约定的除外。(2)不适用于共有份额的权利主体因继承、遗赠等原因发生变化的情形。《民法典物权编解释(一)》第9条规定，共有份额的权利主体因继承、遗赠等原因发生变化时，其他按份共有人主张优先购买的，不予支持，但按份共有人之间另有约定的除外。

2. 优先购买权的行使条件。(1)同等条件。依据《民法典物权编解释(一)》第10条规定，"应当综合共有份额的转让价格、价款履行方式及期限等因素确定。"即便是价款相同，但若第三人是一次性付款，而其他共有人(优先购买权人)则为分期付款；或者，若都为分期付款，第三人有付款担保而其他共有人则无，其他共有人则不享有优先购买权。(2)通知条件。依据《民法典》第306条第1款规定："按份共有人转让其享有的共有的不动产或者动产份额的，应当将转让条件及时通知其他共有人。其他共有人应当在合理期限内行使优先购买权。"此"合理期

---

① 《物权法解释(一)》第14条规定："两个以上按份共有人主张优先购买且协商不成时，请求按照转让时各自份额比例行使优先购买权的，应予支持。"

限”,依据《民法典物权编解释(一)》第 11 条规定,优先购买权的行使期间,按份共有人之间有约定的,按照约定处理;没有约定或者约定不明的,按照下列情形确定:(1)转让人向其他按份共有人发出的包含同等条件内容的通知中载明行使期间的,以该期间为准;(2)通知中未载明行使期间,或者载明的期间短于通知送达之日起 15 日的,为 15 日;(3)转让人未通知的,为其他按份共有人知道或者应当知道最终确定的同等条件之日起 15 日;(4)转让人未通知,且无法确定其他按份共有人知道或者应当知道最终确定的同等条件的,为共有份额权属转移之日起 6 个月。

依据《民法典》第 306 条第 2 款的规定,两个以上其他共有人都主张行使优先购买权的,应当由当事人协商解决,确定各自的购买比例;若协商不成的话,按照转让时的份额比例行使优先购买权。

3. 优先购买权的法律效力。《民法典物权编解释(一)》第 12 条规定,按份共有人向共有人之外的人转让其份额,其他按份共有人根据法律、司法解释规定,请求按照同等条件优先购买该共有份额的,应予支持。其他按份共有人的请求具有下列情形之一的,不予支持:(1)未在本解释第 11 条规定的期间内主张优先购买,或者虽主张优先购买,但提出减少转让价款、增加转让人负担等实质性变更要求;(2)以其优先购买权受到侵害为由,仅请求撤销共有份额转让合同或者认定该合同无效。

4. 对于是否发生优先购买权的法律效力分为以下情况:(1)若其他按份共有人依照前面所述条件行使了优先购买权,则在转让其份额的按份共有人与享有优先购买权的其他按份共有人之间形成强制的合同缔约关系,即应将共有份额转让给享有优先购买权的其他按份共有人。(2)若是转让其份额的按份共有人没有通知或者没有及时通知其他共有人,或者没有在合理期限内保障其他共有人的优先购买权,是否必然导致转让其份额的按份共有人与第三人之间的转让行为无效?倒也未必!若是与第三人的转让合同尚未履行或者尚未发生效力,则转让人负有强制与享有优先购买权的其他共有人签约的义务,其他共有人的优先购买权能够得到保护。若是转让人与第三人之间的转让行为已经发生效力,且第三人为善意的,那么,其他共有人的优先权则不能得到保护。参照《民法典》第311条的规定,第三人作为受让人若是已经占有共有物(动产),或者已将不动产的共有份额办理了过户登记,则适用善意取得的规定,由其取得共有物共有份额的所有权。其他共有人因其优先购买权受到侵害的,所受损失则可向转让其份额的按份共有人追偿。

案　例

复议申请人顾某兰不服广东省惠州市惠城区人民法院作出的执行裁定申请复议案

惠城区法院在执行某丰公司与陈某新金融借款合同纠纷案[(2021)粤1302执恢17号]中,于2022年6月6日作出(2021)粤1302执恢17号之六执行裁定,裁定拍卖、变卖被执行人陈某新与案外人顾某兰共有的位于惠州市××道××号××栋××房以及房内的一批物品。该院在网络司法拍卖平台上进行公开拍卖,并于同年8月25日竞买成功,成交价429,000元。异议人顾某兰向惠城区法院提出执行异议申请,请求撤销(2021)粤1302执恢17号之六执行裁定,停止对案涉房屋的拍卖,并主张对案涉房屋(及房内一批物品)的优先购买权。惠城区法院审查后作出(2022)粤1302执异313号裁定,驳回异议人顾某兰异议请求。顾某兰向广东省惠州市中级人民法院申请复议,请求依法裁定支持其执行异议请求。

惠州中院认为:

(1)《查封、扣押、冻结财产规定》第12条第1款规定:"对被执行人与其他人共有的财产,人民法院可以查封、扣押、冻结,并及时通知共有人。"即使案涉房屋为被执行人陈某新与复议申请人顾某兰的共有财产,惠城区法院在执行中也可以对该房屋进行查封。复议申请人顾某兰以案涉房屋系其与陈某新共有财产为由对涉案房产主张实体权利,要求停止本案强制执行程序,其复议理由不能成立,本院不予支持。但为保护共有人的合法权益,执行法院在执行过程中应结合实际情况保留共有人相应的份额。

(2)顾某兰认为原审法院未履行通知其行使优先购买权的义务而损害

其优先购买权。根据《网络司法拍卖规定》第 16 条规定[1]，惠城区法院于 2022 年 7 月 16 日送达给陈某新以及顾某兰的拍卖通知书中已载明拍卖时间、拍卖门户网站、处置参考价、相关权利人行使优先购买权的途径，并于同年 7 月 27 日在案涉房屋门口张贴的拍卖公告中也载明相关权利人行使优先购买权的途径，已经履行了通知义务，顾某兰并未在通知的期限内向法院申请行使优先购买权，应视为其放弃优先购买权。故其申请以拍卖成交价 429，000 元购买案涉房屋的请求不能成立，本院不予支持。

综上，惠城区法院异议裁定认定事实清楚，适用法律正确，应予以维持。故裁定：驳回顾某兰复议申请，维持惠州市惠城区人民法院（2022）粤 1302 执异 313 号执行裁定。[2]

89

因共有物产生的债权债务

【民法典】

第三百零七条　因共有的不动产或者动产产生的债权债务，在对外关系上，共有人享有连带债权、承担连带债务，但是法律另有规定或者第三人知道共有人不具有连带债权债务关系的除外；在共有人内部关系上，除共有人另有约定外，按份共有人按照份额享有债权、承担债务，共同共有人共同享有债权、承担债务。偿还债务超过自己应当承担份额的按份共有人，有权向其他共有人追偿。

---

① 《网络司法拍卖规定》第 16 条规定："网络司法拍卖的事项应当在拍卖公告发布三日前以书面或者其他能够确认收悉的合理方式，通知当事人、已知优先购买权人。权利人书面明确放弃权利的，可以不通知。无法通知的，应当在网络司法拍卖平台公示并说明无法通知的理由，公示满五日视为已经通知。优先购买权人经通知未参与竞买的，视为放弃优先购买权。"

② 参见广东省惠州市中级人民法院执行裁定书，（2022）粤 13 执复 161 号。

释　法

《民法典》第307条规定了因共有物产生的债权债务的享有和承担，与《物权法》第102条规定的内容基本一致。

对于因共有物产生的债权债务的享有和承担问题，应当注意“内外有别”。具体情形为：

1. 对外关系。一般情况下，无论按份共有还是共同共有，共有人均享有连带债权、承担连带债务。但是，法律另有规定或者第三人知道共有人不具有连带债权债务关系的除外。此规定使因共有物产生的债权的实现更为简便，对负担债务享有债权的第三人更为有利。①

所谓的对外关系，是指共有人与共有人之外的第三人之间发生的民事权利义务关系。所谓的连带债权债务关系，是指共有人享有连带债权时，任一共有人均可向第三人主张债权；当共有人承担连带债务时，第三人可以向任一共有人主张全部债权。因共有物产生的债权，对按份共有人而言，尽管各共有人是按照其份额享有所有权。但该份额是潜在的，在共有物分割前，共有物是一个整体，按份共有人仍共享一个物权。所以，因第三人侵害共有物产生的债权，共有人只能共同享有，即享有连带债权。对于不分份额的共同共有人来讲，更应该是共同享有（连带）债权。对于因共有物产生的债务，因为共有物的共有关系对外不具有公示性，出于对第三人债权保护的目的考虑，无论是按份共有还是共同共有，均让共有人承担连带债务，以避免共有人推脱不履行债务。例如，依据《民法典》第1252条规定的因建筑物、构筑物或者其他设施倒塌、塌陷造成他人损害引起的侵权赔偿责任，若该建筑物、构筑物或者其他设施为几个共有人共有的话，则各共有人应当对受害人所受损失承担连带责任（债务）。

上述连带债权债务关系“除外”的情形有：一是法律另有规定；二是第三人知道共有人不具有连带债权债务关系。比如，依据《合伙企业

① 参见杨代雄主编：《袖珍民法典评注》，中国民主法制出版社2022年版，第240页。

法》第 33 条第 1 款的规定①，在合伙企业的财产不足以清偿债务的情况下，可以按照合伙协议约定或者合伙人协商决定的比例，或者按实缴的出资比例（无法确定时平均）分担债务，而不是承担连带债务。但这种规定也是以第三人知道为前提；否则，合伙人仍应承担连带债务。②

2. 对内关系。因共有的不同而有区别：（1）按份共有。因按份共有人是按照其份额享有对共有物的所有权，故也应当按照其份额享有债权和承担债务，这才符合权利义务相一致的原则。基于同理，若按份共有人偿还债务超过自己应当承担份额的，则有权向其他共有人追偿。（2）共同共有。因为共同共有人对共有物享有的所有权不分份额，故其当然应对因共有物不分份额地的共同享有债权、承担债务。因其是不分份额地承担债务，故不存在共有人之间的互相追偿问题；但若是共同共有关系一旦消失，即出现共有物分割之后，共同共有即转化为按份共有，这时就会出现共有物价值不足以清偿全部债务时，以个人财产清偿债务的共有人向其他共有人追偿的问题。

处理对内关系，也有例外，即除非共有人另有约定。易而言之，约定比法定优先。共有人之间可以作出与前述规定不同的约定。比如，共同共有人之间可以约定按一定比例享有债权、承担债务。这也是民法意思自治原则的体现。

案　　例

上诉人中国银行某支行与被上诉人张某亭、原审被告王某金融借款合同纠纷案

中国银行某支行一审起诉，请求：（1）判令二被告共同偿还原告借款本

---

① 《合伙企业法》第 33 条第 1 款规定："合伙企业的利润分配、亏损分担，按照合伙协议的约定办理；合伙协议未约定或者约定不明确的，由合伙人协商决定；协商不成的，由合伙人按照实缴出资比例分配、分担；无法确定出资比例的，由合伙人平均分配、分担。"

② 《合伙企业法》第 38 条规定："合伙企业对其债务，应先以其全部财产进行清偿。"第 39 条规定："合伙企业不能清偿到期债务的，合伙人承担无限连带责任。"第 40 条规定："合伙人由于承担无限连带责任，清偿数额超过本法第三十三条第一款规定的其亏损分担比例的，有权向其他合伙人追偿。"

金315,614.19元及自2022年7月9日起至10月12日止的利息、罚息5866.52元;(2)依法确认原告对抵押物位于某河市城关街道某云天小区××号×单元×层××号房屋享有优先受偿权。一审法院判决:(1)被告王某于本判决发生法律效力之日起15日内偿还原告中国银行某支行借款本金借款315,614.19元及自2022年7月9日起至10月12日止的利息、罚息5866.52元,并承担上述借款本金315,614.19元自2022年10月13日起至款项付清之日止,按《个人二手住房贷款合同》约定的方式计算的利息、罚息;(2)被告王某届期不履行上述第1项确定的义务,原告有权就涉案房屋折价或者以拍卖、变卖该抵押物所得的价款优先受偿;(3)驳回原告的其他诉讼请求。

中国银行某支行提出上诉请求:依法撤销原判,改判被上诉人张某亭与原审被告王某共同承担还款责任。理由为:(1)原审被告王某签订《贷款合同》时与张某亭系夫妻,被上诉人对配偶的借款行为是明知的,且该笔借款的用途是购买双方共有的房屋,购买的房屋用于双方的居住,用于夫妻共同生活,应当认定为夫妻共同债务。被上诉人张某亭应当承担共同还款责任。(2)根据《民法典》第307条的规定,案涉房屋为夫妻双方共有,因共有的不动产产生的债权债务,在对外关系上,共有人享有连带债权、承担连带债务。被上诉人张某亭作为房屋的共有人应当对房屋产生的债务承担还款责任。被上诉人张某亭未作答辩。

二审法院认为,本案争议焦点为,案涉借款是否应认定为张某亭与王某的夫妻共同债务。《民法典》第1064条第1款规定:"夫妻双方共同签名或者夫妻一方事后追认等共同意思表示所负的债务,以及夫妻一方在婚姻关系存续期间以个人名义为家庭日常生活需要所负的债务,属于夫妻共同债务。"原审被告王某以个人名义与上诉人签订贷款合同,虽然被上诉人张某亭并未在案涉《个人二手住房贷款合同》的借款人处签字,但是在该贷款合同的担保条款处,明确载明房屋所有权归属为夫妻共有,被上诉人张某亭作为抵押房屋的共有人予以签字确认。据此可以认定被上诉人张某亭对其丈夫王某向上诉人贷款购买房屋是明知的,并且该笔贷款用于购买的房屋系夫妻共有房屋。案涉贷款应认定为原审被告王某在与被上诉人张某亭夫妻关系存续期间以个人名义为家庭日常生活所需而负债,符合上述关于应认定为夫妻共同债务的法定情形。上诉人请求判令被上诉人张某亭承担共同还款责任,具有事实及法律依据。综上,上诉人中国银行某支行的上诉请求成立,应予支持。判决:(1)撤销辽宁省庄河市人民法院(2022)辽 0283 民初 6957 号民事判决第 3 项;(2)变更一审民事判决第 1 项为:王某、张某亭于本判决发生法律效力之日起 15 日内共同偿还中国银行某支行借款本金借款 315,614.19 元及自 2022 年 7 月 9 日起至 10 月 12 日止的利息、罚息 5866.52 元,并承担上述借款本金 315,614.19 元自 2022 年 10 月 13 日起至款项付清之日止按《个人二手住房贷款合同》约定的方式计算的利息、罚息;(3)变更一审民事判决第 2 项为:王某、张某亭届期不履行上述第 1 项确定的义务,中国银行某支行有权就案涉房屋折价或者以拍卖、变卖该抵押物所得的价款优先受偿。①

90

准共有

【民法典】

第三百一十条　两个以上组织、个人共同享有用益物权、担保物权的,参照适用本章的有关规定。

释　法

《民法典》第 310 条规定了准共有,与《物权法》第 105 条规定的内容基本一致。

准共有,是指两个以上组织、个人共同享有用益物权、担保物权等财

① 参见辽宁省大连市中级人民法院民事判决书,(2023)辽 02 民终 1790 号。

产权的一种民事法律关系。准共有并非法律概念，只是一个学理概念。依据《民法典》第 297 条的规定，共有是由两个以上组织、个人对不动产或者动产所有权的共同享有。对准共有概念中的“等”字，是笔者添加的。关于准共有，很多国家和地区都有类似的规定。《德国民法典》第 741 条规定：“以法律不另有规定为限，二人以上共同享有某项权利的，适用第 742 条至第 758 条的规定。”[①]《日本民法典》第 264 条规定：“本节规定，准用于数人有所有权以外的财产权情形。但法令另有规定时，不在此限。”[②]我国台湾地区“民法”第 831 条规定，本节规定，于所有权以外之财产权，由数人共有或共同共有者准用之。[③] 在《民法典》立法过程中，就有对《民法典（草案）》提出“将‘用益物权、担保物权’修改为‘所有权以外的财产权’”的建议[④]，但该意见没有得到采纳。实践中用益物权、担保物权以外的财产权准共有的情况很多。建议最高人民法院在对《民法典》物权编作进一步司法解释时，可以作扩张性解释，将准共有扩大适用于用益物权、担保物权以外的财产权。

准共有的法律特征：

（1）准共有的标的物为所有权以外的财产权，如用益物权、担保物权等，包括建设用地使用权、土地承包经营权、宅基地使用权、居住权、地役权、海域使用权、采矿权、取水权、抵押权、质权、专利权、著作权以及债权等。如下述案例，和某公司与中某公司共同与某市国土资源局签订国有建设用地使用权出让合同，通过出让取得了案涉地块的国有土地使用权，系建设用地使用权的准共有关系。又如，依据《农村土地承包法》第 16 条规定：“家庭承包的承包方是本集体经济组织的农户。农户内家庭成员依法平等享有承包土地的各项权益。”名为“农户”是土地承包经营

---

① 《德国民法典》，郑冲、贾红梅译，法律出版社 1999 年版，第 299～300 页。

② 《日本民法典》，王书江译，中国人民公安大学出版社 1999 年版，第 46 页。

③ 参见王泽鉴：《民法物权（第 1 册）通则 · 所有权》，中国政法大学出版社 2001 年版，第 389 页。

④ 参见《民法典立法背景与观点全集》编写组编：《民法典立法背景与观点全集》，法律出版社 2020 年版，第 178 页。

权的主体,实是农户成员共同经营,形成土地承包经营权的准共有关系。再如,某建设用地使用权人将其拥有的建设用地使用权抵押给甲、乙两家银行,且办理了抵押权登记,则甲、乙银行共同拥有一个抵押权,形成抵押权的准共有关系。

(2)准共有参照适用《民法典》物权编第八章的有关规定,即《民法典》第 297 条至第 309 条的规定。"参照适用",就是准用、援用的意思。究竟是适用按份共有还是共同共有的规定,要视其共有关系的性质而定。比如,基于家庭关系、夫妻关系或者继承关系而产生的准共有关系,则应准用共同共有的规定,当事人之间另有约定的除外。下述案例,既然和某公司与中某公司是建设用地使用权的准共同共有关系,那么,就应当准用《民法典》第 307 条关于共同共有债务承担的规定,对因案涉地块开发建设产生的、某昌公司所诉债务承担连带责任。

(3)准共有准用按份共有或者共同共有有关规定的前提,是规范该财产关系的法律没有特别规定。若有特别规定,应当优先适用该特别规定。比如,依据《著作权法》第 14 条的规定,两人以上合作创作的作品,著作权由合作作者共同享有。这应属于著作权的准共有关系。对于合作作品的著作权,由合作作者通过协商一致行使;不能协商一致,又无正当理由的,任何一方不得阻止他方行使除转让、许可他人专有使用、出质以外的其他权利,但是所得收益应当合理分配给所有合作作者。合作作品可以分割使用的,作者对各自创作的部分可以单独享有著作权,但行使著作权时不得侵犯合作作品整体的著作权。这里规定的准共有权人(著作权人)可以单独行使"除转让、许可他人专有使用、出质以外"的处分权,对合作作品可以分割使用,即属于特别规定。

案 例

上诉人某昌公司、和某公司与被上诉人中某公司建设工程施工合同纠纷案

某昌公司向一审法院起诉,请求判决:(1)某昌公司与和某公司于 2018 年 10 月 23 日签订的《和某集团总部大楼项目总承包施工合同》及 2020 年 6

月 30 日签订的《关于和某集团总部大楼项目复工事宜纪要》于 2021 年 8 月 12 日解除。(2)和某公司与中某公司共同支付某昌公司欠付工程款 195,590,029 元,及至本案起诉日止的垫资利息 8,341,713 元;支付某昌公司以 195,590,029 元为基数按年利率 10% 计算从 2021 年 8 月 1 日至 9 月 30 日、按年利率 15% 从 2021 年 10 月 1 日至 31 日、按年利率 20% 计算从 2021 年 11 月 1 日起至判决确定给付日止的利息。(3)某昌公司就欠付工程款 195,590,029 元在其承建的位于某市新城 ××× 地块和某集团总部大楼工程(以下简称案涉工程)建筑物拍卖或变卖价款中优先受偿。① 和某公司向一审法院提出反诉,请求判决:(1)某昌公司赔偿案涉工程第二道支撑、栈桥费用合计 7,811,550 元。(2)某昌公司支付工期延误违约金暂定 895,243 元(按照最终确认的欠付工程价款 ×1‰×38 天计算)。一审法院判决:(1)某昌公司与和某公司签订的《和某集团总部大楼项目总承包施工合同》和《关于和某集团总部大楼项目复工事宜纪要》于 2021 年 9 月 15 日解除;(2)和某公司于本判决生效之日起 10 日内支付某昌公司工程款 193,983,819.88 元,并支付以 193,983,819.88 元为基数按年利率 7.7% 计算从 2021 年 8 月 1 日至判决确定给付日止的利息;(3)和某公司于本判决生效之日起 10 日内支付某昌公司剩余垫资利息 5,441,392 元;(4)某昌公司就上述第 2 项工程款 193,983,819.88 元在某昌公司承建的案涉工程的折价或者拍卖价款中优先受偿;(5)驳回某昌公司的其他诉讼请求;(6)驳回和某公司的全部反诉请求。

二审法院另查明,案涉地块的国有建设用地使用权权利人为和某公司、中某公司,共有情况为共同共有。不动产权证书颁证时间 2017 年 4 月 18 日。② 二审法院认为,关于中某公司的责任认定问题。根据《民法典》第 307 条、第 310 条的规定,某昌公司起诉要求中某公司与和某公司承担共同付款

① 此处第 2 项、3 项诉讼请求,为诉讼中涉司法鉴定报告出具后原告变更的,为节省篇幅,原诉讼请求从略。

② 本案二审的争议焦点为:①关于案涉工程垫资款利息及欠付工程款利息的计算标准问题;②关于中某公司的责任认定问题;③关于案涉工程的第二道支撑、栈桥费用的承担问题;④关于工期延误违约金的认定问题。为节省篇幅,这里只引用了第②个争议焦点的评述,其他争议焦点评述内容从略。

责任,二审中明确中某公司应当承担共同付款责任或者连带责任,由法院依法作出认定。本院认为,和某公司与中某公司作为合同的一方与某市国土资源局签订国有建设用地使用权出让合同,通过出让取得了案涉地块的国有土地使用权,权利人为和某公司与中某公司,系共同共有。同时,中某公司在案涉地块开发建设时曾出具委托书给和某公司,载明全权委托和某公司负责上述合同地块开发、建设及工程备案。虽案涉建设工程施工合同系由和某公司与某昌公司签订,但中某公司与和某公司系案涉建设用地使用权的共有人,故因案涉地块开发建设产生的债务,共有人对外应承担连带责任。某昌公司关于中某公司对案涉债务承担连带责任的上诉请求,于法有据,本院予以支持。

综上,某昌公司的部分上诉请求成立,本院对合理部分予以支持;和某公司的上诉请求不能成立,应予驳回。一审判决认定事实清楚,但对中某公司是否应承担付款责任的认定存有不当,本院予以纠正。故判决:(1)维持一审民事判决第1项、2项、3项、4项、6项;(2)撤销一审民事判决第5项;(3)中某公司对一审民事判决第2项、3项确定的和某公司的债务承担连带责任;(4)驳回某昌公司的其他诉讼请求。①

91

善意取得

【民法典】

第三百一十一条　无处分权人将不动产或者动产转让给受让人的,所有权人有权追回;除法律另有规定外,符合下列情形的,受让人取得该不动产或者动产的所有权:

① 参见浙江省高级人民法院民事判决书,(2022)浙民终1260号。

（一）受让人受让该不动产或者动产时是善意；

（二）以合理的价格转让；

（三）转让的不动产或者动产依照法律规定应当登记的已经登记，不需要登记的已经交付给受让人。

受让人依据前款规定取得不动产或者动产的所有权的，原所有权人有权向无处分权人请求损害赔偿。

当事人善意取得其他物权的，参照适用前两款规定。

释　法

《民法典》物权编第九章为所有权取得的特别规定（第 311 ~ 322 条），共 12 个条文。所谓特别规定，是指除了《民法典》物权编第二章物权的设立、变更、转让和消灭，以及其他关于所有权取得规定以外的原因规定，比如善意取得、拾得遗失物（漂流物）、发现埋藏物和添附等。

《民法典》第 311 条规定了善意取得制度，与《物权法》第 106 条规定的内容基本一致。善意取得，是指无处分权人将不动产或者动产转让给受让人时，受让人取得该不动产或者动产时是善意的，受让人取得该不动产或者动产的所有权。规定此制度的目的，在于维护交易安全与促进财产流转。

1. 善意取得的构成要件

（1）受让人受让该不动产或者动产时是善意。"善意"的语词解释，是好意，好心。《民法典物权编解释（一）》第 14 条规定："受让人受让不动产或者动产时，不知道转让人无处分权，且无重大过失的，应当认定受让人为善意。真实权利人主张受让人不构成善意的，应当承担举证证明责任。"什么叫"重大过失"？对于不动产，《民法典物权编解释（一）》第 15 条规定："具有下列情形之一的，应当认定不动产受让人知道转让人无处分权：（一）登记簿上存在有效的异议登记；（二）预告登记有效期内，未经预告登记的权利人同意；（三）登记簿上已经记载司法机关或者行政机关依法裁定、决定查封或者以其他形式限制不动产权利的有关事项；(四)受让人知道登记簿上记载的权利主体错误；(五)受让人知道他人已经依法享有不动产物权。真实权利人有证据证明不动产受让人应当知道转让人无处分权的，应当认定受让人具有重大过失。”对于动产，《民法典物权编解释(一)》第 16 条规定：“受让人受让动产时，交易的对象、场所或者时机等不符合交易习惯的，应当认定受让人具有重大过失。”在进行不动产或者动产交易时，受让人应当履行一定的、必要的注意义务。

判断受让人是否为“善意”的时间节点，为受让人受让该不动产或者动产时。对“受让人受让该不动产或者动产时”的解释，依据《民法典物权编解释(一)》第 17 条的规定，是指依法完成不动产物权转移登记或者动产交付之时。当事人以《民法典》第 226 条规定的简易交付方式交付动产的，转让动产民事法律行为生效时为动产交付之时；当事人以《民法典》第 227 条规定的指示交付方式交付动产的，转让人与受让人之间有关转让返还原物请求权的协议生效时为动产交付之时。法律对不动产、动产物权的设立另有规定的，应当按照法律规定的时间认定权利人是否为善意。

(2)以合理的价格转让。什么是“合理的价格”？依据《民法典物权编解释(一)》第 18 条的规定，应当根据转让标的物的性质、数量以及付款方式等具体情况，参考转让时交易地市场价格以及交易习惯等因素综合认定。若原所有权人认为受让人是以不合理的价格恶意受让，并非善意，则可依法行使撤销权。①

(3)转让的不动产或者动产依照法律规定应当登记的已经登记，不需要登记的已经交付给受让人。这主要是基于《民法典》第 209 条“不动产物权的设立、变更、转让和消灭，经依法登记，发生效力；未经登记，不发生效力，但是法律另有规定的除外”和第 224 条“动产物权的设立和转让，自交付时发生效力，但是法律另有规定的除外”的规定。若是基于

① 《民法典》第 539 条规定：“债务人以明显不合理的低价转让财产、以明显不合理的高价受让他人财产或者为他人的债务提供担保，影响债权人的债权实现，债务人的相对人知道或者应当知道该情形的，债权人可以请求人民法院撤销债务人的行为。”

《民法典》第229~230条规定取得的尚未办理变更登记的不动产物权的，则不适用善意取得的规定。对于船舶、航空器和机动车等特殊的动产，依据《民法典物权编解释（一）》第19条的规定，仅有转移登记于受让人名下却无受让人占有船舶、航空器和机动车等特殊的动产，并不构成善意取得。

2. 善意取得的法律效力

（1）受让人取得不动产或者动产的所有权。原所有权人的原有权利消灭。对于不动产的转让，不动产登记簿上记载的抵押权、地役权、居住权等从权利，应当一并转移，即受让人应当一并予以承受，除非当事人之间另有约定。

（2）原所有权人有权向无处分权人请求损害赔偿。原所有权人因丧失所有权所受的损失，可分以下情况择一行使：一是若原有的租赁、借用、保管等合同关系存在，可请求无处分权人承担违约损害赔偿责任；二是无处分权人处分其不动产或者动产，原所有权人可请求侵权损害赔偿；三是无处分权人因转让不动产或者动产所取得的对价，原所有权人可基于不当得利的规定①请求予以返还。

依据《民法典》第311条第3款“当事人善意取得其他物权的，参照适用前两款规定”的规定，可以准用善意取得的其他物权，包括建设用地使用权、宅基地使用权、土地承包经营权、地役权、抵押权、质权和留置权等。

案　例

上诉人廖某文与被上诉人蔡某莲以及原审第三人谭某杰物权保护纠纷案

廖某文向一审法院提出诉讼，请求：（1）确认谭某杰向蔡某莲转让坐落广州市××××的房产的行为无效；（2）蔡某莲腾空并搬离涉案房产，向廖

---

① 《民法典》第987条规定：“得利人知道或者应当知道取得的利益没有法律根据的，受损失的人可以请求得利人返还其取得的利益并依法赔偿损失。”

某文返还该房产;(3)蔡某莲将涉案房产不动产权变更登记至谭某杰(原不动产登记人)名下。一审法院判决:驳回廖某文的全部诉讼请求。

二审法院认为,本案二审的争议焦点为:廖某文是否有权要求蔡某莲返还涉案房屋并将涉案房屋恢复产权登记至谭某杰名下。

依据《民法典》第 311 条第 1 款、第 2 款的规定,本案蔡某莲以 1350 万元的价格购买涉案房屋,高于法院拍卖时的参考价,应符合交易时的房屋市场价格,本院认为本案情形属于"以合理价格转让"。同时,涉案房屋已过户登记至蔡某莲名下,故廖某文能否追回涉案房屋,取决于蔡某莲在购买涉案房屋时是否是善意。对此,本院认为,涉案房屋登记在谭某杰一人名下,且涉案房屋被执行拍卖,拍卖公告中亦未披露房屋存在共有人的情况,谭某杰在《广州市不动产登记申请表》中也否认涉案房屋存在共有人,交易过程中,蔡某莲也曾询问过谭某杰涉案房屋是否存在共有权人,谭某杰均给予否定性回答。综上,一审法院采纳蔡某莲已尽了解义务的意见,并无不当,本院予以认可。关于廖某文的各项上诉理由,其一,涉案房屋虽存在抵押、查封等情形,但蔡某莲和谭某杰在涉案房屋买卖合同中已明确约定知悉上述情况,并约定如何涂销抵押、解除查封等具体情况,双方实际也在合同履行过程中涂销抵押、解除查封。廖某文以此为由认为蔡某莲不构成善意取得,理据不足。其二,虽在陈某心案、董某案中已有证据证明廖某文与谭某杰为夫妻,廖某文为涉案房屋的共有权人,但本案并无证据证实蔡某莲、张某(蔡某莲称其为实际买受人——引者注)曾参与上述案件或明确知悉廖某文与谭某杰为夫妻关系。廖某文还称张某高度介入涉案房屋的交易,张某是通过其获取谭某杰的联系方式。即使廖某文主张属实,其在本案中提交的微信聊天记录、企业档案等证据并不能证实其曾明确告知过张某,其与谭某杰为夫妻关系以及其为涉案房屋的共有权人或其已向执行法院提出执行异议。再退一步讲,按照廖某文的主张,其自行向张某告知谭某杰的电话号码,这一行为无法推断其曾明确告知张某其为涉案房屋的共有权人且不同意出售涉案房屋。综上,廖某文主张蔡某莲不构成善意取得,依据并不充分,一审判决认定蔡某莲构成善意取得,并判决驳回其诉讼请求,并无不当,本院予以维持。廖某文二审提交的证据不足以推翻一审的相关认定,其上诉理据不足,本院不予采纳。故判决：驳回上诉，维持原判。[①]

92

动产善意取得的法律效果

【民法典】

第三百一十三条　善意受让人取得动产后，该动产上的原有权利消灭。但是，善意受让人在受让时知道或者应当知道该权利的除外。

释　法

《民法典》第313条规定了动产善意取得的法律效果，与《物权法》第108条规定的内容基本一致。

善意受让人取得动产后，该动产上的原有权利消灭。这是动产善意取得制度的一般效力。该动产上的原有权利，指的是所有权和其他物权。其他物权包括用益物权和担保物权。基于“一物一权”的原则和保护交易安全的需要，一个动产上只能存在一个物权，故在善意受让人受让取得动产后，原所有权人的所有权和加于其上的负担（其他物权）统统消灭。比如，依据《民法典》第641条的规定[②]，在保留所有权的买卖关系中，原买受人再行转让动产（标的物），第三人（新买受人）不知道此情况，善意受让取得动产的，原出卖人即丧失所有权，加于其上的抵押权

① 参见广东省广州市中级人民法院民事判决书，(2023)粤01民终23698号。

② 《民法典》第641条规定：“当事人可以在买卖合同中约定买受人未履行支付价款或者其他义务的，标的物的所有权属于出卖人。出卖人对标的物保留的所有权，未经登记，不得对抗善意第三人。”

或者质权亦随之消灭。

动产的善意取得,是善意加交付的公示力。所谓的善意,就是在交易时要履行审慎注意和审查的义务。对于动产受让人,在善意取得中注意义务的要求要高于不动产;因为不动产有国家不动产登记机构的审查和登记可资依靠。对于动产受让人来讲,如果其在受让时已经知道或者存在重大过失没有注意到其他物权(抵押权或者质权等)的存在,则其非为善意;原有的其他物权仍然存续,也即并不消灭。善意受让人负有配合、协助其他物权人实现其权利的义务。对于受让人知道或者应当知道其他物权的存在与否,证明的责任在于其他物权人。

《民法典》第 313 条规定的"该权利",应当不包括所有权。因为若受让人在受让时知道该动产上存在他人的所有权,则不符合"善意取得"的构成要件,不能善意取得。还以前面所举保留所有权的买卖为例,如果第三人(新买受人)知道原买受人(新出卖人)尚未取得所有权,则其不构成善意取得;若其在受让时不知道保留所有权的情况,构成善意取得。但是,若其受让时知道该动产上还存在有抵押权或者质权,且愿意受让的话,则该抵押权或者质权仍然继续存在。

案　例

上诉人海通公司与被上诉人方某梦、阮某凯第三人撤销之诉案

海通公司向一审宁波市中级人民法院起诉,请求撤销该院(2021)浙 02 民终 3618 号民事判决和慈溪市人民法院(2021)浙 0282 民初 5066 号民事判决。一审法院认为,原案生效民事判决确认案涉车辆归方某梦所有,并无不当。于 2022 年 12 月 28 日作出(2022)浙 02 民撤 2 号民事判决:驳回海通公司的诉讼请求。

二审法院认为,依据《民法典时间效力解释》第 1 条规定,本案《融资回租合同及其他文件》的签订、案涉车辆设立抵押等法律事实发生在《民法典》施行前,相关认定应适用当时的法律、司法解释的规定;方某梦受让案涉车辆的时间发生在《民法典》施行后,相关认定应适用《民法典》的规定。根据各方当事人诉辩意见,本案二审争议焦点为:原案生效民事判决是否错误并损

害海通公司的民事权益问题。

(1)阮某凯与海通公司之间成立融资租赁合同法律关系……本案应认定阮某凯与海通公司之间成立售后回租型融资租赁合同法律关系。方某梦主张双方属于抵押借款关系,与在案证据反映的事实不符,不能成立。

(2)海通公司自《融资回租合同及其他文件》生效时即取得了案涉车辆的所有权。《融资回租合同及其他文件》约定,自海通公司按约支付完毕转让价款之日起该合同生效,案涉车辆所有权也自动转移至海通公司,同时约定海通公司受让后将案涉车辆租回给阮某凯使用,结合海通公司于2019年9月24日向合同约定的案涉车辆转让款接收账户支付90,000元转让款的事实,应当认定此时案涉车辆已经以占有改定的方式进行了交付,该车辆所有权也已转移至海通公司。公安部《机动车登记规定》中的机动车所有权转移登记制度属于从行政管理角度进行的规定,不是对物权变动效力作出的规定。一审法院以海通公司未完成案涉车辆过户登记为由,认定其未取得该车辆所有权,于法相悖。依据《融资租赁合同案件解释》第9条第2项规定,基于普通动产作为融资租赁物没有登记公示制度的缺失,出租人对其租赁物的所有权无法定登记机关的情形下,允许出租人可以授权承租人将租赁物抵押给自己,将其所有权降格为抵押权,并在抵押登记机关办理抵押登记,由此产生登记的物权效力以对抗第三人。但出租人该抵押行为既不排斥,也未否定其对抵押物享有的所有权。一审法院以阮某凯将案涉车辆抵押给海通公司并办理了抵押登记为由,认为海通公司未取得该车辆的所有权,于法无据。

(3)方某梦已经善意取得了案涉车辆的所有权。依据《民法典》第311条规定,案涉车辆所有权自《融资回租合同及其他文件》生效时已转移至海通公司,阮某凯之后将该车辆再转让给方某梦即构成无权处分。但其一,海通公司虽然授权阮某凯将案涉车辆抵押给自己并在登记机关依法办理了抵押权登记,但案涉车辆登记证书记载的车辆所有权人仍为阮某凯,海通公司仅记载为抵押权人,并未明确其系出租人、案涉车辆系租赁物等信息,在案也无证据证明方某梦受让案涉车辆时知道或者应当知道该车辆抵押登记实质为海通公司所有权登记的变通做法,以及海通公司当时是案涉车辆的所有权人。因此,可以认定方某梦自阮某凯处受让案涉车辆时为善意。其二,案涉车辆系阮某凯与方某梦恋爱期间购买,虽然双方就购车款的出资各执一词,但根据方某梦于2018年3月15日、27日自其父方某定账户分别取款5000元、49,900元,阮某凯账户该两日分别存入2400元、49,900元,阮某凯于2018年3月28日支付首付款以按揭方式购买案涉车辆等事实,本案不能排除方某梦为案涉车辆的购买提供了资金上的支持,结合阮某凯系在二人协商分手事宜时同意将该车辆转让给方某梦,转让对价不仅仅为车辆价值,还涉及双方其他债权债务的清理等因素,本案可以认定方某梦系以合理价格受让案涉车辆。其三,阮某凯原案中认可其于2021年2月16日双方协商分手事宜时同意将案涉车辆过户给方某梦,原案也认定案涉车辆诉讼时为方某梦实际占有使用,故本案可以认定案涉车辆已由阮某凯交付方某梦。因此,方某梦已经善意取得该车辆的所有权。

(4)原案生效判决并未错误且损害海通公司的民事权益。本案抵押人阮某凯未经抵押权人海通公司同意转让抵押的案涉车辆并不影响转让合同的效力,方某梦可以善意取得案涉车辆的所有权,但鉴于海通公司早已就该车辆办理了抵押权登记,应推定方某梦受让车辆时应当知道车辆上设有抵押权,故海通公司就案涉车辆的抵押权不消灭且可以对抗善意受让人方某梦。原案生效判决确认案涉车辆归方某梦所有且未否定海通公司对该车辆享有抵押权正确,亦未损害海通公司的民事权益。

综上所述,海通公司的上诉请求不能成立,应予驳回。一审认定事实清楚,适用法律虽有不当,但实体处理正确,应予维持。故判决:驳回上诉,维持原判。①

① 参见浙江省高级人民法院民事判决书,(2023)浙民终195号。

93

遗失物的追回与善意取得

【民法典】

第三百一十二条　所有权人或者其他权利人有权追回遗失物。该遗失物通过转让被他人占有的，权利人有权向无处分权人请求损害赔偿，或者自知道或者应当知道受让人之日起二年内向受让人请求返还原物；但是，受让人通过拍卖或者向具有经营资格的经营者购得该遗失物的，权利人请求返还原物时应当支付受让人所付的费用。权利人向受让人支付所付费用后，有权向无处分权人追偿。

释　法

《民法典》第 312 条规定了遗失物的追回与善意取得，与《物权法》第 107 条的规定内容基本一致。

遗失物，顾名思义，是物主不小心丢失的东西。构成遗失物，须具备以下要件：(1)须为动产。此处丢失的东西(物)，仅指动产，包括会走动的动物如牲畜等。不动产(比如房屋)固定在某一地方，不可能会丢失。(2)须为有主之物，只是暂时与物的主人相脱离。此与抛弃物，因其主人抛弃而有不同。(3)须为无人占有，如某人的手机或者钱包遗失在出租车上或者道路旁。盗赃物虽也是物主暂时失去占有，但其是因小偷的盗窃行为而致，故非为遗失物。

1. 遗失物的追回。拾得遗失物，就是他人丢失的东西被某人拾得的情形。“拾金不昧”，自古以来是中华民族传统之美德；路不拾遗，向来为良好社会风尚之标志。无论是道德要求，还是法律规定，都不允许将“拾得遗失物据为己有”。《民法典》第 314 条前句明确规定，“拾得遗失物,应当返还权利人。”遗失物的物主,即所有权人或者其他权利人有权追回遗失物。这也是物权追及力的原则体现。

2. 遗失物的善意取得。遗失物不适用善意取得,是原则性规定。只有在例外(满足法定条件)的情况下,遗失物才能被善意取得。结合《民法典》第 311 条第 1 款规定,其构成要件如下:(1)拾得人已将遗失物转让;(2)受让人受让该遗失物时为善意;(3)转让价格合理;(4)受让人占有遗失物的期间,须自遗失物的权利人知道或者应当知道受让人之日起满 2 年。

3. 遗失物善意取得的法律效力:(1)权利人有权向无处分权人请求损害赔偿。此与一般的善意取得效力一致。在善意取得成立的情况下,适用《民法典》第 311 条第 2 款规定:“……原所有权人有权向无处分权人请求损害赔偿。”只不过,此处的“权利人”范围更广一些。除所有权人外,还包括遗失物的借用人、承租人、保管人和质权人等,若遗失物为破产财产时,破产管理人亦添列其中。(2)权利人自知道或者应当知道受让人之日起 2 年内,可以向受让人请求返还原物。权利人可以请求返还原物是有期限限制的,此 2 年为不变期间,不适用诉讼时效中止、中断的有关规定,且此权利只可与前项请求损害赔偿权利择一行使。(3)若受让人是通过拍卖或者向具有经营资格的经营者购得该遗失物的,权利人请求返还原物时应当支付受让人所付的费用。出于保护交易安全的考虑,在满足前一条件,即“权利人自知道或者应当知道受让人之日起二年内”的基础上,若受让人是通过拍卖或者向具有经营资格的经营者购得该遗失物的,权利人可以请求返还原物。但是,其应当支付受让人所付的费用。该费用应为受让人由此所受的损失,包括转让价款、保管费用和支出的交通费用等。(4)权利人向受让人支付所付费用后,有权向无处分权人追偿。权利人为追回自己丢失的遗失物,无端受此损失(前项支付给受让人的费用),当然可以向无处分权人进行追偿,包括无处分权人由此所得的利益,权利人也可以不当得利之诉请求予以返还。

案 例

1. 于某利与戴某武财产损害赔偿纠纷案

于某利向法院提起诉讼,请求戴某武赔偿手机款5789元。法院审理查明:2021年5月2日,于某利在某镇加油站往北的路边将自己手机丢失,该手机品牌型号为vivoNEX3S型,系2020年12月28日在讷河市某手机卖场花费5798元购买。戴某武、刘某华拾得手机,当日于某利与二人取得联系,并分别前往戴某武、刘某华家中要求返还手机,其二人称捡手机导致他人轿车被刮损,分别要求于某利给付500元,于某利拒绝给付,因此没有取回手机。于某利到讷河市公安局某莱派出所报案,派出所调查后没有立案。于某利再次找戴某武要求返还手机,发现手机屏幕已破损。戴某武在某莱派出所询问时承认捡到手机时屏幕就碎了,手机在戴某武家。

法院认为,戴某武拾得于某利遗失的手机,无权占有手机,于某利基于对手机的所有权,有权要求戴某武返还手机。根据《民法典》第312条、第316条、第317条的规定,于某利只能先行要求戴某武返还手机,只有在手机被转让他人的情况下,才能要求赔偿损失。于某利现直接要求戴某武给付赔偿,不符合法律规定。手机虽然屏幕出现破损,但现有情况还不能确定无修复的可能性。综上所述,于某利要求戴某武赔偿损失的诉讼请求,缺乏法律依据,本院不予支持。故判决:驳回于某利的诉讼请求。①

2. 再审申请人漆某平与被申请人赣江公司物权纠纷案

再审法院经审查认为,关于本案案由的问题:一审判决查明,本案中的两个涉案水泥铁罐属于盗赃物。王某强盗窃水泥铁罐后将其出售给赣江公司,漆某平对水泥铁罐的所有权遭到王某强的侵犯,被侵权人漆某平有权向侵权人王某强主张侵权损害赔偿责任,而不应向支付合理对价的赣江公司主张侵权责任赔偿。因此,本案案由为物权纠纷,而非侵权责任纠纷。

关于一审、二审判决适用法律是否错误的问题:

(1)关于赣江公司收购水泥铁罐的行为是否适用善意取得制度的问题。一审、二审判决查明,2016年12月3日,王某强盗窃两个散装水泥铁罐,并出

---

① 参见黑龙江省讷河市人民法院民事判决书,(2021)黑0281民初2531号。

售给赣江公司,收购价格为3400元。赣江公司提交的过磅单、验货单足以证明赣江公司收购两个废旧水泥铁罐的价格是按照当时废铁市场行情价格1050元/吨收购,并且有工作人员在验货单上签字。漆某平在一审时提交南昌县人民法院(2017)赣0121刑初417号刑事判决书1份和公安机关追赃4766.5元收条1张,不能证明赣江公司收购两个水泥铁罐时知道王某强是无处分权人的事实。二审时漆某平提供了1张水泥铁罐的照片,上面写有销售热线,欲证明水泥铁罐上载有所有权人的电话号码,赣江公司的收购行为系恶意。照片不能证明赣江公司收购的废旧水泥铁罐同样有清晰可见的销售热线,不能反映王某强所盗取水泥铁罐的真实情况,不具有证据的客观性,二审判决认为该证据三性存疑,不予采信,并无不当。另,赣江公司收购两个水泥铁罐的程序符合《再生资源回收管理办法》的规定,未登记王某强的身份信息,仅程序存在轻微瑕疵,不能认定系赣江公司存在重大过失的情形。因此,赣江公司收购废旧水泥铁罐的行为符合善意取得的构成要件,应当适用善意取得制度。

(2)关于盗赃物民事赔偿责任的法律适用问题。漆某平是因王某强的故意盗窃行为而失去对水泥铁罐的控制,涉案财物属于盗赃物,而不是遗失物。遗失物是非基于原所有权人的主观意志暂时丧失占有的物品,盗赃物和遗失物脱离原所有权人占有的原因不同。故本案不能适用《物权法》第107条的规定①。2018年公安部修正的《公安机关办理行政案件程序规定》第196条规定:"对收缴和追缴的财物,经原决定机关负责人批准,按照下列规定分别处理:(一)属于被侵害人或者善意第三人的合法财物,应当及时返还……"可见,我国对善意取得赃物的第三人合法权益是给予承认和保护的。漆某平提交的证据不足以证明赣江公司收购涉案铁罐的行为存在恶意,一审、二审判决驳回漆某平的诉讼请求,适用法律并无不当。漆某平认为一审、二审判决适用法律确有错误的再审申请事由不成立。故裁定:驳回漆某平的再审申请。②

---

① 现为《民法典》第312条的规定。

② 参见江西省高级人民法院民事裁定书,(2020)赣民申1762号。

94

遗失物的保管和处理

【民法典】

第三百一十五条　有关部门收到遗失物，知道权利人的，应当及时通知其领取；不知道的，应当及时发布招领公告。

第三百一十六条　拾得人在遗失物送交有关部门前，有关部门在遗失物被领取前，应当妥善保管遗失物。因故意或者重大过失致使遗失物毁损、灭失的，应当承担民事责任。

第三百一十八条　遗失物自发布招领公告之日起一年内无人认领的，归国家所有。

释　法

《民法典》第315～316条、第318条规定了遗失物的保管和处理。《民法典》第315～316条与《物权法》第100～111条的规定内容相同，第318条由《物权法》第113条规定内容修改而来，将招领公告期由6个月修改为1年。

拾得人拾得遗失物是一种事实行为。拾得人拾得遗失物后，与所有权人或者其他权利人等之间产生一定的权利义务关系。拾得人既享有一定的权利，又要履行一定的义务。

1. 拾得人应当履行以下义务：(1)及时通知或者送交公安等部门的义务。《民法典》第314条规定："拾得遗失物，应当返还权利。拾得人应当及时通知权利人领取，或者送交公安等有关部门。"拾得人拾得遗失物后，应当及时通知权利人领取。所有人不明或者暂时找不到权利人的，应当送交公安等有关部门。(2)在遗失物被领取前，拾得人有保管遗失物的义务。此应属于《民法典》第 121 条规定的无因管理责任。拾得人应履行善良管理人之注意和保管义务,对于不适宜长期保存的遗失物,可以向有关部门进行提存,非因过错或者重大过失造成遗失物损失的,不承担民事责任。(3)因故意或者重大过失致使遗失物毁损、灭失的,拾得人应当承担民事责任。比如,有的拾得人在拾得他人遗失物后,因索要报酬(好处费)被拒而故意毁(损)坏遗失物的,应当负赔偿责任。权利人请求权的依据,应为《民法典》第 1165 条第 1 款的规定:"行为人因过错侵害他人民事权益造成损害的,应当承担侵权责任。"(4)返还遗失物的义务。这是《民法典》第 314 条的明确规定,"拾得遗失物,应当返还权利人",拾得人没有将拾得遗失物据为己有的权利。

2. 对遗失物的保管和处理。《民法典》同时规定了公安及有关部门应当履行的工作职责:(1)拾得人将拾得的遗失物送交公安等有关部门后,有关部门在遗失物被领取前,应当妥善保管遗失物;因故意或者重大过失致使遗失物毁损、灭失的,亦应承担民事责任。(2)有关部门收到遗失物,知道权利人的,应当及时通知权利人领取;不知道权利人的,应当及时发布招领公告。

《民法典》第 318 条还特别规定:"遗失物自发布招领公告之日起一年内无人认领的,归国家所有。"遗失物在超过一定期限无人认领的,应为无主物。无主物应当归国家所有。此处规定明确无人认领的期限为 1 年,为不变期间。此与现行《民事诉讼法》第 203 条规定一致:"人民法院受理申请后,经审查核实,应当发出财产认领公告。公告满一年无人认领的,判决认定财产无主,收归国家或者集体所有。"《海关法》第 30 条第 1 款规定:"进口货物的收货人自运输工具申报进境之日起超过三个月未向海关申报的,其进口货物由海关提取依法变卖处理,所得价款在扣除运输、装卸、储存等费用和税款后,尚有余款的,自货物依法变卖之日起一年内,经收货人申请,予以发还;其中属于国家对进口有限制性规定,应当提交许可证件而不能提供的,不予发还。逾期无人申请或者不予发还的,上缴国库。"

案　例

1. 原告苏某乐与被告黄某俏遗失物返还纠纷案

原告苏某乐向法院提出诉讼，请求判令被告归还原告的宠物狐狸 1 只，如无法归还，赔偿购买宠物原价 1800 元。法院认定:2017 年 3 月 21 日，原告通过淘宝网以 1800 元的价格向山东省潍坊市某城区某埠口某狐世家宠物店购买品种为熊猫狐的白色宠物狐狸一只并饲养，同年 10 月 30 日，原告的宠物狐狸从其在广西南宁市租住的房屋内走失，当天中午被告等 4 个路人在某爱立交桥附近发现该狐狸被人打伤就将其救下，14 时许，被告将狐狸送到南宁市某波宠物医院医治，因狐狸太凶，该医院无法进行检查，后被告带走狐狸。10 月 31 日，原告通过热心网友帮助与被告取得联系，经过交涉被告拒绝归还狐狸。11 月 1 日晚，南宁市某湖派出所民警来到原告住处了解情况，并帮其联系被告协助调解此事，被告当时答应第 2 天向原告归还狐狸，之后以种种理由拖延，最后手机处于关机状态，无法联系。

法院认为，公民的物权受法律保护，任何单位和个人不得侵犯。根据我国《民法通则》第 79 条①的规定，拾得遗失物、漂流物或者失散的饲养动物，应当归还失主。案涉狐狸系原告购买并饲养的宠物，被告捡到后拒不归还，已构成对原告物权的侵犯。该事实有原告提供的证据与本院依法调取的证据相互印证，足以认定。另据我国《物权法》第 34 条、第 37 条的规定②，无权占有不动产或者动产的，权利人可以请求返还原物，侵害物权，造成权利人损害的，权利人也可以请求损害赔偿。本案在宠物狐狸被被告捡走后，原告既可以要求返还原物，在原物已灭失无法返还的情况下，也可以请求损害赔偿。对于原告要求被告归还狐狸 1 只，如无法归还则赔偿购买狐狸的价款 1800 元的诉请，本院认为，原告起诉时并不知道狐狸是否还存活及具备归还的条件，而无论狐狸最终是否具备归还的条件，判决结果也只能是其中一种，即归还狐狸或是赔偿损失，故原告的诉请请求是明确而合法的。庭审中，因仍无

---

① 《民法通则》第 79 条第 2 款规定:“拾得遗失物、漂流物或者失散的饲养动物，应当归还失主，因此而支出的费用由失主偿还。”该规定已废止，现对应《民法典》第 314 条前句的规定:“拾得遗失物，应当返还权利人。”

② 已废止，现对应《民法典》第 235 条、第 238 条的规定。

法查明宠物狐狸被被告占有后是否还具备返还的条件，经本院释明，原告认为被告已无法归还狐狸故选择诉请被告赔偿损失1800元，原告诉请具备事实和法律依据，本院予以支持。被告经本院合法传唤，无正当理由拒不到庭参加诉讼，不影响案件实体审理，本院依法缺席判决。故判决：被告黄某俏于本判决生效之日起5日内赔偿原告苏某乐经济损失1800元。①

2. 上诉人张某明与被上诉人王某有、原审被告田某春不当得利纠纷案

王某有向一审法院起诉，请求依法判决二被告退还原告应得补偿款10,310元。一审法院认定事实：原告王某有于2018年夏天丢失牌照号为1051号人力三轮车证和准行证。两证件由被告田某春拾得，以150元的价格卖给被告张某明。2019年12月，营口市政府颁布《关于依法取缔主城区从事营运活动的人力客运三轮车和残疾人专用机动车的通知》，张某明凭案涉两证件在交警支队，以"人、证不符标准"领取了补偿金10,310元。一审法院依照《民法典》第122条、第314条、第316条、第985条、第987条之规定②，判决：被告张某明、田某春于本判决生效之日起10日内返还原告王某有补偿款10,310元。

二审法院认为，被上诉人丢失其牌照号为1051号人力三轮车证和准行证，两证件被田某春拾得后，以150元的价格卖给上诉人。以上事实已有生效判决予以认定。根据法律规定，得利人没有法律依据取得不当利益的，受损失的一方可以请求得利人返还所取得的利益。上诉人在明知案涉证件不是其所有的情况下，仍然到交警部门领取补偿金，属于不当得利，上诉人应当予以返还。关于上诉人提出补偿金是对证件和车辆的共同补偿一节，因上诉人取得证件没有法律依据，而在无证经营的情况下，上诉人没有获得补偿款的资格。综上，上诉人提出被上诉人存在重大过错的上诉主张，亦没有充分

---

① 参见广西壮族自治区来宾市兴宾区人民法院民事判决书，（2017）桂1302民初3592号。

② 《民法典》第985条规定："得利人没有法律根据取得不当利益的，受损失的人可以请求得利人返还取得的利益，但是有下列情形之一的除外：（一）为履行道德义务进行的给付；（二）债务到期之前的清偿；（三）明知无给付义务而进行的债务清偿。"第987条规定："得利人知道或者应当知道取得的利益没有法律根据的，受损失的人可以请求得利人返还其取得的利益并依法赔偿损失。"

证据证明,其上诉理由不能成立,本院不予支持。一审判决认定事实清楚,适用法律正确,应予维持。故判决:驳回上诉,维持原判。[①]

95

遗失物的返还

【民法典】

第三百一十四条　拾得遗失物,应当返还权利人。拾得人应当及时通知权利人领取,或者送交公安等有关部门。

释　法

《民法典》第 314 条规定了遗失物的返还,与《物权法》第 109 条规定的内容相同。

《民法典》第 314 条前句规定,拾得遗失物,拾得人应将遗失物返还给权利人。这是拾得人应当履行的主要义务。此"权利人",包括所有人和其他如借用人、承租人、保管人和质权人等受领权人。《民法通则》(第 79 条第 2 款)早就规定:"拾得遗失物、漂流物或者失散的饲养动物,应当归还失主,因此而支出的费用由失主偿还。"《民法通则意见》第 94 条规定:"拾得物灭失、毁损,拾得人没有故意的,不承担民事责任。拾得人将拾得物据为己有,拒不返还而引起诉讼的,按照侵权之诉处理。"拾得遗失物应当物归原主,既是道德要求,也是法律义务。对此,大多国家和地区都有相关的规定。《德国民法典》第 965 条第 1 项规定:"发现并

① 参见辽宁省营口市中级人民法院民事判决书,(2022)辽 08 民终 23 号。

占有遗失物的人，必须不迟延地通知其遗失人或所有人或其他受领权人。"①《瑞士民法典》第 720 条第 1 款规定："遗失物的拾得人，应通知其所有人，不知其所有人时，应报告警署，或者自行以适当方式公告并招领。"②我国台湾地区"民法典"第 805 条第 1 款规定，遗失物拾得后 6 个月内，所有人认领者，拾得人或警署或自治机关，于揭示及保管费受偿还后，应将其物返还之。③

《民法典》第 314 条后句规定，拾得人拾得遗失物后，应当及时通知权利人领取，或者送交公安等有关部门。此为拾得人的通知或者送交义务。拾得人送交公安等有关部门后，由有关部门履行返还责任。拾得人在履行返还义务时，应尽善良管理人之审慎注意义务，以免负赔偿之责。若其已尽到了注意和审查义务，仍出现对权利人识别错误，一般不应承担赔偿责任，即便是受领之人为窃盗者道理亦同。④

如果拾得人拾得遗失物不予返还而据为己有的话，即构成对权利人物权的侵害；所有人或者其他权利人可以依照《民法典》第 235 条、第 238 条的规定，行使物权请求权，即可以请求返还原物或者赔偿损失。若侵占遗失物拒不返还，经权利人告诉，拾得人还可能构成侵占罪而被追究刑事责任。对此，《刑法》第 270 条第 1 款规定："将代为保管的他人财物非法占为己有，数额较大，拒不退还的，处二年以下有期徒刑、拘役或者罚金；数额巨大或者有其他严重情节的，处二年以上五年以下有期徒刑，并处罚金。"第 2 款规定："将他人的遗忘物或者埋藏物非法占为己有，数额较大，拒不交出的，依照前款的规定处罚。"

---

① 《德国民法典》，陈卫佐译注，法律出版社 2015 年版，第 354 ~ 355 页。

② 《瑞士民法典》，戴永盛译，中国政法大学出版社 2016 年版，第 257 页。

③ 参见王泽鉴：《民法物权(第 1 册) 通则 · 所有权》，中国政法大学出版社 2001 年版，第 429 页。

④ 参见谢在全：《民法物权论》(上)，中国政法大学出版社 1999 年版，第 243 页。

案 例

上诉人刘某宇与被上诉人董某遗失物返还纠纷案

董某向一审法院起诉,请求:(1)依法判令刘某宇立即返还董某遗失的手机,型号为华为 Mate20。如无法返还,赔偿董某相应财产价值 3000 元;(2)刘某宇赔偿董某误工费 400 元,单位罚金 400 元。一审法院认定:2021 年 12 月 3 日 20 时 50 分左右,董某乘坐私家车回到抚顺市某墅湾二期小区,将车停放至小区内××号楼×单元门口的车位上,董某从副驾驶处下车回家时,将手机遗落在副驾驶处门外的地面上。21 时 20 分左右,董某发现手机不见了,便用家人手机多次拨打自己的手机但未接通。董某于 21 时 36 分左右下楼到车上及附近处查找,但未找到。之后董某又回家拿家人电话回到车附近处,边拨打自己的手机边寻找,仍未找到。于是董某到物业公司处查看监控视频,发现在 21 时 30 分左右,刘某宇向 19 号楼 2 单元的业主送完外卖后准备骑车离开时,在董某乘坐车辆的副驾驶处门外的地面上拾得物品,并放入衣服兜内骑车离去。第 2 天,董某通过外卖订单信息找到刘某宇的工作单位,要求刘某宇返还手机,刘某宇不承认拾得了手机。之后董某报警,派出所未予以立案处理。董某的手机型号为华为 Mate20,于 2018 年 12 月 29 日购买,购买时价值为 4499 元。一审法院判决:(1)被告刘某宇于本判决生效后 3 日内返还原告董某型号为华为 Mate20 手机 1 部;如被告刘某宇无法返还,则赔偿原告董某损失 1300 元。(2)驳回原告董某的其他诉讼请求。

二审法院另查明:董某停车位两面为低矮灌木丛,一面临马路,一面临邻车车位。2021 年 12 月 3 日 20 时 49 分左右,董某乘坐的机动车驶入车位,在驶入车位前,该车位旁车位已停有车辆,两车位之间地面无任何物品,董某从该机动车的右侧车门处下车。此后 20 时 53 分 35 秒左右、21 时 2 分 38 秒左右、21 时 5 分 9 秒左右有三人从车后部侧面的马路上通过,但均未停留也未到该车与邻车中间部位,且邻车一直停在车位处。此后 21 时 30 分 51 秒左右刘某宇在该车与邻车中间部位短暂停留 6~7 秒。以上事实有车位旁监控视频在卷为凭且经一审法院质证,可以采信。

二审法院认为,依据《民法典》第 314 条的规定,遗失物具有以下特征:第一,遗失物在性质上为动产。第二,并非故意抛弃。第三,非隐藏之物。本案董某主张的手机并非其故意抛弃,而系疏忽大意过失而遗失,应当认定为遗失物。依据《民事诉讼法解释》第108条的规定,“高度盖然性”的证明标准,是指法院基于对证明待证事实的证据的审查判断之结果,并结合其他相关事实,认为待证事实的存在具有高度可能性的,应当依法对该事实予以认定,在达不到“高度可能性”的确信程度时,则应当认定该事实不存在。董某主张刘某宇拾得其遗失的手机,并提交其车位旁监控视频、电话通话记录截屏等予以佐证。董某所乘车辆驶入车位前,车位上并无其他物品,对此,刘某宇、董某均予以认可。此后在近半个小时的时间里,从监控录像没有看到其他人在董某所乘坐车辆与邻车中间位置停留。刘某宇称当日21时30分50秒至21时30分56秒间,在两车位间拾得物品,为钱包一个,里面夹有钥匙及格林小镇的出入门卡,放入兜里后,掏出自己的手机。21时30分58秒左右其手中发亮的东西,刘某宇主张系自己的手机,装在其外衣左胸前兜,然后习惯性拉了侧面的兜,此后在本院第二次询问中,其称,系自己的手机放到其衣服侧面的兜里。结合董某手机丢失的时间,以及在当晚9时28分左右曾向该手机拨打过电话的事实,一审法院以董某丢失手机的时间、地点与刘某宇拾得物品的时间、地点存在高度盖然性,并依此推定刘某宇拾得的是董某所丢失的手机,并无不当。

关于刘某宇主张一审法院程序违法,董某在一审庭审后变更诉讼请求的问题。经查,董某向一审法院提出诉讼请求为返还案涉手机,一审法院在该手机无法返还的情况下,根据手机购买发票及手机使用时间酌定赔偿1300元,亦无不当。董某主张的误工费及单位处罚赔偿,其在起诉状中虽未明确提出,但在一审法院庭审笔录中有记载,其向法院出示相关证据且一审法院对董某的该项请求未予支持,本院对刘某宇的该项上诉请求不予支持。故判决:驳回上诉,维持原判。①

---

① 参见辽宁省抚顺市中级人民法院民事判决书,(2022)辽04民终793号。

96

权利人领取遗失物时的义务

【民法典】

第三百一十七条　权利人领取遗失物时，应当向拾得人或者有关部门支付保管遗失物等支出的必要费用。

权利人悬赏寻找遗失物的，领取遗失物时应当按照承诺履行义务。

拾得人侵占遗失物的，无权请求保管遗失物等支出的费用，也无权请求权利人按照承诺履行义务。

释　法

《民法典》第317条规定了遗失物权利人领取遗失物时的义务，与《物权法》第112条规定内容一致。

依照《民法典》第314条、第316条的规定，拾得人负有保管、返还遗失物的义务，但其亦享有一定的权利。拾得人的权利，亦是遗失物权利人应当履行的义务。此为《民法典》第131条规定的民事权利义务相一致原则的必然要求。

权利人在领取遗失物时，应当履行以下义务：(1)向拾得人或者有关部门支付保管遗失物等支出的必要费用。拾得人在拾得遗失物后予以保管，或者拾得人将遗失物送交公安等有关部门后由有关部门予以保管，都将会产生一定的费用。若遗失物为动物的，则应包括动物的饲养费用。还有，如履行通知、发布招领公告等义务时所支出的费用，都应当由权利人来承担。故拾得人或者有关部门对权利人有支付保管遗失物等支出的必要费用的请求权。对"必要费用"中"必要"的衡量，当以适当、合理开支为原则,以公允的市场价格来计算。(2)权利人悬赏寻找遗失物的,领取遗失物时应当按照承诺履行义务。悬赏广告应为单方民事法律行为。[①]《民法典》第 499 条规定:“悬赏人以公开方式声明对完成特定行为的人支付报酬的,完成该行为的人可以请求其支付。”权利人发布悬赏广告寻找遗失物,许诺以一定的金钱或者报酬的,在拾得人返还遗失物时,权利人应当支付(兑现)自己以前允(承)诺的报酬。

关于拾得人或者有关部门对权利人拒绝支付保管、(悬赏)报酬等费用,是否享有对遗失物的留置权,是否可以将遗失物拍卖或者变卖所得优先抵偿其支付的上述费用,我国《民法典》对此没有予以明确规定,其他国家和地区有相关规定。比如,《德国民法典》第 970 ~ 972 条规定,拾得人为保管遗失物而支出的费用和报酬,对所有权人主张请求权之规定,准用占有人之留置权的规定。[②] 我国台湾地区“民法典”第 805 条第 2 项规定,拾得人于受领报酬前,得留置其物。[③] 学理上有赞同者[④],但笔者认为不应作此扩大性解释。正如下述原告夏某心与被告谷某 1 无因管理纠纷案中的拾得人,不顾“金毛犬系社会公益组织捐赠给脑瘫患者谷某 1 的陪伴治疗犬,属于工作犬”的情况,而拾得人拒不返还,通过诉讼、执行才予以返还。若扩大解释为拾得人享有留置权,则不利于“拾金不昧”良好社会风尚的培养。

如果拾得人侵占遗失物的,则无权请求保管遗失物等支出的费用,也无权请求权利人按照承诺履行义务。之所以作此规定,是以《民法典》第 314 条前句规定的拾得人应当履行的返还义务为前提的。所谓侵占遗失物,是指拾得人在拾得遗失物后,既不通知权利人领取或者发布招领公告,也不送交公安等有关部门,而是故意隐匿拒不交出,甚至将遗

---

① 参见陈启超:《以案释法:民法典总则编 100 篇》,法律出版社 2022 年版,第 236 页。

② 参见台湾大学法学院、台大法学基金会编译:《德国民法典》,北京大学出版社 2017 年版,第 830 ~ 831 页、第 846 ~ 847 页。

③ 参见史尚宽:《物权法论》,中国政法大学出版社 2000 年版,第 133 页。

④ 参见中国审判理论研究会民事审判理论专业委员会编:《民法典物权编条文理解与司法适用》,法律出版社 2020 年版,第 250 页。

失物转让他人的行为。至于是否构成侵占,则应由权利人举证证明。

案 例

1. 上诉人李某术与被上诉人葫芦湾公司、李某刚、黄某民、周某占有物返还纠纷案

李某术向一审法院起诉,请求判决被告返还原告的快艇(价值4万元)。一审法院认为,原告遗失的摩托艇现在被告葫芦湾公司处,事实清楚。现原告要求返还,法院予以支持。因原告的诉讼请求为返还占有物,现占有人为被告葫芦湾公司,而非其余3被告,故其余3被告不负返还义务。被告葫芦湾公司提出反诉,要求原告支付维修费用,符合情理和客观实际,法院予以支持。反诉被告李某术不同意支付修船费用,但没有证据证实船只的破损是反诉原告或其他人造成,反诉被告李某术是受益者,应当支付合理的修船费用。反诉原告葫芦湾公司主张在莱州潘某光处修船花费23,500元,提交了维修明细等证据予以证实,对该维修费法院予以确认。对反诉原告主张的烟台修船花费,仅有打款记录,没有其他证据佐证,法院不予采信。关于反诉原告提交的2017年8月17日某利玻璃钢制品厂维修玻璃钢喷漆明细1张,该证据与反诉原告当庭陈述不符,反诉被告亦不认可,对该8300元花费法院亦不予采信。一审法院判决:(1)被告葫芦湾公司于判决生效后10日内返还给原告李某术其遗失的摩托艇1艘;同时,反诉被告李某术付给反诉原告葫芦湾公司23,500元。(2)驳回原告李某术的其他诉讼请求。

二审法院认为,结合一审中提交的证据包括公安机关的询问笔录、各方当庭陈述,可以认定涉案游艇经黄某民转让给周某,周某转让给葫芦湾公司。葫芦湾公司一审中提交了潘某光出具的维修费明细,二审庭审中,法院当庭电话核实了潘某光,其称为葫芦湾公司维修了涉案游艇。本案现有证据能够证实葫芦湾公司因维修涉案游艇的花费。《物权法》第112条①规定,权利人领取遗失物时,应当向拾得人支付保管遗失物等支出的必要费用。一审判令上诉人支付葫芦湾公司维修费,合法有据。故判决:驳回上诉,维持原判。②

---

① 《物权法》第112条规定已废止,现为《民法典》第317条的规定。

② 参见山东省烟台市中级人民法院民事判决书,(2019)鲁06民终5491号。

2. 原告夏某心与被告谷某1无因管理纠纷案

夏某心向法院提出诉讼,请求:(1)被告支付原告照顾拾得犬医疗费用4987元,自拾得日2017年2月8日至归还拾得犬日2019年1月22日共计714天无因管理费用91,392元;(2)要求被告履行被告代理人对于感谢拾得者的悬赏承诺。法院查明:2017年2月8日,谷某1的陪伴治疗犬(以下简称金毛犬)受鞭炮惊吓走失,由夏某心拾得。2月15日,谷某2由邻居带领找到夏某心要求返还金毛犬,夏某心要求谷某2支付3000元治疗费用后方可返还金毛犬,未同意谷某2带走金毛犬。后双方多次协商未果,谷某1于2018年2月27日将祁某荣、夏某心诉至本院,要求二被告返还脑瘫患者谷某1的陪伴治疗犬,并赔偿因其非法占有陪伴治疗犬给脑瘫患儿造成的身体、心理和精神损失5万元。本院于2018年9月28日作出(2018)京0106民初8265号民事判决书,判决:(1)夏某心将其捡到的金色金毛犬返还谷某1;(2)驳回谷某1的其他诉讼请求。该判决生效后,2019年1月22日通过本院强制执行,夏某心将金毛犬返还给谷某1。

法院认为:《民法总则》第121条①规定,没有法定的或者约定的义务,为避免他人利益受损失而进行管理的人,有权请求受益人偿还由此支出的必要费用。《物权法》第109条②规定,拾得遗失物,应当返还权利人;拾得人应当及时通知权利人领取,或者送交公安等有关部门。社会主义核心价值观中"友善"一项,强调公民之间应互相尊重、互相关心、互相帮助、和睦友好,努力形成社会主义的新型人际关系。涉案金毛犬系社会公益组织捐赠给脑瘫患者谷某1的陪伴治疗犬,属于工作犬。夏某心作为具有养犬经验的成年人,拾得金毛犬后,应当积极寻找失主予以返还或将该金毛犬送交公安机关。在夏某心于2017年2月15日确认谷某1为金毛犬主人时,应当先行将金毛犬予以返还,关于钱款争议完全可以通过诉讼等方式解决。在谷某1提起诉讼后,夏某心在法院强制执行程序中方将金毛犬予以返还,完全无视金毛犬对于脑瘫患者谷某1的重要作用。夏某心于2017年2月15日之后为金毛犬花费的费用,其要求谷某1支付,无法律依据,本院不予支持。夏某心于

---

① 已废止,现对应《民法典》第121条的规定。

② 已废止,现对应《民法典》第314条的规定。

2017 年 2 月 9 日为金毛犬花费 3000 元进行体检，不属于为避免他人利益受损失而支出的必要费用，本院亦不予支持。谷某 2 作为谷某 1 的监护人，其发布悬赏广告，并同意支付悬赏承诺 500 元，本院不持异议。故判决：(1) 谷某 1 于本判决生效之日起 15 日内向夏某心支付悬赏承诺 500 元；(2) 驳回原告夏某心的其他诉讼请求。①

97

拾得漂流物、发现埋藏物或者隐藏物

【民法典】

第三百一十九条　拾得漂流物、发现埋藏物或者隐藏物的，参照适用拾得遗失物的有关规定。法律另有规定的，依照其规定。

释　法

《民法典》第 319 条是关于拾得漂流物、发现埋藏物或者隐藏物的法律适用规定，与《物权法》第 114 条的规定内容基本一致。

漂流物，是指所有权人丧失其占有、漂流于水面上的有主物（动产）。比如，因河道发洪水而被冲到下游的牛、羊等饲养牲畜或者木材、家具等。所有权人丧失对漂流物的占有非基于其意愿；若其自己主动放弃占有、漂流于水面上，则属于抛弃物。拾得漂流物，是指发现并占有漂流物的事实行为。漂流物沉没于水底被人捞出的，则属于遗失物。抛弃物属于无主物，一般认为拾得抛弃物应归拾得人所有。但我国《民法

① 参见北京市丰台区人民法院民事判决书，(2019) 京 0106 民初 645 号。

典》对抛弃物未予明文规定。依据《民事诉讼法》第 203 条的规定,人民法院受理认定财产无主的申请后,经审查核实,应当发出财产认领公告。公告满 1 年无人认领的,判决认定财产无主,收归国家或者集体所有。

埋藏物,是指埋藏于土地、建筑物等不动产或者其他动产之中,权属不明的动产。比如,后文所举案例中埋在地下的银手镯等银器。发现埋藏物,是指发现并占有埋藏物的事实行为。隐藏物,是指隐藏于其他物中、权属不明的动产。又如,隐藏于一栋老屋墙壁夹缝中的金元宝。埋藏物与隐藏物的区别在于,“埋”(藏)和“隐”(藏)的行为不同,“埋”有挖掘、藏匿、掩盖等行为,“隐”只是暗藏、使隐藏物不易被发现而已。埋藏物、隐藏物本为有主物,只是由于时间久远或者因其他原因被所有权人遗忘而变得权属不明。

《民法通则》第 79 条规定:“所有人不明的埋藏物、隐藏物,归国家所有。接收单位应当对上缴的单位或者个人,给予表扬或者物质奖励。拾得遗失物、漂流物或者失散的饲养动物,应当归还失主,因此而支出的费用由失主偿还。”《物权法》第 114 条规定:“拾得漂流物、发现埋藏物或者隐藏物的,参照拾得遗失物的有关规定。文物保护法等法律另有规定的,依照其规定。”《民法典》第 319 条规定,拾得漂流物、发现埋藏物或者隐藏物的,参照适用拾得遗失物的有关规定,即拾得人或者发现人有保管、返还或者送交有关部门的义务,有请求支付保管费用和悬赏承诺的权利。本条将《物权法》第 114 条后句“文物保护法等法律另有规定的,依照其规定”,改为“法律另有规定的,依照其规定”。此处规定之“法律”当然包括《文物保护法》。《文物保护法》第 5 条第 1 款规定:“中华人民共和国境内地下、内水和领海中遗存的一切文物,以及中国管辖的其他海域内遗存的起源于中国的和起源国不明的文物属于国家所有。”此种情形无准用前述《民法典》遗失物规则的余地。依据《文物保护法》第 6 条规定,属于集体所有和私人所有的文物,其所有权受法律保护,即不得属于国家所有。

案 例

1. 上诉人孙某存等9人与被上诉人石某文、王某永、马某伟、孙某林、孙某龙、毛某龙、马某柱、孙某耀返还原物纠纷案

孙某存等9人向一审法院起诉,请求判令各被告共同返还各原告的家族埋藏物银手镯1只、银锭3枚、银片2片原物,如无法返还原物,则支付80万元赔偿款。一审法院认定事实:2015年8月,被告石某文、王某永、马某伟、马某柱、孙某林、孙某耀、孙某龙与他人利用金属探测器在盐池县王某井乡孙某楼自然村火山子北坡挖出地下埋藏物3对银手镯、1个银项圈、3个银元宝、2个银片。被告王某永、石某文、马某柱将3个银元宝、2个银片以19万元的价格卖给被告毛某龙,后被告石某文、王某永、马某伟、马某柱、孙某林、孙某耀、孙某龙将3对银手镯、1个银项圈及19万元进行了分配,其中被告王某永分得银手镯1只及1.5万元,被告石某文分得银手镯1只、银项圈1个及1.9万元,被告马某伟分得4.5万元,被告马某柱分得银手镯1只及1.5万元,被告孙某林分得银手镯1只及1.6万元,被告孙某耀分得银手镯1只及1.5万元,被告孙某龙分得银手镯1只及1.5万元。2015年11月,9原告得知被告在孙某楼自然村火山子北坡挖出财物后,以挖出财物系其先辈所埋藏为由向被告石某文、王某永、马某伟、马某柱、孙某林、孙某耀、孙某龙索要,后被告石某文等人向9原告交付银项圈1个,银手镯5只。一审法院判决:驳回原告孙某存等9人的诉讼请求。

二审法院认为:本案孙某存等9上诉人主张其对石某文等被上诉人在盐池县王某井乡孙某楼自然村火山子北坡挖出的财物享有所有权并要求返还原物,但其一审、二审提交的证据均无法直接证实案涉财物系其先祖所埋藏,也不足以证实孙某存等9上诉人作为其先祖的继承人对案涉财物享有所有权,故其不符合起诉的条件。一审驳回其诉讼请求不当,本院予以纠正。另,根据《物权法》第109条规定:"拾得遗失物,应当返还权利人。拾得人应当及时通知权利人领取,或者送交公安等有关部门。"第114条规定:"拾得漂流物、发现埋藏物或者隐藏物的,参照拾得遗失物的有关规定。文物保护法等法律另有规定的,依照其规定。"石某文等被上诉人亦无权利将私挖的地下埋藏物占有并将部分财物变卖,在不确定涉案财物的权利人是谁的情况下，应主动将所挖财物及变卖所得送交公安部门。故裁定：(1)撤销宁夏回族自治区盐池县人民法院(2020)宁 0323 民初 2581 号民事判决；(2)驳回孙某存等 9 人的起诉。①

2. 上诉人吴某亮、吴某惠与被上诉人四川省某镇人民政府"乌木"行政纠纷案

2012 年 2 月 1 日，四川省彭州市农民吴某亮，无意中在自己家附近的河渠中发现"乌木"，吴某亮随即租借了 1 台挖掘机，当天下午在自家承包地里（一说在附近河道内）进行挖掘。挖出的乌木，其中 1 根长达 34 米，胸径约 1.5 米，重达 60 余吨，据专家估算，价值达数百万元人民币。在挖掘即将结束时，当地镇派出所强行制止了吴某亮的挖掘行动，并将地里埋藏的 7 根乌木全部掘出收走，并宣称该乌木归当地政府所有。7 月 3 日，彭州市国有资产办公室正式宣布：乌木归国家，奖励发现者 5 万元，镇政府奖励吴某亮 2 万元，合计 7 万元，并且镇政府可以考虑补偿吴某亮的前期挖掘费用。7 月 26 日，吴某亮与姐姐吴某惠起诉某镇政府，请求被告归还乌木，赔偿因其保管不当致乌木损坏造成的损失 1 万元。

法院审理认为，原告吴某亮请求确认 7 根乌木归其所有，是确认权属纠纷，不属于行政审判的权限范围。2013 年 1 月 16 日，成都市中级人民法院作出裁定，驳回了原告吴某亮、吴某惠的起诉。对于吴某惠、吴某亮提起的确认某镇政府运走并扣押乌木的行政行为违法的请求，还将继续审理。但因随后原告提起上诉，该请求与二审结果有关，且涉及法律适用问题，需送有权机关作出解释或确认，故裁定中止诉讼。故 2013 年 6 月 15 日，四川省高级人民法院作出终审裁定，维持一审法院裁定。驳回吴某亮、吴某惠的上诉。②

---

① 宁夏回族自治区吴忠市中级人民法院民事裁定书，(2021)宁 03 民终 225 号。案例中引用的《物权法》规定已废止，第 109 条现对应《民法典》第 314 条的规定；第 114 条现对应《民法典》第 319 条的规定。

② 参见周江洪、陆青、章程主编：《民法判例百选》，法律出版社 2020 年版，第 171 页。

98

从物的转让

【民法典】

第三百二十条 主物转让的,从物随主物转让,但是当事人另有约定的除外。

释 法

《民法典》第320条规定了从物的转让,与《物权法》第115条规定的内容一致。

以物与物之间是否具有从属关系来划分,可将物分为主物和从物。“从”,汉语本意是跟随、随从;用作形容词,是从属、次要的意思。所谓从物,是指附属于主物,辅助、配合主物发挥效用的物。对主、从物的区分,一般是先确定从物,从物之外皆为主物。比如,从属于住宅房屋的车库、储藏室等,遥控器之于电视,装在马身上的马鞍之于马。“从随主”的原则源于罗马法。盖尤斯说:“位居从属者因主物之灭失而消灭。”此语从消极的角度表达了从随主原则,较早使用了主物的术语,①后发展、改变、定型于《德国民法典》。我国《民法通则意见》第87条曾规定:“有附属物的财产,附属物随财产所有权的转移而转移。但当事人另有约定又不违法的,按约定处理。”“附属物”应当包括从物。从物的构成要件为:(1)非主物之成分。从物亦为独立的物,并非为主物的组成部分。房屋的门、窗安装之后,即为房屋的组成部分,而非从物。(2)辅助、配

① 参见徐国栋:《论〈民法典〉第320条确立的从随主规则的历史演进及我国适用》,载《甘肃政法大学学报》2020年第5期。

合主物发挥物的效用。比如,建设在房舍之外的厕所、安装在汽车内的座椅等。(3)与主物同属于一人所有。若分属于不同的人所有,则不构成主、从物关系,不能适用从随主的原则。划分主、从物的意义在于维护物的经济使用价值,充分发挥物的效用。实践中,如何区分主、从物关系,一般会依据人的社会经验或者交易习惯去作出判断。决定物的主从关系的标准不是物的价值、名称、外观等外在标志,而是与物的用途、功能紧密联系的社会经济标准。比如,用珍稀木材制作的船桨,只要不是以收藏为目的仍是为划船而使用,其仍为船的从物。①

《民法典》第320条规定了从物随主物的转让而转让,为一般情况。也就是说,主物的处分及于从物。主物转让的,从物随主物而转让。主物抵押、出质的效力,一般及于从物。关于转让(买卖)合同的解除效力,《民法典》第631条规定:"因标的物的主物不符合约定而解除合同的,解除合同的效力及于从物。因标的物的从物不符合约定被解除的,解除的效力不及于主物。"《民法典》第320条还规定了"但书"条款:"当事人另有约定的除外"。此为贯彻意思自治的原则,即该规定不具有强行性,当事人可以约定主物的转移不及于从物。从物可以保留为原所有权人所有,而单独转让主物的所有权。或者,只约定抵押主物,从物不作为抵押的标的物。《民法典担保制度解释》第40条规定:"从物产生于抵押权依法设立前,抵押权人主张抵押权的效力及于从物的,人民法院应予支持,但是当事人另有约定的除外。从物产生于抵押权依法设立后,抵押权人主张抵押权的效力及于从物的,人民法院不予支持,但是在抵押权实现时可以一并处分。"

案　　例

1.上诉人张某生、牛某英与被上诉人安厦公司物权确认纠纷案

安厦公司向一审法院提起诉讼,请求:(1)依法确认原告开发建设的安厦苑13号楼1单元601室房屋上的七层(阁楼及小院)属于13号楼1单元

① 参见贾婷婷:《罗马物权法——所有权与占有》,中国法制出版社2019年版,第32页。

601室房屋的配套设施,被告张某生、牛某英应返还上述房产给原告。(2)依法确认原告开发建设的安厦苑13号楼3单元602室房屋上的七层(阁楼及小院)属于13号楼3单元602室房屋的配套设施、被告张某生、牛某英应返还上述房产给原告。一审法院判决:(1)依法确认原告安厦公司开发建设的安厦苑13号楼1单元601室房屋上的七层(阁楼及小院)属于13号楼1单元601室房屋的配套设施,且被告张某生于本判决生效之日起10日内返还给原告;(2)依法确认原告安厦公司开发建设的安厦苑13号楼3单元602室房屋上的七层(阁楼及小院)属于13号楼3单元602室房屋的配套设施,且被告张某生于本判决生效之日起10日内返还给原告。

二审法院认为,河南省林州市人民法院(2017)豫0581民初2284号民事调解书协议内容为:"一、被告张某生于2017年6月30日前返还原告安厦公司安厦苑13号楼1单元601室、13号楼3单元501室房屋2套;被告张某生于2017年10月31日前返还原告安厦公司安厦苑13号楼3单元502室、13号楼3单元602室房屋2套。二、其他双方互不追究。"据此,上诉人应将安厦苑13号楼1单元601室房屋和13号楼3单元602室房屋返还给被上诉人。案涉争议房屋系这2套六层房屋之上的七层(阁楼及小院)。根据《民法典》第320条规定,案涉房屋系六层送七层,七层不计入面积,并且七层也没有独立的入户水表、电表。其属于六层的配套设施,属于从物,一审判决并无不当。故判决:驳回上诉,维持原判。①

2. 原告宏远公司与被告桑瑞公司排除妨害纠纷案

宏远公司向法院提起诉讼,请求判令桑瑞公司立即排除对宏远公司修建的位于崇州市××镇××村××组××房××栋厂房(以下简称案涉厂房)内的硬化地面的妨害,即宏远公司对上述所有设施进行移除,桑瑞公司不得进行阻拦。

法院经审理认为,宏远公司请求排除对案涉厂房内系列设施的妨害,应当证明其对上述标的物拥有所有权。案涉标的物均位于案涉厂房内,该厂房的所有权及土地使用权已于2019年6月20日由桑瑞公司通过司法变卖程序购得。厂房内的附属设施:道路、门卫室、厂区大门、厕所、办公楼、围墙、绿

---

① 参见河南省安阳市中级人民法院民事判决书,(2021)豫05民终4898号。

化、部分自建厂房、地面硬化与厂房之间在物理上能够相互独立存在，但需共同使用，在经济用途上又相互联系，属于主物与从物的关系。根据《民法典》第320条的规定，桑瑞公司在取得厂房及土地使用权的所有权时，就一并取得了案涉附属设施的所有权。宏远公司主张案涉厂房及土地使用权变卖过程中未对案涉系列附属设施的价值进行评估，桑瑞公司并未就此部分价值支付相应对价。庭审查明的事实可以确认，评估报告(四川大成201818房字第××号)的估价对象为案涉厂房，确未对案涉系列附属设施价值纳入评估范围进行估价，但桑瑞公司对附属设施是否支付了相应的对价不在本案审理范围，宏远公司可依法另寻他途予以解决。

需要说明的是，宏远公司作为借款人丰丰公司向出借人农商行隆兴分理处的借款提供抵押担保的担保人，其承担担保责任的范围应当限定于其与抵押权人农商行隆兴分理处的约定，本案担保人宏远公司的抵押物范围应以其与抵押权人农商行约定的以抵押清单为准。本院(2017)川0184民初2123号民事判决作为执行依据，判决宏远公司承担担保责任明确为：以其案涉房产(他项权证号：崇房他证他权字第0××9号，以抵押物清单为准)履行抵押担保责任。庭审双方当事人均未举示上述他项权证所涉抵押物清单的证据，本院无从得知抵押物清单范围。同时，双方当事人也未主张案涉系列附属设施作为从物，是产生于抵押权依法设立前还是设立后，也并未提供相应证据，以明确抵押权效力所及的范围。应当明确，从物产生于抵押权依法设立后，抵押权的效力不应当及于从物，反之，从物产生于抵押权依法设立前，抵押权的效力则应当及于从物。但如前所述，基于主从物的关系，在抵押权实现时均可一并处分，买受人也均需支付对价，对买受取得从物的对价抵押权人是否享有优先受偿权，在此不论。综上所述，宏远公司的请求并无事实和法律依据，本院不予支持。故判决：驳回原告宏远公司的诉讼请求。①

① 参见四川省崇州市人民法院民事判决书，(2022)川0184民初43号。

99

孳息的取得

【民法典】

第三百二十一条　天然孳息，由所有权人取得；既有所有权人又有用益物权人的，由用益物权人取得。当事人另有约定的，按照其约定。

法定孳息，当事人有约定的，按照约定取得；没有约定或者约定不明确的，按照交易习惯取得。

释　法

《民法典》第 321 条规定了孳息的取得，与《物权法》第 116 条规定内容相同。

孳息是相对于原物而言的。孳，汉语的本意是滋生、繁殖。孳息，就是繁殖生息。作为民法上对物的一种分类，孳息之于原物是基于两者之间存在产生和被产生的关系而划分的，故将孳息定义为由原物而产生的收益，可以将其分为天然孳息和法定孳息。天然孳息，是指原物因自然属性而产生的物，如树上长的果实、动物所生的幼崽、土地上生长的粮食等。法定孳息，是基于一定的法律关系而产生的收益，如出租房屋收取的租金、存款获得的利息、股金分得的红利等；又如，《民法典》第 921 条规定，基于委托关系“受托人为处理委托事务垫付的必要费用，委托人应当偿还该费用并支付利息”。

将物区分为原物和孳息起源于罗马法。比如，乌尔比安说：“如果一块土地的用益权被遗赠，那么从该土地上出产之物及能从该土地上取得之物被视为土地的孳息，然而受遗赠人必须以一个诚实的人所采用的方式获取它们。”[①]盖尤斯说：“家畜产的幼仔，就像牛奶、鬃毛及羊毛一样，也被包括在其孳息内，因此，绵羊羔、山羊羔、小牛犊自出生时起立即归善意占有人或用益权人。”[②]这些学说和思想为十八九世纪德国普通法所继承。《德国民法典》第 99 条第 1 款规定：“物之孳息者，谓物之出产物及依物之用法所得之其他收获物。”第 101 条第 1 项规定：“第 99 条第 1 款规定之出产物及成分，仅在权利期间内，与原物分离后，始得认为系权利之孳息而收取之。”[③]《日本民法典》第 89 条规定：“天然孳息，自其与原物分离之时起，属于收取权利人。法定孳息，于收取权利存续期间，以日计取得。”[④]我国《民法通则》没有关于孳息的规定，在制定《担保法》《合同法》《物权法》时，才作出了相应规定。

我们可以比照从物与主物之间“从随主”的原则，来理解孳息与原物之间的关系。孳息亦存在与原物之间的从属关系，而适用由原物所有权来确定其归属的原则；只不过，前者是因效用发挥的从属，后者为产生关系的从属而不同。其相同的地方是，都存在意思自治（约定）优先适用的问题。

关于孳息的取得，《民法典》第 321 条规定了因天然孳息和法定孳息之分而不同的取得规则。(1)天然孳息，一般由所有权人取得；在既有所有权人又有用益物权人的情况下，由用益物权人优先取得。因为用益物权人优先于所有权人对原物予以占有、使用和收益。比如，《民法典》第 331 条规定：“土地承包经营权人依法对其承包经营的耕地、林地、草地等享有占有、使用和收益的权利，有权从事种植业、林业、畜牧业等农业生产。”第 340 条规定：“土地经营权人有权在合同约定的期限内占有农村土地，自主开展农业生产经营并取得收益。”当然，“当事人另有约

---

① ［古罗马］乌尔比安：《论萨宾》（第 17 卷），载［意大利］斯奇巴尼编：《物与物权》，范怀俊译，中国政法大学出版社 2009 年版，第 255 页，

② ［古罗马］盖尤斯：《日常事务》第 2 卷，载［意大利］斯奇巴尼编：《物与物权》，范怀俊译，中国政法大学出版社 2009 年版，第 263 页，

③ 台湾大学法学院、台大法学基金会编译：《德国民法典》，北京大学出版社 2017 年版，第 74、76 页。

④ 《日本民法典》，王书江译，中国人民公安大学出版社 1999 年版，第 19 页。

定的，按照其约定”，即优先适用意思自治原则。（2）法定孳息，一是当事人有约定的，按照约定取得。此为意思自治，亦是事之常理。二是当事人之间没有约定或者约定不明确的，按照交易习惯取得。此交易习惯必须不违背法律、行政法规的规定或者公序良俗，且为当事人知道或者应当知道而又没有明示予以排除。笔者认为，这里还须明确，当事人没有约定或者约定不明确，也没有交易习惯的，应当遵守法律规定。比如，买卖合同以标的物的交付时间来确定孳息的归属。《民法典》第 630 条规定：“标的物在交付之前产生的孳息，归出卖人所有；交付之后产生的孳息，归买受人所有。但是，当事人另有约定的除外。”又如，在常见的民间借贷法律关系中对逾期利息的确定，《民间借贷案件规定》第 28 条规定：“借贷双方对逾期利率有约定的，从其约定，但是以不超过合同成立时一年期贷款市场报价利率四倍为限。未约定逾期利率或者约定不明的，人民法院可以区分不同情况处理：（一）既未约定借期内利率，也未约定逾期利率，出借人主张借款人自逾期还款之日起参照当时一年期贷款市场报价利率标准计算的利息承担逾期还款违约责任的，人民法院应予支持；（二）约定了借期内利率但是未约定逾期利率，出借人主张借款人自逾期还款之日起按照借期内利率支付资金占用期间利息的，人民法院应予支持。”

对于既有所有权人又有担保物权人的情形，这里没有规定，应当适用《民法典》第 412 条、第 430 条、第 452 条的规定，由担保物权人优先收取孳息。①

---

① 《民法典》第 412 条规定：“债务人不履行到期债务或者发生当事人约定的实现抵押权的情形，致使抵押财产被人民法院依法扣押的，自扣押之日起，抵押权人有权收取该抵押财产的天然孳息或者法定孳息，但是抵押权人未通知应当清偿法定孳息义务人的除外。前款规定的孳息应当先充抵收取孳息的费用。”第 430 条规定：“质权人有权收取质押财产的孳息，但是合同另有约定的除外。前款规定的孳息应当先充抵收取孳息的费用。”第 452 条规定：“留置权人有权收取留置财产的孳息。前款规定的孳息应当先充抵收取孳息的费用。”

案例

上诉人某岗村委会与被上诉人张某道农业承包合同纠纷案

张某道向一审法院起诉,请求判令某岗村委会赔偿张某道财产损失 202,500 元,评估费 7000 元,违约金 20,000 元。一审法院认定事实:2006 年 2 月 13 日,张某道与某岗村委会就某岗村 70 亩梨园、760 棵梨树签订梨园承包合同,合同约定承包期 15 年,承包费每年 3000 元。2021 年 2 月 13 日,承包合同到期后,双方未及时续签承包合同,但张某道仍对梨园进行了看管和维护。当年 4 月 3 日,张某道向某岗村委会转账 3000 元,用于交纳 2021 年承包费。7 月 22 日,某岗村委会对外发布公告,对梨园内成熟果实进行公开拍卖,底价为 11 万元。8 月 6 日至 17 日,某岗村组织村民对梨园进行采摘并变卖,张某道未获取梨园 2021 年收益。2022 年 1 月 13 日,张某道通过公开竞拍的方式再次取得该梨园的承包经营权,经营期限自 2022 年 1 月 12 日至 2023 年 1 月 11 日,承包费每年 12,000 元。2022 年 3 月 17 日,经安徽某盈资产评估有限公司评估,案涉梨园 2021 年果实市场价值为 202,500 元,即梨树棵数为 630 棵,梨树产量为 350 斤/棵,批发价为 1 元/斤,人工费按 600 元/天计算,持续时间为 30 天。一审法院判决:(1)某岗村委会应于本判决生效之日起 20 日内赔偿张某道梨园果实损失、评估费合计 202,429 元;(2)驳回张某道的其他诉讼请求。

二审法院认为:2021 年 2 月 13 日合同到期后,张某道继续经营管理梨园,并于当年 4 月 3 日,向某岗村委会转账 3000 元,用于交纳 2021 年承包费,某岗村委会入账并开具了票据。某岗村委会接受了张某道的履行行为,案涉承包合同继续履行。据此,在梨园管理养护均是由张某道投入的情况下,2021 年梨园收益应由张某道享有。某岗村委会将 2021 年梨果售卖,应向张某道赔偿损失。某岗村委会上诉认为与张某道并未达成继续承包梨园的合意,双方不存在继续承包梨园的合同关系,梨园果实作为天然孳息应由梨树的所有权人某岗村委会所有,该主张没有事实与法律依据,本院不予采纳。安徽某盈资产评估公司系经相关部门核准注册登记成立的专业评估机构,具备相应的评估资格,其对案涉梨园 2021 年果实市场价值的评估意见,可以作为认定案涉损失的依据。一审庭审中经法庭询问某岗村委会是否对张某道的损失申请重新评估,某岗村委会明确回复不申请。某岗村委会上诉称2021年梨园果实采摘的过程中张某道无任何人工费用支出,果实的采摘为某岗村委会组织人员进行,而不是张某道本人或其雇用的人员进行采摘。某岗村委会该项上诉理由并不能反驳评估意见中关于梨果市场价值的分析计算,一审法院采信该评估意见认定张某道的损失金额并无不当。故判决:驳回上诉,维持原判。①

100

添附物的归属

【民法典】

第三百二十二条　因加工、附合、混合而产生的物的归属,有约定的,按照约定;没有约定或者约定不明确的,依照法律规定;法律没有规定的,按照充分发挥物的效用以及保护无过错当事人的原则确定。因一方当事人的过错或者确定物的归属造成另一方当事人损害的,应当给予赔偿或者补偿。

释　法

《民法典》第322条规定了添附物的归属问题,为《民法典》新的规定。

添附,为加工、附合和混合在学理上的总称,是指因加工成为新物,或者因物与物的结合成为新物的法律事实。该新物称其为添附物。加

① 参见安徽省蚌埠市中级人民法院民事判决书,(2022)皖03民终2405号。

工，是就他人之物加以制作、改造而产生新物。附合，是分属于不同所有人的物相互结合而成为新物，包括动产与不动产的附合和动产与动产的附合。前者是动产经与不动产附合后成为不动产的组成部分；后者是动产与动产附合后非经毁损不能分离或者分离所需费用过高，从而成为新物，需确定新物的归属问题。混合，是分属于不同所有人的动产相互结合而成为新物。此新的混合物难以识别或分开，故亦需确定物的归属问题。规定添附制度的目的，在于解决因添附而产生的利益冲突，维护添附物的经济效用。

添附制度起源于罗马法中的万民法。添附的一般规则是"附属物添附于主物"。[①] 优士丁尼认为："与画布相比，图画具有较高的价值。"[②] 如果画作被画板所有人占有，善意的绘画者可向其提起所有物返还之诉，但要以支付画板的补偿金为前提。[③] 彭波尼说："如果在你的杯子上焊上了他人的铅或白银，无疑杯子仍然是你的，你有理由向他人提起所有物返还之诉。"[④]《德国民法典》第 947 条规定："动产相互附合而为合成物之重要成分者，其原所有人为合成物之共有人；其应有部分，按动产附合时之价值比例定之。附合之动产，有可视为主物者，其所有人取得单独所有权。"第 948 条规定："动产因相互混合或融合致不能分离者，准用第 947 条规定。混合或融合之动产，其分离需费过巨者，视为不能分离。"[⑤]《法国民法典》566 条规定："分别属于不同所有人的两物虽然附合成一个整体但仍然可以分开，一物即便脱离另一物仍可存在的，该整体属于构成其主要部分之物的所有人，但应当向另一人支付其被附合之

---

① 贾婷婷：《罗马物权法——所有权与占有》，中国法制出版社 2019 年版，第 76 页。

② ［意］彼德罗·彭梵得：《罗马法教科书》，黄风译，中国政法大学出版社 1992 年版，第 203 页。

③ 转自贾婷婷：《罗马物权法——所有权与占有》，中国法制出版社 2019 年版，第 78 页。

④ 转自贾婷婷：《罗马物权法——所有权与占有》，中国法制出版社 2019 年版，第 77 页。

⑤ 台湾大学法学院、台大法学基金会编译：《德国民法典》，北京大学出版社 2017 年版，第 819 页。

物的价金。价金按支付之日评估。”第573条第2款规定：适用属于不同所有权人的多种材料混合作成一物，“如果被使用的各种材料不可能方便分开，各所有人得按照被使用的属于各自的材料的数量、质量与价值的比例，共同取得该物的所有权。”[①]我国《民法通则意见》第86条规定：“非产权人在使用他人的财产上增添附属物，财产所有人同意增添，并就财产返还时附属物如何处理有约定的，按约定办理；没有约定又协商不成，能够拆除的，可以责令拆除；不能拆除的，也可以折价归财产所有人；造成财产所有人损失的，应当负赔偿责任。”但后来制定的《物权法》对添附制度没有予以规定。

1. 添附的构成要件

(1)分属于不同的所有人。附合的动产或者不动产均属不同的所有人所有。产生混合的动产，亦分属于不同的所有人。加工的客体(材料)亦为他人所有。比如，将他人的布料加工成衣服。若属同一人所有，则不产生添附的问题，即不会产生新物归属的争议。

(2)须有结合或者加工之行为。动产与不动产的附合，附合后动产成为不动产的重要成分，或者动产与动产附合后成为一个合成物。混合是动产与动产结合后形成混合物。比如，沙子、石子、水和水泥混合成为混凝土材料。加工须有加工行为，如在他人的绵纸上书写出书法作品。

(3)须产生一新物。无论是附合、混合，还是对他人之材料进行加工，都会产生一个新物，需要根据添附的规则来判断新物的归属。

2. 添附的法律后果

(1)产生物权的变动。因添而产生的物的归属，有约定的，按照约定。意思自治原则优先适用。若当事人之间没有约定或者约定不明确的，依照法律规定来确定添附物所有权的归属。比如，《民法典》第352条规定：“建设用地使用权人建造的建筑物、构筑物及其附属设施的所有权属于建设用地使用权人，但是有相反证据证明的除外。”又如，《民法典担保制度解释》第41条规定：“抵押权依法设立后，抵押财产被添附，

---

① 《法国民法典》，罗结珍译，北京大学出版社2023年版，第379、381页。

添附物归第三人所有,抵押权人主张抵押权效力及于补偿金的,人民法院应予支持。抵押权依法设立后,抵押财产被添附,抵押人对添附物享有所有权,抵押权人主张抵押权的效力及于添附物的,人民法院应予支持,但是添附导致抵押财产价值增加的,抵押权的效力不及于增加的价值部分。抵押权依法设立后,抵押人与第三人因添附成为添附物的共有人,抵押权人主张抵押权的效力及于抵押人对共有物享有的份额的,人民法院应予支持。"对于法律没有规定的,则按照充分发挥物的效用以及保护无过错当事人的原则确定。

(2)因一方当事人的过错或者确定物的归属造成另一方当事人损害的,应当给予赔偿或者补偿。根据前述归属的原则确定添附物的所有权归属后,由此会造成不能得到添附物所有权当事人的损失;对此,其依法享有求偿权。有时,需要以当事人是否存在过错来确定赔偿或者补偿的比例或者数额,如《房屋租赁合同案件解释》第9条规定:"承租人经出租人同意装饰装修,合同解除时,双方对已形成附合的装饰装修物的处理没有约定的,人民法院按照下列情形分别处理:(一)因出租人违约导致合同解除,承租人请求出租人赔偿剩余租赁期内装饰装修残值损失的,应予支持;(二)因承租人违约导致合同解除,承租人请求出租人赔偿剩余租赁期内装饰装修残值损失的,不予支持。但出租人同意利用的,应在利用价值范围内予以适当补偿;(三)因双方违约导致合同解除,剩余租赁期内的装饰装修残值损失,由双方根据各自的过错承担相应的责任;(四)因不可归责于双方的事由导致合同解除的,剩余租赁期内的装饰装修残值损失,由双方按照公平原则分担。法律另有规定的,适用其规定。"

案　例

上诉人张某东与被上诉人某盛公司租赁合同纠纷案

张某东向一审法院提出本诉请求,判令:(1)某盛公司退还张某东租金12,500元;(2)某盛公司折价赔偿添附物238,933元(以鉴定结果为准),并以该金额为基数按银行同期贷款利率支付自2023年3月1日至实际支付之日止的逾期付款利息。某盛公司提出反诉请求,判令:(1)张某东腾退位于西宁市城北区×××镇××村的租赁场地,并自行拆除场地、房屋等添附物;(2)张某东支付超期租赁费12,500元(2月28日至5月31日)。一审法院判决:(1)某盛公司于判决生效之日起10日内退还给张某东租赁费6000元;(2)张某东于判决生效之日起15日内腾退位于西宁市城北区×××镇××村的租赁场地,并自行拆除场地、房屋等添附物;(3)张某东于判决生效之日起10日内支付给某盛公司场地占用费12,500元;(4)驳回张某东的其他诉讼请求。

二审法院认为,张某东与某盛公司签订的《场地租赁合同》合法有效,应受法律保护,双方均应按合同约定全面履行各自的义务。合同约定案涉场地的租赁期限于2023年2月28日届满,合同约定租赁期限届满后,双方未能续租的情况下,张某东应当及时腾退租赁场地。一审判决张某东腾退场地并向某盛公司支付超期场地占用费并无不当。关于张某东主张场地添附物补偿款的上诉理由,本院认为,双方合同明确约定:乙方在租赁期限内对租赁场地进行改造增加的添附物,如双方无法达成合意则由乙方在交还租赁场地前自行拆除添附物,甲方不予补偿。根据上述约定,张某东即使对案涉场地进行了添附,其向某盛公司主张添附物的补偿款亦无合同依据,故本案中一审法院对租赁场地的添附物价值未进行司法鉴定,并不存在程序错误。故判决:驳回上诉,维持原判。①

2024年1月20日一稿写完

2024年9月22日二稿改毕

2024年10月24日三稿改毕

① 参见青海省西宁市中级人民法院民事判决书,(2023)青01民终4093号。

主要参考书目

一、中文译注

1.《拿破仑法典(法国民法典)》,李浩培、吴传颐、孙鸣岗译,商务印书馆1979年版。

2.《德国民法典》,郑冲、贾红梅译,法律出版社1999年版。

3.《日本民法典》,王书江译,中国人民公安大学出版社1999年版。

4.[德]鲍尔、施蒂尔纳:《德国物权法》(上),张双根译,法律出版社2004年版。

5.[德]鲍尔、施蒂尔纳:《德国物权法》(下),申卫星、王洪亮译,法律出版社2006年版。

6.[意]斯奇巴尼编:《物与物权》,范怀俊译,中国政法大学出版社2009年版。

7.[古罗马]优士丁尼:《学说汇纂第四十一卷——所有权、占有与时效取得》,贾婉婷译,中国政法大学出版社2011年版。

8.[德]梅迪库斯:《请求权基础》,陈卫佐等译,法律出版社2012年版。

9.[德]卡尔·拉伦茨:《德国民法通论》(上、下),王晓晔等译,法律出版社2013年版。

10.《德国民法典》,陈卫佐译注,法律出版社2015年版。

11.《瑞士民法典》,戴永盛译,中国政法大学出版社2016年版。

12.台湾大学法学院、台大法学基金会编译:《德国民法典》,北京大学出版社2017年版。

13.[德]马克斯·卡泽尔、[德]罗尔夫·克农特尔:《罗马私法》,田士永译,法律出版社2018年版。

14.《法国民法典》,罗结珍译,北京大学出版社 2023 年版。

15.《日本民法》,王爱群译,法律出版社 2023 年版。

二、中文著作

1. 周枏:《罗马法原论》(上),商务印书馆 1994 年版。

2. 杨振山主编:《民商法实务研究(物权卷)》,山西经济出版社 1994 年版。

3. 杨立新:《民法判解研究与适用》,中国检察出版社 1994 年版。

4. 王利明:《物权法论》,中国政法大学出版社 1998 年版。

5. 谢在全:《民法物权论》(上),中国政法大学出版社 1999 年版。

6. 史尚宽:《物权法论》,中国政法大学出版社 2000 年版。

7. 王泽鉴:《民法物权(第 1 册) 通则 · 所有权》,中国政法大学出版社 2001 年版。

8. 高富平:《土地使用权和用益物权——我国不动产物权体系研究》,法律出版社 2001 年版。

9. 王利明:《物权法研究》,中国人民大学出版社 2002 年版。

10. 梁慧星、陈华彬编著:《物权法(第 2 版)》,法律出版社 2003 年版。

11. 王利明主编:《中国民法典学者建议稿及立法理由(物权编)》,法律出版社 2005 年版。

12. 江平主编:《中华人民共和国物权法精解》,中国政法大学出版社 2007 年版。

13. 李显冬主编:《中国物权法要义与案例释解》,法律出版社 2007 年版。

14. 胡康生主编:《中华人民共和国物权法释义》,法律出版社 2007 年版。

15. 最高人民法院物权法研究小组编著:《〈中华人民共和国物权法〉条文理解与适用》,人民法院出版社 2007 年版。

16. 全国人大常委会法工委民法室编著:《物权法立法背景与观点全集》,法律出版社 2007 年版。

17. 姚瑞光:《民法物权论》,中国政法大学出版社 2011 年版。

18. 王洪亮:《物上请求权的功能与理论基础》,北京大学出版社 2011 年版。

19. 陈启超:《法治之路:律师视角的思考》,河南人民出版社 2013 年版。

20. 高富平:《物权法原论(第 2 版)》,法律出版社 2014 年版。

21. [美]黄宗智:《清代的法律、社会与文化:民法的表达与实践》,法律出版社 2014 年版。

22. 刘家安:《物权法论》,中国政法大学出版社 2015 年版。

23. 王珉:《建筑物区分所有权中的成员权行使研究》,法律出版社 2016 年版。

24. 陈华彬:《物权法论》,中国政法大学出版社 2018 年版。

25. 陈华彬:《建筑物区分所有权法》,中国政法大学出版社 2018 年版。

26. 贾婷婷:《罗马物权法——所有权与占有》,中国法制出版社 2019 年版。

27. 张永健:《物权法之经济分析:所有权》,北京大学出版社 2019 年版。

28. 李显冬、孟磊主编:《中华人民共和国土地管理法适用指南与案例释义》,中国法制出版社 2019 年版。

29.《民法典立法背景与观点全集》编写组编:《民法典立法背景与观点全集》,法律出版社 2020 年版。

30. 崔建远:《中国民法典释评 · 物权编》(上),中国人民大学出版社 2020 年版。

31. 中国审判理论研究会民事审判理论专业委员会编著:《民法典物权编条文理解与司法适用》,法律出版社 2020 年版。

32. 孙娜娜编:《民法典新旧规定逐条对比》,中国检察出版社 2020 年版。

33. 程磊、周滨:《律师说法:业主委员会及物业服务纠纷案例评析》,法律出版社2020年版。

34. 宋纪连、徐青英、郭艺蓓:《物权与生活》,上海人民出版社2020年版。

35. 江洪、陆青、章程主编:《民法判例百选》,法律出版社2020年版。

36.《民法典》编写组编著:《民法典术语》,人民出版社2021年版。

37. 申惠文:《〈民法典〉中行政权运行规范研究》,法律出版社2021年版。

38. 王克稳:《自然资源特许权有偿出让研究》,北京大学出版社2021年版。

39. 渠涛、刘保玉、高圣平:《物权法学的新发展》,中国社会科学出版社2021年版。

40. 叶孝信主编:《中国民法史》,复旦大学出版社2021年版。

41. 何志:《民法典·物权判解研究与适用》,中国法制出版社2021年版。

42. 方大明、吴志华:《物业服务纠纷判例梳理与实务指引》,法律出版社2021年版。

43. 刘保玉:《物权法学》,中国法制出版社2022年版。

44. 梁慧星:《民法物权讲义》,法律出版社2022年版。

45. 李永军主编:《民法典物权编法律适用与案例指引》,中国民主法制出版社2022年版。

46. 尹田:《物权法》,北京大学出版社2022年版。

47. 郭明瑞:《物权法通义》,商务印书馆2022年版。

48. 陈启超:《以案释法:民法典总则编100篇》,法律出版社2022年版。

49. 杨代雄主编:《袖珍民法典评注》,中国民主法制出版社2022年版。

后　　记

残阳如雪。

处理完案件方面的事情，腊月廿八下午，驱车赶回老家过年。"父母在，不远游。"春节回家，我一向是雷打不动的。下了高速，一过汝河桥，家就近在咫尺。把车停在北汝河湿地公园边上，欣赏一下家乡的雪景。时至太阳将要落山。从云梦山上落下的夕阳余晖，透过那被凛冽的冷风吹得瑟瑟发抖的柳树枝条，照在一片白皑皑尚未化尽的残雪之上，使那枝条镶上金边，雪上映出耀眼的光圈，给人一种不顾寒冷欲冲上去拥抱的冲动。汝河水哗哗地流淌，风吹苇草身姿摇曳；河面上几只野鸭不顾冷风吹拂仍自在悠游。正如宋代诗人释昙莹的诗句，"溪山尽处夕阳斜，溪上冬风雪满沙"。尽管这里不是江南，此时冷得也顾不上去"踏雪寻梅"。

《诗经》里有一首诗《汝坟》，写道："遵彼汝坟，伐其条枚。未见君子，惄如调饥。"①秋风萧瑟，沿着汝河的堤岸，一位凄苦的妇女，正手拿斧子砍伐山楸的树枝。她的丈夫久已行役外出，自己孤苦无依，忍饥挨饿，大清早便出来劳作伐薪。当凄凉的秋风吹得她衣袂飘飘，堤上传来一声声"未见君子，惄如调饥"的怆然叹息。站在这家乡的（北）汝河岸边，沐之寒风，不时会念起《汝坟》这首诗篇，听到三千年前这位诗者的愁叹之声；也禁不住会忆起在那青葱的岁月，零下十几度的冰天雪地里，孤独、徒步涉河去镇上上学的情景，至今仍历历在目。古诗的结句是："虽则如毁，父母孔迩。"②最后，诗者想到的还是处于饥寒之境的父母。

---

① 坟，岸边。惄（nì）：饥。调，通"朝"，早晨。

② 孔：甚，很，非常。迩（ěr）：近。此指迫近饥寒之境。

似水流年,转瞬已到了杖乡[1]之年,很想回到老家,不敢说“躬耕垄亩”吧,但在家陪伴老母亲,看看书、写写字、喝喝茶,享受一下退休生活,应该不算过分。无奈还得为生活所“迫”,忙于办案和社会事务,不能脱“俗”。业务之余,还在坚持读书人的本色和法律人的使命,孜孜不倦,一篇一篇在写解读《民法典》的文章。

我仍要把这本解读“法典”的书,敬献于“伟大”的父亲灵前,愿他生前乐于助人、奉献乡里,积累的恩德能福泽全家人幸福安康,愿他老人家能在天堂安享自在!感谢老母亲仍日夜操劳,惦念着儿孙们这个、那个的生活、工作,回老家过年,春节一家人围坐在一起,乐意融融,享受难得全家团圆的怡然和温馨。

这本书能够出版,还要感谢我的老师、亲人、同学、同事和同行们的鼓励与支持;感谢河南省政协及其社会和法制委员会领导、(机关)干部和政协委员们的鼓励与支持;感谢法律出版社周丽君编辑慧眼识“珠”、悉心指导,张珺编辑付出的辛劳,以及美编汪奇峰的精心设计,使本书能够以现有比较完美的形式呈现给各位读者。感谢王学峰先生的“启超说法”篆刻和文丽女士在封面设计方面的建议和帮助。

法治之路,砥砺前行。我仍将焚膏继晷,锲而不舍,续写《民法典》物权编(用益物权 · 担保物权)、合同编……,结合自己的业务实践,仔细研读法典条文,以案释法,依法说法,将刍荛之见奉献给读者诸君!

陈启超

乙巳年春节记於汝河岸边老家

① “杖乡”,语出《礼记》:“五十杖于家,六十杖于乡,七十杖于国。”